古代歷史文化 研究輯刊

六 編

王 明 蓀 主編

第 6 冊

北魏與劉宋戰略關係研究
——從國家戰略觀點的解析(下)

蔡 金 仁 著

國家圖書館出版品預行編目資料

北魏與劉宋戰略關係研究——從國家戰略觀點的解析（下）／
蔡金仁 著 — 初版 — 新北市：花木蘭文化出版社，2011〔民
100〕
目 8+264 面；19×26 公分
（古代歷史文化研究輯刊 六編；第 6 冊）
ISBN：978-986-254-600-0（精裝）
1. 國家戰略　2. 魏晉南北朝史
618　　　　　　　　　　　　　　　　　　100015455

ISBN-978-986-254-600-0

古代歷史文化研究輯刊
六　編　第六冊　　　　　　ISBN：978-986-254-600-0

北魏與劉宋戰略關係研究——從國家戰略觀點的解析（下）

作　　者　蔡金仁
主　　編　王明蓀
總 編 輯　杜潔祥
出　　版　花木蘭文化出版社
發 行 所　花木蘭文化出版社
發 行 人　高小娟
聯絡地址　新北市永和區中正路五九五號七樓
　　　　　電話：02-2923-1455 ／傳真：02-2923-1452
網　　址　http://www.huamulan.tw 信箱 sut81518@gmail.com
印　　刷　普羅文化出版廣告事業
初　　版　2011 年 9 月
定　　價　六編 25 冊（精裝）新台幣 40,000 元　　　版權所有‧請勿翻印

北魏與劉宋戰略關係研究
——從國家戰略觀點的解析（下）

蔡金仁　著

目　次

圖表目錄

第四章　全國總動員的對抗
——魏太武帝後期與劉宋之戰略關係
（439～452）

　　北魏與劉宋因爭奪河南地區控制權引起的魏宋第二次戰爭於 431 年（魏神䴥四年、宋元嘉八年）結束後，將近二十年的時間沒有大規模戰爭的發生，二國維持一段長時間的和平，但邊境地帶的衝突無法完全避免，二國邊關守將不時有小型衝突。北魏邊將常率軍寇掠，俘劉宋百姓、掠奪財產而還，如劉宋寧遠將軍申恬爲北譙、梁二郡太守時，因郡境鄰接魏境，「屢被寇抄。（申）恬到，密知賊（指魏兵）來，仍伏兵要害，出其不意，悉皆禽殄。」〔註1〕魏宋邊境郡縣類似這種小規模紛爭相當多。至於劉宋，對北魏治理下的邊關漢人百姓，常暗中鼓動南歸，「義隆（宋文帝）好行小計，扇動邊民。」〔註2〕這些漢人百姓南奔劉宋，北魏損失勞動生產力及賦稅收入，而劉宋卻相對增加，北魏不甘損失，再用武力寇掠漢人百姓及其財產回北魏。這套劇本在這近二十年間不斷於魏宋邊境上演，但在雙方的節制下並未擦槍走火演變成大型戰爭，大體而言，從 431 年魏宋第二次戰爭結束至 450 年（魏太平眞君十一年、宋元嘉二十七年）第三次戰爭爆發前，雙方大體處於相對和平階段，其中僅在 445 年（魏太平眞君六年、宋元嘉二十二年）北魏進攻淮北青徐地區，爆發區域戰爭，雖戰爭並未擴大且很快結束，但已是二國和平階段結束

〔註1〕　《宋書》卷 65〈申恬傳〉，頁 1723。
〔註2〕　《魏書》卷 97〈島夷劉義隆傳〉，頁 2137。

的前兆。

　　這段和平時期肇因於北魏與劉宋各自專注於其他事務，未對對方採取積極的軍事攻勢。劉宋因魏宋第二次大戰國力大損，極需休養生息恢復國力，故宋文帝將注意力投射在內政上，推行一連串革新措施，對北魏不主動挑釁，以維持北疆安寧，遂開創劉宋盛世——「元嘉之治」。至於北魏，因北方尚未統一，魏太武帝的首要戰略目標並非劉宋，而是北燕、北涼等僅存之割據政權，及經多次征討仍具威脅之北方大敵柔然，在這些問題未解決前，魏太武帝不會主動對劉宋採取大規模的軍事進攻。這同時可由魏宋第二次戰爭得到驗證，戰爭的爆發是宋文帝主動北伐所引起，北魏在收回河南地後並未乘勝南下，此乃北魏有上述問題所致，且當時尚有大夏殘部負隅頑抗，加上西秦仍在，北魏面對的割據政權更多，在多重後顧之憂下，北魏無意擴大戰事乃理所當然之事。

　　隨著時空環境的變遷，宋文帝創造的「元嘉之治」使劉宋社會呈現國泰民安榮景，在國內穩定的基礎下，宋文帝的眼光遂投射北方，北伐收復河山之志的意念再度挑動他的戰略神經。另一方面，魏太武帝於 439 年（魏太延五年、宋元嘉十六年）滅北涼後統一北方，對柔然的討伐也在 449 年（魏太平眞君十年、宋元嘉二十六年）取得決定性勝利，柔然至此勢衰，短期內已無法威脅北魏。魏太武帝既將後顧之憂一一掃除，戰略目標不可避免的指向劉宋，在南北政權均欲興師進攻對方，且二位君王都持主戰態度情形下，魏宋全面性的大戰遂不可免，終於在 450 年（魏太平眞君十一年、宋元嘉二十七年）爆發魏宋第三次大戰。

第一節　450 年魏宋全面戰爭的戰略環境分析

　　魏宋第三次戰爭爆發於 450 年（魏太平眞君十一年、宋元嘉二十七年）七月，上距結束於 431 年（魏神麚四年、宋元嘉八年）三月，宋文帝欲收復河南地引起的魏宋第二次戰爭約二十年，這二十年間魏宋兩國內部都發生很大變化，北魏在魏太武帝的帶領下統一北方，成為北方唯一強權，而劉宋也在宋文帝的勵精圖治下進入元嘉盛世，雙方面對的內外戰略環境與魏宋第二次大戰有明顯不同。

一、北魏統一北方

（一）滅大夏

北魏於 430 年（魏神䴥三年、宋元嘉七年）九月三度征討大夏，受到魏太武帝率軍親征鼓舞，魏軍連戰皆捷，十二月攻克長安，關中地區遂爲魏境。大夏主赫連定率殘部西逃，魏太武帝「以鎮西將軍王斤鎮長安。」〔註3〕留「巴東公延普等鎮安定。」〔註4〕自率大軍班師。次年正月赫連定領大夏殘部竄逃至西秦境內，雙方爆發衝突，夏軍大勝，赫連定殺西秦主乞伏暮末及其宗族五百人，西秦亡。

赫連定滅西秦後信心略增，遂擁西秦民十餘萬口，欲至河西襲擊北涼奪其疆土，不料途中遭吐谷渾王慕璝襲擊，失利被擒。八月，「吐谷渾慕璝遣使奉表，請送赫連定。」〔註5〕赫連定遭解送平城不久後伏誅，大夏亡。〔註6〕

（二）滅北燕

北燕乃漢人馮跋所建，「海夷馮跋，字文起，小名乞直伐，本出長樂信都。」〔註7〕他原爲後燕衛中郎將，因得罪後燕主慕容熙逃亡在外。「既而（慕容）熙政殘虐，民不堪命。」〔註8〕馮跋遂糾合從兄馮萬泥等二十三人，潛回後燕都城龍城（今遼寧朝陽）殺慕容熙，眾推「夕陽公高雲爲主。……太宗（魏明元帝）初，雲爲左右所殺，跋乃自立爲燕王。」〔註9〕

北燕僻處幽、燕之地，小國寡民，更隨時面臨北魏威脅。魏明元帝曾於418 年（魏泰常三年、晉義熙十四年）遣軍進攻北燕，「徙其民萬餘家而還。」〔註10〕魏太武帝繼位後，雖有統一北方之志，但因柔然和劉宋的威脅，暫無法顧及北燕。直至北魏多次征討重創柔然，和 431 年（魏神䴥四年、宋元嘉

〔註3〕　《資治通鑑》卷 121〈宋紀三〉，文帝元嘉七年，頁 3826。
〔註4〕　《魏書》卷 4 上〈世祖紀上〉，頁 78。
〔註5〕　《魏書》卷 4 上〈世祖紀上〉，頁 79。
〔註6〕　參見《魏書》卷 95〈赫連定傳〉，頁 2059。《資治通鑑》卷 122〈宋紀四〉，文帝元嘉八年，頁 3833。
〔註7〕　《魏書》卷 97〈海夷馮跋傳〉，頁 2126。
〔註8〕　《魏書》卷 97〈海夷馮跋傳〉，頁 2126。
〔註9〕　《魏書》卷 97〈海夷馮跋傳〉，頁 2126。高雲，「字子雨，祖父高和，句麗之支庶，慕容寶養以爲子。」參見《資治通鑑》卷 114〈晉紀三十六〉，安帝義熙三年，頁 3599。高雲自慕容寶收養後改稱慕容雲，馮跋等人因其爲燕主後而立之，尋復姓高氏。
〔註10〕　《魏書》卷 3〈太宗紀〉，頁 59。

八年）第二次魏宋戰爭大敗劉宋後，魏太武帝準備消滅北方諸國進行統一戰爭，北燕遂成為北魏統一戰爭的戰略目標之一。魏太武帝從 432 年（魏延和元年、宋元嘉九年）至 436 年（魏太延二年、宋元嘉十三年）對北燕發動五次進攻，北燕「日就蹙削，上下危懼。」〔註11〕期間北燕主馮弘多次向劉宋求援，宋文帝不應，遂轉向高麗求援，高麗王遣軍援救。436 年（魏太延二年、宋元嘉十三年）五月，魏軍攻入龍城，北燕亡，但馮弘卻在高麗軍的接應下逃至高麗，不久為高麗所殺。

（三）滅北涼

北涼位處河西地區，自古即為中原通往西域孔道，北魏欲拓展西域關係，必須經由河西走廊，而北魏滅大夏、北燕後，北方諸國僅剩北涼，北涼遂成為北魏統一北方的最後障礙，魏涼之戰勢不可免。北涼開國主沮渠蒙遜，「博涉經史，頗曉天文，雄傑有英略，滑稽善權變。」〔註12〕為了在北魏、劉宋二強間生存，其外交策略乃對二國維持等距外交，同時對魏宋稱藩納貢。北魏「拜蒙遜為假節，加侍中，都督涼州、西域羌戎諸軍事，太傅，行征西大將軍，涼州牧，涼王。」〔註13〕劉宋則封沮渠蒙遜「使持節、開府儀同三司、侍中、都督涼秦河沙四州諸軍事、驃騎大將軍、領護匈奴中郎將、西夷校尉、涼州牧，河西王。」〔註14〕

沮渠蒙遜死後，其子沮渠牧犍繼為北涼主，對魏宋依然遵循沮渠蒙遜的外交政策，但是在北魏加速統一北方的步伐下，稱藩納貢已無法滿足北魏需求，魏太武帝決心滅北涼。439 年（魏太延五年、宋元嘉十六年）五月，魏太武帝以太子拓跋晃監國，命「大將軍、長樂王嵇敬，輔國大將軍、建寧王崇二萬人屯漠南，以備蠕蠕。」〔註15〕六月，魏太武帝率大軍從平城出發，進入河西後，北涼州縣聞風歸降，一路進軍順利。九月，魏軍攻入北涼都城姑臧（今甘肅武威），沮渠牧犍出降，北涼亡。北魏滅北涼意義在於，結束北方自前秦崩潰後達半世紀之久的分裂，也終結一百三十餘年十六國割據局面，北魏完成統一黃河流域大業，成為北方唯一政權，與劉宋南北對峙局面於焉形成。

〔註11〕《魏書》卷 97〈海夷馮文通傳〉，頁 2128。
〔註12〕《晉書》卷 129〈沮渠蒙遜載記〉，頁 3189。
〔註13〕《魏書》卷 99〈盧水胡沮渠蒙遜傳〉，頁 2205。
〔註14〕《宋書》卷 98〈氐胡傳〉，頁 2414。
〔註15〕《魏書》卷 4 上〈世祖紀上〉，頁 89。

二、仇池問題的衝突

　　仇池爲北魏西南一小國，乃氐族楊氏所建，〔註16〕據有武都、陰平、漢中一帶，在北魏、劉宋兩大強權中以弱事強，外交態度傾向北魏，〔註17〕不時遣軍寇擾劉宋邊境。441年（魏太平眞君二年、宋元嘉十八年）十一月，《宋書‧文帝紀》載：「氐楊難當又寇漢川。十二月癸亥，遣龍驤將軍裴方明與梁、秦二州刺史劉眞道討之。」〔註18〕仇池主楊難當率軍入侵劉宋，與裴方明、劉眞道所率之宋軍發生激烈戰鬥，仇池軍大敗，宋軍更乘勝於次年五月攻入仇池，擒楊難當之子楊虎，「傳送京師，斬于建康市。仇池平。」〔註19〕而楊難當則在北魏協助下逃至平城。此時正當北魏統一北方，秣馬厲兵尋隙南征之際，魏太武帝聞劉宋兵進仇池，遂藉口助楊難當收復仇池，於 442 年（魏太平眞君三年、宋元嘉十九年）七月興兵犯宋，魏軍共分四路：〔註20〕

> 安西將軍、建興公古弼督隴右諸軍及殿中虎賁與武都王楊保宗等從祁山南入，征西將軍、淮陽公皮豹子與琅邪王司馬楚之等督關中諸軍從散關西入，俱會仇池；鬱林公司馬文思爲征南大將軍，進爵譙王，督洛豫諸軍事南趣襄陽；征南將軍東安公刁雍東趣廣陵。

魏太武帝的軍事部署，明顯由古弼、皮豹子率魏軍主力進攻仇池，至於司馬文思、刁雍進攻襄陽、廣陵之二路，可能是從側翼協助主力作戰，同時牽制宋軍避免其救援仇池，也不排除魏太武帝趁機試探襄陽、廣陵之防務，作爲日後大舉南侵之參考。劉宋朝廷似乎輕視因仇池問題引起的二國衝突，未及時動員抵抗，魏軍遂勢如破竹連敗宋軍，「征西將軍皮豹子等大破劉義隆（宋

〔註16〕關於仇池，馬長壽在《氐與羌》一書中載：「隴、蜀之間的的西漢水和白龍江流域，自古就是氐族分布的中心所在，在東漢和魏晉之世，又有不少的羌族、漢族移殖其間。……每當中原國勢衰落或政權分裂之際，氐族酋豪楊氏便統率著氐、羌和一部份漢人脫離中原統治。」見氏著，《氐與羌》（桂林：廣西師範大學出版社，2006 年 5 月），頁 54～55。南北朝時期有二個仇池政權，前仇池是由氐人楊茂搜於 296 年（晉元康六年）所建，後遭符堅於 371 年（前秦建元七年、晉咸安元年）所滅。本書所稱仇池乃後仇池，淝水戰後由氐人楊定於 386 年（魏登國元年、晉太元十一年）建立。

〔註17〕杜士鐸等認爲仇池雖處魏宋二大國之間，但並未對魏宋維持等距關係，而是採取親北魏政策，參見杜士鐸主編，《北魏史》（太原：山西高校聯合出版社，1992 年 8 月），頁 148。

〔註18〕《宋書》卷 5〈文帝紀〉，頁 88。

〔註19〕《宋書》卷 98〈氐胡傳〉，頁 2409。

〔註20〕《魏書》卷 4 下〈世祖紀下〉，頁 95。

文帝）將於樂鄉，擒其將王奐之、王長卿等，強玄明、辛伯奮棄下辨遁走，追斬之，盡虜其眾。」〔註21〕魏軍於 443 年（魏太平眞君四年、宋元嘉二十年）二月攻克仇池。之後雖因氐族楊氏不服北魏統治舉兵反叛，但叛亂很快在五月由古弼、皮豹子平定，爲加強統治力量，北魏朝廷以皮豹子爲仇池鎭將。此時北方柔然蠢動，頻寇魏邊，魏太武帝認爲平服仇池已達設定之戰略目標，不願與劉宋在仇池問題形成膠著，遂命各路魏軍班師，轉向北方征討柔然。

三、北魏征討柔然

柔然的入侵，導致北魏北方邊境騷動，也使魏太武帝未能趁魏、宋兩軍於仇池衝突得勝之際，進一步向南推進擴大勝果，若要向劉宋發動大規模進攻，必須徹底解決柔然此北方之憂。於是魏太武帝在 443 年（魏太平眞君四年、宋元嘉二十年）五月徹底解決仇池問題後，九月率軍親征柔然，魏軍共分四道，東、西、中三道爲主攻部隊，第四道爲後繼，「樂安王範、建寧王崇各統十五將出東道；樂平王（拓跋丕）〔註22〕督十五將出西道；車駕（魏太武帝）出中道；中山王辰領十五將爲中軍後繼。」〔註23〕魏太武帝於鹿渾谷與敕連可汗吳提正面對決，柔然大敗，「吳提遁走，追至頞根河，擊破之，車駕至石水而還。」〔註24〕吳提經此打擊，採遠避閃躲策略，不敢與魏軍正面交鋒。次年九月，「吳提死，子吐賀眞立，號處可汗，魏言唯也。」〔註25〕吐賀眞雖然對北魏態度尚稱平和，但臥榻之側豈容他人酣睡，柔然之於北魏猶如芒刺在背，加上南方劉宋有蠢動跡象，魏太武帝爲儘速解決柔然問題，決定實施一連串大規模的攻擊行動。449 年（魏太平眞君十年、宋元嘉二十六年）正月和九月，魏太武帝兩度率軍親征。正月之役，魏軍分三道進攻：〔註26〕

〔註21〕《魏書》卷 4 下〈世祖紀下〉，頁 95。

〔註22〕樂平王乃拓跋丕，參見《資治通鑑》卷 124〈宋紀六〉，文帝元嘉二十年，頁 3901。

〔註23〕《魏書》卷 103〈蠕蠕傳〉，頁 2294。

〔註24〕《魏書》卷 103〈蠕蠕傳〉，頁 2294。

〔註25〕《魏書》卷 103〈蠕蠕傳〉，頁 2294。《資治通鑑》稱處羅可汗，參見《資治通鑑》卷 124〈宋紀六〉，文帝元嘉二十一年，頁 3908。

〔註26〕《魏書》卷 103〈蠕蠕傳〉，頁 2294～2295。

車駕北伐，高涼王那出東道，略陽王羯兒出西道，車駕與景穆（拓跋晃）自中道出涿邪山。吐賀眞別部帥尒綿他拔等率千餘家來降。

是時，軍行數千里，吐賀眞新立，恐懼遠遁。

因吐賀眞避魏軍鋒芒恐懼遠遁，故此役未有明顯勝果，魏太武帝僅獲其部落民千餘家而還。

九月之役，兩軍正面對決爆發激烈戰鬥，魏軍一度被圍，《魏書·蠕蠕傳》載：〔註27〕

九月，車駕北伐，高涼王那出東道，略陽王羯兒出中道，與諸軍期會於地弗池。吐賀眞悉國精銳，軍資甚盛，圍那數十重，那掘長圍堅守，相持數日。吐賀眞數挑戰，輒不利，以那眾少而固，疑大軍將至，解圍夜遁。那引軍追之，九日九夜，吐賀眞益懼，棄輜重，踰穹隆嶺遠遁。那收其輜重，引軍還，與車駕會於廣澤。略陽王羯兒盡收其人戶畜產百餘萬。自是吐賀眞遂單弱，遠竄，邊疆息警矣。

由「吐賀眞悉國精銳，軍資甚盛。」來看，吐賀眞捨棄閃避策略，改以柔然精銳和魏軍決戰，包圍高涼王拓跋那的東道軍，但最後仍懼北魏大軍將至，竟解圍遁逃，遭高涼王拓跋那東道軍自後追擊。此役魏軍大勝且戰果輝煌，「盡收其人戶畜產百餘萬。自是吐賀眞遂單弱，遠竄，邊疆息警矣。」〔註28〕柔然遭此致命打擊後大衰，雖未能徹底解決柔然問題，不過「邊疆息警矣」一語標誌北魏與柔然關係呈現新的態勢。柔然雖仍存在北魏北方，入寇魏邊不可能完全避免，但已無法對北魏構成致命威脅，至少短時期內不會，而這短時期約有幾年？據《魏書·蠕蠕傳》載北魏再度出兵柔然乃魏文成帝時的太安四年（458、宋大明二年），〔註29〕而柔然再度入侵北魏是在464年（魏和平五年、宋大明八年），〔註30〕可見從魏太武帝449年（魏太平眞君十年、宋元嘉二十六年）九月重創柔然後，「世祖（魏太武帝）征伐之後，意存休息，蠕蠕亦怖威北竄，不敢復南。」〔註31〕柔然經過十五年的休養生息，至464年始有能力侵略北魏。若以458年魏文成帝北征柔然計算，雙方至少有九年

〔註27〕《魏書》卷103〈蠕蠕傳〉，頁2295。

〔註28〕《魏書》卷103〈蠕蠕傳〉，頁2295。

〔註29〕參見《魏書》卷103〈蠕蠕傳〉，頁2295。

〔註30〕參見《魏書》卷103〈蠕蠕傳〉，頁2295。

〔註31〕《魏書》卷103〈蠕蠕傳〉，頁2295。

無戰事。換言之，北魏少則九年、多則十五年，不用擔憂北疆國防問題，而這段時間已足夠魏太武帝發動對劉宋的戰爭，專心其飲馬長江之志。

四、盧水胡蓋吳叛亂

445 年（魏太平眞君六年、宋元嘉二十二年）九月，北魏關中地區爆發一場大規模的叛亂，叛軍首領蓋吳乃盧水胡人，〔註32〕「盧水胡蓋吳聚眾反於杏城。」〔註33〕北魏對境內各少數民族採設立軍鎮的治理方式，如羌人聚居地設李潤鎮（今陝西大荔北）、氐人聚居地設仇池鎮（今甘肅成縣西北）、盧水胡人聚居地設杏城鎮（今陝西黃陵西南）。這些少數民族長期受北魏政府剝削，常被迫遷徙並繳納沈重的賦稅，地位甚至不如漢人。盧水胡人長期對北魏積怨的結果，終於在蓋吳的領導下爆發叛亂。

北魏朝廷對這次叛亂一開始太過輕忽，僅由長安鎮副將拓跋紇率所部軍隊前往鎮壓，結果全軍覆沒，拓跋紇陣亡。魏太武帝至此始知情況嚴重，「詔發高平敕勒騎赴長安，詔將軍叔孫拔乘傳領攝并、秦、雍兵屯渭北。」〔註34〕才讓蓋吳遭到挫敗遏止叛軍攻勢，蓋吳爲避免遭魏軍殲滅，擬擴大戰場遂分兵四出寇掠，「蓋吳遣其部落帥白廣平西掠新平，安定諸夷酋皆聚眾應之，殺汧城守將。吳遂進軍李閏堡，分兵掠臨晉巴東。」〔註35〕同時遣使劉宋尋求外援。宋文帝接到蓋吳要求後，認爲製造北魏內部動亂符合劉宋國家利益，遂進行二項動作，第一：命雍州、梁州地方部隊開赴邊境，爲蓋吳聲援並伺機而動。第二：以蓋吳「使持節、都督關隴諸軍事、安西將軍、雍州刺史、北地郡公。……送雍、秦二州所統郡及金紫以下諸將印合一百二十一紐與吳，

〔註32〕關於盧水胡，陳羨指出：盧水胡乃關中胡人大支，因世居盧水流域而得名，根據考證，盧水可能爲今日甘肅張掖南面之黑水，此區域長期以來即爲民族混居區，包括匈奴、羌、小月氏等族。其中以匈奴爲主，因此研究民族史學者常將盧水胡歸爲匈奴。建立北涼的沮渠蒙遜，即爲典型盧水胡人，在五胡十六國中與劉淵、赫連勃勃都屬匈奴，然而這三者不可一概而論，劉淵屬南匈奴後人，乃匈奴與漢混血；赫連勃勃屬鐵弗部，則爲匈奴與鮮卑混血；沮渠蒙遜，依陳寅恪先生說法，出於小月氏，是匈奴與羌的混血。後來盧水胡的概念擴大，只要來自盧水的胡人，皆可曰盧水胡。詳見氏著，《悠悠南北朝——宋齊北魏的紛爭史》（重慶：重慶出版社，2007 年 7 月），頁 96。
〔註33〕《魏書》卷 4 下〈世祖紀下〉，頁 99。
〔註34〕《魏書》卷 4 下〈世祖紀下〉，頁 99。
〔註35〕《魏書》卷 4 下〈世祖紀下〉，頁 99。

使隨宜假授。」〔註36〕魏太武帝見宋文帝已採取拉攏蓋吳舉動，深恐二者連成一氣互為犄角，如此對北魏生存妨害甚大，遂決定率軍親赴關中平亂。

　　叛軍面對訓練有素的北魏軍隊明顯不敵，節節敗退。445年（魏太平真君六年、宋元嘉二十二年）十一月，北魏將軍章直、叔孫拔，各殲滅叛軍三萬人；次年正月，「蓋吳退走北地。……二月……北道諸軍乙拔等大破蓋吳於杏城，吳棄馬遁走。」〔註37〕魏太武帝原以為蓋吳一人勢單力孤無可作為，動亂當可就此平息，不料不久後卻死灰復燃。五月，「蓋吳復聚杏城，自號秦地王，假署山民，眾旅復振。」〔註38〕魏太武帝隨即調兵遣將重新部署，「遣永昌王仁、高涼王那督北道諸軍同討之。六月甲申，發定、冀、相三州兵二萬人屯長安南山諸谷，以防越逸。」〔註39〕此次平亂部署除了由永昌王拓跋仁、高涼王拓跋那二位親王率軍進擊叛軍，魏太武帝另發二萬魏軍圍堵叛軍，務求全數剿滅，避免重蹈蓋吳竄逃覆轍。魏軍的圍堵戰略發揮成效，叛軍無法突破魏軍的圍堵，遂起內訌。八月，「蓋吳為其下人所殺，傳首京師，永昌王仁平其遺燼。」〔註40〕竄擾關中地區長達一年的盧水胡蓋吳之亂，至此徹底平息。

五、崔浩因國史案被誅

　　450年（魏太平真君十一年、宋元嘉二十七年）六月，北魏發生震驚朝野的「國史」案，深受魏太武帝寵信的司徒崔浩被殺。此案之源起，乃崔浩承魏太武帝命與中書侍郎、領著作郎高允等人共撰北魏國史，而「著作令史太原閔湛、趙郡郄標素諂事（崔）浩，乃請立石銘，刊載國書，并勒所注五經。浩贊成之。」〔註41〕崔浩著史態度是秉筆直書，對拓跋氏先祖事蹟毫不隱諱據實詳載，「浩盡述國事，備而不典。而石銘顯在衢路，往來行者咸以為言。」〔註42〕如果《國記》置之殿閣，僅有官僚階層可接觸到或許無妨，現刻在石碑上又放在通衢大路旁，如此一來，上至達官顯貴、下至販夫走卒人人皆可

〔註36〕《宋書》卷95〈索虜傳〉，頁2341。
〔註37〕《魏書》卷4下〈世祖紀下〉，頁100。
〔註38〕《魏書》卷4下〈世祖紀下〉，頁101。
〔註39〕《魏書》卷4下〈世祖紀下〉，頁101。
〔註40〕《魏書》卷4下〈世祖紀下〉，頁101。
〔註41〕《魏書》卷35〈崔浩傳〉，頁825。
〔註42〕《魏書》卷35〈崔浩傳〉，頁826。

觀之，崔浩對拓跋氏先祖不盡典雅的記載，遂暴露全國百姓前，於是激起北魏統治階層代人的不滿，「北人無不忿恚，相與譖浩於（魏太武）帝，以爲暴揚國惡。」〔註43〕魏太武帝大怒，使「有司按驗浩，取祕書郎吏及長曆生數百人意狀。浩伏受賕，其祕書郎吏已下盡死。」〔註44〕影響所及，「清河崔氏無遠近，范陽盧氏、太原郭氏、河東柳氏，皆浩之姻親，盡夷其族。」〔註45〕魏太武帝興大獄結果，使北方漢人士族遭受嚴重摧殘。

　　崔浩在北魏乃歷魏道武、明元、太武三朝之元老重臣，爲北魏朝廷漢臣領袖，亦是最受魏太武帝信任之漢臣，舉凡征討大夏、柔然、北涼、劉宋等軍事行動，幾乎都採崔浩之戰略規畫，故可言之，魏太武帝能統一北方，崔浩功不可沒。或云，若無崔浩之出謀畫策，北魏仍可統一北方，由於北魏當時之實力已在北方諸國中脫穎而出，其一統北方之趨勢已然出現，但少了崔浩此一重要智囊，北魏可能付出更多代價，折損更多魏軍兵士，甚至需要更長的時間始能統一北方。若魏太武帝在統一北方戰爭中犧牲太多魏軍士兵或耗費更多時間，會影響他對南方的戰略態度，出兵劉宋的時程恐有所改變，由此更可凸顯崔浩對北魏的貢獻與價值。

　　當崔浩意見與代人將領不同時，魏太武帝往往以崔浩意見爲依歸，可見他對崔浩之信任與重視，二人之關係之密切，史載：「值世祖（魏太武帝）經營之日，言聽計從，寧廓區夏。遇既隆也，勤亦茂哉。」〔註46〕由此可見君臣之和諧，但魏太武帝爲何會因「國史」案大怒而誅殺崔浩，對崔浩被殺之原因，學界探討甚多，〔註47〕但不論其眞正原因爲何，北方漢人士族遇害者

〔註43〕《資治通鑑》卷125〈宋紀七〉，文帝元嘉二十七年，頁3942。
〔註44〕《魏書》卷35〈崔浩傳〉，頁826。
〔註45〕《魏書》卷35〈崔浩傳〉，頁826。
〔註46〕《魏書》卷35〈崔浩傳〉，頁827。
〔註47〕逯耀東認爲國史事件只是表面之原因，其背後眞正之因素乃在於崔浩欲發揚以漢人士大夫爲中心之士族政治，故引進大量漢人士族入朝爲官，形成以崔浩爲首之漢臣集團，而崔浩頗得拓跋燾重視，引起以太子拓跋晃爲首的代人集團不滿，導致產生雙方激烈的政治鬥爭。參見氏著，〈崔浩士族政治的理想〉，《從平城到洛陽——拓跋魏文化轉變的歷程》（台北：聯經出版事業有限公司，1979年3月）。孫同勛則認爲新舊間的權力衝突才是崔浩史獄的眞正原因，見氏著，〈北魏初期胡漢關係與崔浩之獄〉，《拓拔氏的漢化及其他——北魏史論文集》（臺北：稻鄉出版社，2005年3月）。陳寅恪以爲與崔浩的世族門閥意識有關，他欲齊整人倫、分明姓族，在鮮卑拓跋氏的專政下，不見容於當道。詳見氏著，〈崔浩與寇謙之〉，《金明館叢稿初編》（北京：三聯書店，

眾，漢臣勢力被壓抑，再度凸顯漢人身爲被統治者的悲哀，也顯示北魏政權對漢人輕蔑之態度。當其需漢臣輔佐時，毫不吝惜予以尊寵，崔浩曾自謂：「余備位台鉉，與參大謀，賞獲豐厚，牛羊蓋澤，貲累巨萬，衣則重錦，食則梁肉。」〔註48〕無利用價值時，則毫不留情予以誅殺。不過，魏太武帝事後卻感懊悔，「浩既誅死，帝頗悔之。」〔註49〕但再多後悔也無法挽回。值得注意的是，崔浩死於魏宋第三次戰爭前，故魏太武帝進行戰略規畫與軍事部署時，已無深諳南北情勢的崔浩可提建言，這對魏太武帝對劉宋的作戰過程或是戰爭結果是否會有所影響，亦是一項值得觀察的指標。

六、劉宋積極恢復國力

　　宋文帝在首次北伐失利後，躬勤政事，專心致力於內政，謀求國力之恢復，劉宋朝廷在其領導下，推行繁榮經濟、文化的各項政策，如鼓勵農耕、減少租稅的經濟政策，使劉宋社會生產日漸發展；而尊孔勸學、興辦學校的文化政策，使劉宋社會文化昌盛，百姓安居樂業。

　　由於戰爭導致生產停滯，而大量兵員傷亡，又影響生產力，故宋文帝首要之務在恢復社會生產力。他於 431 年（魏神䴥四年、宋元嘉八年）二月結束北伐戰事後，刻不容緩於閏六月庚子發佈詔書：〔註50〕

　　　　自頃農桑惰業，遊食者眾，荒萊不闢，督課無聞。一時水旱，便有
　　　　罄匱，苟不深存務本，豐給靡因。郡守賦政方畿，縣宰親民之主，
　　　　宜思獎訓，導以良規。咸使肆力，地無遺利，耕蠶樹藝，各盡其力。
　　　　若有力田殊眾，歲竟條名列上。

宋文帝希望每個人都能投入生產，提高國家整體生產力，因此不願見到「遊

2001 年 6 月）。周一良認爲，崔浩修史秉筆直書，譏訕拓跋氏先祖，被讒致禍。參見氏著，〈崔浩國史之獄〉，《魏晉南北朝史札記》（北京：中華書局，1985年 3 月）。劉國石將歷來對崔浩之研究加以蒐集整理，分析歸納爲四個原因：一、民族隔閡與民族矛盾的結果。二、個人樹仇太多所致。三、拓跋貴族與諸王之矛盾轉化爲與崔浩矛盾的結果。四、拓跋燾對崔浩態度之變化所致。詳見氏著，〈近 20 年來崔浩之死研究概觀〉，《中國史研究動態》，1998 年 9期。崔浩史獄的真正原因，史料記載簡略晦暗難明，歷史學者僅能據此文獻史料，以其史識提出個人的看法。

〔註48〕《魏書》卷 35〈崔浩傳〉，頁 827。
〔註49〕《魏書》卷 114〈釋老志〉，頁 3035。
〔註50〕《宋書》卷 5〈文帝紀〉，頁 80。

食者眾」，故命各級地方官員負起責任，「宜思獎訓，導以良規。」透過不同方式使「耕蠶樹藝」都能「各盡其力。」而宋文帝督促生產的經濟政策，並非短期因應戰後加速生產的權宜措施，而是長期持續執行，如 443 年（魏太平真君四年、宋元嘉二十年）十二月壬午詔曰：〔註51〕

> 國以民為本，民以食為天。故一夫輟稼，饑者必及。倉廩既實，禮節以興。……有司其班宣舊條，務盡敦課。遊食之徒，咸令附業，考覈勤惰，行其誅賞，觀察能殿，嚴加黜陟。

也因宋文帝對生產的重視，不時嚴旨督促相關官員，因此在君臣一致努力下，劉宋的生產不僅得以恢復，還進一步得到發展，使社會呈現繁榮富裕的景象。

伴隨著生產發展而來的是稅賦的增加，但宋文帝也注意到政府的部分稅捐政策長期困擾百姓，故於 440 年（魏太平真君元年、宋元嘉十七年）十一月丁亥下詔曰：〔註52〕

> 前所給揚、南徐二州百姓田糧種子，兗、兩豫、青、徐諸州比年所寬租穀應督入者，悉除半。今年有不收處，都原之。凡諸逋債，優量申減。又州郡估稅，所在市調，多有煩刻。山澤之利，猶或禁斷；役召之品，遂及稚弱。諸如此比，傷治害民。自今咸依法令，務盡優允。如有不便，即依事別言，不得苟趣一時，以乖隱卹之旨。主者明加宣下，稱朕意焉。

宋文帝這封詔書的前半段，展現他對農民的寬厚；而後半段則體恤百姓常遭「估稅」、「市調」、「役召之品」等困擾，希望相關官員能加以改善。

劉宋政權以漢民族正統王朝自居，故文化政策自然高舉尊孔大旗，宋文帝首先整理荒蕪的孔子墓，並擇定孔墓附近居民負責管理與打掃，其詔曰：〔註53〕

> 「……況尼父德表生民，功被百代，而墳塋荒蕪，荊棘弗翦。可蠲墓側數戶，以掌灑掃。」魯郡上民孔景等五戶居近孔子墓側，蠲其課役，供給灑掃，并種松栢六百株。

此外，亦大力興學為國家培養人才，「胄子始集，學業方興。……閭里往經寇亂，黌校殘毀，并下魯郡修復學舍，採召生徒。」〔註54〕宋文帝對興學事業

〔註51〕《宋書》卷5〈文帝紀〉，頁90～91。
〔註52〕《宋書》卷5〈文帝紀〉，頁87。
〔註53〕《宋書》卷5〈文帝紀〉，頁90。
〔註54〕《宋書》卷5〈文帝紀〉，頁89。

的成功甚感滿意，曾於 446 年（魏太平眞君七年、宋元嘉二十三年）十月戊子下詔曰：〔註55〕

> 「庠序興立累載，冑子肄業有成。近親策試，觀濟濟之美，緬想洙、泗，永懷在昔。諸生答問，多可採覽。教授之官，並宜沾賚。」賜帛各有差。

在上述宋文帝一連串經濟、農業、稅賦、文教等政策的長期推動下，不但使劉宋文風鼎盛，百姓豐衣足食，也使財政收入增加國庫充實，宋文帝開創了劉宋唯一盛世——「元嘉之治」，也累積與北魏爭雄之國力。

七、宋文帝救平奪位危機

宋文帝誅徐羨之、傅亮、謝晦三位輔政大臣後，爲防止大權旁落，遂開始重用宗室，而最值得信任者，莫過於兄弟至親。彭城王劉義康乃宋武帝四子，宋文帝於 429 年（魏神麚二年、宋元嘉六年）正月，以其弟彭城王劉義康爲「侍中、都督揚南徐兗三州諸軍事、司徒、錄尙書事。」〔註56〕入朝輔政，由於彭城王劉義康「性好吏職，銳意文案，糾剔是非，莫不精盡。」〔註57〕加上宋文帝的信任，遂「專總朝權，事決自己，生殺大事，以錄命斷之。凡所陳奏，入無不可，方伯以下，並委義康授用，由是朝野輻湊，勢傾天下。」〔註58〕同時，他又與附己之侍中劉湛互通聲氣，提拔劉斌、王履、劉敬文、孔胤秀等人，朋黨之勢逐漸形成。

宋文帝身體多病，多次病情危急，而攸關宋文帝身後的皇位繼承，就在太子劉劭與彭城王劉義康間形成巧妙連結，史載：〔註59〕

> 上（宋文帝）疾嘗危殆，使義康具顧命詔。義康還省，流涕以告（劉）湛及殷景仁，湛曰：「天下艱難，詎是幼主所御。」義康、景仁並不答。而胤秀等輒就尙書儀曹索晉咸康末立康帝舊事，義康不知也。及太祖（宋文帝）疾豫，微聞之……自是主相之勢分，內外之難結矣。

一旦宋文帝崩逝，當時太子劉劭不過十餘歲少年，無法和權傾朝野的彭城王

〔註55〕《宋書》卷5〈文帝紀〉，頁 94。
〔註56〕《宋書》卷 68〈武二王·彭城王義康傳〉，頁 1790。
〔註57〕《宋書》卷 68〈武二王·彭城王義康傳〉，頁 1790。
〔註58〕《宋書》卷 68〈武二王·彭城王義康傳〉，頁 1790。
〔註59〕《宋書》卷 68〈武二王·彭城王義康傳〉，頁 1791。

劉義康一黨抗衡，皇位落入其手實可預見，故宋文帝在痊癒後，逐漸與彭城王劉義康疏遠，並等待時機削減其朋黨勢力。440年（魏太平真君元年、宋元嘉十七年）五月，劉湛母親去世，宋文帝乘機將其免職，十月「乃收劉湛付廷尉，伏誅。」〔註60〕同時大規模剪除黨於彭城王劉義康之官員：〔註61〕

> 又誅（劉）斌及大將軍錄事參軍劉敬文、賊曹參軍孔邵秀、中兵參軍邢懷明、主簿孔胤秀、丹陽丞孔文秀、司空從事中郎司馬亮、烏程令盛曇泰等。徙尚書庫部郎何默子、餘姚令韓景之、永興令顏遙之、湛弟黃門侍郎素、斌弟給事中溫於廣州，王履廢於家。

彭城王劉義康朝中勢力幾乎遭宋文帝全數剷除，而他見其同黨紛遭誅殺與罷官，內心亦不自安，遂「上表遜位，詔以義康爲江州刺史。」〔註62〕宋文帝念在手足之情並未誅殺，將其調往江州，遠離建康權力核心。445年（魏太平真君六年、宋元嘉二十二年）十二月，太子詹事范曄與彭城王劉義康心腹孔熙先策劃政變，欲迎立彭城王劉義康，不料事敗，「太子詹事范曄謀反，及黨與皆伏誅。」〔註63〕彭城王劉義康亦遭牽連免官，被廢爲庶人，並徙至安成郡（今河南汝南），宋文帝懼其再有圖謀，遂「以寧朔將軍沈邵爲安成公相，領兵防守。」〔註64〕嚴密監控。

八、劉宋結盟柔然共抗北魏

就劉宋的戰略思考而言，結盟柔然牽制北魏，乃「以夷制夷」政策之運用。柔然、北魏、劉宋三國地理位置，柔然在北、北魏居中、劉宋在南，以北魏國力最強，故劉宋「以夷制夷」政策，乃權力平衡（Balance of Power）之運用，藉由柔然牽制北魏後方，使北魏必須於北方置重兵防備柔然，如此可舒緩劉宋直接面對北魏之壓力。同時，北魏與劉宋爆發戰爭時，柔然和劉宋聯盟協同作戰，分從南北進攻北魏，柔然由北向南進攻、劉宋由南往北發動攻擊，當可使北魏腹背受敵首尾無法兼顧，若軍事行動順利甚至可令北魏滅亡。劉宋的戰略思考方向正確，但是仍要有戰略環境配合。首先，前文已述，449年（魏太平真君十年、宋元嘉二十六年）北魏重挫柔然，柔然已無法

〔註60〕《宋書》卷68〈武二王・彭城王義康傳〉，頁1791。
〔註61〕《宋書》卷68〈武二王・彭城王義康傳〉，頁1791～1792。
〔註62〕《資治通鑑》卷123〈宋紀五〉，文帝元嘉十七年，頁3886。
〔註63〕《宋書》卷5〈文帝紀〉，頁93。
〔註64〕《宋書》卷68〈武二王・彭城王義康傳〉，頁1796。

爲患北魏，至少短期內無力威脅北魏。﹝註65﹞其次，北魏橫亙柔然與劉宋間，宋文帝無法完全明瞭柔然實際狀況，容易過份高估柔然實力，雙方雖有使者往返，但使者往往揚己之長、晦己之短，柔然使者會將自身多少實情透露給宋文帝不無疑問，恐怕多是誇己之強罷了。

宋文帝 450 年（魏太平眞君十一年、宋元嘉二十七年）北伐詔書中曾言：「芮芮間使適至，所說並符，遠輸誠款，誓爲犄角。」﹝註66﹞柔然可能在 449 年（魏太平眞君十年、宋元嘉二十六年）遭北魏征討後國力大衰，爲了避免再度受到北魏打擊，極思尋找外援，故有極大可能於此時遣使劉宋洽談同盟。此外，據潘國鍵研究，柔然從 442 年（魏太平眞君三年、宋元嘉十九年）至 541 年（梁大同七年、東魏興和三年、西魏大統七年）一百年間，共有十五次向南朝遣使朝貢的紀錄，﹝註67﹞柔然不遠千里朝貢南朝，其目的爲利用南朝抑制北朝，這與宋文帝利用柔然牽制北魏目的不謀而合。潘國鍵認爲：「中國南北朝時代，南朝聯結國外草原民族牽制北朝，歷史上確頗多證據。反過來說，草原民族國家圖利用中國分裂的南北朝互相牽制的情況求取利益，亦非鮮見。」﹝註68﹞魏太武帝曾於 450 年致書責備宋文帝：「彼往日北通芮芮，西結赫連、蒙遜、吐谷渾，東連馮弘、高麗。凡此數國，我皆滅之。」﹝註69﹞上述引文足以證明宋文帝積極聯絡北方諸國對抗北魏。

劉宋和柔然組成聯盟對抗共同敵人北魏，若據柔然遣使劉宋的正式紀錄，可能在 442 年（魏太平眞君三年、宋元嘉十九年）首次遣使時，即與宋文帝達成夾擊北魏的協議，當時柔然勢力仍強，尚未遭魏太武帝 449 年（魏太平眞君十年、宋元嘉二十六年）對其大舉打擊，故仍對北魏具強大威脅。與此同時，宋文帝元嘉之治的輝煌成果也使劉宋國力明顯提升，正欲向北拓展領土、經營黃河流域，雙方面對共同戰略目標北魏，組織聯盟實有利無害，故劉宋和柔然於 442 年達成聯盟的可能性極大。不過，也不排除在 449 年，雖史料上並無當年柔然遣使劉宋之明確記載，但由前述 450 年（魏太平眞君

﹝註65﹞ 參見本書第四章第一節，頁 176～178。

﹝註66﹞ 《宋書》卷 95〈索虜傳〉，頁 2348。

﹝註67﹞ 潘國鍵整理出柔然向南朝遣使的紀錄分別是西元 442、463、467、468、471、472、478、480、481、515、516、528、530、538、541 等十五次。詳見氏著，《北魏與蠕蠕關係研究》（臺北：臺灣商務印書館，1988 年 3 月），頁 141、185～186。

﹝註68﹞ 潘國鍵，《北魏與蠕蠕關係研究》，頁 140。

﹝註69﹞ 《宋書》卷 95〈索虜傳〉，頁 2346。

十一年、宋元嘉二十七年）宋文帝北伐詔書所言，柔然遣使劉宋商談聯盟之事，可能性極高，因柔然在當年遭魏太武帝重創後勢力大衰，迫切尋求外援以自固，故雙方一拍即合，這也就增強了宋文帝北伐信心與決心。劉宋對具秘密性質的軍事同盟保密，避免令北魏探知預作準備而失去戰略先機，故未留下外交使者往來紀錄當可想見。但是，不論 442 年或 449 年，柔然與劉宋至少達成共同對抗北魏之默契。

魏宋 450 年（魏太平眞君十一年、宋元嘉二十七年）的戰爭和前次 430 年（魏神麚三年、宋元嘉七年）的戰爭相比，戰略環境已有很大的不同。北魏方面，統一北方，重現前秦以來中國北方的統一局面，這是其有利之處，加上魏太武帝不斷地北伐柔然，尤其 449 年（魏太平眞君十年、宋元嘉二十六年）對柔然取得壓倒性勝利，柔然「遠竄，邊疆息警矣。」〔註 70〕使北魏免除北方後顧之憂，能全力用兵南方。然而北魏並非沒有隱憂，首先是崔浩已死，魏太武帝少了能盱衡時勢、洞觀全局的重要參謀，尤其崔浩常能從漢人角度出發，提出與代人將領對戰局不同的觀點，故對劉宋的作戰更是需要通過崔浩漢人角色瞭解宋文帝的戰略思維，不可諱言，缺少崔浩的建言，對魏太武帝的戰略規畫會有一定程度的影響。其次是蓋吳之亂雖已平定，但少數民族的叛亂卻未曾停歇，據張金龍統計指出，魏太武帝時期一共發生二十一次反叛事件，其中前期十二次，後期九次，〔註 71〕顯見北魏的少數民族政策並未獲得境內各少數民族認同，而屢撲屢起的叛亂事件，也成爲魏太武帝對劉宋用兵的隱憂。

至於劉宋的戰略環境，元嘉之治使劉宋社會呈現繁榮盛況，雖無法和歷代統一王朝之盛世相媲美，但對偏安一隅且朝代更迭頻繁的南朝而言，亦屬小康局面，內政的安定與國家榮景，成爲宋文帝興師北伐的一大優勢。但不可否認，431 年（魏神麚四年、宋元嘉八年）結束的魏宋第二次戰爭，由於劉宋大敗，北強南弱態勢於焉形成，此乃劉宋之劣勢。宋文帝能否突破魏強宋弱格局，以及宋軍將士能否克服對魏軍之恐懼，都是對劉宋上下的一大考驗。此外，對柔然情況未能明確掌握，劉宋、柔然聯盟是否能發揮合擊北魏功效，皆屬未知且無法預測，這些都是對劉宋戰略環境不利之處。

〔註 70〕《魏書》卷 103〈蠕蠕傳〉，頁 2295。
〔註 71〕參見張金龍，《北魏政治史》第四冊，卷 5〈太武帝時代〉，頁 102～106。

第二節 戰略規畫與作戰經過

魏宋第三次大戰雖爆發於 450 年（魏太平眞君十一年、宋元嘉二十七年），但魏太武帝爲試探劉宋虛實，445 年（魏太平眞君六年、宋元嘉二十二年）已先發動掠奪性野戰，入侵劉宋青徐地區，使 431 年（魏神廳四年、宋元嘉八年）以來的和平時期結束，魏宋邊境進入緊張狀態。此後雙方皆有用兵之企圖，遂積極整軍備戰，於 450 年爆發北魏與劉宋規模最大、最慘烈之全面性戰爭。

一、魏宋全面戰爭前哨戰：北魏南侵青徐地區

魏太武帝於 445 年（魏太平眞君六年、宋元嘉二十二年）十一月發動侵略劉宋青徐地區的區域戰爭，爲 450 年（魏太平眞君十一年、宋元嘉二十七年）魏宋第三次戰爭揭開序幕。何以長達十餘年魏宋邊境的安寧，魏太武帝欲以武力破壞之？其背後原因，實有二項戰略目的，其一：阻斷蓋吳與劉宋之聯絡。由於蓋吳爲擴大對北魏之叛亂，遂臣服劉宋並引之爲奧援，而宋文帝也樂於接受此一位於北魏腹心地區之勢力，並對蓋吳及其以下叛軍將領大肆封贈官祿爵位。魏太武帝不滿宋文帝爲蓋吳聲援，決定予以教訓。同時也擔憂劉宋出兵協助蓋吳，會使內憂外患合一，蓋吳之亂不僅無法平定，尚須面對宋軍威脅，故先下手爲強，遣軍入侵宋境，欲令宋文帝不敢輕舉妄動，帶有濃厚警告意味。其二：試探劉宋在淮北地區之防務，瞭解當地宋軍面對魏軍進攻時的反應及其防禦力量，作爲日後發動大規模戰爭之重要參考。而五年後的 450 年，北魏果然大舉入侵劉宋，爆發魏宋第三次大戰，故 445 年北魏的入侵行動，可視爲 450 年大戰之前哨戰。

在宋文帝聲援蓋吳後，魏太武帝即決定同時對劉宋和蓋吳用兵，據《魏書‧世祖紀》載：〔註72〕

> 十有一月，……發冀州民造浮橋於碻磝津。蓋吳遣其部落帥白廣平西掠新平，安定諸夷酋皆聚眾應之，殺汧城守將。吳遂進軍李閏堡，分兵掠臨晉巴東。將軍章直與戰，大敗之，兵溺死於河者三萬餘人。吳又遣兵西掠至長安，將軍叔孫拔與戰於渭北，大破之，斬首三萬餘級。

蓋吳之亂起於 445 年（魏太平眞君六年、宋元嘉二十二年）九月，魏太武帝於

〔註72〕《魏書》卷 4 下〈世祖紀下〉，頁 99。

叛亂初起時誤判情勢，認爲以當地長安鎮的兵力即可平定，不料長安鎮副將拓跋紇竟爲蓋吳所殺，加上劉宋聲言出兵助攻，使蓋吳聲勢大振。魏太武帝見叛軍勢大，遂於十月調集大軍平亂。上述記載表明，魏太武帝於十一月「發冀州民造浮橋於碻磝津」，即是準備由此渡黃河南侵青徐地區，討平蓋吳和進攻劉宋同時進行，不讓二股力量匯集。之後魏軍大敗蓋吳之眾，消滅六萬叛軍，蓋吳勢力大減，魏太武帝乃轉而進攻劉宋。同月辛未，魏太武帝發動攻勢，「選六州兵勇猛者二萬人，使永昌王仁、高涼王那分領，爲二道，各一萬騎，南略淮泗以北，徙青徐之民以實河北。」〔註73〕當時劉宋負責抵禦魏軍入侵者，乃北境邊州刺史，分別爲：青州刺史杜驥、冀州刺史申恬、徐州刺史衡陽王劉義季，其中衡陽王劉義季乃宗室親王，又爲使持節、散騎常侍、都督南兗徐青冀幽六州豫州之梁郡諸軍事、征北大將軍、開府儀同三司，〔註74〕可謂北境第一線抗魏總指揮。

次年（446、魏太平眞君七年、宋元嘉二十三年）二月，雖然杜驥、申恬率所屬軍隊奮力抵抗，還是無法抵禦魏軍進攻，使劉宋北疆地區遭遇嚴重破壞，《宋書・索虜傳》載：〔註75〕

> （魏軍）入太原界，攻冀州刺史申恬於歷城，恬擊破之。杜驥遣其寧
> 朔府司馬夏侯祖歡、中兵參軍吉淵馳往赴援，虜破略太原，得四千餘
> 口，牛六千餘頭。尋又寇克、青、冀三州，遂及清東，殺略甚眾。

永昌王拓跋仁和高涼王拓跋那率領的魏軍擄掠不少劉宋百姓，這些百姓被迫遷往河北地區，藉以充實北魏該地人口與賦稅。不過，南北史書對魏軍掠奪劉宋百姓之人數記載不同。前引《宋書・索虜傳》爲四千餘口，另據《魏書・世祖紀》：「永昌王仁至高平，擒劉義隆將王章，略金鄉、方與，遷其民五千家於河北。高涼王那至濟南東平陵，遷其民六千餘家於河北。」〔註76〕五千加六千合計一萬一千，較《宋書》多出六千餘，而且《魏書》單位是家戶，《宋書》則是口數，如此相差更大，何以南北史書記載不一！事實上，南北朝對立時期，南北史書因立場所限，對戰爭結果往往誇勝諱敗，因此遭擄掠百姓呈現二種不同數目也就不足爲奇。司馬光認爲「蓋魏人夸張其數，故不同耳。」

〔註73〕《魏書》卷4下〈世祖紀下〉，頁100。
〔註74〕參見《宋書》卷61〈武三王・衡陽王義季傳〉，頁1655。
〔註75〕《宋書》卷95〈索虜傳〉，頁2341。
〔註76〕《魏書》卷4下〈世祖紀下〉，頁100。

〔註77〕北魏爲誇大戰果，膨脹掠奪劉宋百姓數目，實際當以《宋書》揭露四千餘口爲宜，但不論是四千或一萬一，《宋書》對魏軍之摧殘破壞尚且自云：「殺略甚眾。」可見劉宋兗州、青州、冀州遭受嚴重破壞乃不爭之事實。

　　面對魏軍入侵，不同於青州刺史杜驥、冀州刺史申恬因守土有責奮力抗擊魏軍，徐州刺史衡陽王劉義季竟毫無作爲：「索虜侵逼，北境擾動，義季懲義康禍難，不欲以功勤自業，無它經略，唯飲酒而已。」〔註78〕前文已述，衡陽王劉義季尙都督六州諸軍事，青州、冀州爲其中二州，故他實爲杜驥、申恬上級指揮官，不料衡陽王劉義季懼魏怕戰，表現較其下屬遠遜，宋文帝對此甚爲憤怒，毫不客氣下詔指責其幼弟：〔註79〕

> 杜驥、申恬，倉卒之際，尚以弱甲瑣卒，徼寇作援。彼爲元統，士馬桓桓，既不懷奮發，連被意旨，猶復逡巡。豈唯大乖應赴之宜，實孤百姓之望。……賊初起逸，未知指趨，故且裝束，兼存觀察耳。
>
> 少日勢漸可見，便應大有經略，何合安然，遂不敢動。

宋文帝雖然嚴厲譴責衡陽王劉義季，但鑑於其爲同胞兄弟，未調離徐州刺史，仍以其爲征北大將軍，委以北方邊防重任，此從 447 年（魏太平眞君八年、宋元嘉二十四年）「八月乙未，征北大將軍、徐州刺史衡陽王義季薨。」〔註80〕可證宋文帝雖對衡陽王劉義季消極怠惰行爲不滿，卻未另擇良將代之，此爲宋文帝賞罰不明，戰略思維略嫌欠妥之處。

　　魏軍對青、兗、冀、徐等州大肆破壞，至清水以東而還，劉宋北境爲之騷動。〔註81〕細究此次北魏入侵劉宋，據《宋書·索虜傳》所載，乃因一項未經查證之錯誤情報所致：〔註82〕

> 太原民顏白鹿私行入荒，爲虜所錄，（北魏）相州刺史欲殺之，白鹿詐云「青州刺史杜驥使其歸誠」。相州刺史送白鹿至桑乾，燾（魏太武帝拓跋燾）喜曰：「我外家也。」使其司徒崔浩作書與驥。

魏太武帝聞劉宋青州刺史杜驥欲來歸，大喜，遂命永昌王拓跋仁、高涼王拓

〔註77〕　《資治通鑑》卷 124〈宋紀六〉，文帝元嘉二十三年，頁 3924。
〔註78〕　《宋書》卷 61〈武三王·衡陽王義季傳〉，頁 1655。
〔註79〕　《宋書》卷 61〈武三王·衡陽王義季傳〉，頁 1655。
〔註80〕　《宋書》卷 5〈文帝紀〉，頁 95。
〔註81〕　參見《宋書》卷 95〈索虜傳〉，頁 2341；《魏書》卷 4 下〈世祖紀下〉，頁 100；《資治通鑑》卷 124〈宋紀六〉，文帝元嘉二十三年，頁 3924。
〔註82〕　《宋書》卷 95〈索虜傳〉，頁 2341。按，「魏主母杜氏，故謂驥爲外家。」詳見《資治通鑑》卷 124〈宋紀六〉，文帝元嘉二十三年，頁 3924。

跋那將兵相迎。何以魏太武帝未查證清楚即興師動眾，究其原因，北魏已統一北方，魏太武帝正欲對南方用兵，此情報正提供北魏尋釁藉口。其實不論顏白鹿所言是否為真，魏太武帝均已決定入侵劉宋青徐地區，有顏白鹿之言，可將北魏出兵之由合理化，故魏太武帝沒必要、也不會查證此情報真假。北魏自 445 年（魏太平眞君六年、宋元嘉二十二年）十一月出兵，至次年二月班師北返，魏太武帝不到四個月時間即結束軍事行動，原因在於其戰略目的已達成，主要在教訓宋文帝對蓋吳的援助，並試探該地區宋軍虛實，及對魏軍打擊後的反應，所以在進犯青徐地區取得初步勝果後便不再戀戰，立即撤軍北返。一方面是蓋吳之亂甫平，關中不穩，需加強北魏統治力量；另一方面，劉宋朝廷也開始調集援軍，而魏太武帝尚未完成對劉宋全面作戰的準備，故現階段戰事不宜擴大。

二、第一階段：懸瓠之役

魏太武帝於 446 年（魏太平眞君七年、宋元嘉二十三年）二月結束對劉宋青徐地區的用兵後，魏宋關係漸趨緊張，魏太武帝、宋文帝南北二位君王主戰意圖強烈，對內進行各項作戰動員與戰爭準備；對外整飭邊防強化防禦力量，雙方都在做大戰部署，南北對峙的緊張關係，終於在 450 年（魏太平眞君十一年、宋元嘉二十七年）二月爆發魏宋第三次大戰，亦是雙方規模最大的一次戰爭，堪稱北魏與劉宋總體實力之較量，亦是魏太武帝、宋文帝二位君王在消滅對方統一南北主觀意識上之對抗。戰爭過程大致可分三階段：第一階段先是魏太武帝挑釁，揮軍進攻汝南，進而包圍懸瓠（今河南汝南）；接著宋文帝大舉北伐進攻北魏進入第二階段；而北魏先守後攻，待宋軍師老兵疲後全力反攻，遂進入第三階段。北魏、劉宋在三階段的戰略規畫皆不同，以下就三階段雙方戰略規畫與作戰經過分別論述之。

北魏從青徐地區退兵四年後的 450 年（魏太平眞君十一年、宋元嘉二十七年），魏太武帝認為南伐時機成熟，正月南巡至河南地區，「二月甲午，大蒐於梁川。」〔註83〕大蒐即校獵，對劉宋百姓和財產進行掠奪與搜刮，接著更親率十萬大軍進攻汝南，並圍攻汝南郡治所懸瓠城，〔註84〕《宋書·索虜

〔註83〕《魏書》卷 4 下〈世祖紀下〉，頁 104。
〔註84〕今河南省汝南縣，汝水支流環繞形同懸瓜，因以名焉。

傳》：〔註85〕

> （元嘉）二十七年，（拓跋）燾自率步騎十萬寇汝南。初，燾欲爲邊
> 寇，聲云獵於梁川。太祖（宋文帝）慮其侵犯淮、泗，迺敕邊戍：「小
> 寇至，則堅守拒之；大眾來，則拔民戶歸壽陽。」諸戍偵候不明，
> 虜奄來入境，宣威將軍陳南頓二郡太守鄭琨、綏遠將軍汝陽潁川二
> 郡太守郭道隱並棄城奔走。

相同的戰爭行爲，《魏書・島夷劉義隆傳》則載：〔註86〕

> （太平眞君）十一年二月，世祖（魏太武帝）欲獵於雲夢，發使告
> 義隆（宋文帝），勿相猜阻，義隆請奉詔。世祖南巡，義隆邊城閉門
> 拒守，世祖忿之，乃攻懸瓠。分遣使者安慰降民，其不服者誅戮之。
> 義隆汝南、南頓、汝陽、潁川太守，並棄城奔走。

南北史書記載大同小異。對於魏軍的不斷南侵，劉宋早已研擬備禦之道，邊
關守將視情況採取不同戰術因應。若是小股魏軍騷擾，則閉門拒戰，採堅守
城戍方式應敵，由於攻城乃魏人所短，守城則爲宋人所長，以己之長克敵之
短，如此可減少宋軍之損失。若是北魏大軍來攻，則棄城偕同百姓轉進壽陽
（今安徽壽縣），如果劉宋守軍積極應戰，勢必遭受龐大損失，且城陷後，城
內劉宋軍民歸北魏所有，等於增加北魏力量，不如保存實力退至壽陽，並以
壽陽爲根據地，壯大壽陽防衛力量抵禦魏軍南侵。宋文帝對北境邊關守將下
達的防禦戰術相當明確，故鄭琨、郭道隱等太守面對十萬魏軍的進攻，只能
保留有生力量而棄城遁走。

　　劉宋邊將不戰即退，使魏軍攻勢順利，迅速攻陷淮西地區，「虜掠抄淮西
六郡，殺戮甚多。攻圍懸瓠城，城內戰士不滿千人。」〔註87〕宋文帝「大眾
來，則拔民戶歸壽陽。」的避戰思維，使淮西六郡遭受魏軍荼毒，此種戰術
對劉宋是利、是弊，實有檢討空間。魏軍接著乘勝追擊進圍懸瓠，懸瓠乃劉
宋豫州汝南郡治，政治、軍事地位重要，守將陳憲據城固守，「先是，汝南、
新蔡二郡太守徐遵之去郡，南平王（劉）鑠時鎮壽陽，遣右軍行參軍陳憲行
（汝南）郡事。」〔註88〕劉鑠字休玄，宋文帝四子，本爲「使持節、都督南

〔註85〕《宋書》卷 95〈索虜傳〉，頁 2344。
〔註86〕《魏書》卷 97〈島夷劉義隆傳〉，頁 2138。
〔註87〕《宋書》卷 95〈索虜傳〉，頁 2344。按「淮西六郡」即汝南、南頓、汝陽、
　　　　潁川、新蔡、陳郡等六郡。
〔註88〕《宋書》卷 95〈索虜傳〉，頁 2344。

豫豫司雍秦并六州諸軍事、南豫州刺史。時太祖（宋文帝）方事外略，乃罷南豫併壽陽，即以鑠爲豫州刺史，尋領安蠻校尉。」〔註89〕宋文帝以皇子出鎮壽陽，代表對此軍事重鎮之重視，並展現有志北略之意圖。

陳憲行汝南郡事後，面對北魏大軍進攻，立即鞏固懸瓠城防務，與魏軍展開懸瓠攻防戰。魏太武帝親自督軍全力猛攻，陳憲堅守城池，戰況慘烈，史載：〔註90〕

> （陳）憲嬰城固守，（拓跋）燾盡銳以攻之，憲自登郭城督戰。起樓臨城，飛矢雨集，衝車攻破南城，憲於內更築扞城，立柵以補之。
> 虜肉薄攻城，死者甚眾，憲將士死傷亦過半。

懸瓠城在陳憲的堅守下，城內宋軍士氣高昂，「（陳）憲銳氣愈奮，戰士無不一當百。」〔註91〕十萬魏軍屢攻不下，陳憲成功讓魏軍陷入攻城泥沼，且將魏軍主力牽制在懸瓠，爭取劉宋朝廷組織援軍時間。

劉宋方面負責抵禦魏軍入侵者有二人，一爲前述之南平王劉鑠；另一爲鎮守彭城（今江蘇銅山）的徐州刺史武陵王劉駿（宋孝武帝）。劉駿字休龍，宋文帝三子，受命組織援軍赴援，「時世祖（宋孝武帝）鎮彭城，太祖（宋文帝）遣隊主吳香鑪乘驛敕世祖，遣千騎，齎三日糧襲之。世祖發百里內馬，得千五百匹。」〔註92〕武陵王劉駿迅速組織一支一千五百人的輕裝騎兵，分爲五軍，以參軍劉泰之爲統帥，「與安北騎兵行參軍垣謙之、田曹行參軍臧肇之、集曹行參軍尹定、武陵國左常侍杜幼文五人，各領其一。謙之領泰之軍副殿中將軍程天祚督戰。」〔註93〕以如此少之兵力赴援，和北魏大軍正面衝突必敗無疑，唯有以奇襲戰術方能殺其措手不及。當時魏軍主力由魏太武帝率領圍攻懸瓠，而永昌王拓跋仁率萬餘步騎劫掠淮西六郡後屯駐汝陽。劉泰之率騎兵部隊避開魏軍主力，轉而襲擊汝陽的拓跋仁部，《宋書・索虜傳》：〔註94〕

> 虜不意奇兵從北來，大營在汝陽北，去城三里許。（劉）泰之等至，虜都不覺，馳入襲之，殺三千餘人，燒其輜重。營內有數區甎屋，屋中皆有帳，器仗甚精，食具皆是金銀，帳內諸大主帥，悉殺之。

〔註89〕《宋書》卷72〈文九王・南平穆王鑠傳〉，頁1856。
〔註90〕《宋書》卷95〈索虜傳〉，頁2344。
〔註91〕《宋書》卷72〈文九王・南平穆王鑠傳〉，頁1856。
〔註92〕《宋書》卷95〈索虜傳〉，頁2344。
〔註93〕《宋書》卷95〈索虜傳〉，頁2344。
〔註94〕《宋書》卷95〈索虜傳〉，頁2344。

劉泰之所率輕騎雖然趁魏軍不備襲擊得手，但很快被魏軍發現僅有千餘騎且無後繼，永昌王拓跋仁遂趁其疲累之際率軍反擊，大敗之：〔註95〕

> （劉）泰之軍未食，旦戰已疲勞，結陣未及定，垣謙之先退，因是驚亂，棄仗奔走，行迷道趨溳水，水深岸高，人馬悉走水爭渡，泰之獨不去，曰：「喪敗如此，何面復還。」下馬坐地，為虜所殺。（臧）肇之溺水死，（程）天祚為虜所執，謙之、（尹）定、（杜）幼文及將士免者九百餘人，馬至者四百匹。

武陵王劉駿從彭城派出的一千五百騎援軍雖被永昌王拓跋仁擊潰，僅生還九百餘人，戰馬剩四百匹，但不可否認奇襲戰術成功，對屯駐汝陽魏軍起一定的牽制作用。同時，南平王劉鑠也從壽陽另遣一支援軍馳赴懸瓠，「（劉）鑠遣安蠻司馬劉康祖與寧朔將軍臧質救之。」〔註96〕魏太武帝得知壽陽方面援軍即將到來，而懸瓠卻屢攻不下，若劉宋援軍與懸瓠城內宋軍會師內外夾攻，對魏軍至為不利，唯有於外圍殲滅劉康祖、臧質所率宋軍，始能扭轉魏軍即將陷入之劣勢，遂立即遣將迎擊，「（宋文帝）遣劉康祖救懸瓠，（拓跋）燾亦遣任城公拒康祖。」〔註97〕魏太武帝認為壽陽方面劉宋援軍應能順利被消滅，不會影響他對懸瓠的圍城行動，豈料事與願違：〔註98〕

> （劉康祖）軍次新蔡，與虜戰，俱前百餘里，濟融水。虜眾大至，奮擊破之，斬偽殿中尚書任城公乞地真，去縣（懸）瓠四十里，（拓跋）燾燒營退走。

魏太武帝見劉康祖軍突破魏軍阻攔續往懸瓠前進，且懸瓠短期內恐無法攻下，加上除劉康祖外，劉宋各路援軍陸續匯集懸瓠，在評估整體戰略態勢下決定撤軍，「（拓跋）燾攻城四十二日不拔，死者甚多，任城又死，康祖救軍漸進，乃委罪大將，多所斬戮，倍道奔走。」〔註99〕魏太武帝於四月癸卯返抵平城，對隨軍及留守官員做了賞賜，「賜從者及留臺郎吏已上生口各有差。」〔註100〕他這次南侵汝南顯然有攻佔懸瓠之意圖，不然不會圍攻四十二天，但戰況變化非其所能預料。魏軍進攻汝南的軍事行動沒有太多阻礙，搜刮相當多財富與人口，

〔註95〕《宋書》卷95〈索虜傳〉，頁2345。
〔註96〕《宋書》卷72〈文九王・南平穆王鑠傳〉，頁1856。
〔註97〕《宋書》卷95〈索虜傳〉，頁2345。
〔註98〕《宋書》卷50〈劉康祖傳〉，頁1447。
〔註99〕《宋書》卷95〈索虜傳〉，頁2345。
〔註100〕《魏書》卷4下〈世祖紀下〉，頁104。

部分拜宋文帝「大眾來，則拔民戶歸壽陽。」保留實力暫避其鋒的戰略指導所賜，唯有在懸瓠因陳憲的固守久攻不下，成爲難以突破之處。

綜合言之，魏太武帝對汝南的軍事行動，雖未能攻克懸瓠，整體而言仍獲得巨大利益，「（拓跋）燾雖不剋懸瓠，而虜掠甚多。」〔註101〕從劉宋掠奪的民戶對充實北魏河北地區的人口極有幫助。此外，通過與劉宋軍隊的激烈交戰，達到演武練兵之目的，從 431 年（魏神䴥四年、宋元嘉八年）魏宋第二次戰爭結束後，雙方沒有嚴重的軍事衝突，邊境大致和平，十餘年未與劉宋軍隊大規模戰鬥，無形中使北魏軍隊對劉宋軍隊的戰略、戰術逐漸生疏，對南方地形、地物的熟悉度也不斷減少。但魏太武帝南伐的決心與日俱增，爲了維持對劉宋的戰爭熱度，避免一旦大舉南伐時，因對劉宋和平時日過久，導致北魏軍士戰鬥意志鬆懈，無法瞬間提升生理、心理至戰鬥狀態，故適當之演武練兵乃必要之務。而 445 年（魏太平眞君六年、宋元嘉二十二年）北魏入侵劉宋青徐地區，已是魏太武帝即將對南用兵之前兆，開始操練魏軍進攻劉宋的戰術、戰技，但因尚未完成全面南伐準備，所以在取得一定勝果後班師。而此次大舉南侵，魏太武帝雖有統一南北之企圖，卻在懸瓠一役遭遇宋軍激烈抵抗，最後不得不退兵暫時結束南侵行動。

魏太武帝圍攻懸瓠時，對宋文帝以南平王劉鑠、武陵王劉駿二位皇子爲豫州刺史、徐州刺史出鎮壽陽、彭城已有警覺，代表宋文帝對壽陽、彭城這二個軍事重鎮的重視，將捍衛劉宋北疆之重任交付二子，故魏太武帝認爲南平王劉鑠、武陵王劉駿對魏軍的入寇應會迅速反應，所以在圍攻懸瓠時，相當注意壽陽和彭城方面派出之援軍。其中魏太武帝特別注意壽陽方面動靜，對彭城較爲忽略，原因在於依地理位置判斷，彭城位於懸瓠東北、壽陽位於懸瓠東南，但壽陽距離懸瓠較近，若劉宋朝廷欲救懸瓠之困，壽陽援軍應會早於彭城援軍到達，故魏太武帝對抗劉宋援軍的部署偏向於壽陽。此外，懸瓠爲劉宋戰略重鎮，在南北對峙中具舉足輕重地位，北魏若佔有懸瓠，可由此揮軍南下；反之，劉宋擁有懸瓠，可據此抗拒魏軍南侵，增加防禦縱深，以爭取後方應變時間，不致讓魏軍長驅南下，故魏太武帝認爲不管是彭城或壽陽方面援軍，其首要救援目標，應是進攻自己所率的魏軍主力，先解懸瓠之圍，不會將永昌王拓跋仁暫屯之汝陽列爲救援目標。

然而，一支從彭城方面派出，由劉泰之率領的小型劉宋騎兵，發揮輕裝

〔註101〕《宋書》卷95〈索虜傳〉，頁 2345。

迅捷優勢，捨棄魏軍主力，自北向南逕攻汝陽，而永昌王拓跋仁猝然遇襲，反應不及的結果，兵士和糧草都遭受極爲嚴重之損失，對魏太武帝造成巨大震撼：〔註102〕

> （拓跋）燾初聞汝陽敗，又傳彭城有係軍，大懼，謂其眾曰：「但聞淮南遣軍，乃復有奇兵出。今年將墮人計中。」即燒攻具，欲走。

雖然劉宋這支小型援軍終因寡不敵眾遭永昌王拓跋仁擊退，大敗而回，但對宋軍整體士氣的提升頗有幫助。而且劉宋的第一支援軍抵達，後續還有多少援軍實未可知，加上圍攻懸瓠陷入瓶頸，這也使魏太武帝漸感恐懼，遂有撤軍念頭，而令魏太武帝斷然決定撤軍的最後一根稻草，乃壽陽方面援軍。

魏太武帝全力防備壽陽方面之援軍，見劉康祖、臧質率領劉宋援軍直奔懸瓠而來，魏太武帝遣殿中尚書任城公乞地眞迎戰，殿中尚書在北魏前期乃禁軍統領，職司宮廷安全。〔註103〕由於魏太武帝率軍親征，故殿中尚書須隨侍在側護衛安全。魏太武帝派禁軍將領阻止劉康祖前進，所率兵士自是精銳禁軍，必能擊退劉康祖軍。詎料，北魏禁軍竟敗於劉康祖軍，乞地眞被斬。也由於無法擊退壽陽方面援軍，加上彭城方面似乎又有援軍啓動等情報傳入，魏太武帝在無法確切掌握劉宋援軍情況下，「（拓跋）燾燒營退走。」〔註104〕暫時結束南伐行動。促成魏太武帝退兵的因素有三，第一：進攻懸瓠行動已達四十二天，卻始終未能攻下，魏軍已陷入攻城泥沼，久戰的結果，對魏軍士氣、長途補給均不利。第二：魏軍面對彭城、壽陽之劉宋援軍皆嘗敗績，尤其劉泰之以千餘騎偷襲成功已打擊魏軍士氣，之後劉康祖更擊破訓練精良之北魏禁軍，魏軍士氣更顯低落，加上長途跋涉征戰南方，必有水土不服情況發生，北魏軍士之身心狀況都明顯受到影響。第三：魏軍主力集結懸瓠，屢攻不下結果使魏軍遲滯於懸瓠周圍，容易成爲被攻擊目標，劉宋朝廷動員各路援軍朝懸瓠推進，而魏太武帝無法全盤掌握劉宋各路援軍情報下，一旦劉宋各路援軍大舉雲集懸瓠，可能對魏軍形成反包圍，與懸瓠城內宋軍內外夾攻。魏太武帝不願魏軍陷入戰略劣勢，造成魏軍更多傷亡，遂決定撤軍結束懸瓠攻防戰。雖然魏太武帝沒有繼續南侵，但不代表他的南伐行動就此結束，除了進攻懸瓠遇到激烈的抵抗，其

〔註102〕《宋書》卷 95〈索虜傳〉，頁 2345。
〔註103〕關於北魏禁軍統領演變，可參見何茲全，〈府兵制前的北朝兵制〉，收於氏著，
　　　　《讀史集》（上海：上海人民出版社，1982 年 4 月。）
〔註104〕《宋書》卷 50〈劉康祖傳〉，頁 1447。

他地區魏軍進展順利,且擄獲頗豐,遂更加堅定魏太武帝南伐意志,故他雖然撤軍北返,仍積極策劃再次大舉,魏宋第三次大戰並未就此結束。

宋文帝面對魏軍進攻汝南地區,其戰略指導可分前、後二階段說明。前面階段宋文帝下達的戰略指導是以保存實力為原則,若遇北魏大軍來攻,則率軍隊與百姓往壽陽集中,但這種消極防禦戰略也為邊關守將合法開啟棄城奔逃之門,讓這些守將避開作戰不力罪責。所以會有陳、南頓二郡太守鄭琨以及汝陽、潁川二郡太守郭道隱未戰即主動棄城之舉,這種堂而皇之棄城於不顧,又可聲稱是奉令而為的行為,帶給百姓及真正想保家衛國之宋軍將士極差的觀感,且影響所及,其他城戍宋軍更無捍衛領土積極對魏軍作戰心態,甫戰即潰,使魏軍如入無人之境,對淮西六郡大肆破壞,宋文帝「小寇至,則堅守拒之;大眾來,則拔民戶歸壽陽。」〔註105〕的防禦戰略,未蒙其利先見其害。

其實不論入侵魏軍規模大小,宋文帝都應嚴令各城戍守將「固守待援」,魏人長於野戰拙於攻城,而守城正是宋人所長,魏軍進行攻城必耗時費日且會犧牲不少兵員,此時劉宋守將必須做、也是唯一能做的,即是堅守城池,爭取援軍抵達。而宋文帝同時亦須在北境完成區域聯防網,當其中某一城戍遭受攻擊時,其他城戍守軍,需遣一部份軍隊馳援。此區域聯防網設一軍事重鎮為指揮中樞,如壽陽或彭城,在指揮中樞內也需設一「快速救援部隊」,主要以輕裝騎兵為主。當其他城戍派出援軍向被攻擊城戍集中時,「快速救援部隊」亦須立即出動救援,若此區域聯防網能建置完成,應能對抵禦魏軍達成一定功效。分析宋文帝戰略思維,已見區域聯防網雛形,他要各城戍守將率軍往壽陽集中,可見壽陽已被設定為指揮中樞;之後宋文帝更令鎮守彭城的武陵王劉駿迅速馳援,「遣千騎,齎三日糧襲之。」〔註106〕這已是快速救援部隊之模式。由這二點足以體現宋文帝已有區域聯防網之思維,只是未臻成熟,當然,若北魏南伐時程再往後延,劉宋的區域聯防網達到成熟境地,而宋文帝也有正確戰略認知,即魏軍入寇不論數量多寡,全以固守待援應敵,或許魏軍會遭遇激烈抵抗無法順利推展攻勢,甚至敗退而回也未可知。

雖然宋文帝前面階段的戰略頗有討論空間,但後面階段的戰略思考,不僅方向正確,實務上也順利退敵。首先是命壽陽和彭城儘速組織援軍前往救援,

---

〔註105〕《宋書》卷95〈索虜傳〉,頁2344。
〔註106〕《宋書》卷95〈索虜傳〉,頁2344。

同時區別援軍之行動與目的，壽陽方面負責整合諸路援軍救援懸瓠，並由劉康祖任總指揮，「太祖（宋文帝）遣諸軍救援，康祖總統爲前驅。」〔註107〕由於魏太武帝特別注意壽陽方面動靜，且壽陽援軍匯集各路援軍聲勢浩大，無法發揮奇襲功效，故宋文將其定位爲援軍主力，另由彭城方面的武陵王劉駿，組織機動性強之小型部隊，遂行偷襲行動打擊魏軍士氣，史載：〔註108〕

> 時索虜圍縣瓠，分軍送所掠民口在汝陽，太祖（宋文帝）詔世祖（宋孝武帝劉駿）遣軍襲之，議者舉（劉）延孫爲元帥，固辭無將用，舉劉泰之自代。泰之既行，太祖大怒，免延孫官。

上述史料說明二點，首先：證明偷襲戰術乃出自宋文帝的戰略規畫，並非武陵王劉駿或領軍將領劉泰之的戰略構想，另由前段引文宋文帝令武陵王劉駿「遣千騎，齎三日糧襲之。」〔註109〕更明確證明宋文帝直接向武陵王劉駿下達襲擊魏軍指令，且頗爲具體，連援軍兵力、攻擊時程都予以要求，偷襲戰術重在時效及隱密，大部隊需耗時動員且容易被敵人發覺，以千餘騎的小型部隊規模，在三日內進行襲擊，不僅是偷襲戰術較佳的執行模式且成功機率高。

其次：武陵王劉駿在選擇援軍將領時並不順利，當時武陵王劉駿的州府僚佐一致推舉治中從事使劉延孫掛帥領軍突襲魏軍，不料卻遭其拒絕，宋文帝雖對劉延孫不服指揮予以免官之嚴懲，但也暴露出武陵王劉駿的領導威信，尤其武陵王劉駿身旁尚有司馬王玄謨和長史張暢等人，他們也對劉延孫無可奈何，宋文帝實有必要加強諸皇子出鎮在外的領導權威，否則邊境城戍充斥劉延孫這種以自我爲中心，毫無保家衛國觀念之官員，如何拒魏軍於境外。所幸劉泰之仍能完成襲擊汝陽魏軍任務，雖劉泰之等將領壯烈犧牲：〔註110〕

> 義隆安北將軍、武陵王駿遣參軍劉泰之、臧肇之，殿中將軍尹懷義、程天祚等以千餘騎至汝陽，永昌王仁擊破之，斬泰之、肇之，執天祚等。

但是對魏軍起了相當大的牽制作用，也對魏軍心理造成一定程度影響。接著，壽陽劉康祖的援軍也傳捷報，擊退從中阻擊之魏軍，並殺其將領任城公乞地眞，終於迫使魏太武帝罷兵，由此可見，宋文帝在此階段的戰略規畫與執行，

〔註107〕《宋書》卷50〈劉康祖傳〉，頁1447。
〔註108〕《宋書》卷78〈劉延孫傳〉，頁2018～2019。
〔註109〕《宋書》卷95〈索虜傳〉，頁2344。
〔註110〕《魏書》卷97〈島夷劉義隆傳〉，頁2138。

充分發揮奇正相合的戰爭之道，《孫子兵法》有云：「凡戰者，以正合，以奇勝。」〔註111〕蓋凡用兵之道，使用正兵對抗敵人，並以奇兵取得勝利。劉康祖的壽陽援軍屬正兵，劉泰之的彭城小型援軍屬奇兵，宋文帝以正兵對抗懸瓠魏軍主力，以奇兵襲擊汝陽魏軍永昌王拓跋仁部，而二者都能完成任務，宋文帝的戰略運用深諳《孫子兵法》之妙，與其前面階段主動撤守的防禦戰略，實有天壤之別。而後面階段戰略的成功，彌補了前面階段戰略之失敗，令魏太武帝撤軍北返，不致讓魏軍繼續南侵，造成劉宋更大損失。

綜上所述，宋軍能擊退入侵魏軍，首先在於懸瓠守將陳憲領導有方，率領全城軍民浴血奮戰，將士有與城共存亡之決心；其次是劉宋朝廷並未置懸瓠於孤城奮鬥之境地，更適時增派援軍。魏軍若持續進攻，在內有陳憲的懸瓠守軍，外有劉宋援軍之下，首尾無法相顧，加上魏軍遠離魏境，後勤補給困難，繼續攻城則傷亡難以估計。而魏太武帝的戰略設定僅是挑釁似的接觸戰，其目的乃對劉宋耀武揚威，試探劉宋對北魏大舉入侵的反應，否則僅動用十萬之眾即欲消滅劉宋，實有其困難。既然在攻佔懸瓠遇到瓶頸，唯有儘早退兵避免挫傷魏軍士氣，影響後續南伐行動。由懸瓠之役觀之，魏軍重兵圍城，用盡各種攻城方法，均未能攻下懸瓠，南人長於守城，於此又可爲一明證。

第一階段懸瓠之役，嚴格論之實不分勝負，但劉宋犧牲較多，二軍交戰，兵士各有傷亡當可預料，但劉宋遭掠奪之民戶及其財產，對劉宋政府而言乃一大損失，因爲恢復人口並非短時間可完成。相反地，北魏增加這些人口，對生產力及財賦極有幫助。

三、第二階段：劉宋北伐

魏太武帝於懸瓠之役試探劉宋虛實後，兩度致書宋文帝，信中顯露出其雄霸的個性與飲馬長江之決心，首次是在懸瓠撤軍後，信文曰：〔註112〕

> 頃關中蓋吳反逆，扇動隴右氐、羌，彼復使人就而誘勸之，丈夫遺以弓矢，婦人遺以環釧，是曹正欲譎詐取略，豈有遠相順從。爲大丈夫之法，何不自來取之，而以貨眩引誘我邊民，募往者復除七年，是賞姦人也。我今來至此土，所得多少，孰與彼前後得我民戶邪。彼今若

〔註111〕孫武著、吳仁傑注譯，《孫子讀本》〈勢篇〉，頁32～33。
〔註112〕《宋書》卷95〈索虜傳〉，頁2346。

欲保全社稷，存劉氏血食者，當割江以北輸之，攝守南度，如此釋江南使彼居之。不然，可善敕方鎮、刺史、守宰，嚴供張之具，來秋當往取揚州，大勢已至，終不相縱。……彼往日北通芮芮，西結赫連、蒙遜、吐谷渾，東連馮弘、高麗。凡此數國，我皆滅之。以此而觀，彼豈能獨立。芮芮吳提已死，其子菟害眞襲其凶跡，以今年二月復死。我今北征，先除有足之寇。彼若不從命，來秋當復往取。

魏太武帝譴責宋文帝之罪狀，不僅聲援蓋吳製造動亂，更煽動氐、羌等少數民族助長亂事，還誘惑北魏邊民。魏太武帝將這些罪狀羅列而出，目的在合理化出兵懸瓠之軍事行動。同時也明白告訴宋文帝，你以往交通的北方諸國，已全遭北魏所滅，加上柔然屢遭北魏征討，國勢日蹙，北魏當前大敵僅剩劉宋，企圖營造與北魏對抗者終遭覆滅之命運，以此造成宋文帝心理威脅。然而魏太武帝似乎沒有立即興師犯宋的念頭，才有「來秋當復往取。」之語，可能評估懸瓠之役並未達到預期勝果，且劉宋朝廷的軍事調度與宋軍的抗擊能力，並未如想像中顢頇與不堪一擊。魏太武帝不打沒把握的仗，在作戰準備沒有完成，物資、兵馬尚未完全就緒前，不願輕啓戰端，故他從懸瓠返抵平城後，隨即遣使「復求通和。」〔註113〕企圖拉長作戰準備時間。

（一）宋文帝的北伐決策

宋文帝並不想給魏太武帝太多準備時間，他對魏太武帝書信中示威挑釁的言語相當憤怒，遂召集大臣廷議準備北伐。朝臣對北伐之議明顯分爲贊成、反對二派，丹陽尹徐湛之、吏部尙書江湛、彭城太守王玄謨、御史中丞袁淑等贊成宋文帝北伐主張，「義隆欲遣軍侵境，其臣江湛、徐湛之贊成其事。」〔註114〕至於王玄謨則一向是北伐的主戰派，「玄謨每陳北侵之策。」〔註115〕而袁淑甚至揣摩上意，願在宋文帝克復中原於泰山封禪時「上封禪書一篇」。〔註116〕反對者如太子劉劭、護軍將軍蕭思話、左將軍劉康祖、太子步兵校尉沈慶之等人，「（元嘉）二十七年（450、魏太平眞君十一年），上（宋文帝）將北伐，（劉）劭與蕭思話固諫，不從。」〔註117〕劉康祖認爲「歲月已晚，請待明年。」〔註

〔註113〕《宋書》卷95〈索虜傳〉，頁2347。
〔註114〕《魏書》卷97〈島夷劉義隆傳〉，頁2139。
〔註115〕《宋書》卷76〈王玄謨傳〉，頁1973。
〔註116〕《宋書》卷70〈袁淑傳〉，頁1836。
〔註117〕《宋書》卷99〈二凶・元凶劭傳〉，頁2424。
〔註118〕《宋書》卷50〈劉康祖傳〉，頁1447。

118〕勸宋文帝暫緩北伐，沈慶之則諫曰：〔註119〕

> 馬步不敵，爲日已久矣。請舍遠事，且以檀、到言之。道濟再行無
> 功，彥之失利而返。今料王玄謨等未踰兩將，六軍之盛，不過往時。
> 將恐重辱王師，難以得志。

宋文帝皆不聽仍堅持己見，更反駁沈慶之曰：〔註120〕

> 小醜竊據，河南修復，王師再屈，自別有以；亦由道濟養寇自資，
> 彥之中塗疾動。虜所恃唯馬，夏水浩汗，河水流通，泛舟北指，則
> 碻磝必走，滑臺小戍，易可覆拔。克此二戍，館穀弔民，虎牢、洛
> 陽，自然不固。比及冬間，城守相接，虜馬過河，便成禽也。

宋文帝爲檀道濟、到彥之的失敗做辯解，並認爲此次北伐不同以往，同時提出
他的戰略規畫，將北伐分成三階段，第一階段：利用夏季河水充盈，充分發揮
水軍優勢北行，必能奪下碻磝、滑臺二鎮。第二階段：攻佔碻磝、滑臺後，即
可利用當地物資與漢民百姓的協助，攻克虎牢、洛陽二鎮。第三階段：佔領河
南四鎮後，隨即加強防禦工事，將四鎮的經營由點擴散至線再至面。一旦冬季
來臨，若魏軍發揮騎兵優勢反攻，宋軍則發揮南人守城優勢堅守四鎮，當可阻
擋魏軍攻勢。宋文帝的戰略思考是，若能以四鎮阻擋魏軍攻勢，時間一長，魏
軍後勤補給將陷困境，屆時宋軍大舉出擊，便能大敗魏軍光復中原。

　　宋文帝戰略規畫之假想，完全建立在對宋軍最有利之情況，各項條件、環
境、士氣均在最佳狀態，使宋軍得以發揮最大戰力。然而宋文帝忽略了一點，
戰場上的環境並非憑空想像得來的，且戰場上千變萬化，如果所有有利條件均
集中於宋軍，則各項不利條件必全集中魏軍，實際上不太可能。此外，北魏與
劉宋之南北戰爭，北強南弱乃基本態勢，魏軍的騎兵優勢，乃宋軍無法匹敵，
拓跋氏爲游牧民族，而游牧民族又稱馬背上的民族，馬上戰技非農業民族所能
項背。魏太武帝面對宋文帝的北伐，曾語出嘲諷：「彼年已五十，未嘗出戶，雖
自力而來，如三歲嬰兒，復何知我鮮卑常馬背中領上生活。」〔註121〕宋文帝的
戰略規畫忽略敵我二軍各自掌握之優勢，將全部優勢歸於己身，明顯高估了自
己、低估了對手，也錯估了戰略環境。

　　封建時期君王有絕對權威，臣子必須貫徹君王之意志，即便察覺君王欲

〔註119〕《宋書》卷 77〈沈慶之傳〉，頁 1998～1999。

〔註120〕《宋書》卷 77〈沈慶之傳〉，頁 1999。

〔註121〕《宋書》卷 95〈索虜傳〉，頁 2347～2348。

行之事規畫未詳或窒礙難行，在君王的堅持下，臣子往往無法改變其意志，宋文帝君臣即是明顯一例。劉康祖已婉轉指出時機不宜，是否待明年再行北伐，其實劉康祖已看出四月份懸瓠之役剛結束，淮西六郡、汝南等地遭受魏軍嚴重破壞，尤其懸瓠城遭圍困四十二天，劉宋所受戰爭創傷並不輕，這些都有賴時間復原，所以劉康祖才會建議在戰後復原告一段落後，明年再行北伐。至於沈慶之，則明白指出北魏騎兵面對劉宋步兵已掌握先天優勢，接著說明王玄謨的戰略素養與軍事才華不如檀道濟與到彥之，連檀、到二位猛將皆無功而返，此次北伐勝算不大，希望宋文帝打消念頭，然而，北伐意志強烈的宋文帝並未接受反對意見，甚至駁斥沈慶之的北伐無功說。由此可見，宋文帝的北伐勢在必行，已完全不顧反對意見，甚至連太子劉劭的建言，亦不被採納。雖然宋文帝一意孤行堅持發動大規模北伐，但並非一時隨性匆促行事，他做了相當充分的戰前準備。首先：軍費部分，要求宗室、官員、百姓踴躍捐輸，「王公妃主及朝士牧守，各獻金帛等物，以助國用，下及富室小民，亦有獻私財至數十萬者。」〔註122〕同時也向富戶借錢，「揚、南徐、兗、江四州富有之民，家資滿五十萬，僧尼滿二十萬者，並四分換一，過此率計，事息即還。」〔註123〕其次：兵員部分，徵調與招募並置。為因應北伐大量兵員所需，徵發「青、冀、徐、豫、二兗六州三五民丁。」〔註124〕招募則是「廣募天下弩手，不問所從，若有馬步眾藝武力之士應科者，皆加厚賞。」〔註125〕可見宋文帝對此次北伐下了相當大的決心，並有充分信心做好完善的戰前準備。

（二）北伐的戰略部署

宋文帝在 450 年（魏太平眞君十一年、宋元嘉二十七年）七月庚午，懸瓠之役結束不到三個月，下詔大舉北討，其戰略部署與北伐路線，《宋書・索

〔註122〕《宋書》卷95〈索虜傳〉，頁2349。
〔註123〕《宋書》卷95〈索虜傳〉，頁2349。
〔註124〕《資治通鑑》卷125〈宋紀七〉，文帝元嘉二十七年，頁3947。《資治通鑑》載徵發六州民丁，與《宋書》記載稍有不同：「尚書左僕射何尚之參議發南兗州三五民丁，父祖伯叔兄弟仕州居職從事、及仕北徐兗爲皇弟皇子從事、庶姓主簿、諸皇弟皇子府參軍督護國三令以上相府舍者，不在發例，其餘悉倩暫行征。」詳見《宋書》卷95〈索虜傳〉，頁2349。宋文帝欲發動如此大規模戰爭，徵發民丁應以六州爲是，故從《資治通鑑》。
〔註125〕《宋書》卷95〈索虜傳〉，頁2349。

虜傳》有相當詳細記載：〔註126〕

> 可遣寧朔將軍王玄謨率太子步兵校尉沈慶之、鎮軍諮議參軍申坦
> 等，戈船一萬，前驅入河。使持節、督青冀幽三州徐州之東安東莞
> 二郡諸軍事、輔國將軍、青冀二州刺史霄城侯蕭斌，推三齊之鋒，
> 爲之統帥。持節、都督徐兗青冀幽五州豫州之梁郡諸軍事、鎮軍將
> 軍、徐兗二州刺史武陵王駿，總四州之眾，水陸並驅。太子左衛率
> 始興縣五等侯臧質勒東宮禁兵，統驍騎將軍安復縣開國侯王方回、
> 建武將軍安蠻司馬新康縣開國男劉康祖、右軍參軍事梁坦步騎十
> 萬，逕造許、洛。使持節、督豫司雍秦并五州諸軍事、右將軍、豫
> 州刺史、領安蠻校尉南平王鑠悉荊、河之師，方軌繼進。東西齊舉，
> 宜有董一，使持節、侍中、都督揚南徐二州諸軍事、太尉、領司徒、
> 錄尚書、太子太傅、國子祭酒江夏王義恭，德望兼崇，風略遐被，
> 即可三府文武，并被以中儀精卒，出次徐方，爲眾軍節度。別府司
> 空府使所督諸鎮，各遣虎旅，數道爭先。督梁南北秦三州諸軍事、
> 綏遠將軍、西戎校尉、梁南北秦三州刺史秀之，統輔國將軍楊文德、
> 宣威將軍巴西梓潼二郡太守劉弘宗，連旗深入，震盪沔、隴。護軍
> 將軍、封陽縣開國侯蕭思話，部龍驤將軍杜坦、寧遠將軍竟陵太守
> 南城縣開國侯劉德願，籍荊雍之勁，攬羣師之銳，宜由武關，稜威
> 震殄。指授之宜，委司空義宣議量。

據上引文分析，筆者認爲宋文帝的北伐大軍可分七路，而七路大軍再分成東部、中部、西部三條戰線進攻北魏。劉宋北伐軍聲勢浩大，水陸並舉、東西齊進，其戰略部署與進攻路線爲：

第一路軍爲主力水軍，由青、冀二州刺史霄城侯蕭斌，領寧朔將軍王玄謨、太子步兵校尉沈慶之、鎮軍諮議參軍申坦等將，率水軍一萬沿黃河西進。

第二路軍由徐、兗二州刺史武陵王劉駿，統領所部兵馬配合第一路行動，水陸並驅。

第三路軍由太子左衛率臧質統領的東宮禁軍，加上驍騎將軍王方回、建武將軍劉康祖、右軍參軍事梁坦的步騎十萬，直趨許昌、洛陽。

第四路軍以豫州刺史、南平王劉鑠爲統帥，率荊、豫等州軍隊，並節制第三路行動。

〔註126〕《宋書》卷95〈索虜傳〉，頁2348～2349。

　　第五路軍統帥為雍州刺史、隨郡王劉誕，率中兵參軍柳元景、振威將軍尹顯祖、奮武將軍魯方平、建武將軍薛安都、略陽太守龐法起、廣威將軍田義仁等將，逕取潼關、長安。

　　第六路軍由梁州兼南、北秦三州刺史劉秀之，統輔國將軍楊文德、宣威將軍劉弘宗，率軍進攻汧、隴，兵向關中。

　　第七路軍由護軍將軍蕭思話領龍驤將軍杜坦、寧遠將軍劉德願，率中央禁軍與部分荊、雍州軍，兵進武關。

　　七路大軍中，一、二路為東路軍，三、四路為中路軍、五、六、七路為西路軍，太尉、錄尚書事、江夏王劉「義恭出次彭城，總統諸軍。」〔註127〕亦即宋文帝將北伐大軍總指揮交付江夏王劉義恭。

　　宋文帝詔書中並未提及第五路軍之部署，但在《宋書・柳元景傳》有詳細記載：〔註128〕

> 隨王誕鎮襄陽，為後軍中兵參軍。及朝廷大舉北討，使諸鎮各出軍。
> （元嘉）二十七年（450、魏太平眞君十一年）八月，誕遣振威將軍尹顯祖出貲谷，奮武將軍魯方平、建武將軍薛安都、略陽太守龐法起入盧氏，廣威將軍田義仁入魯陽。

未提及之原因可能是戰略任務不同，宋文帝北伐的主力部署在東部戰線，西路宋軍的主要任務在騷擾北魏關隴地區，牽制北魏西部地區軍隊，使其無法他調支援其他地區作戰，減低魏軍對東路宋軍之威脅。宋文帝令西部諸鎮各出軍協同作戰，各鎮自行出軍部隊眾多番號複雜，需設一總指揮統一調度西路宋軍對北魏作戰，避免進攻步驟不協調降低戰力，而宋文帝將此重任交付皇弟劉義宣，以其為西線戰場總指揮。劉義宣時為南譙王、都督荊雍益梁寧南北秦七州諸軍事、車騎將軍、荊州刺史，持節、散騎常侍。〔註129〕隨郡王劉誕乃宋文帝六子，故為南譙王劉義宣之姪，且隨郡王劉誕任雍州刺史，又屬南譙王劉義宣都督七州軍事之範圍，可能宋文帝認為雍州已屬南譙王劉義宣節制，二人都是宗室親王，南譙王劉義宣更是高一輩之皇叔，隨郡王劉誕乃後生晚輩，為予尊重故略去隨郡王劉誕之第五路軍，直接發布南譙王劉義宣為西路宋軍總指揮。至於護軍將軍蕭思話，乃中央禁軍將領，應是受命率部分中央禁軍前往西部戰線協助

〔註127〕《宋書》卷 5〈文帝紀〉，頁 99。
〔註128〕《宋書》卷 77〈柳元景傳〉，頁 1982。
〔註129〕參見《宋書》卷 68〈文二王・南郡王義宣傳〉，頁 1798。

作戰，甚至不排除帶來宋文帝之軍事計畫，雖南譙王劉義宣名為總指揮，但蕭思話可能代替宋文帝監督西路宋軍是否照其擬定之戰略戰術執行。因蕭思話時為中央禁軍將領，奉命至地方協助，故宋文帝於詔書中特予申明。而梁州兼南、北秦三州刺史劉秀之並非皇室宗親，不過依然歸南譙王劉義宣節制，因此詔書中仍將其軍事部署清楚載明。上述所言，具是以推論得之，何以宋文帝詔書未列隨郡王劉誕之軍事部署，限於史料記載不足，難以正確判斷。不過，確有隨郡王劉誕的第五路軍，除前述《宋書・柳元景傳》清楚載明外，《宋書・竟陵王誕傳》亦有記載：〔註130〕

> 竟陵王誕字休文，（宋）文帝第六子也。……（元嘉）二十六年（449、
> 魏太平真君十年），出為都督雍梁南北秦四州荊州之竟陵隨二郡諸軍
> 事、後將軍、雍州刺史。以廣陵彫弊，改封隨郡王。……及大舉北
> 伐，命諸蕃並出師，莫不奔敗，唯誕中兵參軍柳元景先克弘農、關、
> 陝三城，多獲首級，關、洛震動。

宋文帝北伐的三條戰線，僅有西部戰線迭獲勝仗並持續往北推進，而西路宋軍以隨郡王劉誕部戰果最輝煌，此部分在後面段落有詳細說明。但由此可證明確有隨郡王劉誕之第五路軍無疑。

面對劉宋北伐大軍壓境，魏太武帝之戰略規畫暫採守勢，暫不遣軍迎戰，他認為「馬今未肥，天時尚熱，速出必無功。若兵來不止，且還陰山避之。國人本著羊皮袴，何用棉帛！展至十月，吾無憂矣。」〔註131〕魏太武帝之意乃天熱時節不適北人用兵，待秋涼馬肥時發揮騎兵優勢反攻，故其戰略規畫仍延續430年（魏神䴥三年、宋元嘉七年）暫避其鋒，先守後攻的戰略態勢。

（三）東路宋軍之作戰

450年（魏太平真君十一年、宋元嘉二十七年）七月，劉宋北伐軍於三條戰線同時發動攻擊，由於北魏採守勢作戰，並未積極抵抗，故劉宋北伐軍初期進展頗為順利。東部戰線方面，在總指揮蕭斌的領導下，東路宋軍很快攻下河南四鎮之一的碻磝城，碻磝乃北魏濟州治所，黃河岸之軍事重鎮。《魏書・世祖紀》載：「秋七月，（劉）義隆遣其輔國將軍蕭斌之率眾六萬寇濟州，刺史王買得棄州走，斌之遂入城。」〔註132〕由此可知東路宋軍總兵力六萬。東

〔註130〕《宋書》卷79〈文五王・竟陵王誕傳〉，頁2025。
〔註131〕《資治通鑑》卷125〈宋紀七〉，文帝元嘉二十七年，頁3948。
〔註132〕《魏書》卷4下〈世祖紀下〉，頁104。

路宋軍尚包括武陵王劉駿的徐、兗州軍，武陵王劉駿雖爲皇子，然依宋文帝之戰略規畫，他的第二路軍需配合蕭斌的第一路軍行動，顯然東路宋軍總指揮爲蕭斌。此從前一月蕭斌職務之調動即可見端倪，「六月丁酉，侍中蕭斌爲青、冀二州刺史。」〔註133〕宋文帝將蕭斌從中央調至地方任州刺史，青、冀又是比鄰魏境之要州，可見宋文帝已爲北伐預作部署，而侍中乃容易親近君王之要職，故蕭斌必受到宋文帝一定程度信任，乃貫徹宋文帝北伐意志之適當人選，故宋文帝以其出鎮，必然交付諸多北伐相關事宜。另《宋書》〔註134〕、《魏書》〔註135〕、《資治通鑑》〔註136〕對東路宋軍之進攻及與魏軍之作戰，全集中在蕭斌第一路軍之描寫，武陵王劉駿第二路軍的作戰情況著墨甚少或是隻字未提，若武陵王劉駿爲東路宋軍總指揮，史籍不可能輕描淡寫帶過，卻花費篇章敘述非總指揮之蕭斌戰況。

　　東路宋軍攻陷碻磝後，蕭斌令沈慶之留守碻磝，接著猛攻樂安（今山東廣饒），《宋書·蕭斌傳》載其遣將攻陷碻磝、樂安之經過曰：〔註137〕

　　（蕭）斌遣將軍崔猛攻虜青州刺史張淮之於樂安，淮之棄城走。先是，猛與斌參軍傳融分取樂安及碻磝，樂安水道不通，先并定碻磝，至是又克樂安。

北魏青州刺史張淮之亦奉魏太武帝暫採守勢之戰略指導，未做抵抗即棄城走。蕭斌連克碻磝、樂安二城戍後，遂將戰略目標轉向滑臺，遣王玄謨進攻滑臺。魏太武帝見碻磝、樂安已失，若滑臺再陷，對北魏民心士氣傷害頗大，對後續反攻計畫也會有影響，故當務之急乃增強滑臺守衛力量，遂「詔枋頭鎮將、平南將軍南康公杜道儁助守兗州。」〔註138〕王玄謨所率軍隊乃宋軍之精銳，器械精良，又得河、洛地區百姓擁護，應能順利攻取滑臺，但在圍攻行動中，因王玄謨剛愎自用導致宋軍戰況逆轉，《宋書·王玄謨傳》：〔註139〕

　　玄謨專依所見，多行殺戮。初圍城，城內多茅屋，眾求以火箭燒之，

〔註133〕《宋書》卷5〈文帝紀〉，頁98。

〔註134〕參見《宋書》卷76〈王玄謨傳〉，頁1973～1974；同書卷77〈沈慶之傳〉，頁1999～2000；同書卷5〈文帝紀〉，頁99。

〔註135〕參見《魏書》卷97〈島夷劉義隆傳〉，頁2138；同書卷4下〈世祖紀下〉，頁104。

〔註136〕參見《資治通鑑》卷125〈宋紀七〉，文帝元嘉二十七年，頁3947～3949。

〔註137〕《宋書》卷78〈蕭斌傳〉，頁2017。

〔註138〕《魏書》卷4下〈世祖紀下〉，頁104。

〔註139〕《宋書》卷76〈王玄謨傳〉，頁1974。

> 玄謨恐損亡軍實，不從。城中即撤壞之，空地以爲窟室。及魏救將
> 至，眾請發車爲營，又不從，將士多離怨。又營貨利，一匹布責人
> 八百梨，以此倍失人心。

由於王玄謨的殘暴造成將士憤怨，加上指揮失當，導致滑臺歷數月之圍攻仍無法攻下。魏太武帝對碻磝陷落、滑臺被圍並非無動於衷，而是積極備戰等待時機。轉眼時序已至十月，冬季來臨象徵北魏反擊時機成熟，魏太武帝決定親自率軍救滑臺。王玄謨前鋒垣護之探得此重要情報後，立即回報王玄謨，並建議不惜代價攻下滑臺，以此做爲守備據點，阻扼魏軍南下。惜王玄謨不聽，並未督軍猛攻，反而懾於魏太武帝威名，聞其渡河後竟率軍後撤，「虜主託（拓）跋燾率大眾號百萬，鞞鼓之聲，震動天地。……及託跋燾軍至，乃奔退，麾下散亡略盡。」〔註140〕北魏滑臺之圍遂解。蕭斌面對王玄謨的怯戰頗爲憤怒，欲斬之，幸沈慶之進言：「佛狸（魏太武帝小字）威震天下，控弦百萬，豈玄謨所能當。且殺戰將以自弱，非良計也。」〔註141〕蕭斌遂做罷。

蕭斌面對的戰況是，魏太武帝解滑臺之圍後，下一個作戰目標即是收復碻磝城，面對北魏大軍，碻磝棄守之間，需速做戰略決斷。蕭斌因滑臺敗績，自覺對宋文帝無法交代，便欲堅守碻磝，沈慶之諫曰：「夫深入寇境，規求所欲，退敗如此，何可久住。今青、冀虛弱，而坐守窮城，若虜眾東過，清東非國家有也。碻磝孤絕，復作朱脩之滑臺耳。」〔註142〕蕭斌尙猶豫未決，適宋文帝令蕭斌堅守碻磝詔書送達，蕭斌棄、守之間難以決斷，遂召集諸將商議。沈慶之認爲宋文帝遠在建康，無法知悉戰場上的諸般形勢，且將在外，「君命有所不受。」〔註143〕勸蕭斌放棄碻磝。蕭斌權衡戰場現況與宋文帝旨意，做出二者兼顧之決定。令王玄謨守碻磝將功折罪，以申坦、垣護之領水軍據守清水口，自率東路諸軍退回青、冀二州治所歷城（今山東濟南）。

（四）中路宋軍之作戰

中路宋軍總指揮乃南平王劉鑠，除了他自己統率的第六路軍外，由太子左衛率臧質率領的十餘萬第五路軍，包括十萬步騎及數目不明的東宮禁軍，

〔註140〕《宋書》卷76〈王玄謨傳〉，頁1974。
〔註141〕《宋書》卷76〈王玄謨傳〉，頁1973。
〔註142〕《宋書》卷77〈沈慶之傳〉，頁1999。
〔註143〕孫武著、吳仁傑注譯，《孫子讀本》〈九變篇〉，頁53。

亦歸南平王劉鑠指揮調度。中路宋軍的戰略目標爲河南重鎮虎牢，作戰路線
從汝南向虎牢推進。在宋文帝下達總攻擊令，三線同時北伐後，南平王劉鑠
也於七月遣將出擊，直趨虎牢，而宋軍的進展尚稱順利，北魏各城戍紛遭宋
軍攻陷，史載：〔註144〕

> （劉）鑠遣中兵參軍胡盛之出汝南，……向長社（今河南長葛東北），
> 長社戍主魯爽委城奔走。既克長社，遣幢主王陽兒、張略等進據小
> 索（今河南滎陽北）。

北魏長社守將荊州刺史魯爽，幾乎未抵抗即棄城走，小索情況亦是如此。北
魏南方邊關守將似乎在魏太武帝暫避其鋒的守勢戰略指導下，面對宋軍大舉
入侵皆未採積極抵抗措施，以致劉宋北伐軍初期攻佔北魏多座城戍。

東路宋軍攻陷碻磝、樂安時，也是中路宋軍攻佔長社、小索之時，二路
宋軍攻勢相互輝映，劉宋北伐前景似乎一片大好，其實不然。魏太武帝擔心
其消極之守勢戰略會導致北魏各城戍如骨牌效應一一陷落，遂決定加強城戍
守備力量並開始還擊，因此在東部戰線積極加強滑臺之防務；中部戰線則具
體表現在強化虎牢防禦，而各城戍守將也不再動輒棄城出逃，開始率軍反擊。
中路宋軍在王陽兒、張略進佔小索後，胡盛之爲擴大戰果，命王陽兒繼續進
攻大索（今河南滎陽北張樓村），此時北魏豫州刺史僕蘭，聞宋軍正往大索而
來，隨即率軍迎戰，《宋書·劉鑠傳》載：「僞豫州刺史僕蘭於大索率步騎二
千攻陽兒，陽兒大破之。……即據大索。」〔註145〕北魏守將已開始主動迎戰，
爲何仍守不住大索，關鍵在漢民百姓對宋軍之響應，因「滎陽民鄭德玄、張
和各起義。」〔註146〕使僕蘭得不到當地百姓支持，在外有宋軍攻擊、內有漢
民反叛情況下，大索失守，僕蘭逃往虎牢，而虎牢也成爲中路宋軍下一個與
魏軍的決戰點。

中路宋軍從汝南往虎牢挺進，過程能如此順利，另有一重要原因是無後
顧之憂能全力對北魏作戰，此後顧之憂指汝南地區之山蠻，若山蠻叛亂搶奪
州縣，甚至襲擊宋軍，將使宋軍無法專心與北魏作戰，故山蠻之安定與否，
關乎中路宋軍之行動，幸臧質早已平定山蠻，《宋書·臧質傳》：〔註147〕

〔註144〕《宋書》卷72〈文九王·南平穆王鑠傳〉，頁1856～1857。

〔註145〕《宋書》卷72〈文九王·南平穆王鑠傳〉，頁1857。

〔註146〕《宋書》卷72〈文九王·南平穆王鑠傳〉，頁1857。

〔註147〕《宋書》卷74〈臧質傳〉，頁1911。

> 太祖（宋文帝）遣（臧）質……與安蠻司馬劉康祖等救（陳）憲。
> 虜退走，因使質伐汝南西境刀壁等山蠻，大破之，獲萬餘口，遷太
> 子左衞率。

懸瓠之役時陳憲固守懸瓠城待援，宋文帝遣臧質、劉康祖領軍救援。之後北
魏主動退兵，宋文帝命臧質移師掃蕩汝南西境之山蠻，「大破之，獲萬餘口。」
使山蠻暫時無力作亂，基本上穩定了該地區山蠻情勢。而鑑於臧質在汝南地
區有作戰經驗，宋文帝遂將臧質配置在中路宋軍，與建武將軍劉康祖等將率
十萬兵馬，逕趨許昌、洛陽，配合南平王劉鑠進攻虎牢之行動。

（五）西路宋軍之作戰

西路宋軍的總指揮爲南譙王劉義宣，雖有三路軍，但進攻之主力集中在
隨郡王劉誕的第五路軍，故南譙王劉義宣可能僅爲名義上之總指揮。史載南
譙王劉義宣：「白晳，美鬚眉，……多畜嬪媵，後房千餘，尼媼數百，男女三
十人。崇飾綺麗，費用殷廣。」〔註148〕可見個性並非強悍之輩，兵陣殺伐之
事又非其所長，從其面對北魏大軍反攻時竟有棄守之意即可見一斑，「索虜南
侵，（劉）義宣慮寇至，欲奔上明。及虜退，太祖（宋文帝）詔之曰：『善修
民務，不須營潛逃計也。』」〔註149〕由於南譙王劉義宣個性文弱，不擅征戰，
故西路宋軍實際上之調兵遣將則由隨郡王劉誕爲之：〔註150〕

> （元嘉）二十七年（450、魏太平眞君十一年）八月，（劉）誕遣振
> 威將軍尹顯祖出貲谷（今河南盧氏南山之中），奮武將軍魯方平、建
> 武將軍薛安都、略陽太守龐法起入盧氏（今河南盧氏），廣威將軍田
> 義仁入魯陽（今河南魯山），加（柳）元景建威將軍，總統羣帥。

柳元景乃劉宋名將，「少便弓馬，數隨父伐蠻，以勇稱。寡言有器質。」〔註151〕
隨郡王劉誕以其「總統羣帥。」等於將第一線戰鬥之指揮權交付於他。而西路
宋軍在這次北伐獲得最豐碩之戰果，實歸功於柳元景指揮得宜。

柳元景率眾將八月從襄陽北上發動攻勢，閏十月即攻下盧氏：「（龐）法
起、（薛）安都、（魯）方平諸軍入盧氏，斬縣令李封。」〔註152〕盧氏既下，

〔註148〕《宋書》卷68〈武二王·南郡王義宣傳〉，頁1799。
〔註149〕《宋書》卷68〈武二王·南郡王義宣傳〉，頁1799。
〔註150〕《宋書》卷77〈柳元景傳〉，頁1982。
〔註151〕《宋書》卷77〈柳元景傳〉，頁1981。
〔註152〕《宋書》卷77〈柳元景傳〉，頁1982。

柳元景命龐法起等將續攻弘農（今河南靈寶東北），與北魏弘農太守李初古拔爆發激烈攻防戰，《宋書・柳元景傳》載：〔註153〕

> （劉宋）諸軍造攻具，進兵城下，僞弘農太守李初古拔嬰城自固，法起、安都、方平諸軍鼓譟以陵城。……衝車四臨，數道俱攻，士皆殊死戰，莫不奮勇爭先。時初古拔父子據南門，督其處距戰，弘農人之在城內者三千餘人，於北樓豎白幡，或射無金箭。安都軍副譚金、薛係孝率眾先登，生禽李初古拔父子二人，魯方平入南門，生禽僞郡丞，百姓皆安堵。

因城內漢民百姓之響應與配合，宋軍得以裡應外合攻克弘農。劉宋朝廷見西路宋軍頻傳捷報，蓋因柳元景指揮有方，遂以柳元景爲弘農太守。西路宋軍於閏十月一個月內連克盧氏、弘農二城戍，宋軍士氣大振。不過，與東路、中路宋軍不同的是，西路宋軍此後仍持續攻陷北魏城戍，不似另二路宋軍初期雖順利攻佔北魏城戍，但在北魏改變戰略加強防務並開始反擊後，便無法往前推進甚至敗退。

　　北魏對盧氏、弘農的失陷亦有所警覺，開始強化各城戍防禦力量，此時柳元景的戰略目標鎖定潼關，遣薛安都、魯方平、尹顯祖等將乘勝追擊進攻潼關，但欲下潼關，需先取陝城（河南陝縣），北魏亦知陝城乃護衛潼關之關鍵，陝城失、則潼關不保，故積極加強陝城戰備整備工作。陝城防禦工事堅固，易守難攻，宋軍遭遇北魏守軍堅強抵抗，爆發西線戰場最慘烈的陝城之役，史載：〔註154〕

> （宋軍）並大造攻具。賊城（陝城）臨河爲固，恃險自守，（龐）季明、安都、方平、顯祖、趙難諸軍，頻三攻未拔。

宋軍屢攻不下，攻勢受挫，又逢北魏洛州刺史張是連提率軍二萬增援，雙方大戰於陝城南，張是連提發揮騎兵優勢，以騎兵奔突衝殺，雖殺傷不少宋軍士兵，但卻無法入城，而宋軍也受限於魏軍鐵騎威力，始終無法取勝，陝城攻防遂陷入膠著。此時宋軍食糧僅剩數日，若無法消滅張是連提援軍，在面臨魏軍的內外夾攻下，恐有覆滅之虞，爲保存有生力量，唯有撤退一途。柳元景得知前方宋軍困境後，立即率大軍馳援，更遣其堂兄柳元怙率二千騎兵日夜兼程先行赴援。魏軍並未察覺柳元怙二千援軍已至，柳元怙遂決定探奇

〔註153〕《宋書》卷77〈柳元景傳〉，頁1983。
〔註154〕《宋書》卷77〈柳元景傳〉，頁1983〜1984。

襲戰術，趁薛安都、魯方平率軍與張是連提再度交戰時，「元怙勒眾從城南門函道直出，……旌旗甚盛，鼓譟而前，出賊不意，虜眾大駭。」〔註 155〕薛安都等諸將見狀率軍奮力反擊，「虜眾大潰，斬張是連提，又斬三千餘級，投河赴塹死者甚眾，面縛軍門者二千餘人。」〔註 156〕張是連提援軍既滅，陝城已成孤城，北魏守軍無力固守，十一月甲午，陝城終遭柳元景攻陷。

西路宋軍既克陝城，潼關失去其外圍屏障，陷於劉宋恐是遲早之事。柳元景遣龐法起等諸將進攻潼關，輕易即佔領之：〔註 157〕

> 法起率眾次于潼關。先是，建義將軍、華山太守劉槐糾合義兵攻關城，拔之，力少不固。頃之，又集眾以應王師。法起次潼關，槐亦至。賊關城戍主婁須望旗奔潰，虜眾溺於河者甚眾。法起與槐即據潼關。

西路宋軍在柳元景的指揮下連戰皆捷，已形成一股威勢，使北魏潼關守將「望旗奔潰」、不戰而逃。當柳元景正擬定作戰計畫準備向洛陽、長安進軍時，劉宋北伐戰局發生變化。宋文帝因東線戰場失利，下令西路宋軍班師，「時北討諸軍王玄謨等敗退，虜遂深入。太祖（宋文帝）以元景不宜獨進，且令班師。」〔註 158〕西路宋軍雖屢戰屢勝一路挺進，但戰術上的成功無法彌補戰略上的失敗，柳元景只能引兵南返，西路宋軍攻勢至此結束。

西路宋軍能連克北魏多座城戍，除柳元景具優秀軍事才能外，北魏境內漢人的支持與響應是另一關鍵因素。漢人爲何會支持宋軍，除了胡漢之別的先天因素外，劉宋政府特別注意爭取汝南、關隴地區民心的向背。例如從地緣關係出發，任命出身當地或與當地有密切關係的世家大族爲將率軍北伐，主要是晚渡北人的後代爲主。首先：從柳元景、薛安都等人出身背景分析，「柳元景字孝仁，河東解（今山西臨猗西南）人也。曾祖卓，自本郡遷於襄陽，官至汝南太守。祖恬，西河（今山西汾陽）太守。父憑，馮翊（今陝西大荔）太守。」〔註 159〕柳元景家族在其曾祖時遷至襄陽，然其父柳憑、祖父柳恬任官之地皆在關隴地區，故門下故吏及治理過的百姓不知凡幾，且柳

〔註 155〕《宋書》卷 77〈柳元景傳〉，頁 1985。
〔註 156〕《宋書》卷 77〈柳元景傳〉，頁 1985。
〔註 157〕《宋書》卷 77〈柳元景傳〉，頁 1985。
〔註 158〕《宋書》卷 77〈柳元景傳〉，頁 1986。
〔註 159〕《宋書》卷 77〈柳元景傳〉，頁 1981。

元景年輕時「數隨父伐蠻。」〔註160〕可見他在關隴地區也有一定程度的活動，由此可見，柳氏一族在此區域的潛在影響力實不容忽視。「薛安都，河東汾陰人也。世爲強族，同姓有三千家。父廣爲宗豪，高祖（宋武帝）定關、河，以爲上黨（今山西榆社）太守。」〔註161〕薛安都乃南降蜀薛，原任北魏雍、秦二州都統，444 年（魏太平眞君五年、宋元嘉二十一年）「與東雍州刺史沮渠秉謀逆，事發，奔於劉義隆（宋文帝）。」〔註162〕由於薛安都「少以勇聞，身長七尺八寸，便弓馬。」〔註163〕很快受到宋文帝重用，但宋文帝更看重的是其影響力。薛氏乃強宗豪族，由「世爲強族，同姓有三千家。父廣爲宗豪。」可看出薛氏家族在當地有極大勢力，故宋武帝北伐進入關中時，也不得不羈縻當地勢力，以薛安都之父薛廣爲上黨太守。而宋文帝將薛安都置於西路宋軍，除其熟悉關隴地形外，最重要的目地，乃借重其影響力，鼓動當地漢人反抗北魏統治進而響應宋軍北伐。《宋書・柳元景傳》有段記載值得注意：〔註164〕

> 後軍外兵參軍龐季明年已七十三，秦之冠族，羌人多附之，求入長安，招懷關、陝。乃自貲谷入盧氏，盧氏人趙難納之，弘農強門先有內附意，故委季明投之。

龐季明出身「秦之冠族。」在關、陝地區有一定威望，故「羌人多附之。」因此他才有自信請纓至長安招懷當地漢人百姓，而龐季明最後也獲得成功。前文已述，宋軍能攻下弘農，城內三千漢人百姓的響應功不可沒，由龐季明之例表明，宋文帝不僅主要帶兵將領挑選與關隴地區有地緣關係者，甚至連中級武佐亦復如此，因此不難想見，只要是與西路宋軍北伐路線所經區域有關的劉宋將士，恐都被徵召參與北伐，其目的自然是透過血緣與地緣關係擴大影響力，爭取當地漢人對宋軍的支持。

其次：尹顯祖、田義仁、龐法起諸將，雖史籍未有傳可知其出身，但都有出自強宗豪族之可能。尹顯祖的尹氏，可能爲天水著姓尹氏，若是如此則爲秦隴大族。田義仁的田氏，出自於襄沔蠻族大姓的可能性極大，或許田義仁即是蠻族酋首也未可知。至於龐法起，應與龐季明同族，皆屬「秦之冠族。」

〔註160〕《宋書》卷 77〈柳元景傳〉，頁 1981。
〔註161〕《宋書》卷 88〈薛安都傳〉，頁 2215。
〔註162〕《魏書》卷 61〈薛安都傳〉，頁 1353。
〔註163〕《宋書》卷 88〈薛安都傳〉，頁 2215。
〔註164〕《宋書》卷 77〈柳元景傳〉，頁 1982。

由於劉宋政府透過西路宋軍將領的安排，與北伐路線所經區域做一結合，故宋軍在爭取人和方面遠遠勝過魏軍，而這也成為西線戰場宋勝魏敗關鍵因素之一。

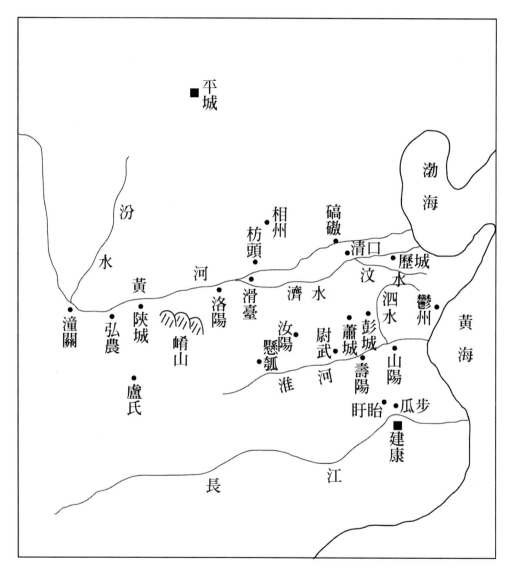

圖十一：魏宋全面戰爭相關形勢圖

（六）劉宋北伐軍協調性不足

　　綜合劉宋北伐軍之作戰表現，東線戰場先勝後敗，東路宋軍未能一鼓作氣攻下滑臺，反而在滑臺陷入持久戰，不僅拖垮宋軍士氣，也使北魏得到休整機

會準備大舉反攻。至於中路宋軍情況頗爲類似，一開始士氣如虹，連敗魏軍，但在北魏各城戍守將加強防務並主動出擊情況下，宋軍攻勢即陷入瓶頸，以致雖往虎牢挺進，攻勢卻無太大突破，緊接著面臨北魏反攻之軍事壓力，已從主動攻擊一變爲被動防禦態勢。而西路宋軍雖連戰皆捷，戰果最爲輝煌，卻因王玄謨自東線戰場的滑臺敗退，受命班師，這就凸顯三路宋軍協調整合不足，東線、中線和西線戰場不能相互協同整體作戰，中路、西路宋軍連挫魏軍的聲威，無法轉移至東線戰場，強化東路宋軍進攻之聲勢，反而是東線戰場的敗退，拖垮宋軍在中線、西線戰場的攻勢，暴露出劉宋北伐軍橫向協調不足，而這應是設於彭城的北伐軍大本營職責，北伐總指揮江夏王劉義恭恐難辭其咎。

具體而言，以江夏王劉義恭爲首的大本營，未能整合各路北伐軍攻勢，發揮整體戰力，反而陷各路軍獨立作戰，且對戰場變化應變遲緩，而應變遲緩是導致劉宋北伐失利的重要原因之一，其具體表現在下列二方面。

首先，王玄謨久攻滑臺不下，成爲東線戰場勝敗關鍵，而東線戰場連帶影響中線、西線戰場的敗退，故滑臺攻防成爲此次劉宋北伐至爲關鍵之因素：
〔註165〕

> 玄謨攻滑臺，積旬不拔。虜主拓跋燾率大眾南向，（蕭）斌遣（沈）慶之率五千人救玄謨。慶之曰：「玄謨兵疲眾老，虜寇已逼，各軍營萬人，乃可進耳，少軍輕往，必無益也。」

當王「玄謨攻滑臺，積旬不拔」時，蕭斌身爲東路宋軍總指揮，理應調兵支援以攻陷滑臺爲目標，但卻僅以五千兵馬馳援，兵力實在太少，無怪乎沈慶之認爲以如此少的兵力赴援「必無益也。」當北魏決定修正「暫避其鋒」的守勢戰略，改以加強防務、固守城戍的防禦戰略時，北魏在滑臺的戰備因此得到加強，滑臺遂成爲雙方爭奪指標，宋軍需全力佔領滑臺始能延續之前連戰皆捷氣勢，北魏則欲堅守滑臺阻止宋軍繼續向北推進，爭取北魏大軍集結反攻時間，故王玄謨屢攻不下滑臺時，蕭斌應急調東路宋軍諸部前往援助王玄謨，而東路宋軍有六萬之眾，蕭斌僅以五千兵力應援，實過於懸殊，此乃一大失策。至於坐守大本營的江夏王劉義恭，應隨時注意前線戰況，見王玄謨屢攻滑臺未成，當務之急應命蕭斌盡發東路宋軍全力搶攻滑臺，而非坐視王玄謨憑一己之力進攻滑臺，導致「積旬不拔」進而引發宋軍敗退之結果。

其次，當魏太武帝準備「率大眾南向。」江夏王劉義恭和蕭斌應對東路宋

〔註165〕《宋書》卷77〈沈慶之傳〉，頁1999。

軍重新部署，因應東線戰場即將爆發之大戰。為了抒解東路宋軍即將面對的軍事壓力，江夏王劉義恭應命中路宋軍和西路宋軍全力猛攻北魏城戍，期望能攻佔更多城戍，施加防守壓力於北魏，迫使魏太武帝抽調東線戰場魏軍支援中線、西線戰場，減輕魏軍對東路宋軍之威脅，惜江夏王劉義恭未此之途，任令中路宋軍總指揮南平王劉鑠、西路宋軍總指揮南譙王劉義宣，按原定之作戰規畫進行，使三路宋軍無法相互呼應與支援。須知，戰場情勢瞬息萬變，應適時調整軍事部署以因應戰場變化，《孫子兵法》有云：「水因地而制行，兵因敵而制勝。故兵無成勢，無恆形。能因敵變化而取勝者，謂之神。」〔註166〕水是因地形高低而被制約流向，用兵則是因應敵情變化而決定取勝方法，所以用兵之道既無一成不變的戰場情勢，也無永恆不移的戰略規畫，能根據敵情變化而打勝仗者，稱為用兵如神。三路宋軍依宋文帝之戰略規畫，有既定之進攻路線與時程，此乃建立在三路宋軍皆能順利往北推進之前提上，一旦有某路宋軍遇魏軍堅強抵抗或戰場情況發生急遽變化，即須修訂原先之戰略規畫。東路宋軍陷入滑臺攻城泥沼無法抽身，北伐總指揮江夏王劉義恭與端坐建康的宋文帝，未能適時改變作戰計畫並重新部署，使滑臺挫敗成為劉宋北伐軍敗退之開端，最後甚至大敗而回，更讓魏太武帝率魏軍直抵長江北岸，聲言渡江，嚴重威脅建康，江夏王劉義恭和宋文帝戰略敏感度不足，戰場反應遲緩，導致魏宋南北對峙以來，劉宋政權遭遇空前危機，二人實應負最大責任。

西路宋軍進攻時間太晚，未能達到有效牽制，進而呼應東路宋軍進攻滑臺的軍事行動，並減輕其面對魏軍之軍事壓力，《魏書・島夷劉義隆傳》載：〔註167〕

> 車駕（指魏太武帝）發滑臺，過碻磝，義隆又遣雍州刺史、竟陵王
> 誕率其將薛安都、柳元景等入盧氏，進攻弘農。

據上可知，魏太武帝在東線戰場「發滑臺，過碻磝。」率大軍反擊時，西路宋軍才攻入盧氏，並朝下一個戰略目標弘農前進，亦即東路宋軍面對魏軍反擊開始敗退時，西路宋軍才開始揚威西線戰場。魏太武帝在 450 年（魏太平真君十一年、宋元嘉二十七年）十月親自領軍發動反擊，《魏書・世祖紀》載有他在滑臺、碻磝的時程與作戰經過：〔註168〕

〔註166〕孫武著、吳仁傑注譯，《孫子讀本》〈虛實篇〉，頁 44。
〔註167〕《魏書》卷 97〈島夷劉義隆傳〉，頁 2138。
〔註168〕《魏書》卷 4 下〈世祖紀下〉，頁 104。

冬十月癸亥，車駕止枋頭（今河南浚縣西南）。詔殿中尚書長孫眞率
騎五千自石濟渡，備玄謨遁走。乙丑，車駕濟河，玄謨大懼，棄軍
而走，眾各潰散，追躡斬首萬餘級，器械山積。帝遂至東平（今山
東東平）。蕭斌之棄濟州，退保歷城。

魏太武帝十月癸亥至枋頭後，並未直接攻擊滑臺城外的宋軍王玄謨部，而是
先觀察敵情並進行二項措施，而這二項措施乃同時進行。第一：命關內侯陸
眞潛入滑臺城中，「（陸眞）夜與數人乘小船突玄謨軍，入城撫慰，登城，巡
行賊營中，乃還渡河。」〔註169〕魏太武帝交付陸眞二項任務，一爲撫慰城中
魏軍，穩定軍心士氣；二爲窺探宋軍兵力部署及其活動情形，陸眞順利完成
任務，並帶回宋軍相關圍城的軍事情報。第二：魏太武帝同時「詔殿中尚書
長孫眞率騎五千自石濟渡，備玄謨遁走。」可見魏太武帝頗爲自信，王玄謨
定會大敗逃走，故先命長孫眞預作準備。魏太武帝在二天後的乙丑日渡過黃
河發動攻勢，王玄謨如魏太武帝所預料潰敗南逃。蕭斌見魏軍聲勢浩大，率
主力後撤退守歷城，將濟州防務交予王玄謨，命其率軍固守濟州治所碻磝城。
但碻磝終究不守，次年正月「寧朔將軍王玄謨自碻磝退還歷下。」〔註170〕魏
軍收復碻磝，並收回濟州所有失土。由此可見，東線戰場於十月戰況逆轉，
之前頻頻對北魏展開攻勢，且獲致不錯勝果的東路宋軍，自此敗像呈現，且
遭魏軍反擊一蹶不振，一再後撤，先前所佔領北魏領土及城戍，全遭魏軍奪
回。

　　西路宋軍雖然配合北伐計畫同樣在七月對北魏展開攻勢，但至八月宋軍
才有實質上的軍事行動，且直至閏十月才陸續攻佔盧氏、弘農等城戍，並準
備進逼潼關。雖云西路宋軍乃劉宋這次北伐犧牲最少且戰果最爲輝煌，但耗
時三個月始能攻克北魏城戍，時間過長。依西路宋軍整體作戰部署、進攻經
過及所獲勝果來看，兼之柳元景極負韜略乃劉宋難得將才，似乎不應花費如
此長之時間，其中緣由，應是欲實施策反漢人之計而延誤攻城之軍事行動。《孫
子兵法》云：「上兵伐謀，其次伐交，其次伐兵，其下攻城。攻城之法，爲不
得已。……殺士三分之一，而城不拔者，此攻之災也。」〔註171〕兵士傷亡三
分之一，卻無法攻下城池，此乃攻城帶來的災難。攻城之戰鬥行動勢必帶來

〔註169〕《魏書》卷30〈陸眞傳〉，頁730。
〔註170〕《宋書》卷5〈文帝紀〉，頁99。
〔註171〕孫武著、吳仁傑注譯，《孫子讀本》〈謀攻篇〉，頁18～19。

大量傷亡，若能運用心理戰術，策動城內漢人起義，裡應外合結果，應能減低宋軍兵士傷亡。當龐季明主動要求前往招撫，策動漢人響應，柳元景見其乃「秦之冠族」應有相當號召力，遂同意之。龐季明的策反行動相當成功，盧氏人趙難暗中聯絡城內漢人反抗北魏統治，給予龐季明極大幫助，故宋軍入盧氏城後，「以趙難爲盧氏令，加奮武將軍。難驅率義徒，以爲眾軍鄉導。」〔註172〕至於弘農，則在宋軍攻城時，獲得城內漢人充分配合，「三千餘人於北樓豎白幡。」〔註173〕使宋軍順利攻克弘農。

龐季明潛入盧氏等城戍運用心理戰策動漢人配合，過程頗耗時間，首先須得到城內漢人之信任，其次要聯絡城內漢人與城外宋軍攻守配合事宜，凡事皆須小心謹慎，避免情報外流，若遭北魏盧氏、弘農官署破獲，恐功敗垂成，故策反行動曠日廢時當可想見。柳元景八月率軍北進，閏十月始攻佔盧氏、弘農，其間必耗費不少時間在策反行動上，須待策反有一定成效始能全力攻城。然而，西路宋軍減少傷亡之目標雖然達成，卻降低北伐軍進攻強度，因此時東路宋軍已開始敗退。東路、西路宋軍無法協調一致的攻擊行動，其因在於東路宋軍在九月、十月圍攻滑臺陷入瓶頸時，西路宋軍攻勢呈現停滯，原因是等待策反之結果，如此一來使劉宋東、西戰場無法呼應。與此同時，北魏軍隊調動頻繁，種種跡象顯示北魏即將大舉反攻，但西線戰場仍無太大動靜。最後結果誠如前述，東路宋軍開始敗退後，西路宋軍始攻佔盧氏、弘農等城戍，劉宋北伐軍協調不佳問題於此暴露無遺。

江夏王劉義恭身爲總指揮，見東線戰場戰況不利，應即令西路宋軍展開攻勢，不需再等招撫結果，唯有命西路宋軍展開凌厲攻勢，不僅可起牽制作用，尚可轉移焦點，吸引魏太武帝眼光投射於西線戰場。若西路宋軍能在十月、甚至九月時即攻陷盧氏、弘農，魏太武帝對東線戰場的反擊即需重新評估，他可能要調度部分兵力應付西路宋軍攻勢，如此一來，投入東線戰場兵力將受到限制，雖不能改變東路宋軍敗退結局，至少可減少東路宋軍傷亡。原先擬定之戰略規畫並非一成不變，而是要根據戰場變化隨時做修正，也許宋文帝將與西路宋軍北伐路線有地域關係之將領，全都安置於西路宋軍，目的即是要透過他們的影響力爭取當地漢人支持，減低北魏當地防禦力量，如此作法實無可厚非且方向正確。然而，當東線戰場戰況不利時，江夏王劉義

〔註172〕《宋書》卷 77〈柳元景傳〉，頁 1982。
〔註173〕《宋書》卷 77〈柳元景傳〉，頁 1983。

恭和宋文帝需慎重考慮變更原來之戰略規畫，停止耗費多時的招撫，立即發兵出擊，呼應東線戰場作戰，可惜二人並未如此，西路宋軍仍繼續進行其招撫行動，雖最後成功，但東路宋軍乃北伐主力，東線戰場爲主戰場，西路宋軍成功無法彌補東路宋軍的失敗。東路宋軍既爲主力，其他各路宋軍理應配合、掩護其進攻，以造就主力軍的成功，而非各自單獨進攻，劉宋北伐軍整體戰力無法發揮，這是江夏王劉義恭、宋文帝等戰略指導者需檢討之處。

四、第三階段：北魏反攻

魏太武帝面對劉宋北伐似乎信心滿滿，仍採先守後攻、以逸待勞戰略。劉宋北伐軍在 450 年（魏太平眞君十一年、宋元嘉二十七年）七月發動攻勢後，魏太武帝仍於「八月癸亥，田於河西。癸未，治兵於西郊。」〔註174〕他之所以在河西田獵和在平城西郊進行軍事演習，目的在通過田獵和演習，激發魏軍將士戰鬥意志，調整和訓練即將南征的軍隊，並進行戰術演練，魏太武帝其實在做戰前準備，等待冬季來臨的出兵時機。

（一）作戰部署

柔然自北魏開國以來即爲北方邊患，雖魏道武帝、魏明元帝、魏太武帝等北魏諸帝長年與柔然對抗，柔然卻一直威脅北疆安全，直至魏太武帝採軍事擴張、全面征討之戰略，多次強力掃蕩都獲得勝利，終使柔然勢力大衰。不過，柔然仍有寇擾邊疆能力，且柔然騎兵飄忽敏捷，縱馬直奔很快到達平城，其威脅仍不可輕忽。魏太武帝親率大軍南討劉宋，北疆國防及平城防務相對空虛，爲了防備柔然蠢動乘虛南下和保衛平城京畿重地，以及穩定後方情勢，魏太武帝採取三項措施。其一：「皇太子北伐，屯於漠南。」〔註175〕令太子拓跋晃率軍屯駐漠南備禦柔然。其二：「吳王余留守京都。」〔註176〕君王率軍出征，照例皆由太子留守京師，拓跋余乃魏太武帝五位皇子中排行最末，以最幼之子膺留守重任坐鎮平城，是否因魏太武帝與太子拓跋晃長年衝突，有廢太子拓跋晃另立太子之想法？魏太武帝此舉頗耐人尋味。〔註177〕

〔註174〕《魏書》卷 4 下〈世祖紀下〉，頁 104。

〔註175〕《魏書》卷 4 下〈世祖紀下〉，頁 104。

〔註176〕《魏書》卷 4 下〈世祖紀下〉，頁 104。

〔註177〕魏太武帝總共有十一個兒子，其中小兒、貓兒、眞、虎頭、龍頭等五人皆早逝，另外晉王伏羅薨於 447 年（魏太平眞君八年、宋元嘉二十四年），故 450

年（魏太平真君十一年、宋元嘉二十七年）魏太武帝南伐時，尚有五位皇子在世，依序為：太子晃、東平王翰、臨淮王譚、廣陽王建和南安王余。太子晃於444年（魏太平真君五年、宋元嘉二十一年）十七歲時總百揆，權勢逐漸膨脹：「自是恭宗（拓跋晃）所言軍國大事多見納用，遂知萬機。」《魏書》卷4下〈世祖紀下附恭宗景穆皇帝〉，頁108。太子晃乃名正言順的皇位繼承人，魏太武帝又逐漸轉移政治權力，於是在太子晃發展權力的過程中，在他周圍逐漸形成東宮集團蔚成一股勢力。東宮集團等於是太子晃嫡系部隊，多數非魏太武帝能直接掌握，遂引起其猜忌，加上好事臣子搬弄是非，太子晃又不知韜光養晦，父子間的衝突於焉產生。太子晃總百揆後，對各級官員任免當然有自己意見，不免和魏太武帝部分朝臣產生矛盾。如崔浩是當時漢人士大夫領袖，自魏道武帝時即受重用，魏明元帝更令其參贊軍國大事，魏太武帝時更深受寵信。然而，他和太子晃之間因官員任免問題產生衝突，「初，崔浩荐冀、定、相、幽、并五州之士數十人，各起家為郡守。恭宗謂浩曰：『先召之人，亦州郡選也，在職已久，勤勞未答。今可先補前召外任郡縣，以新召者代為郎吏。又，守令宰民，宜使更事者。』浩固爭而遣之。」《魏書》卷48〈高允傳〉，頁1069。此事反映出魏太武帝朝臣對權力失落的不滿，以往官員任退進之權由魏太武帝朝臣掌握，東宮集團介入後，雙方發生權力衝突。而太子晃不僅和外廷朝臣衝突，與內朝魏太武帝近臣宦官宗愛亦有很深的矛盾，「恭宗之監國也，每事精察。（宗）愛天性險暴，行多非法，恭宗每銜之，給事仇尼道盛、侍郎任平城等任事東宮，微為權勢，世祖（魏太武帝）頗聞之。二人與愛並不睦。」《魏書》卷94〈閹官‧宗愛傳〉，頁2012。太傅高允對魏太武帝、太子晃因權力衝突逐漸升高對立甚感憂心，遂向太子晃進言曰：「今殿下國之儲貳，四海屬心，言行舉動，萬方所則。……故願殿下少察愚言，斥出佞邪，親近忠良。……如此則休聲日至，謗議可除。」《魏書》卷48〈高允傳〉，頁1071～1072。高允擔心太子晃親近左右，加上佞邪之人進讒言慫恿，就更容易激起他和魏太武帝之間的矛盾，故高允才會建議太子晃斥逐奸邪之人，進用忠良之士，可惜太子晃並未採納。魏太武帝和太子晃衝突的結果，太子晃最後憂懼而死：「（宗愛）為懼（仇尼）道盛等案其事，遂構造其罪。詔斬道盛等於都街。時世祖震怒，恭宗遂以憂薨。」《魏書》卷94〈閹官‧宗愛傳〉，頁2012。太子晃之死似乎是因魏太武帝寵臣宗愛和東宮集團仇尼道盛、任平城之間宮廷鬥爭所引起。然而，事實並非如此單純，宗愛能夠橫行無忌行多非法，乃依賴魏太武帝對其寵愛，這和歷代宦官親近皇帝，假其威名行擅權之事並無不同。而太子晃總百揆後，參與政事日深，對宗愛非法之事必然不滿，時欲以懲戒，東宮官屬仇尼道盛、任平城與宗愛並不睦，所以宗愛和仇尼道盛、任平城之間的鬥爭，反應的是魏太武帝、太子晃長期以來存在的矛盾。太子晃監國後東宮集團應運而生，勢力迅速發展，魏太武帝可能早欲壓制東宮集團氣焰，剛好藉宗愛構陷之言順勢而為打擊東宮集團，藉此教訓太子晃勿結黨培植勢力，詎料，太子晃竟因此憂懼而薨，魏太武帝事後頗為後悔：「是後，太武追悼不已。」《北史》卷92〈恩幸‧宗愛傳〉，頁3029。由魏太武帝和太子晃衝突的始末分析，筆者認為，魏太武帝應無廢太子晃之意，命其率軍屯駐漠南監控柔然動向，可能是要他在北方反省，更重要的是切斷他和東宮集團的聯繫，因魏太武帝準備整肅東宮集團，

其三：「曲赦定冀相三州死罪已下。發州郡兵五萬分給諸軍。」〔註178〕這二件事其實互為表裏，五萬州郡兵應是徵發自定、冀、相三州，由於南伐需要大量兵員，從這三州徵發五萬州郡兵參與南伐，會使地方武力相對空虛，一旦遇叛亂事件恐無力鎮壓，且上述三州又屬北魏河北地區的精華地帶，故穩定地方局勢乃首要之務，遂曲赦三州罪犯，希望緩和南伐引起的矛盾，避免激起動亂，不致當北魏大軍專力南伐時，遭後方動亂掣肘，影響南伐成效。

魏太武帝九月執行上述三項措施將後方安排妥當後，450 年（魏太平真君十一年、宋元嘉二十七年）十月開始反守為攻，親率北魏大軍解滑臺之圍後，重新部署，分魏軍為五路分道並進：〔註179〕

> 使征西大將軍永昌王仁自洛陽出壽春（今安徽壽縣），尚書長孫真趨馬頭（今安徽懷遠南），楚王建趨鍾離（今安徽鳳陽東北），高涼王那自青州趨下邳（今江蘇睢寧西北）。車駕自中道。

魏太武帝的中道，乃出東平（今山東東平東南）趨鄒山（今山東鄒城東南）。〔註180〕另據《宋書·索虜傳》載：「（拓跋）燾從弟永昌王庫仁真發關西兵趨汝、潁，從弟高梁王阿斗渥自青州道，燾自碻磝，並南出。」〔註181〕永昌王庫仁真即永昌王拓跋仁、高梁王阿斗渥則是高涼王拓跋那，由《宋書·索虜傳》僅載三路魏軍觀之，五路魏軍中以魏太武帝、永昌王拓跋仁、高涼王拓跋那為主力當無疑問，另二路長孫真、拓跋建軍隊規模不及三路主力，其戰略作為應是從側翼配合主力行動，清除宋軍對魏軍主力行動的牽制。上述北魏四位領軍將領，軍事素養均極為優秀，永昌王拓跋仁乃魏太武帝之弟永昌王拓跋健之子，「永昌王健，泰常七年（422、宋永初三年）封。健姿貌魁壯，善弓馬，達兵法。……子仁，襲。仁亦驍勇，有父風，世祖（魏太武帝）奇之。」〔註182〕高涼王拓跋那則為魏平文帝拓跋鬱律之後，「驍猛善攻戰。」〔註

而事實演變亦是如此，魏太武帝結束南伐返回平城，便開始剷除東宮集團。至於南安王余，《魏書》其本傳僅有寥寥五行記載，看不出有特殊表現或過人之處，魏太武帝實無以取代太子晃理由，況且南安王余尚有三位兄長，若真要另立太子，這三位兄長恐怕是魏太武帝優先考慮對象，以其留守平城，應是為增加他的政治歷練罷了。

〔註178〕《魏書》卷 4 下〈世祖紀下〉，頁 104。
〔註179〕《魏書》卷 4 下〈世祖紀下〉，頁 104。
〔註180〕參見《資治通鑑》卷 125〈宋紀七〉，文帝元嘉二十七年，頁 3951。
〔註181〕《宋書》卷 95〈索虜傳〉，頁 2350。
〔註182〕《魏書》卷 17〈明元六王·永昌王健附子仁傳〉，頁 415。

183〕至於楚王拓跋建則爲魏太武帝之子，《魏書》其本傳僅有其封王、薨逝等短短二十二字記載，〔註184〕不過，魏太武帝令其隨軍南伐並率軍出擊，應有一定膽識與作戰能力。至於長孫眞，「從征平涼，以功賜爵臨城子，拜員外散騎侍郎、廣武將軍。……征蓋吳。遷殿中尚書，加散騎常侍。從駕征劉義隆。」〔註185〕除楚王拓跋建事蹟不明外，其餘三將或作戰經驗豐富或戰略素養精湛，皆爲一時之選，可見魏太武帝選將必經過審愼且周延之思考。

（二）進攻黃、淮地區

北魏大軍渡過黃河後勢如破竹，所過州縣聞風歸降，十一月辛卯陷鄒山，劉宋鄒山戍主、魯郡太守「崔邪利率屬城降。」〔註186〕魏太武帝登鄒山，「使使者以太牢祀孔子。」〔註187〕此舉標誌北魏重視漢文化與儒家學說，籠絡漢人意味甚濃。鄒山爲劉宋抵禦魏軍南下重要據點，鄒山一失，魏軍得以長驅直入。爲因應新的戰略局勢，魏太武帝重新調整部署，首先是掩護魏軍主力南進的楚王拓跋建、長孫眞二部：「遣楚王樹洛眞（拓跋建）、南康侯杜道儁進軍清西，至蕭城（今安徽蕭縣西北）。步尼公（長孫眞）進軍清東，至留城（今江蘇沛縣東南）。」〔註188〕上述調整之用意在爲進攻彭城掃除障礙。其次是高涼王拓跋那部不再獨立作戰，與魏太武帝部協同作戰，二路軍雖同爲魏軍主力，但魏太武帝部爲主攻部隊，高涼王拓跋那部則擔任助攻角色。最後則是永昌王拓跋仁部，仍按原先規畫逕取壽春（陽）。〔註189〕

永昌王拓跋仁部進攻順利，連克懸瓠、項城（今河南沈丘），「永昌王仁攻懸瓠，拔之，獲（劉）義隆守將趙淮，過定項城。」〔註190〕如此一來，淮南重鎭壽陽便暴露在魏軍正面。時南平王劉鑠鎭壽陽，宋文帝擔憂壽陽若失，淮南諸地將無法確保，急詔劉康祖率軍八千增援壽陽，和永昌王拓跋仁在距壽陽僅數十里之尉武（今安徽鳳台）遭遇，八千宋軍不敵永昌王拓跋仁八萬鐵騎，劉

〔註183〕《魏書》卷14〈神元平文諸帝子孫・高涼王孤附玄孫那傳〉，頁350。
〔註184〕「廣陽王建，眞君三年封楚王，後改封廣陽王。薨，諡曰簡王。」《魏書》卷18〈太武五王・廣陽王建傳〉，頁428。
〔註185〕《魏書》卷26〈長孫肥附從孫眞傳〉，頁654～655。
〔註186〕《魏書》卷4下〈世祖紀下〉，頁104。《宋書》做崔耶利，參見《宋書》卷95〈索虜傳〉，頁2350。
〔註187〕《魏書》卷4下〈世祖紀下〉，頁104。
〔註188〕《宋書》卷95〈索虜傳〉，頁2350。
〔註189〕北魏稱壽春、劉宋稱壽陽，今安徽壽縣。
〔註190〕《魏書》卷97〈島夷劉義隆傳〉，頁2139。

康祖「會矢中頸死，於是大敗，舉營淪覆，爲虜所殺盡。」〔註191〕劉康祖陣亡，
尉武守軍再無鬥志，永昌王拓跋仁「破尉武戍，執其戍主。」〔註192〕劉康祖之
敗，兵力懸殊雖是一大主因，然不可否認，永昌王拓跋仁能採納宗室拓跋崙的
建議，運用正確的戰術亦是勝利因素之一，史載：〔註193〕

> 劉康祖屯於慰武亭（尉武戍）以邀軍路，師人患之。（拓跋）崙曰：
> 「今大風既勁，若令推草車方軌並進，乘風縱煙火，以精兵自後乘
> 之，破之必矣。」從之。

永昌王拓跋仁攻佔尉武戍後，接著乘勝取淮南地，「掠馬頭、鍾離二郡。」〔註
194〕並進圍壽陽，雙方攻防激烈，魏軍更企圖製造壽陽城內軍民心理恐懼，
逐砍下陣亡宋軍首級，「使軍士曳之，遶城三匝，積之城西，高與城齊。劉
鑠乃焚四郭廬舍，嬰城固守。」〔註195〕宋軍首級「高與城齊」，顯然守城宋
軍犧牲慘重，但壽陽在南平王劉鑠的堅守下，魏軍一時無法破城，雙方展開
圍城拉鋸戰。

　　魏太武帝率領的魏軍主力，自鄒山直奔彭城而來，彭城乃徐州治所，爲
劉宋淮北重鎮，劉宋朝廷置重兵於此，防禦體系完善，並由江夏王劉義恭、
武陵王劉駿二位宗室鎮守。爲進攻彭城，前文述及魏太武帝遣楚王拓跋建、
長孫眞分攻蕭城與留城，蕭城、留城乃彭城外圍屏障，位彭城西、北二處，
距彭城均僅十餘里，劉宋知此二城對彭城重要性，立遣馬文恭領軍向蕭城、
嵇玄敬將兵向留城，魏、宋二軍經激烈戰鬥，「文恭戰敗，僅以身免。」〔註
196〕魏軍順利攻佔蕭城，但長孫眞攻留城卻遭宋軍所敗，魏軍「爭渡苞水，
水深，溺死殆半。」〔註197〕雖是如此，仍無法阻擋魏太武帝南下決心，率
魏軍繼續挺進直抵彭城。而坐鎮彭城的江夏王劉義恭見北魏大軍到來卻大爲
恐慌，棄、守之間面臨抉擇。宋文帝委以江夏王劉義恭鎮守彭城節制諸軍之
重任，原本居後方總指揮的角色，如今卻變成第一線魏軍的攻擊目標。另外，
彭城兵將雖多，糧食卻不足，不利長期作戰，故彭城內部棄、守二派意見拉

〔註191〕《宋書》卷50〈劉康祖傳〉，頁1448。
〔註192〕《魏書》卷97〈島夷劉義隆傳〉，頁2139。
〔註193〕《魏書》卷15〈昭成子孫‧陳留王虔附崙傳〉，頁383。
〔註194〕《魏書》卷97〈島夷劉義隆傳〉，頁2139。
〔註195〕《魏書》卷97〈島夷劉義隆傳〉，頁2139。
〔註196〕《宋書》卷95〈索虜傳〉，頁2350。
〔註197〕《宋書》卷95〈索虜傳〉，頁2350。

距，江夏王劉義恭猶豫未決。贊成撤退者，如安北中兵參軍沈慶之，他認爲歷城兵少糧多適與彭城互補，故欲「奉二王及妃媛直趨歷城。」〔註198〕另太尉長史何勗建議「奔鬱洲，自海道還都。」〔註199〕反對撤守彭城者，以沛郡太守張暢爲代表，其云：〔註200〕

> 若歷城、鬱洲可至，下官敢不高讚。今城內乏食，人無固心，但以關扃嚴密，不獲走耳。若一搖動，則潰然奔散，雖欲至所在，其可得乎！今食雖寡，然朝夕未至窘乏，豈可捨萬全之術，而即危亡之道。此計必行，下官請以頸血汙君馬跡！

武陵王劉駿贊同張暢固守彭城之言，亦向江夏王劉義恭進言：「張長史言，不可違也。」〔註201〕江夏王劉義恭遂聽從二人建言，決定堅守彭城。魏太武帝面對防禦嚴密、重兵雲集的彭城，爲探宋軍虛實先發動小規模進攻，彭城守軍立即擊退來犯魏軍，魏太武帝瞭解彭城的防禦力量後，深思攻打彭城必會損兵折將，遂在彭城外停留數日後，毫不戀棧放棄彭城直奔淮河，其戰略目標即是向劉宋腹地縱深不斷挺進，也因魏太武帝捨彭城不攻，使魏軍不致在彭城消耗過多時間，故能迅速渡過淮河往長江進發。

（三）向長江進發

宋文帝懼彭城有失，遣輔國將軍臧質率軍一萬赴援，行至盱眙（今安徽盱眙東北）附近與魏軍遭遇，臧質立足未穩倉促迎戰，大敗，遂率殘兵奔至盱眙，與盱眙太守沈璞共守盱眙城。魏軍愈深入宋境，後勤補給問題逐漸浮現，而魏軍的糧食很大一部份靠劫掠而來，劉宋百姓久聞魏軍殘暴，「民多隱匿，抄掠無所得，人馬飢乏。」〔註202〕魏軍見盱眙儲糧豐厚，若得盱眙，糧草問題可無憂矣。於是猛攻盱眙，然盱眙城守堅固，守軍在沈璞、臧質激勵下，士氣旺盛。宋文帝見盱眙被圍，遣「將軍胡崇之等率眾二萬援盱眙。」〔註203〕魏軍攻盱眙雖陷入苦戰，卻大破胡崇之二萬援軍，「燕王譚大破之，梟崇之等，斬首萬餘級，淮南皆降。」〔註204〕魏軍圍攻盱眙雖陷入瓶頸，

〔註198〕《宋書》卷46〈張暢傳〉，頁1397。
〔註199〕《宋書》卷46〈張暢傳〉，頁1397。
〔註200〕《宋書》卷46〈張暢傳〉，頁1397。
〔註201〕《宋書》卷46〈張暢傳〉，頁1397。
〔註202〕《資治通鑑》卷125〈宋紀七〉，文帝元嘉二十七年，頁3959。
〔註203〕《魏書》卷4下〈世祖紀下〉，頁105。
〔註204〕《魏書》卷4下〈世祖紀下〉，頁105。

但大破二萬宋軍卻達到震懾效果，由「淮南皆降」可知北魏大軍戰果豐碩，應取得淮南為數不少之城戍與土地。

《宋書・索虜傳》載：「（拓跋）燾自彭城南出，十二月，於盱眙渡淮，破胡崇之等軍。留尚書韓元興數千人守盱眙，自率大眾南向，」〔註205〕魏太武帝見盱眙較彭城更為難攻，遂採取同樣戰略，留大將韓茂（元興）〔註206〕領數千人與盱眙宋軍對峙，大軍繼續南下。十二月庚午，〔註207〕魏太武帝統領的北魏大軍，浩浩蕩蕩進抵長江北岸的瓜步（今江蘇六合東南）。永昌王拓跋仁與高涼王拓跋那二路軍也於同日到達長江北岸，與魏太武帝主力會師，「（魏太武帝）起行宮于瓜步山。永昌王仁自歷陽至於江西，高涼王那自山陽至於廣陵，諸軍皆同日臨江。」〔註208〕可見北魏各路軍情報聯繫準確，軍情的橫向溝通毫無障礙，展現騎兵的快速與機動。

魏太武帝在戰略戰術上都獲得極大成功，戰術上將騎兵快速迅捷的優勢發揮的淋漓盡致；戰略上捨彭城、盱眙，不顧堅城在後，直往劉宋腹地縱深挺進。他知道深入宋境，後勤補給不易，兵士少食一直是最大問題，且魏軍雖突入長江岸，但只是單線突入，四方的面全是劉宋疆土，魏軍隨時有可能受到宋軍的攔截突襲。宋軍暫且按兵不動，是受到魏太武帝的威名和驍勇魏軍的震懾，時日一久，魏軍疲態漸現，即是宋軍發動攻勢之時，魏軍恐將陷入困境，魏太武帝亦知此問題嚴重，故撤軍是早晚問題，但是他仍然要恐嚇劉宋君臣，造成其心理恐懼，達成戰略上的威嚇，因此魏太武帝「伐葦結筏，示欲渡江。」〔註209〕客觀而言，魏軍未造船隻，僅憑結葦為筏就想渡江，

〔註205〕《宋書》卷95〈索虜傳〉，頁2351。
〔註206〕《宋書》稱韓元興，見《宋書》卷95〈索虜傳〉，頁2351。韓茂、韓元興為同一人，元興為其字，詳見《魏書》卷51〈韓茂傳〉：「韓茂、字元興，安定安武人也。」頁1127。
〔註207〕魏太武帝抵瓜步日期，南北史書記載略有不同。《魏書》卷4下〈世祖紀下〉，頁105載：「癸未（二十八日），車駕臨江。」《宋書》卷5〈文帝紀〉，頁99載：「庚午（十五日），虜偽主率大眾至瓜步。」至於《資治通鑑》卷125〈宋紀七〉，文帝元嘉二十七年，頁3959則載：「庚午，魏主至瓜步。」二者相差雖近半個月，其實並不衝突。北魏大軍行動，必有先後次序，有可能是魏軍先頭部隊已達長江北岸，魏太武帝和大軍才隨後抵達，《宋書》和《資治通鑑》泛指魏軍到達時間，故略早，而《魏書》則指魏太武帝抵達時刻，故稍後。
〔註208〕《魏書》卷4下〈世祖紀下〉，頁105。
〔註209〕《魏書》卷97〈島夷劉義隆傳〉，頁2139。

也許未到江心小筏就沈沒，故渡江實有其困難，但建康城內卻已上下震動、人心惶惶。北魏大軍渡淮後即以排山倒海之勢向長江挺進，魏軍行進路線所經之劉宋城戍皆望風披靡，僅十餘天時間便到達長江北岸，魏太武帝更聲言渡江，劉宋君臣面臨的震撼實屬空前，因東晉至劉宋近一百四十年的南方漢人政權，從未遭受北方胡人政權南侵至建康城外，劉宋隱然有亡國之虞，宋文帝遂緊急召集百官商討長江防務及建康城之防禦。從三國孫吳、東晉乃至劉宋，南方政權累積二百餘年長江防務對抗北方政權入侵的經驗，因此，劉宋政府自然有一套堅強的長江防線，只是劉宋開國至今，北魏從未入侵至長江岸，故從未有實戰經驗，前朝東晉亦無，如今正是試煉之時。

京師建康乃劉宋政權象徵，故建康不可陷，而建康城的護衛分成二道防線：第一道乃長江防線、第二道即建康城防務。防禦上策乃阻止魏軍渡江，而水軍正是宋軍所長，故「太祖（宋文帝）大具水軍，爲防禦之備。」〔註210〕若長江防線遭突破，則進入建康城攻防戰。魏軍在無渡船情形下，渡長江實無可能，即便利用長江北岸百姓船隻渡江，民用船隻量少且窄，僅能載送少量魏軍渡江，而這些小股魏軍，甫上岸恐怕即遭宋軍殲滅，在無法大量運送魏軍兵士過江下，魏太武帝應不致輕易嘗試橫渡長江。然而，劉宋君臣遭魏太武帝威嚇已如驚弓之鳥，爲力阻北魏大軍渡江，在建康外圍及長江沿岸嚴密佈防，每個戰略要地及江上要塞均增派軍隊駐守，「自採石（今安徽馬鞍山西南采石街道江濱）至于暨陽（今江蘇江陰東南），六七百里，船艦蓋江，旗甲星燭。」〔註211〕劉宋船艦幾乎布滿長江水道，如此一來，魏軍更無渡江可能，劉宋佈防情形如下：〔註212〕

> 領軍將軍劉遵考率軍……與左軍將軍尹弘守橫江，少府劉興祖守白下，建威將軍、黃門侍郎蕭元邕守禪洲，羽林左監孟宗嗣守新洲上，建武將軍泰容守新洲下，征北中兵參軍事向柳守貴洲，司馬到元度守蒜山，諮議參軍沈曇慶守北固，尚書褚湛之先行京陵，仍守西津，徐州從事史蕭尚之守練壁，征北參軍管法祖守譙山，徐州從事武仲河守博落，尚書左丞劉伯龍守採石，尋遷建武將軍、淮南太守，仍總守事。遊邏上接于湖，下至蔡洲，陳艦列營，周亘江畔。……皇

〔註210〕《宋書》卷95〈索虜傳〉，頁2351。
〔註211〕《宋書》卷95〈索虜傳〉，頁2352。
〔註212〕《宋書》卷95〈索虜傳〉，頁2351～2352。

太子出戍石頭城，前將軍徐湛之守石頭倉城。

據上述引文分析，劉宋的防禦部署可分二道防禦陣線四個指揮區段，主要以建康城爲分界，各道防線與指揮區段均以拱衛京師建康爲戰略目標。第一道防禦陣線乃利用長江天塹，發揮劉宋水軍優勢，由領軍將軍劉遵考負責長江防禦陣線的指揮作戰，亦即由其出任長江防禦陣線的總指揮，領軍將軍乃中央禁衛長官，可見劉宋中央禁軍有相當大比例投入作戰，事實上護衛建康安全乃禁軍職責，且劉宋面臨魏軍渡江的危急存亡之秋，能動員之兵力自然全數動員，禁軍投入作戰勢所必然。然而，長江江面遼闊且陣線綿長，故以建康爲界將長江防禦陣線區分二個指揮區段，建康以西至采石，由屯駐橫江（今安徽和縣東南）的領軍將軍劉遵考指揮；建康以東至暨陽，由駐紮京陵（今江蘇丹徒東南）的尚書褚湛之負責。若魏軍突破第一道長江防線，劉宋的第二道防線——建康保衛戰登場。建康的防禦部署亦分成二個區段，一爲建康城本身，另一爲其西側的石頭城。石頭城居長江水路入建康的門戶，乃拱衛建康城外圍的軍事重鎮，欲從水路進攻建康，須先攻下石頭城，石頭城之於建康的戰略意義不言可喻。由於石頭城的戰略地位重要，故宋文帝令太子劉劭領軍鎮守，「索虜至瓜步，京邑震駭，劭出鎮石頭，總統水軍，善於撫御。」〔註213〕並派作戰經驗豐富，曾爲奮威將軍、驍騎將軍、中護軍、冠軍將軍、征虜將軍、前軍將軍，〔註214〕現任丹陽尹、領太子詹事徐湛之協助，「湛之領兵置佐，與皇太子分守石頭。」〔註215〕至於建康城之防禦，乃領軍將軍劉遵考之職司，但宋文帝令其擔任長江防禦陣線總指揮，故由吏部尚書江湛代之，「領軍將軍劉遵考率軍出江上，以湛兼領軍，軍事處分，一以委焉。」〔註216〕劉宋這二道防禦陣線堪稱嚴密，先利用長江天險，再將劉宋水軍優勢發揮的淋漓盡致，逼迫魏軍在長江水面進行決戰，企圖殲敵於江上，這應是宋文帝的戰略意圖。魏軍並無渡江載具，又無水軍可和宋軍一較長短，騎兵雖剽悍，但水戰非其馳騁之地，兼之無法渡江，只能望江興嘆，若魏太武帝真想渡江進攻建康，在無龐大水軍支援下，獲勝機率不但不高，還將導致魏軍大量傷亡。

〔註213〕《宋書》卷99〈二凶·元凶劭傳〉，頁2424。
〔註214〕參見《宋書》卷71〈徐湛之傳〉，頁1843～1847。
〔註215〕《宋書》卷71〈徐湛之傳〉，頁1847。
〔註216〕《宋書》卷71〈江湛傳〉，頁1849。

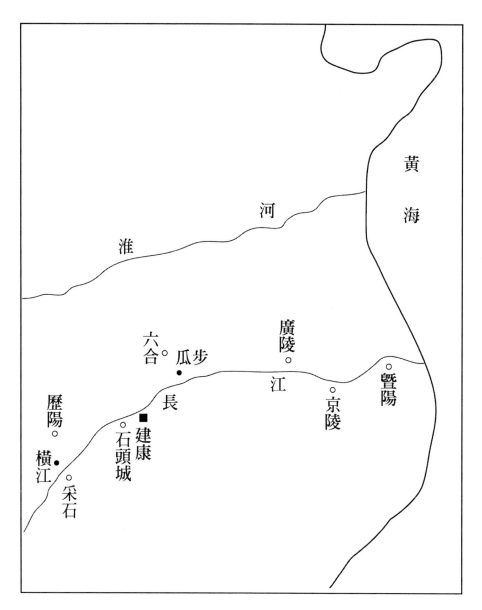

圖十二：魏太武帝駐軍瓜步與建康對峙相關形勢圖

　　列於長江北岸的北魏大軍，對劉宋政權產生極為嚴重威脅，宋文帝遂於
450 年（魏太平眞君十一年、宋元嘉二十七年）十二月壬午發佈戒嚴，「建康
震懼，民皆荷擔而立，壬午，內外戒嚴。丹楊統內盡戶發丁，王公以下弟子
皆從役。」〔註217〕劉宋政府可謂全國總動員，從「王公以下弟子皆從役。」

〔註217〕《資治通鑑》卷 125〈宋紀七〉，文帝元嘉二十七年，頁 3959～3960。

來看，統治階層爲維持其既得利益，亦投入作戰行列，一旦劉宋亡於北魏，原劉宋臣子即便續爲北魏所用，然漢臣政治地位遠遠不及代人，原劉宋統治階層的政治利益勢必遭剝奪。至於劉宋百姓，也不願被北魏統治，雖同爲平民百姓，劉宋政權至少以漢人爲主體，北魏治下的漢人百姓不僅爲次等百姓，遭剝削情形比劉宋有過之而無不及。從「民皆荷擔而立」一語，表明劉宋百姓對成爲亡國奴的恐懼，另據《魏書·島夷劉義隆傳》載：「建業士女咸荷擔而立。」〔註218〕足證當時建康城內抗魏情緒高漲，成爲劉宋政府最大的精神武裝，當然，劉宋政府可能以民族主義爲號召，藉以達成精神總動員目標。於是在劉宋上至君臣、下至百姓皆不願亡國情形下，保存劉宋政權成爲當時統治階層與百姓的共同目標。

　　劉宋百姓或許對宋文帝北伐恢復北方河山不是那麼熱衷，且對抽丁以及因戰爭引發的徭役、賦稅等迭有怨言，不過，這是在北魏境內作戰，北伐成功與否對劉宋百姓的切身感受，相對於魏軍攻入本國境內，國家恐有滅亡之虞不可同日而語。此外，就作戰意志而言，北魏大軍千里迢迢至陌生的南方地區作戰，地形、氣候必定相當不適應，水土不服或染病者眾多，加上出征已歷四個多月，思鄉情緒漸增，不免減低其作戰意志。與之相反的是劉宋軍民面對國家存亡的的堅強作戰意志，可見二者的作戰意志實已有高下之別。劉宋這股上下團結的精神力量，與軍事上嚴密的二道防禦陣線，構成劉宋堅強的防禦體系。魏太武帝面對劉宋軍事上、精神上旺盛的戰鬥意志，恐非其所率領的北魏大軍能輕易摧破。

　　宋文帝對長江及建康城的防禦部署至爲重視，曾「登石頭城樓而望，甚有憂色，歎曰：『若檀道濟在，豈應至此！』」〔註219〕道盡宋文帝悔殺檀道濟及劉宋缺乏良將之感嘆。爲了鼓舞宋軍將士奮勇殺敵，宋文帝祭出重賞，能斬魏太武帝者：〔註220〕

> 封八千戶開國縣公，賞布絹各萬匹，金銀各百斤；斬其子及弟、僞相、
> 大軍主，封四百戶開國縣侯，布絹各五千疋；自此以下各有差。

另外又派人在空村中放置毒酒，「欲以毒虜，竟不能傷。」〔註221〕魏太武帝警

〔註218〕《魏書》卷97〈島夷劉義隆傳〉，頁2139。
〔註219〕《魏書》卷97〈島夷劉義隆傳〉，頁2140。
〔註220〕《宋書》卷95〈索虜傳〉，頁2352。
〔註221〕《宋書》卷95〈索虜傳〉，頁2352。

覺性甚高,也怕水土不服,故不飲南方水,「以駱駝負河北水自隨。」〔註 222〕同時對魏軍的飲食也特別注意,主要在避免中毒,宋文帝的以毒攻敵戰術因而失敗。

魏太武帝於 451 年(魏正平元年、宋元嘉二十八年)正月丙戌在瓜步山上班爵行賞北魏南征將士,「大會羣臣於江上,班賞各有差,文武受爵者二百餘人。」〔註 223〕高傲的態度令劉宋君臣恐懼。宋文帝懼魏軍渡江,爲探魏軍虛實,遣奉朝請田奇出使,而志得意滿的魏太武帝向劉宋提出和親要求,「以其孫示(田)奇曰:『宋若能以女妻此孫,我以女妻武陵王,自今匹馬不復南顧。』」〔註 224〕魏太武帝此舉其實已經在爲退兵找台階,並無渡江的作戰準備,退兵勢所必然。劉宋朝廷否決和親之議後,〔註 225〕魏太武帝命人沿江舉起火把,擺出欲渡江踏平建康的態勢,此舉卻恰爲通曉北人軍情的太子左衛率尹弘識破,他判斷魏軍即將撤軍。〔註 226〕魏太武帝顧慮戰線太長後勤補給不上,兼之深入宋境,若各地宋軍陸續趕至,屆時恐遭包圍,既然已對劉宋君臣造成心理震撼,遂決定班師,乃於正月丁亥自瓜步北返,而魏軍仍沿途大肆破壞,擄掠居民焚燒廬舍。

(四)盱眙之役

魏太武帝班師經過盱眙時,見韓茂所部魏軍尙與臧質守軍對峙。由於魏軍長途遠征,補給線過長,許多軍需往往靠抄掠,但劉宋軍民堅壁清野,魏軍的

〔註 222〕《宋書》卷 95〈索虜傳〉,頁 2352。
〔註 223〕《魏書》卷 4 下〈世祖紀下〉,頁 105。
〔註 224〕《資治通鑑》卷 125〈宋紀七〉,文帝元嘉二十七年,頁 3960。
〔註 225〕魏宋聯姻南北史書記載略有不同,《魏書》卷 97〈島夷劉義隆傳〉,頁 2139 載:「義隆遣黃延年朝於行宮,獻百牢,貢其方物,並請和,求進女於皇孫。世祖(魏太武帝)以師婚非禮,許和而不許婚。」另據《宋書》卷 95〈索虜傳〉,頁 2352 載:「(魏太武帝)以孫兒示(田)奇曰:『至此非唯欲爲功名,實是貪結姻緣,若能酬酢,自今不復相犯秋毫。』又求嫁女與世祖(宋孝武帝)。」《魏書》與《宋書》因各自立場所限,皆指對方先提出聯姻要求,《資治通鑑》認爲「此皆《魏書》誇辭,今從《宋書》。」《資治通鑑》卷 125〈宋紀七〉,文帝元嘉二十七年,頁 3961。本書亦採《資治通鑑》、《宋書》之說。田奇返回劉宋後,宋文帝召集羣臣討論魏宋聯姻之事,贊成、反對二派互相辯論,竟引起贊成派太子劉劭與反對派江湛的激烈衝突,「劭使班劍及左右排湛,湛幾至僵仆。」《資治通鑑》卷 125〈宋紀七〉,文帝元嘉二十七年,頁 3961。劉宋朝廷在此種氣圍下,對聯姻一事不敢輕易定案,加上魏太武帝不久亦收兵北返,魏宋聯姻因而破局。
〔註 226〕《資治通鑑》卷 126〈宋紀八〉,文帝元嘉二十八年,頁 3962:「北兵欲退,慮南兵之追截,故舉火以示威。尹弘習知北人軍情,因言於上。」

抄掠往往無所得。此時魏太武帝「聞盱眙有積粟，欲以爲歸路之資。」〔註227〕
同時也被臧質激怒。魏太武帝向臧質求取南方美酒，臧「質封溲便與之。」〔註
228〕魏太武帝大怒遂起大軍攻城，下令不計一切代價攻下盱眙，「（元嘉）二十
八年（451、魏正平元年）正月初，（拓跋）燾自廣陵北返，便悉力攻盱眙。」
〔註229〕魏宋全面戰爭中最激烈的戰役——盱眙之役於焉爆發，爲表明攻城決心
並加深守城宋軍心理威脅，魏太武帝致書臧質曰：〔註230〕

> 吾今所遣鬭兵，盡非我國人，城東北是丁零與胡，南是三秦氐、羌。
>
> 設使丁零死者，正可減常山、趙郡賊；胡死，正減并州賊；氐、羌死，
>
> 正減關中賊。卿若殺丁零、胡，無不利。

魏太武帝原欲藉此展示源源不斷的兵力且不惜犧牲的攻城方式，但也凸顯出北
魏以其他民族爲攻城先鋒，不愛惜其他民族生命的做法，此即所謂：「虐虜見驅，
後出赤族，以騎蹙步，未戰先死。」〔註231〕許多民族，當然包括漢人，在後有
北魏騎兵的威嚇下，只能被迫充當砲灰向前攻擊。陳寅恪認爲「以騎蹙步」，「是
北魏以鮮卑本部人爲騎兵，以非國人爲步兵，打仗以鮮卑騎兵壓迫非鮮卑步兵
先出的反映。」〔註232〕這樣的作戰方式，誠如引文中魏太武帝所言，乃一舉二
得，若能攻下城戍則魏軍可獲勝利；若否，亦能順勢消滅其他民族，減低他們
叛亂機會，當然，這種作戰方式也體現出北魏狹隘的大鮮卑主義，及民族包容
度不足等問題。

魏太武帝此舉並未帶給盱眙守軍恐懼，反而激起守軍鬥志與守城決心，雙
方展開水陸大戰：〔註233〕

> （魏軍）築長圍，一夜便合，開攻道，趣城東北，運東山土石填之。
>
> 虜又恐城內水路遁走，乃引大船，欲於君山作浮橋，以絕淮道。城內
>
> 乘艦逆戰，大破之。明旦，賊更方舫爲桁，桁上各嚴兵自衛。城內更
>
> 擊不能禁，遂於君山立桁，水陸路並斷。

雖然盱眙守軍遭北魏大軍包圍居於劣勢，卻能屢屢化解魏軍攻勢，由於魏太武

〔註227〕《宋書》卷74〈臧質傳〉，頁1912。
〔註228〕《宋書》卷74〈臧質傳〉，頁1912。
〔註229〕《宋書》卷74〈臧質傳〉，頁1912。
〔註230〕《宋書》卷74〈臧質傳〉，頁1912。
〔註231〕《宋書》卷77〈柳元景傳〉，頁1985。
〔註232〕陳寅恪著、萬繩楠整理，《陳寅恪魏晉南北朝史講演錄》（臺北：雲龍出版社，
　　　　2002年3月），頁308。
〔註233〕《宋書》卷74〈臧質傳〉，頁1912。

帝遭臧質激怒，不惜任何犧牲定要攻佔盱眙，遂使魏宋兩軍戰鬥激烈，雙方均蒙受巨大傷亡，《宋書·臧質傳》載：〔註234〕

> 虜以鉤車鉤垣樓，城內繫以彄緪，數百人叫喚引之，車不能退。既夜，以木桶盛人，懸出城外，截其鉤獲之。明日，又以衝車攻城，城土堅密，每至，頹落不過數升。虜乃肉薄登城，分番相代，墜而復升，莫有退者，殺傷萬計，虜死者與城平。……如此三旬，死者過半。

魏軍以十倍兵力費時一月仍遲遲無法攻下盱眙，情況漸趨不利。劉宋朝廷聞盱眙被圍，也開始有救援動作，「（拓跋）燾聞彭城斷其歸路，京邑遣水軍自海入淮，且疾疫死者甚眾。」〔註235〕江夏王劉義恭從彭城派出之宋軍恐將截斷魏軍後路，加上建康增援的水師，魏軍將有腹背受敵之虞。此外，魏人不適南方水土，患病者眾，且魏軍將士長途跋涉，盱眙久攻不下，鬥志、意志漸失，魏太武帝權衡利弊得失決定退兵，「因攻盱眙，盡銳攻城，三十日不能剋，乃燒攻具退走。」〔註236〕

盱眙攻防戰宋軍得以堅守關鍵，在於輔國將軍臧質優異的軍事指揮才能，及盱眙太守沈璞的先見之明，史載：〔註237〕

> 時王師（宋軍）北伐，彭、汴無虞。（沈）璞以強寇對陣，事未可測，郡首淮隅，道當衝要，乃修城壘，浚重隍，聚材石，積鹽米，為不可勝之算。眾咸不同，朝旨亦謂為過。

劉宋北伐一開始，沈璞即未雨綢繆，積極強化防務做戰守之備。當臧質進入盱眙城時，「見城隍阻固，人情輯和，鮭米豐盛，器械山積，大喜。」〔註238〕對沈璞將盱眙城鞏固成一堅強堡壘，不禁大為讚嘆。當然，二人的通力合作，乃擊退魏軍另一主因，《宋書·沈璞傳》載：「及賊（指魏軍）至，四面蟻集攻城，（沈）璞與（臧）質隨宜應拒，攻守三旬，殄其太半，（拓跋）燾乃遁走。」〔註239〕守城將領若不能齊心守城常導致城池淪陷，臧質與沈璞可貴之處在於能同心協力守城。沈璞為盱眙太守乃盱眙城最高指揮官，臧質則為劉宋中央派遣救援彭城援軍之將領，「（宋文帝）以（臧）質為輔國將軍、假

〔註234〕《宋書》卷74〈臧質傳〉，頁1913。
〔註235〕《宋書》卷74〈臧質傳〉，頁1913。
〔註236〕《宋書》卷95〈索虜傳〉，頁2353。
〔註237〕《宋書》卷100〈自序·沈璞傳〉，頁2462。
〔註238〕《宋書》卷100〈自序·沈璞傳〉，頁2463。
〔註239〕《宋書》卷100〈自序·沈璞傳〉，頁2463。

節、置佐，率萬人北救。」〔註240〕臧質所率援軍在盱眙附近遭遇魏軍，大敗後率殘軍投奔盱眙，一為地方郡守、一為中央將領，但二人未有不合或互爭領導權情事，反而真誠合作共守盱眙，終能擊退魏軍。更難能可貴的是，戰後二人亦未爭功，「臧質以（沈）璞城主，使自上露板。璞性謙虛，推功於質。」〔註241〕（按露板者，書獲捷之狀，露板上聞，使天下悉知也。）宋文帝對沈璞的戰功及謙虛頗為讚賞：「太祖（宋文帝）嘉（沈）璞功効，遣中使深相褒美。」〔註242〕盱眙之役在臧質、沈璞率領全城軍民堅守下，使魏軍的攻城再度遭到挫敗，魏太武帝以近十倍兵力耗時一個月仍無法攻陷盱眙城，暴露魏軍不善攻城劣勢，卻也彰顯宋軍擅於城戍防守戰。另一方面，盱眙之役亦是宋軍面對北魏大軍進攻時難得的勝利，由於宋軍犧牲頗眾，故劉宋此勝利應謂之為慘勝。雖是如此，相較於魏軍於劉宋境內四處竄擾，甚至威脅建康安危時，劉宋朝廷幾乎束手無策，盱眙之役的勝利，無異展現宋人強硬韌性並稍稍挽回信心。

　　魏太武帝451年（魏正平元年、宋元嘉二十八年）二月丙辰從盱眙撤軍北返，基本上已無意再對劉宋作戰，所以魏軍經過彭城時，並未對彭城發動攻勢，可能是魏軍歷經五個月在劉宋境內的作戰，早已疲憊不堪，且糧草問題一直困擾魏軍，在劉宋軍民堅壁清野下，魏軍常常劫掠不到食物，因此在無充分糧草供應前，魏太武帝不願再發動攻城行動，盱眙之役已為殷鑑，損兵折將的結果，令魏太武帝過彭城而不攻，只想儘速率大軍回北魏。然而，鎮守彭城的江夏王劉義恭、武陵王劉駿，恐是震於魏太武帝或魏軍威名，竟未對疲累的魏軍從中截擊，讓其順利返回北魏國境。魏太武帝於二月戊寅渡過黃河，三月己亥回到平城，「飲至策勳，告於宗廟。」〔註243〕結束了歷時八個月的魏宋第三次南北大戰，同時也是魏太武帝和宋文帝最後一次的軍事較量。

第三節　魏宋全面戰爭之戰爭檢討

　　魏宋第三次大戰爆發於 450 年（魏太平真君十一年、宋元嘉二十七年）二月的懸瓠之役，結束於 451 年（魏正平元年、宋元嘉二十八年）二月的盱

〔註240〕《宋書》卷 74〈臧質傳〉，頁 1911。
〔註241〕《宋書》卷 100〈自序・沈璞傳〉，頁 2463。
〔註242〕《宋書》卷 100〈自序・沈璞傳〉，頁 2463～2464。
〔註243〕《魏書》卷 4 下〈世祖紀下〉，頁 106。

眙之役，戰爭狀態歷時約一年左右。然而，445 年（魏太平眞君六年、宋元嘉二十二年）十一月魏太武帝入寇劉宋，發生於青徐地區的邊境衝突，雖衝突並未擴大，但已顯現魏太武帝將對劉宋全面進攻之想法，進攻青徐乃先試探劉宋邊關防務面對魏軍進攻時之反應，故 445 年青徐衝突實爲 450 年魏宋全面戰爭之前哨戰，其戰爭作爲具有延續性，無法單獨切割，故將其納入 450 年魏宋全面戰爭一環，一併檢討雙方的戰略作爲及其得失之處。

一、青徐地區的衝突

北魏於 445 年（魏太平眞君六年、宋元嘉二十二年）入侵劉宋青徐地區，乃一大膽戰略決定，當時北魏內部正逢蓋吳之亂，魏太武帝決定平亂與南侵劉宋同時進行，主要目的是打擊劉宋，教訓宋文帝對蓋吳的聲援，同時先發制人掌握戰略主動，先進攻青徐地區掀起衝突，令宋文帝不致遣軍進攻北魏聲援蓋吳。也因魏太武帝作戰目標放在蓋吳身上，故對青徐地區的作戰方式，沿襲北魏一貫的寇掠模式，擄掠百姓及其財產，並非以攻城爲主，而是以野戰方式破壞廣大青徐地區。此從魏太武帝僅以二萬魏軍交付永昌王拓跋仁、高涼王拓跋那投入青徐戰場即可看出。若是攻城行動，二萬魏軍欲攻陷青徐地區多座城戍不太可能，且每進攻一座城戍，會損失不少兵士，故魏軍在進攻過程中，若能攻佔城戍實屬最佳，一旦攻城不順或遭劉宋守軍擊退，並不會持續進攻增加魏軍傷亡，而是隨即轉換目標，發揮魏軍騎兵優勢，縱橫城外廣大地區，劫掠劉宋百姓充實河北，達成對劉宋的威嚇與騷擾。

面對北魏境內的蓋吳之亂，爲何宋文帝未眞正出兵支援蓋吳，僅是封個虛號送幾枚關印了事，而出兵也只是在國境線上遙相呼應，並未眞正踏入北魏境內，其原因可能有二，首先：宋文帝或許有北伐計畫，但僅止於構想或尙在籌畫階段，故不便貿然出兵。其二：宋文帝認爲鮮卑拓跋氏和盧水胡都是胡族，二者內鬥恐兩敗俱傷，若北魏平定蓋吳，損兵折將無法避免，魏軍戰力必有一定程度損耗；若北魏平亂失敗使蓋吳叛亂擴大，北方可能再度陷入分裂，出現後十六國局面。不論那個結果，劉宋皆可乘機取利甚至北伐中原。孰料，北魏很快平定亂事，甚至還分兵攻入劉宋境內，可見宋文帝未掌握戰略主動帶來的後果，若他能採主動攻勢，揮軍攻入魏境和關中蓋吳聯軍，等於二把利刃插入北魏心臟，北魏勢必分兵應付，如此一來，魏太武帝將陷入被動因應，受蓋吳與宋文帝牽制。惜宋文帝未做如此思考，他高估蓋吳兵

力、低估魏軍戰力，同時錯估情勢，不僅未在蓋吳之亂中取得任何利益，反而遭北魏報復其支持蓋吳，侵擾青、兗、冀三州，「殺略甚眾。」〔註244〕使劉宋青徐地區遭受嚴重破壞。

劉宋邊關守將對魏軍的寇擾行動，並未出城與其戰鬥，而是發揮宋軍守城專長固守城戍，此乃劉宋面對魏軍野戰劫掠時一貫的防禦模式。負責抵禦魏軍入侵的劉宋邊關守將，主要為青州刺史杜驥、冀州刺史申恬、徐州刺史衡陽王劉義季等人，杜驥、申恬都能堅守城池抗拒魏軍攻擊，相形之下衡陽王劉義季態度消極，「無它經略，唯飲酒而已。」〔註245〕以致遭到宋文帝的斥責。杜驥、申恬雖然英勇守城，但對魏軍在城戍外的肆虐，依然無能為力，二人亦曾遣軍出城迎擊，卻常遭魏軍擊敗，主因乃魏宋軍事特長不同，宋軍以步兵為主，騎兵戰術及野戰戰法皆遜於魏軍，僅能堅守城戍使損失降到最低，這也是宋軍無法有效遏止魏軍鐵騎下的無奈。綜上所述，魏宋此次在青徐地區的兵戎相見，可謂南北各自發揮其軍事優勢之對抗，即北魏騎兵野戰與劉宋固守城戍之傳統攻守模式，當然，不可避免的，魏軍劫掠不少百姓北返，充實北魏戶口與生產力，使劉宋蒙受嚴重損失。

二、第一階段懸瓠之役

魏太武帝於 450 年（魏太平真君十一年、宋元嘉二十七年）二月親率十萬大軍入侵汝南，點燃魏宋第三次大戰戰火。魏軍初期進展順利，佔領汝南地區多座城戍，卻在進攻懸瓠時遇到苦戰，最後竟因此而撤軍。分析魏太武帝在懸瓠之役的戰略構想與戰略作為，為何僅以十萬軍隊即發動攻擊？之後圍攻懸瓠不利時，竟未再從北魏境內調軍支援？四十二天未能攻克懸瓠，隨即結束整個軍事行動，為何無法進行圍城戰？首先，在戰略構想方面，僅動員十萬魏軍的軍事行動，證明魏太武帝尚未具全面進攻劉宋之意圖，從戰爭演進過程觀察更是如此。就兵力而言，第三階段北魏反攻以近四十萬大軍直抵長江北岸，才是對劉宋的全面進攻。十萬魏軍或許攻城掠地、擄掠百姓能獲得不錯戰果，但要渡過黃河、淮河，在淮河南北廣大劉宋腹地作戰，恐會遭到各地宋軍層層阻擊，魏軍將會遭到嚴重傷亡，故魏太武帝率十萬魏軍不可能進入劉宋中心地區，第一階段進攻汝南僅是為第三階段全面進攻做準

〔註244〕《宋書》卷95〈索虜傳〉，頁2341。
〔註245〕《宋書》卷61〈武三王·衡陽王義季傳〉，頁1655。

備，其戰略構想乃窺探劉宋防務，觀察其軍事部署，並以實兵檢驗宋軍面對魏軍攻擊時之種種反應，作爲規畫全面進攻之戰略戰術的參考。

其次，在戰略作爲方面，既是試探劉宋防務性質，故魏太武帝遇到進攻阻礙時，不會窮究一切力量進攻，如已達到刺探目的隨即退兵。此從魏軍頻頻攻陷汝南、淮西等地獲取不錯戰果，卻在圍攻懸瓠時陷入瓶頸，魏太武帝觀察整體戰略局勢，發現各地宋軍逐漸往懸瓠集結，而魏軍已掠奪不少劉宋百姓，在對其防務已有初步瞭解下，爲保存實力遂立即撤軍北返。其實，十萬魏軍是進退相宜之兵力，而魏太武帝也有僥倖之心，若魏軍一路攻勢順暢，不僅攻陷汝南、淮西等地，也迅速攻佔懸瓠，則魏太武帝的戰略作爲將轉趨積極，應會揮軍南下，再從北魏徵調十萬、二十萬，甚至三十萬大軍，對劉宋提前展開全面進攻，可惜懸瓠抵抗強烈，魏軍無法越雷池一步，使魏太武帝回復原先之戰略構想與戰略作爲，久攻不下懸瓠即班師北返，爲後續全面進攻做準備。

劉宋長期與北魏對峙，對敵我軍事長短自然有深刻體認，宋人長於城戰拙於野戰，魏人恰與之相反，以致劉宋守將在抵禦魏軍進攻時，常堅守城戍以待援軍，然後內外合擊退敵，或待魏軍因糧草不濟而退，盡量避免出城與魏軍野戰。懸瓠之役亦屬魏宋軍事行爲之典型範例，只不過劉宋並非每座城戍都下令固守，而是以具政治性、軍事性之大城爲主，一般城戍規模小、兵力不足，即便堅決抵抗仍無法抵擋魏軍的攻城，不如棄守，將兵眾與軍器轉進鄰近大城合兵據守，而宋文帝在懸瓠之役中的所謂大城，即是汝南郡治懸瓠與豫州治所壽陽。劉宋在魏強宋弱的背景下採行此種防禦戰略無可厚非，雖可保存軍隊與城內百姓，卻無法保護城外百姓安全，但是兩害相權取其輕，宋軍野戰戰力實不如魏軍，這也是劉宋政府不得已之作法。

然而，這套防禦戰略配套並不完整，換言之，無法冠上「體系」二字，以防禦戰略體系稱之。當懸瓠被圍時，劉宋朝廷的救援速度遲緩且無章法，宋文帝雖命徐州刺史武陵王劉駿自彭城儘速派出援軍，但身爲徐州首府的彭城，竟只能派出一千五百名援軍，實匪夷所思，而一千五百騎如何能與北魏大軍抗衡，失敗當可預見。出鎮壽陽的豫州刺史南平王劉鑠，雖派安蠻司馬劉康祖與寧朔將軍臧質領軍救援，宋文帝更命劉康祖總統各路援軍，但救援時程已慢，雖最終結果仍促使魏太武帝退兵，不過這是建立在陳憲頑強堅守懸瓠的基礎上，若非陳憲固守懸瓠有功，魏軍早已攻陷懸瓠，同時也凸顯劉宋朝廷救援步調的緩慢。故劉宋的防禦戰略只規畫一半，遇小股魏軍騷擾時須堅守城戍，遇大軍則

拔城往指標性大城集中，前面的規畫尚可，但後續救援未臻完善。一套完整的防禦戰略體系，需前後每個環節兼顧，例如：魏軍圍攻懸瓠時，救援機制就要啟動，由哪座大城、哪位將領率多少部隊救援，應早已部署定位，且平時需不斷演練，但劉宋完全付之闕如。劉宋在懸瓠之役並未得到教訓，在魏宋爾後的衝突與戰爭過程中，時常發生魏軍圍困劉宋城戍，而宋軍救援行動遲緩情形，可見劉宋固守待援的防禦戰略規畫，始終未能完整建立。

三、第二階段劉宋北伐

宋文帝的北伐可說是劉宋與北魏對抗以來，動員規模最大的戰爭，等於是雙方總體國力的較量。面對傾全國之力的劉宋大軍，北魏採取「暫避其鋒、先守後攻」的戰略，故與第一階段懸瓠之役攻守易勢，由懸瓠之役時魏軍主動南侵、劉宋被動防守抵禦，一變為劉宋採攻勢作戰全面進攻，北魏被迫採防禦性質的守勢作戰。劉宋北伐軍兵力龐大，初期取得不錯戰果，陸續收復河南多處城戍。然而，由於前線將領的膽識不足，未能乘機擴大戰果，而宋文帝又對前線戰事頗多指導，將帥往往須顧及宋文帝意旨未能全權指揮，加上進入冬季北魏開始反攻，於是在上述種種因素相互影響下，終使劉宋最大規模的北伐遭到失敗之命運。

（一）雙方動員兵力

第二階段劉宋北伐和第三階段北魏的反攻，乃雙方軍事戰鬥最激烈的時期，魏宋二國欲支援規模如此龐大的軍事作戰，動員的兵力必然可觀，事實上雙方兵力旗鼓相當。先就劉宋部分言之，《魏書·世祖紀》載：「太平真君十一年（450 年、宋元嘉二十七年）……秋七月，義隆遣其輔國將軍蕭斌率眾六萬寇濟州。」〔註246〕另《宋書·索虜傳》載青、冀二州刺史霄城侯蕭斌領水軍一萬、太子左衛率臧質統領「步騎十萬逕造許、洛。」〔註247〕依前所引，宋軍確實兵力已至十七萬，加上其餘各路兵馬，絕對超過二十萬，故劉宋此次北伐動員兵力，至少二十萬以上，當在二十萬至三十萬間。至於北魏，《宋書·王玄謨傳》載「虜主託（拓）跋燾率大眾號百萬，鞞鼓之聲，震動天地。」〔註248〕百

〔註246〕《魏書》卷 4 下〈世祖紀下〉，頁 104。
〔註247〕《宋書》卷 95〈索虜傳〉，頁 2348。
〔註248〕《宋書》卷 76〈王玄謨傳〉，頁 1974。

萬之眾當屬誇大之詞，《宋書・張暢傳》載「四十餘萬。」〔註249〕應是較可信的數字。另《魏書・世祖紀》載「發州郡兵五萬分給諸軍。」〔註250〕此條記載說明北魏徵調五萬援軍給各路軍，可見北魏當不致動員百萬大軍，否則應徵調五十萬州郡兵配給各路軍，始有百萬大軍。北魏當時國力實無法動員百萬大軍，理由極其簡單，即便統一王朝組織百萬大軍尚有困難，何況僅有北方領土的北魏。《魏書》雖未明載北魏總兵力，但以魏太武帝雄霸的個性，及《宋書・張暢傳》記載，加上之後各路魏、宋軍交戰互有勝敗，魏軍甚至兵臨瓜步來看，北魏兵力當不在劉宋之下，四十餘萬當屬可信。

（二）北魏的防禦戰略分析

宋文帝北伐進攻北魏，需在華北地區作戰，與魏軍南侵在劉宋境內的作戰方式截然不同。魏軍在劉宋境內作戰時，常受限於南方濕熱氣候及河渠交錯地形，往往無法發揮騎兵優勢，且士兵水土不服亦會影響戰力發揮，反而宋軍不會有上述魏軍情事發生，還能發揮水軍及適應本土氣候之優勢。然而，北伐宋軍在北魏境內作戰完全相反，北方多為寬廣平原，不似南方水網密佈，宋軍已無水軍優勢。氣候方面，魏軍在國境內作戰，不會水土不服，反而宋軍需擔憂北方冬季寒冷乾燥氣候，若未能速戰速決，一旦戰事綿延至冬季，來自南方溫暖氣候的宋軍，在酷寒的北方能否正常發揮戰力乃一大考驗。加上廣大華北地區適合騎兵馳騁，宋軍以步兵為主，騎兵戰力與戰術一向不如魏軍，這些都是宋軍在北方作戰不利之處。

宋軍的劣勢正是魏軍之優勢，故宋文帝在 450 年（魏太平真君十一年、宋元嘉二十七年）七月下詔北伐時，魏太武帝不主動迎戰，下達「暫避其鋒、先守後攻」的戰略指導。面對劉宋大軍的進攻，魏太武帝未調兵遣將驅逐宋軍於國境之外，反採守勢並坐視宋軍攻陷北魏城戍，尚武好戰的魏太武帝真有如此怯懦行為？其實不然，魏太武帝採防禦戰略有其觀點與理由，首先：經懸瓠一役的試煉後，魏太武帝對劉宋的防禦措施已有心得，此刻正在積極部署南伐大

〔註249〕《宋書》卷 59〈張暢傳〉，頁 1600 有載：虜大眾亦至彭城。（拓跋）燾始至，仍登城南亞父冢，於戲馬臺立氈屋。先是，燾未至，世祖（宋孝武帝）遣將馬文恭向蕭城，為虜所破，文恭走得免，隊主蒯應見執。至小市門曰：「魏主致意安北，遠來疲乏，若有甘蔗及酒，可見分。」時防城隊主梁法念答曰：「當為啟聞。」應乃自陳蕭城之敗。又問應：「虜主自來不？」曰：「來。」問：「今何在？」應舉手指西南。又曰：「士馬多少？」答云：「四十餘萬。」

〔註250〕《魏書》卷 4 下〈世祖紀下〉，頁 104。

計，不料，宋文帝竟率先揮軍北伐，若魏太武帝遣軍迎戰，原爲南伐籌集的各項軍事準備，將被迫提早上戰場，而兩雄強碰結果，即便魏軍掌握地形、氣候及騎兵等優勢能擊退劉宋北伐軍的入侵，但仍會遭致一定程度損失，短時間內恐無法南伐。爲避免影響南伐大計，唯有暫且按兵不動，不致因主動出擊破壞南伐整體軍事部署及作戰準備。基於此，遂採以退爲進、先守後攻的防禦性戰略，誘宋軍深入魏境，並在北魏掌握各項戰略環境優勢下，以最少兵力擊退劉宋北伐軍。其次：北魏的優勢在騎兵，秋高馬肥正適合騎兵作戰，一旦進入嚴冬，北方河川結冰更適合騎兵馳騁，故魏太武帝希望採守勢作戰，先守後攻，拖延戰事進入冬季，屆時即爲魏軍鐵騎發揮優勢之時。但宋文帝的戰略規畫並非如此，他亦知北方的地形、氣候對宋軍不利，故七月開始北伐，期望能速戰速決，三個月之內取得一定城戍與土地，在華北站穩腳步，並組織防禦網，固守佔領之城戍，面對魏軍在冬季的反攻，希望能以宋軍守城軍事特長抵禦魏軍進攻。然而事與願違，宋軍所佔城戍與土地不多，無法構成防禦縱深，使城戍與城戍間能相互支援，而王玄謨又久攻滑臺不下，戰事遂延長進入冬季，等於預告魏太武帝設定之戰爭標的一一出現，最終結果如魏太武帝所願，宋軍無法抵擋魏軍大舉反攻而節節敗退。由此可見，魏太武帝的防禦性戰略乃經過深思熟慮，根據雙方各項戰略條件制訂，戰爭並非主動迎擊或採攻勢作戰才是英勇表現，暫採守勢以逸待勞仍能贏得最後勝利。

（三）劉宋的戰略缺失分析

宋文帝傾「元嘉之治」積累之雄厚國力北伐，卻不幸遭到挫敗，除受限於北魏「暫避其鋒、先守後攻」戰略奏效外，宋文帝在進攻方面亦有不少戰略缺失，試分析如下：

1、宋文帝擇將不當

宋軍初期在北魏避戰戰略下，兵不血刃攻下碻磝，時蕭斌令沈慶之留守碻磝，遣王玄謨進圍滑臺，雖不以成敗論英雄，但此調度頗有檢討之處，沈慶之與王玄謨軍事素養有一定程度差異，應由知兵知將的沈慶之攻滑臺，以王玄謨固守碻磝。從幾件事情可看出沈慶之乃富戰略眼光之優秀將領，其一：前文已述，沈慶之以「馬步不敵，爲日已久矣。」〔註251〕北人兵種優勢的觀點，和檀道濟、到彥之北伐失敗之例，勸阻宋文帝北伐。其二：王玄謨敗退滑臺時，蕭

〔註251〕《宋書》卷 77〈沈慶之傳〉，頁 1998。

斌欲斬之，賴沈慶之勸阻，以爲北魏大軍非王玄謨所能抵擋。其三：碻磝棄、守之間，蕭斌亦是問計於沈慶之。至於王玄謨，領軍不得軍心，「玄謨性嚴剋少恩，……軍士謂之語曰：『寧作五年徒，不逢王玄謨。』」〔註252〕此外，當魏太武帝率大軍至彭城時，以北方特產駱駝、騾、馬、貂裘，和江夏王劉義恭交換南方名酒及甘蔗，雙方各遣使者應對，北魏派李孝伯；劉宋則遣張暢，二人均曾語及王玄謨，李孝伯論「王玄謨甚是所悉，亦是常才耳。南國何意作如此任使，以致奔敗。」〔註253〕張暢亦謂「王玄謨南土偏將，不謂爲才。」〔註254〕可見時人論王玄謨的確非將帥之才，後人王夫之亦有相同評論：〔註255〕

王元（玄）謨北伐之必敗也，弗待沈慶之以老成宿將見而知之也。……

（宋）文帝曰，觀元謨所陳，令人有封狼居胥意，坐談而動遠略之雄心，不敗何待焉，兵久之所取勝者，謀也，勇也，二者盡之矣。……

元謨之勇，大聲疾呼之勇也，其謀雞鳴而寢，書衾捫腹之謀也。

據上引文足證宋文帝所遣非人。而蕭斌擇將攻滑臺、守碻磝時，若由王玄謨留守碻磝，遣沈慶之進圍滑臺，以沈慶之膽識及戰略眼光，或許能奪下滑臺，成爲宋軍北伐前進基地，進而扭轉戰局也未可知。

2、宋文帝未予諸將統兵指揮全權

分析宋文帝對北伐軍各路主帥部署，一、二路軍組成的東路軍雖由霄城侯蕭斌領軍，但宋文帝安排三子武陵王劉駿在東路軍，應有監軍之意涵，目的在掌控東路軍所有軍事行動；三、四路軍組成的中路軍由四子南平王劉鑠率領；五、六、七路軍組成的西路軍由六子隨郡王劉誕統領，宋文帝之弟江夏王劉義恭則「總統群帥，出鎮彭城。」〔註256〕可見宋文帝盡得其父宋武帝真傳，明白掌握軍權即能掌控政權，劉宋軍權完全掌握在劉姓皇族手中。

北伐軍既全由宋文帝之皇弟、皇子掌控，應能放手讓他們發揮，只要依循宋文帝所擬之戰略規畫即可。然事實卻非如此，前方統帥往往受到後方的制約，宋文帝常下詔指揮前線部隊，領軍統帥毫無決策之權，連自己之親弟、兒子亦是如此。所謂「將在軍，君命有所不受。」〔註257〕宋文帝不明前線戰

〔註252〕《宋書》卷76〈王玄謨傳〉，頁1976。

〔註253〕《宋書》卷59〈張暢傳〉，頁1603。

〔註254〕《宋書》卷59〈張暢傳〉，頁1604。

〔註255〕王夫之，《讀通鑑論》卷15〈文帝〉，頁502～503。

〔註256〕《宋書》卷61〈武三王‧江夏文獻王義恭傳〉，頁1644。

〔註257〕〔西漢〕司馬遷，《史記》（中華書局點校本）卷64〈孫子吳起列傳〉，頁2161。

況隨意指揮的結果，常貽誤有利戰機，史載：「上（宋文帝）每命將出師，常授以成律，交戰日時，亦待中詔，是以將帥趙趄，莫敢自決。」〔註258〕茲舉二例說明。第一：三線戰場中，雖然宋軍在東線受挫，但是西線戰場並無敗績，反而節節勝利；而中線戰場雖推進有限，至少維持平局。然宋文帝卻在西線戰場柳元景率軍攻克潼關，正欲對洛陽、長安等戰略目標進攻之際，下詔退兵，理由是東線敗退，中路軍、西路軍不宜獨進。第二：魏太武帝率軍北返經彭城，江夏王劉義恭懼魏軍威名不敢遣軍截擊，賴宋文帝詔命追擊，江夏王劉義恭始派軍急追，惜魏軍已走遠。由此二例觀之，宋文帝遙控前線宋軍進退實為常態，此非君王所應為，既已任命領軍統帥，自應賦予統帥指揮全權。由結果觀之，雖宋文帝令江夏王劉義恭追擊魏軍實為正確之戰略決策，但由他從朝廷下令殊為不當，其正確做法應是在戰後檢討時，責罰江夏王劉義恭畏縮不前，而非在戰爭過程中隨意下令。

此外，宋文帝命中路軍、西路軍班師實不可取，不僅剝奪前線將帥指揮權，也犯了戰略上的錯誤，凸顯他收復北方河山的氣度不足、決心不夠。東路軍雖然敗退，中、西路軍不應班師，應擴大戰果牽制魏軍側翼，換取東路軍喘息、整補之時間與空間，且中路軍、西路軍未有班師念頭，可見此二路宋軍實有積極進取之企圖，若能繼續往魏境推進，北魏反擊時，就必須分散兵力抵禦中、西路宋軍，實施深入宋境不顧堅城在後的戰略也會有所顧忌。假設宋軍中、西路未撤軍，當魏太武帝直抵長江北岸瓜步時，中、西路宋軍自後襲擊魏軍，魏軍勢必面臨腹背受敵困境，宋軍或許能擴大勝果，甚至活捉魏太武帝也未可知。另外，柳元景所率西路軍若能持續攻克洛陽、長安，進而佔領關中地區，將對北魏構成巨大威脅，尤其關中經蓋吳之亂，北魏當務之急乃厚植當地統治力，不容再有戰火發生，故魏太武帝移師關中的可能性極大，如此一來，魏太武帝飲馬長江，聲言渡長江陷建康，帶給劉宋君臣恐懼的情形也許就不會發生。

3、劉宋北伐時機

劉宋北伐時機的選擇頗值得探討，宋文帝在 450 年（魏太平真君十一年、宋元嘉二十七年）七月下詔大舉北伐，開啟宋文帝北伐時程，上距懸瓠之役不過短短三個月，其實宋文帝的北伐時機應可提早二個月左右，著眼點有三，第一：若照原訂計畫七月興師北伐，需在寒冬來臨前取得相當戰果，否則時序進

另尚可參閱孫武著、吳仁傑注譯，《孫子讀本》〈九變篇〉，頁53。
〔註258〕《資治通鑑》卷 126〈宋紀八〉，文帝元嘉二十八年，頁 3966。

入十一月，氣候和魏軍鐵騎對宋軍乃一大考驗，補給線過長亦對宋軍不利，故宋軍僅有三個月作戰時間，以如此少之時間欲攻佔北魏一定領土與城戍，恐非易事。第二：「夏四月癸卯，輿駕（魏太武帝）還宮。」〔註259〕魏太武帝結束圍攻懸瓠回到平城已是四月，由於北魏入侵汝南地區的軍事行動甫結束，部隊需一段時間休養歸建，宋文帝若能提早北伐，趁北魏休整尚未完畢即北侵，相信能夠發揮奇襲效果。等到七月才北伐，北魏上下經三個月整補元氣漸復，此時進攻佔不到任何便宜。大凡經歷一段戰事後，魏軍心態上較為鬆懈，乘其警戒心降低之際全面進攻，實利於攻方而不利於守方。第三：雖然魏軍的劫掠使汝南地區遭受重創，但固守懸瓠的成功，不僅使魏太武帝併吞懸瓠的雄心為之一挫，更提振劉宋的民心士氣，也再度證明魏軍對宋軍守城之特長莫可奈何。再者，汝南、淮西地區雖受破壞，懸瓠亦陷烽火，但仍屬沿邊州郡，魏軍並未攻至劉宋核心地區。宋文帝既有大舉北伐意圖，籌畫當有相當時日，若淮河南北甚至長江北岸皆遭破壞，北伐之糧草、兵仗及各種軍需恐受嚴重影響，勢必影響北伐進程，若僅有上述汝南、淮西等地區，對劉宋的損害當在可接受範圍內，不致需三個月休養生息始發動北伐，並因此錯過戰略先機。

綜合以上分析，宋文帝應可在五月中旬左右發動北伐，比原訂七月提早二個月，在冬季來臨前多爭取二個月，等於劉宋北伐軍有長達五至六個月充沛的作戰時間，或許能攻佔更多北魏城戍與領土，構成嚴密防禦網抵擋住魏軍的反攻，也能對遭遇之戰略困境能有更多時間因應，如王玄謨久攻滑臺不下，須以其他將領入替，或增加攻城部隊，都有充分時間可應變。戰場上千變萬化，各種因素皆可左右戰爭成敗，故宋文帝提早五月中旬北伐並不一定成功，有可能受其他因素影響而落敗，然而在七月北伐已是失敗的事實上，思考北伐時機的提早乃為一可行方向，對比選擇七月北伐時機的失敗，五月北伐若敗，其結果與原本之事實殊無二致，但亦有可能獲得比七月北伐較佳戰果之機會，由此角度思考，宋文帝的北伐時機始有其探討空間。

四、第三階段北魏反攻

宋軍北伐至滑臺陷入瓶頸，而時序也已進入冬季，魏太武帝見利於北魏的外在環境條件逐漸成熟，遂於十月反守為攻，此後北魏大軍一路高奏凱歌，

〔註259〕《魏書》卷4下〈世祖紀下〉，頁104。

渡過黃河、淮河直達長江，魏軍能所向披靡，魏太武帝依據戰略態勢及過往經驗制訂正確的進攻戰略實功不可沒。而劉宋雖無法阻擋魏軍鐵蹄在淮河南北肆虐，卻能在長江及建康保衛戰中力阻魏軍渡江，令魏軍無法越長江天塹一步，使劉宋政權得以延續，故劉宋防禦戰略亦頗有稱述之處。以下分別探討第三階段雙方戰略戰術的利弊得失。

（一）魏太武帝「堅城在後、直線挺進」的進攻戰略

魏太武帝率領北魏大軍長驅直入，並未佔據過多的城戍，尤其是軍事重鎮，幾乎繞城而行。他的戰略構想是，若能順利攻陷即佔領之，如遇堅強抵抗則立予放棄，如捨棄彭城、盱眙、淮陰、壽陽等淮河南北重鎮，其目的在避免遭到牽制。由於魏軍勞師遠征，後勤補給不易，一旦陷入攻城戰泥沼，除需有穩固後方基地供應攻城所需糧食、武器外，攻陷城池後尚須分兵駐守，如此將使兵力逐漸減少，亦即佔領城戍愈多，能持續南伐的軍隊就愈少，在沒有穩固後方基地與必須維持魏軍戰力考量下，魏太武帝認為佔點無用，遂採跳躍式戰略行進，捨棄堅城在後，採線形挺進。

北魏在長期與劉宋對峙過程中，對南北軍事特質想必有深切體認，魏太武帝也吸收自己及其父與南方政權交戰的教訓，南人的確富守城之長，魏軍每每在攻城中討不到便宜，甫結束不久的懸瓠之役即是明顯一例，故魏太武帝總結經驗教訓，「避敵之長、揚己之威」，前者在避開宋軍守城之優勢，捨棄堅城在後；後者則是發揮魏軍騎兵機動快速的特性，縱橫劉宋廣大腹地，達到威嚇宋人之心理震撼，事實證明，魏太武帝捨堅城在後、直線挺進的進攻戰略非常成功，北魏大軍直抵長江岸嚴重威脅建康安危。

然而，魏太武帝進攻戰略的成功，一部份是建立在宋文帝的防禦戰略上。宋文帝為避免無謂犧牲，在盡量保存宋軍兵力與百姓生命財產前提下，一旦遇到北魏大軍攻擊，小型城戍抵擋不住，守將便率領軍隊與百姓往指標性大城集中，如此可增強重要城戍之守備力量，同時保存宋軍的有生力量，此為其利；然其弊在於城外廣大地區毫無防護，對魏軍的軍事行動無法牽制，等於魏軍進入無設防地區。而魏軍之聲威，也對固守各重鎮的宋軍將士造成莫大恐懼，當魏軍在劉宋境內大肆破獲、劫掠，他們大多龜縮城內不敢領軍出擊，如北魏大軍北返經過彭城時，身為北伐總指揮的江夏王劉義恭竟不敢出兵截擊，連統領三十萬北伐軍的最高指揮官尚且如此，其他各級城戍守將面對魏軍的反應亦不難想像。魏太武帝在宋軍不敢隨意出城攔截，城外廣大地

區又毫無佈防情況下，自然能直抵瓜步震懾劉宋君臣，若劉宋不管大小城戍皆命其嚴密防守，面對星羅棋布的城戍，魏軍無法一一攻克，即便展開攻城行動，兵士必定遭受不小損失，若繞城而行，又擔憂魏軍在南進過程中，劉宋諸多城戍守軍自後或自旁襲擊牽制，將使魏軍首尾不能相顧，魏太武帝能否毫無顧忌直衝長江恐是一大疑問。

魏軍能橫衝直撞直抵長江岸，給予劉宋政權莫大精神威脅，除魏太武帝放棄堅城在後，直往宋境縱深挺進的戰略正確外，另外就是宋文帝過於輕敵，「義隆恃淮之阻，素不設備。」〔註260〕如果宋文帝能在淮河沿線充分佈防，或許能阻擋魏軍南下，即便無法擋住魏軍，亦能拖延行動，魏軍後勤補給不足，利於速戰速決，一旦戰場被遲滯在淮河沿線，戰事勢必延長成為持久戰，戰況將對魏軍不利，若再遇糧草不足，魏軍唯有退兵一途。清人顧祖禹曾謂：「江南以江、淮為險，而守江莫如守淮。」〔註261〕宋人楊萬里則云：〔註262〕

> 蓋固國者，以江而不以淮；固江者，以淮而不以江。而今之說者，或曰淮不可守而江可恃，嗟乎，不恃江者江可恃也，恃江則江不可恃矣。……宮之奇曰虢虞之表也，唇亡則齒寒。江者，淮之虢也；淮者，江之虞也。朝廷其勿恃江而恃淮，勿恃淮而備淮，則數百年之業可得而議矣。

由此可見長江與淮河互為表裏，淮河防務須與長江防務置於同等天平，劉宋應有固淮河之所以衛長江，衛長江之所以保建康的戰略思維。惜宋文帝輕忽淮河防務，未將淮河視為阻擋魏軍的重要防線，以致令魏軍輕易跨越淮河，並迅速抵達長江威脅建康。

劉宋政府為保政權，在魏軍兵臨瓜步威脅京師建康情形下，重新對長江、建康展開嚴密佈防，宋文帝的佈防前文已有論述。魏太武帝見劉宋水軍戰艦幾乎布滿長江水道，無渡江載具的北魏大軍無論如何不可能渡江，即便渡江，劉宋軍民面對生死存亡之戰，其作戰精神可想而知，魏軍將遭遇極為強烈的抵抗，同時，戰線過長使魏軍補給不易，終使魏太武帝不得不退兵。相同場景往北推移，假設劉宋君臣能有楊萬里的戰略思想：「保江必先固淮。」體認淮河乃防禦

〔註260〕《魏書》卷18〈太武五王・臨淮王譚傳〉，頁418。

〔註261〕〔清〕顧祖禹，《讀史方輿紀要》（臺北：洪氏出版社，1981年1月）第二冊，卷19〈江南一〉，頁894。

〔註262〕〔宋〕楊萬里，《誠齋集》（景印文淵閣四庫全書，集部100，別集類，總第1161冊）卷88〈千慮策・國勢中〉，頁153～154。

長江的水上防線，全力鞏固淮河防線勿令魏軍進展至長江，因爲一旦魏軍兵臨長江，代表京師建康籠罩在魏軍攻擊範圍內。宋文帝應將淮河、長江水上防務等同視之，將魏軍屯駐瓜步時，爲防範魏軍渡長江，在長江水面實施綿密的軍事部署，搬移至淮河，並在淮河南北配置步騎協同作戰，如此一來，淮河的防務與長江一樣嚴密，魏軍要渡過淮河勢必要經過一番苦戰，最佳情況乃阻敵於淮河使其無法南下，即便強渡淮河成功，魏太武帝也無法勢如破竹直抵長江進窺建康，那時之魏軍恐成強弩之末。但事實上劉宋的淮河防務未如長江嚴密，使魏軍能輕易渡淮直抵長江，雖最後魏太武帝知難而退，劉宋政權有驚無險，然而，宋文帝若能將淮河防務等同長江視之，或許不用忍受這場虛驚。

（二）劉宋的防禦戰略

宋文帝的北伐大業，初始氣勢如虹，三路宋軍連下北魏多座城戍，然自王玄謨從滑臺敗退起，北伐軍每況愈下，待北魏大軍渡過黃河開始反擊後，宋軍已從攻勢作戰轉爲守勢作戰，作戰目標已非北伐開拓疆土，而是保衛疆土抵禦魏軍；作戰方式也從步騎兵、水軍進攻魏境，轉爲對城戍的固守，從作戰目標與作戰方式的改變，顯示出宋文帝的北伐行動至此結束，但是魏宋戰爭並未結束，只不過雙方角色互換，北魏從防禦者轉爲攻擊者；劉宋則從攻擊者變爲防禦者。

對劉宋而言，攻擊和防禦的戰略並不同。魏軍大舉進攻宋境後，劉宋各地城戍皆採取「保城固守」戰略，《宋書·索虜傳》載：「諸鎮悉斂民保城。」〔註263〕這應是以宋文帝爲首的劉宋朝廷所研擬，因應北魏大規模進攻時採取之防禦戰略。長久以來，農業民族與游牧民族的軍事特點與作戰兵種有非常大不同，游牧民族盛產馬匹，故作戰兵種以騎兵爲主，反映在軍事特點上，即擅長野戰卻拙於攻城；農業民族恰與之相反，因馬匹不足，故以步兵爲主，既以步兵爲主力兵種，其軍事特點自然短於野戰但長於守城，北魏與劉宋情況亦復如此。故劉宋的「保城固守」戰略，乃是針對敵我軍事優勢，及雙方擅長之戰略戰術，在敵強我弱之背景下，綜合考量而制定之防禦戰略。若非敵強我弱，一旦魏軍入寇，宋軍大可開門應戰，殲滅魏軍於城外或擊退來犯魏軍，也不需進入冗長守城戰。

彭城爲淮北軍事重鎮，亦爲劉宋徐州治所，宋文帝以其子武陵王劉駿爲

〔註263〕《宋書》卷95〈索虜傳〉，頁2350。

徐州刺史，之後以其弟江夏王劉義恭爲北伐總指揮出鎮彭城，等於二位宗室親王駐守彭城，凸顯彭城戰略地位重要。而當 450 年（魏太平眞君十一年、宋元嘉二十七年）十一月魏軍渡過黃河向南推進時，江夏王劉義恭見魏軍來勢洶洶，有意棄城南歸，宋文帝立即下達固守彭城指令：「初，虜深入，上（宋文帝）慮義恭不能固彭城，備加誡勒。」〔註264〕至於武陵王劉駿則展現堅守到底決心，「委鎮奔逃，實無顏復奉朝廷，期與此城共其存沒。」〔註265〕江夏王劉義恭在上有宋文帝旨意、下有武陵王劉駿要求下，遂決定固守彭城，「虜遂深入，徑至瓜步，義恭與世祖（劉駿）閉彭城自守。」〔註266〕由上述記載表明，宋文帝雖以「保城固守」爲主要防禦戰略，卻有城戍守將懾於魏軍的勇猛竟有棄守之議，還需宋文帝詔示固守。當然，並非宋文帝的意志無法貫徹，而是城戍守將身份的不同，江夏王劉義恭具皇弟尊貴身份，使他敢拂逆宋文帝之意，即便獲罪亦不致遭殺身之禍。戰後宋文帝論功過賞罰時，江夏王劉義恭身爲北伐總指揮，北伐大敗理應嚴重處分，宋文帝卻「降義恭號驃騎將軍、開府儀同三司，餘悉如故。」〔註267〕可見江夏王劉義恭當時眞棄守彭城，宋文帝因同胞兄弟之親，不太可能取其性命，貶官降爵可能性較大。

至於其他城戍守將，俱爲宋文帝之臣，遵守詔令乃必要之務，而宋文帝也不容許他們違逆，故其他地區「保城固守」戰略之實施尚稱允當，《宋書‧申恬傳》載：〔註268〕

> 是歲，索虜南寇，其武昌王向青州。遣（申）恬援東陽，因與輔國司馬、齊郡太守龐秀之保城固守。……（魏軍）東過抄略清河郡及驛道南數千家，從東安、東莞出下邳。下邳太守垣閬閉城距守，保全二千餘家。

武昌王指的是魏道武帝之孫、河南王拓跋曜之子拓跋提，拓跋曜「武藝絕人，與陽平王熙等並督諸軍講武，眾咸服其勇。……長子提，驍烈有父風。世祖（魏太武帝）時，襲爵，改封潁川王。……後改封武昌。」〔註269〕可見武昌王拓跋提承襲其父勇猛之風且富軍事才華，也應如此才能參與此次南伐。其

〔註264〕《宋書》卷61〈武三王‧江夏文獻王義恭傳〉，頁1644。
〔註265〕《宋書》卷59〈張暢傳〉，頁1599。
〔註266〕《宋書》卷61〈武三王‧江夏文獻王義恭傳〉，頁1644。
〔註267〕《宋書》卷61〈武三王‧江夏文獻王義恭傳〉，頁1644。
〔註268〕《宋書》卷65〈申恬傳〉，頁1724。
〔註269〕《魏書》卷16〈道武七王‧河南王曜傳〉，頁395～396。

進軍路線從青州至下邳，而北魏的五路大軍中，「高涼王那自青州趨下邳。」〔註270〕可知武昌王拓跋提隸屬高涼王拓跋那部。武昌王拓跋提領軍進攻青州暨齊郡治所東陽（今山東青州）時，東陽守軍「保城固守。」拒敵。進攻下邳（今江蘇睢寧西北），守軍亦採「閉城距守」之策，魏軍同樣無法越城池一步，可見劉宋「保城固守」防禦戰略得到一定成效，既延遲魏軍南進時間，也保護百姓生命財產安全，前述下邳太守垣闐保全二千餘家即是一例。

　　壽陽為劉宋豫州治所，戰略地位重要，「永昌王破劉康祖於尉武，引眾向壽陽，自青岡屯孫叔敖冢，脅壽陽城，又焚掠馬頭、鍾離。南平王鑠保城固守。」〔註271〕當魏軍永昌王拓跋仁部逼近壽陽時，豫州刺史南平王劉鑠亦是傾全城之力固守，發揮宋軍守城軍事特長，使永昌王拓跋仁遲遲無法攻克，不得不略過壽陽繼續南進，壽陽軍民生命財產得以保全。此外，「山陽（今江蘇淮安）太守蕭僧珍亦斂居民及流奔百姓，悉入城。」〔註272〕可見劉宋百姓面對魏軍的劫掠與侵擾，紛紛躲進大城避難，城內人口增多，相對防禦力量增強，但不可避免會面臨糧食短缺問題。

　　然而，城外攻城的魏軍，面臨糧食問題比劉宋守軍更為嚴峻。北魏數十萬大軍長途遠征，補給線深入劉宋境內綿延數百里，故魏軍糧草不可能完全靠本國供應，有極大比例靠抄掠所得，劉宋亦深知魏軍此後勤劣勢，故在「保城固守」防禦主軸下，輔以「堅壁清野」的戰略戰術，將百姓、物資往城戍集中，使魏軍抄掠無所得。相反地，劉宋城戍卻能事先儲備糧食，構築防禦工事，以便應付魏軍的攻城，如劉宋盱眙太守沈璞，戰前即積極加強盱眙防務以為戰守之備，「乃修城壘，浚重隍，聚材石，積鹽米。」〔註273〕而守城又是宋軍所長，故堅守一段時間不成問題，且城戍俱在本國境內，劉宋朝廷調度糧草及援軍支援佔有優勢。魏軍遠赴宋境作戰，因劉宋堅壁清野，使魏軍無法以抄掠獲得足夠糧草，因此糧草必須做最大程度利用，一旦攻城不利，即迅速退走，不使糧草及有生力量消耗。魏軍糧草消耗較守城宋軍居於劣勢，又需提防劉宋援軍不知會從何處進攻，若造成內外夾擊之勢，恐增魏軍傷亡，故魏太武帝在南伐戰爭中，不願陷入攻城戰泥沼，以快速移動不打堅城戰方式，直接向劉宋縱深挺

〔註270〕《魏書》卷4下〈世祖紀下〉，頁104。
〔註271〕《宋書》卷95〈索虜傳〉，頁2351。
〔註272〕《宋書》卷95〈索虜傳〉，頁2352。
〔註273〕《宋書》卷100〈自序·沈璞傳〉，頁2462。

進，並大肆燒殺破壞，造成劉宋舉國上下莫大心理威脅。

劉宋「保城固守」的防禦戰略，並非指所有城戍，若所有城戍皆全力固守，兵力分散結果將導致防禦力量不足，容易遭魏軍各個擊破，故必須擇重點城戍為之，小型城戍不得不放棄。一般而言，重點城戍指州城或郡城，如下邳、彭城、盱眙、山陽、壽陽等，縣城則通常予以放棄，令縣城百姓、財產、物資集中於郡城或州城，以堅壁清野的作法，讓經過之魏軍無所得，藉以牽制魏軍行動減低其戰鬥力。如此作法，使劉宋小型城戍及廣大農村地區遭到魏軍無情的蹂躪與破壞，但卻是不得已之作法。面對軍力強盛之魏軍，城外野戰非宋軍強項，亦無必勝之把握，唯有利用境內廣大之縱深，以「保城固守」發揮宋軍守城之長；以「堅壁清野」使魏軍無法就地補給，而劉宋實施這套防禦戰略在戰爭後期逐漸收效。魏太武帝雖兵臨瓜步聲言渡江，卻受限於糧草及深入宋境四面受敵不得不退兵。回程經過盱眙欲取其儲糧以為軍糧，雖全力攻之，卻屢攻不下，魏太武帝無奈只能北返，可見保城固守、堅壁清野防禦戰略基本成功，雖使重點城戍以外廣大地區遭受北魏大軍嚴重破壞，但兩害相權取其輕，至少數座重點城戍獲得保全，並成功令雄心勃勃的魏太武帝與北魏大軍盡數退去。

（三）雙方的戰略失策

在第三階段的戰爭中，北魏與劉宋都有戰略失策處：「非不應為而為、即為當為而不為。」首論北魏，魏太武帝北返圍攻盱眙以致損兵折將，實為不智之舉且多此一舉。北魏撤軍途中經過盱眙，魏太武帝因受臧質奚落大怒，憤而不計一切代價也要攻下盱眙，《孫子兵法》云：「主不可以怒而興師，將不可以慍而致戰。」〔註274〕一旦怒而興師，領軍者情感蒙蔽理智，會模糊作戰目標，戰爭過程會隨領軍者情感高低起伏發展，在欠缺理智判斷下，會將全體部隊帶往何處無法預料，且軍士不知為何而戰。盱眙之役結果證明，魏軍士兵犧牲慘重，這些損失其實都可避免，魏軍南征日久，雖如入無人之境長驅直入長江，但魏軍將士疲勞、患病、糧食不足等問題，才是魏太武帝優先考慮之要務，故當務之急乃是北魏大軍順利北返，而非攻打盱眙。

筆者認為，魏軍雖然缺糧，但是情況不如想像中嚴重，剩餘存糧應可支撐魏軍撤回北魏境內，理由有三，第一：雖云魏太武帝見盱眙糧藏豐廩，欲

〔註274〕孫武著、吳仁傑注譯，《孫子讀本》〈火攻篇〉，頁94。

取之爲歸路之資，但魏軍已是撤退狀態，行軍目的爲班師而非打仗，軍糧當可支撐，若是戰鬥狀態則必定不足。然而在魏軍北返過程中，遭宋軍阻擊或追擊情形不多，從江夏王劉義恭不敢揮軍截擊，即可知宋人對魏軍的恐懼心態，因此魏軍少有戰鬥行爲，糧食消耗不會像戰鬥行爲那麼快。第二：魏軍糧食不足問題，應是在淮河地域，由於劉宋採取堅壁清野，導致魏軍無法劫掠而獲得補給。然而魏軍逐日北撤就愈接近北魏地界，補給線也愈短，進入黃河地域後，即可獲得充分給養。第三：也是最重要的證據，魏太武帝攻盱眙不下而退兵，亦即並未取得盱眙城內糧食，但魏軍也順利北撤，未聞因糧食不足而無力北返，可見有無盱眙糧食並非影響魏軍北返的決定性要素，應該說，若能攻陷盱眙取其存糧，大軍能從容北返，後方補給緊張的狀態也能獲得緩解。綜合上述，魏太武帝慍怒而興師，且在糧食非必然性的因素下進攻盱眙，挑起一場無必要的戰役，戰略目標不明的結果導致大敗，使魏軍即將北返之際尚蒙受巨大損失，實爲魏太武帝戰略決策錯誤所致。

　　次論劉宋，北魏大軍從盱眙撤軍北返時，早已兵疲馬困，魏軍將士歷經五個多月的南伐戰爭，恐早有濃厚思鄉之情，期待回到北方的心情當可想見，故行軍過程中對宋軍的警戒也會有所鬆懈，況且食糧不足，一旦遇到宋軍襲擊，不太可能戀戰。當北魏大軍經過彭城時，以逸待勞的宋軍應立即出擊爭取勝果，然而鎮守彭城被宋文帝命之爲總統諸軍、後方總節度的江夏王劉義恭，竟怯懦的龜縮城中，不敢出兵截擊，史載：〔註275〕

> 虜退走，自彭城北過，義恭震懼不敢追。某日，民有告：「虜驅廣陵民萬餘口，夕應宿安王陂，去城數十里。今追之，可悉得。」諸將並請，義恭又禁不許。

江夏王劉義恭如此害怕，可見魏太武帝威嚇的心理戰略發揮了效果，「及（拓跋）燾自瓜步北走，經彭城下過，遣人語城內：『食盡且去，須麥熟更來。』義恭大懼，閉門不敢追。」〔註276〕最後還是宋文帝見魏軍攻盱眙不下已是師老兵疲，又有食糧不足問題，應趁此時襲擊魏軍，看是否能在大敗之餘獲取部分戰果，稍稍彌補劉宋尊嚴，遂急命江夏王劉義恭從後追擊，他才「悉力急追。」〔註277〕

〔註275〕《宋書》卷 61〈武三王・江夏文獻王義恭傳〉，頁 1644。
〔註276〕《宋書》卷 59〈張暢傳〉，頁 1605。
〔註277〕《宋書》卷 61〈武三王・江夏文獻王義恭傳〉，頁 1644。

不過卻慢了一步,「虜先已聞知,乃盡殺所驅廣陵民,輕騎引去。」〔註278〕劉宋喪失了打擊魏軍的機會。若江夏王劉義恭能針對魏軍北撤的疲勞態勢,做正確的戰略判斷,遣軍適時出擊,雖不一定能打垮魏軍,但最起碼能增加魏軍傷亡並遲滯其行動,讓北魏為南侵付出代價。

宋文帝擇將之不當,江夏王劉義恭亦是明顯之例。江夏王劉義恭為宋文帝皇弟,乃宗室貴冑始得以出任北伐總指揮。北伐軍敗退後,他仍率軍鎮守彭城,面對魏太武帝率軍反攻,江夏王劉義恭應盡一切力量阻止魏軍南下,在彭城附近進行防禦部署,尤其北伐總指揮身份可調度各路兵馬,然他卻畏懼魏太武帝聲威,不僅毫無防禦作為,甚至有棄守彭城之念,幸賴其姪武陵王劉駿及沛郡太守張暢力諫始打消棄城之念。雖魏太武帝捨彭城不攻直接南下,江夏王劉義恭仍不敢主動自後襲擊魏軍,由此可看出其膽識與韜略,實不夠格成為統領數十萬大軍之上將。若南下之魏軍為戰爭初起時,朝氣蓬勃且富戰力及戰鬥意志的軍隊,江夏王劉義恭可能懼其不敵故未遣軍出擊;然北返時已是歷經戰爭風霜、遭受不少傷亡,且充滿疲態、暮氣深沈之軍隊。對比未有戰鬥行為的彭城守軍,在養精蓄銳多時後,正好趁敵消我長的戰略時機出城襲擊,惜江夏王劉義恭膽識不足,浪費立功良機。若檀道濟仍在且鎮守彭城,以其優秀的軍事素養,揮軍出城的可能性極大,宋文帝擅殺良將之惡果,於此得到教訓。當北魏大軍兵臨瓜步建康戒嚴,宋文帝登城樓巡視建康防務時曾歎曰:「若檀道濟在,豈應至此!」〔註279〕可見宋文帝對殺檀道濟已感懊悔。彭城宋軍未出城狙擊魏軍的戰略失策,導因於江夏王劉義恭為將之庸弱,而劉宋缺乏良將,使宋文帝以僅為中等資質卻足可信任之親弟為北伐總指揮,假設宋文帝未殺檀道濟,不一定並以其為北伐總指揮,即便僅命其鎮守彭城,或許不會有恐懼魏軍心態而不願出城攻擊之情事發生。

(四)兩敗俱傷的戰爭

魏太武帝和宋文帝傾二國國力總較量的這場全面戰爭,可說是兩敗俱傷的戰爭。史載元嘉「二十七年(450、魏太平真君十一年),索虜殘破青、冀、徐、兗、南兗、豫六州,民死大半。」〔註280〕魏軍在淮南地區「殺略不可稱

〔註278〕《宋書》卷61〈武三王·江夏文獻王義恭傳〉,頁1644。
〔註279〕《魏書》卷97〈島夷劉義隆傳〉,頁2140。
〔註280〕《宋書》卷26〈天文志四〉,頁748。

計。」〔註281〕許多地方杳無人煙，宋文帝二十餘年苦心經營「元嘉之治」所厚積的國力，在這場總體戰爭中損耗不少，更使劉宋逐漸走向衰敗。至於北魏，傾全國之力南伐，卻未能大舉擴展北魏版圖，且「士馬死傷過半，國人並尤之。」〔註282〕北魏損傷較劉宋不遑多讓，往後多年無法對劉宋發動大規模戰爭，除了國家戰略有所改變外，北魏從道武帝、明元帝、太武帝三代經營的國力，於此戰爭中耗損嚴重，亦是一大主因。

　　北魏、劉宋雖各有傷亡，整體而言，劉宋軍民死傷更為嚴重，且戰場大部分在劉宋境內，遭受魏軍鐵蹄蹂躪更不在話下，《宋書・沈璞傳》：〔註283〕

　　　　索虜大帥託（拓）跋燾自率步騎數十萬，陵踐六州，京邑為之騷懼，
　　　　百守千城，莫不奔駭。

《魏書・島夷劉義隆傳》：〔註284〕

　　　　其江北之民歸降者數十萬計。凡克南兗、豫、徐、兗、青、冀六州，
　　　　其軍鋒殺掠不可勝算。時義隆江北蕭條，境內搔擾。

前引「索虜殘破青、冀、徐、兗、南兗、豫六州，民死大半。」則出自《宋書・天文志》。這三條記載表明，南北史書對劉宋傷亡皆做出具體描述，《宋書》也不再隱諱，可見劉宋的確因此次戰爭受到非常嚴重的損害，如從「民死大半」、「義隆江北蕭條」等語即可見微知著。此外，上述史料亦將劉宋受破壞之地區做了清楚說明，主要集中在「青、冀、徐、兗、南兗、豫六州。」劉宋政府除了兵士傷亡、百姓及其財產遭掠奪等當前損失外，接踵而來的是生產力的削弱、賦稅的大量減少，以及重建所需之龐大經費，劉宋政府的財政結構勢必受到影響。相形之下北魏這方面的損害較輕，畢竟主戰場不在北魏境內，但是兵士的大量傷亡與劉宋如出一轍，同時又無具體戰果，不似魏太武帝之前數度征討柔然，發動滅北燕、大夏、北涼等戰爭，戰果輝煌，對北魏的國威與疆域的開拓做出重大貢獻，此番南侵未能滅宋統一南北，領土的拓展又無重大突破，卻徒增軍士傷亡，且耗損國家財政頗鉅，故對魏太武

〔註281〕《宋書》卷95〈索虜傳〉，頁2353。
〔註282〕《宋書》卷95〈索虜傳〉，頁2353。魏軍傷亡《魏書》並無相關記載，《宋書》記載稍嫌誇大，魏、宋為敵國，二軍交戰自然誇勝諱敗，南北史書記載亦如是，雖魏軍傷亡應不致過半，但由《魏書》並無記載來看，多少有些隱諱，故推測魏軍傷亡還是甚大。
〔註283〕《宋書》卷100〈自序・沈璞傳〉，頁2462。
〔註284〕《魏書》卷97〈島夷劉義隆傳〉，頁2140。

帝的領導威信不免有傷。

就魏太武帝和宋文帝二人及其國家而言，都是雙輸兩敗俱傷的局面。首先在國家方面，北魏政府和劉宋政府都為此戰爭付出了巨大代價，雙方疆域和對峙情形在戰前和戰後並無多大改變，且都為戰爭支出龐大軍費和犧牲大量兵士。為了滿足二位君王南伐、北伐的慾望，動員整個國家資源遂行戰爭，國家的主體是人民，但是一般人民對消滅對方政權、統一南北並無太大的期待，畢竟他們只要求生活的滿足而已，只是在帝王專制下，「普天之下、莫非王土，率土之濱、莫非王臣。」人民必須迎合君王意志，官僚體系則必須為君王服務，最終受苦的還是基層的人民，政府征丁、征糧，都是取自人民，這也是在封建君王體制下，廣大人民最大的悲哀，這種現象不分胡漢、南北均同。

其次在二位君王方面，竟然在結束戰爭一年後，二人間隔一年先後殞命，且都是遭弒。451 年（魏正平元年、宋元嘉二十八年）二月魏太武帝結束對劉宋戰爭後，他的注意力遂從國外轉向國內。當魏太武帝專注國內政治事務時，與太子拓跋晃不可避免的產生衝突。二人會有政治權力的衝突，原因之一在於魏太武帝實施「太子監國制」，將部分皇權轉移至太子拓跋晃身上。魏太武帝會實施太子監國制，因其為此制得利者，早在魏太武帝為太子時，其父魏明元帝首創北魏「太子監國制」，〔註285〕早早冊立拓跋燾為太子。當魏明元帝領兵征討時，即以太子拓跋燾監國處理國內政事，在生前即將政治權力逐步轉移。太子拓跋燾即位為魏太武帝後，亦蕭規曹隨以拓跋晃為太子並實施太子監國。同樣在魏太武帝率軍南征北討時，以太子拓跋晃留守平城處理政務，培養其政治實力。魏太武帝和太子拓跋晃的內外分工一直相安無事，但隨著太子拓跋晃逐漸成熟及東宮集團不斷膨脹，不免和魏太武帝產生權力衝突，或許魏太武帝和太子拓跋晃父子間毫無嫌隙，太子拓跋晃也不會有奪權企圖，但雙方僚佐、寵臣對權力的追求不免有摩擦，遂在好事者的搬弄是非下，魏太武帝逐漸產生戒心。當魏太武帝準備大舉反攻作戰爭準備時，他將太子拓跋晃北調漠南，令其率兵警戒，防備柔然趁虛南下，卻由幼子「吳王余留守京都。」〔註286〕此舉無異剝奪太子拓跋晃太子監國之權，顯示魏太武帝已對太子拓跋晃的信任發出警訊。

〔註285〕關於魏明元帝、魏太武帝兩朝的太子監國情形，可參閱曹文柱，〈北魏明元、太武兩朝太子監國〉，《北京師範大學學報》，1991 年第 4 期。

〔註286〕《魏書》卷 4 下〈世祖紀下〉，頁 104。

　　《魏書·世祖紀》載 451 年（魏正平元年、宋元嘉二十八年）六月「戊辰，皇太子薨。壬申，葬景穆太子於金陵。」〔註287〕魏太武帝三月己亥回到平城，太子拓跋晃卻在三個月後身亡，他們父子是否發生衝突？由於魏宋第三次大戰結束後，北方柔然也無蠢動跡象，太子拓跋晃自然回到平城，孰料，父子間的相處卻因雙方僚佐的衝突引爆宮廷政爭。魏太武帝寵侍宗愛因多行不法，遭給事中仇尼道盛、侍郎任平城等東宮官員糾舉，宗愛先下手為強，向魏太武帝構陷東宮集團多位僚佐，魏太武帝遂大舉捕殺東宮僚屬，趁勢瓦解東宮集團，太子拓跋晃因過於恐懼遂以憂薨。宗愛見東宮集團瓦解，權勢逐漸膨脹，竟於次年（452、魏正平二年、宋元嘉二十九年）二月甲寅發動政變弒殺魏太武帝，這位統一北方將北魏國勢推到極盛的一代雄主，最終竟死於其寵侍宗愛之手。

　　至於宋文帝，雖然長江保衛戰的成功讓魏軍知難而退，劉宋國祚得以延續，使其不致成為亡國之君，但魏軍對江北諸州的破壞，帶給宋文帝戰後復原極大的難題，而遭受戰爭迫害流離失所的百姓，紛紛將矛頭指向劉宋統治階層。由於魏宋第三次大戰，肇因於宋文帝主動北伐挑起大戰，為了收攬人心規避戰爭責任，宋文帝將戰爭責任歸咎臣下，「（劉）義隆慚恚，歸罪於下，降（劉）義恭為儀同三司，蕭斌、王玄謨並免所居職。」〔註288〕在封建君王專制下，應負最大戰敗責任的宋文帝，卻由臣子成為代罪羔羊。然而，宋文帝雖撇清戰爭責任，但不代表他能永續執政，如同北魏一樣，劉宋亦發生宮廷政變。453 年（魏興安二年、宋元嘉三十年）二月，宋文帝欲廢太子劉劭，不料卻遭其所弒，「甲子，上（宋文帝）崩於含章殿，時年四十七。」〔註289〕《宋書·文帝紀》雖隱諱其言，僅以「上崩於含章殿」一語帶過，但實際上為太子劉劭所殺。〔註290〕宋文帝在劉宋諸帝中，算是有所作為的君主，創建「元嘉之治」盛世，將劉宋國力推至顛峰，但和魏太武帝一樣都死於非命，都被親近之人所殺。

　　綜合上述，魏太武帝和宋文帝動員整體國家資源發動戰爭，卻對國力增長、疆域擴展無所貢獻，換來的是兵員、財賦、軍器等的損失，而劉宋這方面損失尤其嚴重。另外，二位君王遭近臣、兒子所殺，又使國內陷入政治動

〔註287〕《魏書》卷 4 下〈世祖紀下〉，頁 105～106。

〔註288〕《魏書》卷 97〈島夷劉義隆傳〉，頁 2140。

〔註289〕《宋書》卷 5〈文帝紀〉，頁 102。

〔註290〕參見《宋書》卷 99〈二凶·元凶劭傳〉，頁 2426～2427。

亂，可見魏宋第三次大戰，對二位君王個人和其代表的國家而言，都是兩敗俱傷的戰爭。

魏太武帝和宋文帝相隔一年先後猝崩，二國內部都陷入動亂，但時間不長，不致引起對方的趁機進攻，政治秩序很快獲得恢復。北魏由魏太武帝長孫、太子拓跋晃長子拓跋濬，獲得宗室、朝臣擁戴平定宗愛之亂，452年（魏正平二年、宋元嘉二十九年）十月戊申「即皇帝位於永安前殿。」〔註291〕是為魏文成帝。劉宋則由宋文帝三子武陵王劉駿於453年（魏興安二年、宋元嘉三十年）五月平定太子劉劭之亂，即位為劉宋新君，是為宋孝武帝，與魏文成帝進入另一階段的魏宋對峙。

（五）何承天的〈安邊策〉：劉宋另一種戰略思考

劉宋御史中丞何承天曾對北魏與劉宋衝突不斷的戰略關係，向宋文帝上〈安邊策〉，其背景係因442年（魏太平真君三年、宋元嘉十九年）「太祖（宋文帝）訪羣臣威戎御遠之略。」〔註292〕何承天遂向宋文帝闡述自己對北魏的戰略思考，其中有宋人既有的防衛思考；亦有不同於劉宋君臣的思考邏輯。前者如：〔註293〕

> 浚復城隍，以增阻防。舊秋冬收斂，民人入保，所以警備暴客，使防衛有素也。古之城池，處處皆有，今雖頹毀，猶可修治。粗計戶數，量其所容，新徙之家，悉著城內，假其經用，為之閭伍，納稼築場，還在一處。婦子守家，長吏為師，丁夫匹婦，春夏佃牧，秋冬入保。寇至之時，一城千室，堪戰之士，不下二千，其餘羸弱，猶能登陴鼓譟。十則圍之，兵家舊說，戰士二千，足抗羣虜三萬矣。

守城是南人強項，因此構築堅固的城牆可以阻敵於外，「戰士二千，足抗羣虜三萬矣。」守城宋軍雖處兵力劣勢，但憑藉堅強城防尚可拖住十五倍於己的魏軍。城池攻防在魏宋戰爭中頗為常見，劉宋希望發揮守城專長，使魏軍陷入攻城泥沼，如此將使遠道而來的魏軍，補給馬上面臨困難，一旦劉宋援軍趕到，內外夾擊便能擊退魏軍，此乃宋人典型的防禦思考。

至於後者不同於劉宋君臣的思考邏輯，則是何承天提出主動放棄河南地

〔註291〕《魏書》卷5〈高宗紀〉，頁111。
〔註292〕《宋書》卷64〈何承天傳〉，頁1705。
〔註293〕《宋書》卷64〈何承天傳〉，頁1708。

區，在淮河沿線佈防：〔註294〕

> 移遠就近，以實內地。今青、兗舊民，冀州新附，在界首者二萬家，
> 此寇之資也。今悉可內徙，青州民移東萊、平昌、北海諸郡，兗州、
> 冀州移泰山以南，南至下邳，左泗右沂，田良野沃，西阻蘭陵，北
> 阨大峴，四塞之內，其號險固。民性重遷，闇於圖始，無虜之時，
> 喜生咨怨。今新被鈔掠，餘懼未息，若曉示安危，居以樂土，宜其
> 歌抃就路，視遷如歸。

何承天意欲將黃河、濟水南岸形成一片「中間地帶」，〔註295〕以便於佈防淮
河，所以必須將青州百姓南遷至東萊、平昌、北海等郡，即今之山東半島地
區；兗州等地百姓則移至泰山以南。如此一來，這片中間地帶杳無人煙，魏
軍便無法寇掠劉宋百姓，該地區百姓生命財產可獲得保障。何承天的戰略認
知其實大有問題，首先：將百姓後撤空出大片土地，此舉無異自我示弱，劉
宋已失河南地，再放棄這處領土，北魏若遣軍佔領，豈非平白贈與北魏領土。
再者，遷移百姓乃是大事，上述諸郡及泰山以南是否有足夠土地安置，尚是
一大問題，一旦土地不夠，糧食生產便會不足，容易演變成流民問題，這都
是劉宋朝廷需考慮之處。當然，最重要者乃宋文帝北伐的企圖心及對北魏的
積極態度，與何承天此種思維格格不入，是故其特殊的戰略思考並未獲得宋

〔註294〕《宋書》卷64〈何承天傳〉，頁1708。
〔註295〕中間地帶之涵義，部分意義類似今日南北韓以北緯三十八度為「非軍事區」
的概念。陳金鳳曾云：「魏晉南北朝時期南北政權沿秦嶺、淮水一線爭奪、
對峙，雙方勢力常有進退從而其軍事控制線相應作南北推移而形成的，在
一定意義上表現為『兩不相屬而又兩皆相屬』的地帶，稱之為『南北中間
爭奪與對峙地帶』，簡稱中間地帶。」參見氏著，《魏晉南北朝中間地帶研
究》（天津：天津古籍出版社，2005年5月），頁14。事實上「中間地帶」
的涵義在某種意義上類似於匈奴語中的「甌脫」一詞。《史記·匈奴列傳》
載：「東胡王愈益驕，西侵。與匈奴間，中有棄地，莫居，千餘里，各居其
邊為甌脫。」《史記》卷110〈匈奴列傳〉，頁2889。逯耀東認為甌脫之意
乃「兩國間置閒地，以避免爭端，杜絕禍源。」又可引申為「兩國間之緩
衝地帶曰甌脫。」參見氏著，〈試釋論漢匈之間的甌脫〉，收入氏著，《從平
城到洛陽——拓跋魏文化轉變的歷程》（臺北：聯經出版事業有限公司，1979
年3月），頁274。張雲則考證甌脫為匈奴語「邊界」之意，其中「邊界屯
守處」為原意，因在邊界上有軍事防守作用，自然設立哨所之類，故有時
又可作「侯望」、「斥侯」講。而且這種邊界，並非雙方哨卡緊密相連，而
是兩邊之間有棄地，亦即有中間地帶。參見氏著，〈甌脫考述〉，《民族研究》，
1987年第3期。何承天的概念是要在魏宋對峙中空出一片土地成為緩衝
區，降低雙方直接衝突的強度。

文帝採納。其次：依照魏太武帝後期統一南北的國家戰略，北魏將對劉宋全面軍事進攻，如今卻逢劉宋自動棄地，魏太武帝遣軍佔領的可能性極大。而佔領該地後，北魏將可以此爲據點，對淮北及青齊等地區發動攻勢，此與何承天留此空地爲中間地帶，可以隔絕魏軍擄掠的期待，呈現完全相反的結果。

何承天放棄河南地區、據淮爲守的戰略觀點，因未實施故無法得知眞正效果如何，或許誠如其所言，空出的中間地帶成爲魏宋間的緩衝區，因而降低雙方直接衝突的強度也未可知。筆者僅能嘗試由魏太武帝、宋文帝之戰略思維與戰略態度，得出何承天之觀點恐無益劉宋之推論。不過，何承天提出不同的戰略思考方向，證明劉宋朝廷戰略思考多元，不再僅有宋文帝北伐的主張，同時也豐富了劉宋的戰略樣貌

第四節　魏太武帝後期北魏對劉宋的國家戰略解析

魏太武帝自即位以來，屢屢對外用兵，南擊劉宋、北逐柔然，並次第削平北方諸國，於 439 年（魏太延五年、宋元嘉十六年）完成北方統一，開創北魏前所未有的盛世，使北魏成爲泱泱大國與劉宋南北對峙，魏太武帝承繼魏明元帝國家戰略的階段性任務至此完成。面對不同時期的不同局勢，國家戰略必須有所因應與調整，魏太武帝接下來依北魏未來發展的需求及自己的意志產生新的國家戰略，如下圖所示：

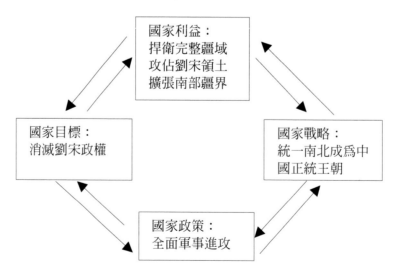

圖十三：魏太武帝後期北魏對劉宋的國家戰略圖

一、國家利益：捍衛完整疆域、攻佔劉宋領土、擴張南部疆界

　　魏太武帝後期國家戰略體系中所要維護的國家利益，與前期國家利益相較，從「維護領土完整」至「捍衛完整疆域」；由「拓展北魏版圖」至「攻佔劉宋領土、擴張南部疆界」，〔註296〕內容更加明確與積極。439 年（魏太延五年、宋元嘉十六年）前因尚未統一北方，北魏疆域並不固定，在對外拓展的過程中，隨時有可能增加領土，所以對既有領土，要時時刻刻予以維護，不容別人侵佔。439 年後則不同，滅北涼後國土輪廓已然定型，加上統一北方，成為與劉宋對峙的大國，必須嚴正捍衛疆域和主權，對任何侵犯疆土者，除全力回擊外，仍持續加以反擊或進攻對方，因此魏太武帝前期的國家利益「維護領土完整」與後期的「捍衛完整疆域」雖意思相同，但行為表現卻有所不同。對於宋文帝 430 年（魏神䴥三年、宋元嘉七年）的首次北伐，魏太武帝雖順利擊退劉宋的入侵，卻未繼續追擊甚至進攻劉宋，固然與當時戰略目標在消滅北方諸國有關，但與前期國家利益對於領土僅在維護其完整，並未採取強而有力的捍衛措施亦有關係。而宋文帝 450 年（魏太平眞君十一年、宋元嘉二十七年）的第二次北伐，魏太武帝反擊的力道與前期大不相同，不但再次讓宋軍大敗而還，更使宋文帝的光復北方河山二度成泡影。然而魏太武帝對劉宋的軍事行動並未就此結束，他親自率軍南征，攻抵長江北岸威脅建康，以實際行動捍衛領土，給予侵犯北魏領土者深刻的教訓。魏太武帝會有如此舉動，在於他統一北方後對於領土有強烈認知，固有疆域不容侵犯，所以在聞宋文帝將有北伐之舉時，說出：「我生頭髮未燥，便聞河南是我家地。」〔註297〕之語，可見他「捍衛完整疆域」的堅定態度，這是在前期並未見到的。因此當劉宋北伐軍眞的進攻河南地時，魏太武帝雖仍採退讓的守勢作戰，實際上已在蓄積反擊能量，果然當宋軍師老兵疲後，魏軍大舉出擊，在劉宋境內大肆進攻與破壞，痛擊劉宋軍民，藉以彰顯「捍衛完整疆域」國家利益的決心，同時警告劉宋政府，侵犯到北魏最核心的國家利益時，就會遭受如此下場。

　　魏太武帝前期國家利益中的「拓展北魏版圖」並沒有針對性，其因在於前期面對諸多割據政權，每個政權都是拓展版圖對象，如大夏、北燕、北涼、西秦、劉宋等，雖西秦為大夏所滅，然魏太武帝也依序消滅大夏、北燕、北涼等國，兼併其領土，使北魏版圖得以拓展。然而隨著北方局勢穩定，魏太

〔註296〕參見本書第三章第三節，頁 158～161。
〔註297〕《宋書》卷 95〈索虜傳〉，頁 2332。

武帝能擴張疆域的對象不多，北方的柔然雖遭魏道武帝、魏明元帝多次打擊
勢力漸衰，至魏太武帝時更屢屢北伐渡漠強力掃蕩，使柔然對北魏威脅大減，
魏太武帝若要繼續征討柔然當可佔領不少土地，但是柔然乃游牧民族，土地
多為沙漠或牧草地，氣候嚴寒，經濟效果不佳，真正對北魏疆域擴張大有助
益的土地，乃南方農業民族經濟效益高之土地，因此「攻佔劉宋領土、擴張
南部疆界」就成為魏太武帝後期的國家利益，專門針對劉宋，攻佔其領土，
將北魏南部疆界繼續南移。

　　魏明元帝雖未統一北方，也無消滅北方任何一個政權，但是對南部疆域
的拓展做出重大貢獻，他利用宋武帝崩逝的有利時機，揮軍南下佔領劉宋河
南地及青齊地區部分土地。魏太武帝的國家戰略思想部分延續其父魏明元
帝，故上述向劉宋擴張的成果，遂成為魏太武帝仿效的目標，因此在完成北
方統一後，魏太武帝可專心對付劉宋，「攻佔劉宋領土、擴張南部疆界」成為
他追求的國家利益亦是意料中事。然而魏太武帝在「攻佔劉宋領土、擴張南
部疆界」維護其國家利益的過程中，未如預期般順利，甚至成效不如魏明元
帝。首先是 445 年（魏太平真君六年、宋元嘉二十二年）十一月對劉宋青州、
徐州、冀州等地的侵略，雖然魏宋二軍對戰過程中，進攻的魏軍取得一定優
勢，也獲致不錯戰果，擄掠四千餘口劉宋百姓北返，青徐地區遭受魏軍嚴重
破壞，若依此而言，身為敗戰一方的劉宋應損失慘重，其實不然，人口損失
可以鼓勵生產；土地破壞可以休養生息恢復生產力，換言之，劉宋僅傷及皮
毛未傷及筋骨，若土地遭北魏佔領，損失即無法恢復，這才是真正傷及筋骨。
至於表面上勝利的北魏，並未達到其追求的國家利益，由於魏軍採掠奪式的
進攻，對青、徐、冀等州的地表大肆破壞，卻未進行城戍和土地的佔領，魏
軍攻略至一定程度達到威嚇的目標即退兵，原屬劉宋的城戍和土地，戰後仍
是劉宋所有，所以北魏追求「攻佔劉宋領土」的國家利益並未達成，應採城
戍攻防戰和土地佔領，才能「擴張南部疆界」，符合北魏現階段國家利益。

　　其次是 450 年（魏太平真君十一年、宋元嘉二十七年）的魏宋大戰，在
雙方北伐、南征的激烈戰鬥過程中，魏太武帝雖率軍攻至長江岸之瓜步，並
聲言渡江進攻建康，劉宋看似危在旦夕，其實不然，魏軍並無渡河所需船隻，
欲攻打建康實有困難，即便魏軍能順利渡河，面對擅長水戰和守城的宋軍，
恐遭擊退並損失慘重，這些觀點前文已有詳盡分析，不再贅述。〔註298〕此處

〔註298〕參見本書第四章第二節，頁 222～225；第三節，頁 241～243。

要解析的是魏太武帝率軍往長江推進時，並非穩紮穩打攻佔城戍佔領土地，而是不顧堅城在後，企圖以魏軍的威名與聲勢震懾各地宋軍，令其不敢迎戰，使魏軍快速往南挺進，不可否認，此種進攻戰略確實收到很好效果，魏軍望風披靡，但也由於魏太武帝孤軍深入，兩翼、前後都是劉宋勢力範圍，一旦各地宋軍分進合擊，恐對魏軍形成包圍，故魏太武帝不可能在瓜步駐紮太久，果然很快便撤軍。但更重要的是，魏太武帝這種以威嚇為重、不攻佔城戍和土地的進攻方式，雖對劉宋軍民造成極大心理震撼，但撤軍後卻是一場空，北魏未有一城片土，等於回復戰前狀態，對追求「攻佔劉宋領土、擴張南部疆界」的國家利益並沒有任何幫助，魏太武帝應採攻打城戍佔領土地的作戰方式，以逐城推進方式擴張南部疆界，如此一來，北魏的勢力範圍才能向南拓展，如此才有穩定的城戍和土地，支撐魏軍向南進攻的後勤需求，不致造成因孤軍深入、後勤不足而退兵，最終對國家利益沒有任何幫助。

　　以魏太武帝的立場而言，宋人長於守城，一旦進行城戍攻防，魏軍大量傷亡在所難免，盱眙攻防即為明顯之例，攻城魏軍犧牲慘重。故魏太武帝也是想減少有生力量的耗損，希望以威嚇方式在劉宋境內衝殺，令各城戍守將聞風歸降。然而魏太武帝顯然低估宋人的忠誠度，許多城戍守將雖不敢開門追擊，卻也閉門堅守不出，與魏太武帝期望主動開門請降的情形落差甚大，甚至魏軍全力攻城亦無法攻陷，如臧質堅守盱眙，魏太武帝久攻不下只能無奈撤軍，再次凸顯南人守城的軍事特質。

二、國家目標：消滅劉宋政權

　　魏太武帝既然「統一北方」達成前期的國家目標，下一步以「消滅劉宋政權」為國家目標也不足為奇，因為一個國家的發展需不斷向上提升，消滅劉宋統一南北的確適應北魏發展的需要，即便不是魏太武帝，相信其他北魏君王在位時統一北方，都會將消滅劉宋列為他的國家目標。不過，魏太武帝以「消滅劉宋政權」為國家目標，腳步似乎快了些，有些問題未做更深入考慮。

（一）民族問題

　　北魏以一鮮卑拓跋氏少數民族身份入主中原，佔領漢人土地、統治漢人，而游牧民族文化又遠低於漢民族，故漢人被文化低於自己的北魏統治，先天上已有不滿之情緒，加上政治地位低落，政治權力全被代人貴族壟斷。雖然

統治漢人經驗和典章制度必須仰賴漢人士大夫出謀畫策，許多漢臣也常居高位，但是並無實權，且北魏君王對漢臣動則殺戮，將其視為奴僕一般，如崔浩國史之獄，魏太武帝株連甚廣，「清河崔氏無遠近，范陽盧氏、太原郭氏、河東柳氏，皆浩之姻親，盡夷其族。」〔註299〕完全未顧及崔浩等漢臣對北魏的貢獻，北魏後天的不平等對待，使北方漢人積壓之憤怒容易被挑撥。而劉宋政府也常借力使力，撩撥北方漢人的情緒，製造北魏內部動亂，因此胡漢間的民族問題一直是北魏政府想要解決卻無法解決的問題。要解決胡漢的民族問題，唯有將漢人一視同仁對待，然如此一來，會引起掌握政治權力的特權階級——代人貴族強烈反對，他們擔心一旦漢人政治地位崛起，依其人數優勢及文化水準，極可能壟斷政治權力，屆時自身的政治特權將遭剝奪，且北魏皇帝恐成傀儡，此推論從之後歷史發展得到驗證。例如宇文氏的北周最終為漢人楊堅所篡建立隋朝，而這恐怕也是北魏君王害怕的結果，因此不願和漢人分享政治權力，而胡漢問題也始終無法解決。

事實上，北魏面對的民族問題不只胡漢間，尚有諸胡民族間的問題，北魏雖是少數民族政權，但是對其他少數民族並未一視同仁尊重，如高車，「太祖（魏道武帝）時，分散諸部，唯高車以類粗獷，不任使役，故得別為部落。」〔註300〕保留部落形式乃是為了徵兵方便，而高車也成為北魏重要兵源，顯然該族群成為軍事上被剝削對象。此外，盧水胡蓋吳的叛亂，也是長期被壓迫因而起兵反抗北魏的統治，而且這類少數民族叛亂終北魏一朝不絕如縷，北魏歷代君王解決方式都是發兵征討，未曾思考以平等民族政策降低彼此衝突，雖能以武力平亂，但只是治標不治本，且在討叛過程中俘虜之少數民族，常賞賜給作戰有功之將領或代人貴族為奴婢、隸戶、僮僕，《魏書》這類記載甚多，如〈陳建傳〉：〔註301〕

陳建，代人也。……世祖（魏太武帝）討山胡白龍，意甚輕之。……白龍乃伏壯士十餘處，出於不意，世祖墮馬，幾至不測。建以身捍賊，大呼奮擊，殺賊數人，身被十餘創。世祖壯之，賜戶二十。

〈宿石傳〉：「宿石，……從駕討和龍，以功賜奴婢十七戶。」〔註302〕〈王建

〔註299〕《魏書》卷35〈崔浩傳〉，頁826。
〔註300〕《魏書》卷103〈高車傳〉，頁2309。
〔註301〕《魏書》卷34〈陳建傳〉，頁802。
〔註302〕《魏書》卷30〈宿石傳〉，頁724。

傳〉：「王建，……從征伐諸國，破二十餘部，以功賜奴婢數十口。」〔註303〕
如此作法更加深他們與北魏的對立，於是亂平後一段時間叛亂又起，北魏朝廷再遣將率軍討伐，遂成一惡性循環。而爲了嚴密監控，更在少數民族密集區周遭設立軍鎮，駐軍鎮懾，如在盧水胡附近設杏城、仇池、李潤三鎮；稽胡周圍置離石、吐京、六壁三鎮，這些舉措都出自北魏統治階層的大鮮卑沙文主義，以往中原漢族王朝皆是以大漢族主義對待四周蠻夷戎狄等少數民族，以鄙夷輕蔑的眼光視之，北魏入主中原建立封建王朝後亦學習此思維，對漢民族和諸胡民族極盡壓榨與欺凌。以魏太武帝爲例，他於 451 年（魏正平元年、宋元嘉二十八年）正月自瓜步班師北返時，見盱眙倉廩豐實，欲取之爲歸路之資，遂致書劉宋盱眙守將臧質，表示不惜犧牲定要攻下盱眙，其書曰：〔註304〕

> 吾今所遣鬭兵，盡非我國人，城東北是丁零與胡，南是三秦氐、羌。
> 設使丁零死者，正可減常山、趙郡賊；胡死，正減并州賊；氐、羌
> 死，正減關中賊。卿若殺丁零、胡，無不利。

由於臧質的堅守，魏軍犧牲慘重，魏太武帝最終還是無法攻下盱眙，只能無奈北返，但是由這封書信可看出二點北魏對少數民族的政策及心態，其一：大量徵召少數民族爲兵，而這些少數民族是北魏軍隊相當重要兵源。其二：北魏對少數民族士兵生命毫不珍惜與尊重，命其在戰場上衝鋒陷陣，若戰勝對方，是北魏統治階層得利；一旦戰死，則減少這些少數民族青壯人口，降低日後叛亂機會。魏太武帝這種大鮮卑主義其實是北魏統治階層普遍的寫照，也由於這種心態，使漢民族和諸胡民族的民族問題，一直是北魏最嚴重的內政問題。

（二）社會基礎不足

北魏雖於 439 年（魏太延五年、宋元嘉十六年）統一北方，上距 386 年（魏登國元年、晉太元十一年）建國已有五十四年，時間不可謂不久，統治北方的社會基礎應頗爲穩固才是，其實不然，這五十四年都在戎馬倥傯中度過，北魏政府的施政重點並非在內政，而是對外的軍事征討，雖也有計口授田、離散部落爲編戶齊民等措施，《魏書·食貨志》有載：〔註305〕

〔註303〕《魏書》卷 30〈王建傳〉，頁 709。
〔註304〕《宋書》卷 74〈臧質傳〉，頁 1912。
〔註305〕《魏書》卷 110〈食貨志〉，頁 2849～2850。

（魏道武帝）既定中山，分徙吏民及徒何種人、工伎巧十萬餘家以
充京都，各給耕牛，計口授田。天興初，制定京邑，東至代郡，西
及善無，南極陰館，北盡參合，爲畿內之田；其外四方四維置八部
帥以監之，勸課農耕，量校收入，以爲殿最。

《魏書・賀訥傳》亦載：「（賀）訥從太祖（魏道武帝）平中原，拜安遠將軍。
其後離散諸部，分土定居，不聽遷徙，其君長大人皆同編戶。」〔註306〕但是
與對外的軍事行動相比顯然不足。北魏這五十四年間對外戰爭頻繁，包括初
期對劉衛辰的討伐，以及和後燕、後秦、大夏、北燕、北涼等北方諸國的征
戰，當然還有與南北二敵柔然、劉宋的戰爭，可見北魏君王的焦點都投射在
軍事戰爭上，對關注北魏統治的社會基礎的時間與精力自然不足，亦即北魏
領導者的心態尚未調整過來。在部落聯盟時期，雖由不同種族結合的聯盟成
分複雜，但當時尚屬游牧社會，經濟型態和生產方式均同，內政管理上沒有
特殊之處，且部落聯盟君長並未擁有如專制皇帝般的權力，各部落仍有一定
自主權，許多事務不需部落聯盟君長決定，由各部落酋首處理即可，因此部
落聯盟君長能致力對外戰爭開拓領土。進入北魏王朝則不同，在逐步封建化
過程中，北魏君王已慢慢擁有封建王朝皇帝的權力，原先各部落也慢慢解散
成爲北魏的編戶齊民，北魏皇帝對人民和土地的掌控較以往部落聯盟君長
強，處理的事務更加龐雜，加上統治對象複雜，不只漢民族，尚有其他諸胡
民族，是故北魏境內存在不同的經濟型態與生產方式，已非以往部落聯盟時
期單純的游牧社會，故北魏君王應針對上述情形調整執政態度。

　　北魏君王在中國歷史上是頗爲特殊的一群，他們御駕親征的比例相當
高，而且也常巡視各處，這在漢王朝相當罕見。一般而言，皇帝御駕親征對
社稷而言乃極爲重要之事，因皇帝不能輕易離開京城，對外戰爭或平定內部
亂事，大都命將領軍前往。然而北魏皇帝卻經常親自爲之，以魏初三帝而言，
史書載有多次率軍出征或巡視國境記載，如魏道武「帝親征劉顯於馬邑南，
追至彌澤，大破之。」〔註307〕魏明元「帝北伐，蠕蠕聞而遁走，車駕還幸參
合陂。」〔註308〕魏太武「帝率輕騎二萬襲赫連昌。」〔註309〕對外征討能開疆

〔註306〕《魏書》卷83上〈賀訥傳〉，頁1812。
〔註307〕《魏書》卷2〈太祖紀〉，頁21～22。其他魏道武帝親征、巡視國境相關記載，
　　　　請參見《魏書》卷2〈太祖紀〉，頁19～45，在此不一一列舉。
〔註308〕《魏書》卷3〈太宗紀〉，頁50。其他魏明元帝親征、巡視國境相關記載，請
　　　　參見《魏書》卷3〈太宗紀〉，頁49～64，在此不一一列舉。

關土，的確符合北魏發展所需，但是值得討論的是，皇帝是否需親力親爲投入如此多的戰事。須知人的精力有限，軍旅之事頗爲耗損精神、智力、體力，如此反而沒有氣力投注在內部事務，諸如穩定北魏統治的社會基礎，思考平等的民族政策或調和胡漢衝突等問題。較佳的處理方式是皇帝命將出征，不需爲戰事耗費太多精神，自己則端坐京城，如此才有更多時間關注國內社會情勢，洞悉北魏社會基礎不足的問題所在。

欲穩定一個王朝統治的社會基礎，開國初年的幾位皇帝是關鍵，若能在王朝開創期強化、深化統治的社會基礎，便能使此王朝統治很快穩定下來，只可惜魏初三帝做如此思考者不多，尤其是魏太武帝，親自率軍南征北討，沒有太多時間關注內部事務。北魏政府開始思考穩定社會基礎方面的問題，直至魏文成帝時始開其端，文明太后則積極推動三大改革，首先是俸祿制：「太和八年（484、齊永明二年），始準古班百官之祿，以品第各有差。」〔註310〕其次是均田制，485 年（魏太和九年、齊永明二年）十月魏孝文帝詔曰：「今遣使者，循行州郡，與牧守均給天下之田，還受以生死爲斷，勸課農桑，興富民之本。」〔註311〕最後是 486 年（魏太和十年、齊永明四年）的三長制，「二月甲戌，初立黨、里、隣三長，定民戶籍。」，〔註312〕由上述多項政策可知，北魏至魏孝文帝，統治的社會基礎始逐漸深化與寬廣。

（三）魏宋國力比較

北魏建國後經五十四年的武力征討始統一北方，雖然王朝規模日漸提升，領土也不斷擴展，但是一連串的軍事行動，大小戰爭不斷，北魏社會支撐如此頻繁的戰爭，元氣必然受損。舉例言之，青壯年人口被徵召入伍，陣亡、受傷的數目不難想像，而這些人原本是生產主力，投入戰場後，生產力必定減弱，而生產出來的物資、糧食，又優先供應軍隊所需，一般社會和百姓獲得的就有限。此外，軍費的支出龐大，而這些又落在百姓身上，由此可見，北魏社會負擔長達五十四年的戰爭，早該休養生息恢復元氣，不過，一心飲馬長江消滅劉宋的魏太武帝並未作這般思考，在統一北方後仍然繼續擴

〔註309〕《魏書》卷 4 上〈世祖紀上〉，頁 71。其他魏太武帝親征、巡視國境相關記載，請參見《魏書》卷 4〈世祖紀〉，頁 69～109，在此不一一列舉。

〔註310〕《魏書》卷 110〈食貨志〉，頁 2852。

〔註311〕《魏書》卷 7 上〈高祖紀上〉，頁 156。

〔註312〕《魏書》卷 7 下〈高祖紀下〉，頁 161。

張行動，而此時對外拓展的唯一目標即爲劉宋，遂有 445 年（魏太平眞君六年、宋元嘉二十二年）十一月魏軍入侵劉宋青徐地區之軍事行動，這種中小型規模的區域戰爭，疲憊的北魏社會尚可應付，然而接踵而來的 450 年（魏太平眞君十一年、宋元嘉二十七年）大型戰爭——魏宋全面戰爭，可說是魏宋總體國力較量，戰爭規模之龐大前所未有，北魏人民與社會幾乎沒有喘息空間，而且不分民族，對漢民族、諸胡民族及北魏自己鮮卑族的百姓都是沈重的負擔。

反觀劉宋，宋文帝自 430 年（魏神䴥三年、宋元嘉七年）首次北伐失利，即停止對北魏的侵略行動。前文已述，他致力於內政，不僅與民休息，更推動多項恢復生產的措施，締造「元嘉之治」，雖然「元嘉之治」和西漢「文景之治」、東漢「明章之治」，以及爾後唐代「貞觀之治」、「開元之治」等治世相比僅屬小康，但畢竟是劉宋唯一的治世，甚至是南朝最好的治世。所以 450 年（魏太平眞君十一年、宋元嘉二十七年）的魏宋大戰，劉宋累積了二十年的國家資本，整體社會對戰爭的支撐度比北魏高，包括兵員、軍費、糧食、物資等的供應。這二十年當中劉宋對外沒有大型戰爭，當然，和北魏的邊界小型衝突在所難免，故戰爭損耗不多，此時劉宋正當國力極盛之時，和北魏國力相當，因此 450 年的戰爭，可謂以逸待勞的劉宋迎戰北魏的久戰之師，雖然北魏軍隊佔有騎兵及游牧民族尚武之風的優勢，但長久以來征戰的疲累，恐將這些優勢抵消不少。

綜合上述，魏太武帝一統北方後，將「消滅劉宋政權」列爲國家目標是可預期的，雖然北魏的軍事實力的確比劉宋強，但是劉宋進入太平治世累積雄厚國力，北魏並未具備滅亡劉宋的絕對優勢與國力，尤其內部的民族問題及社會基礎不足使其國力發展遭到抵消。故魏太武帝在長年征戰後，應暫停軍事行動，深化北魏統治的社會基礎，並嘗試解決民族問題，等這些都完成後再論劉宋問題，換言之，消滅劉宋的時程過早，時機尚未成熟。另外，國力的累積並非短期可見成果，因此魏太武帝需有功成不必在我心態，可能終其之世尚無法具備消滅劉宋的絕對優勢，故魏太武帝實不必急於在位期間發動消滅劉宋的戰爭，僅需全力提升國力，至於滅亡劉宋，則待其後代子孫完成。

三、國家政策：全面軍事進攻

魏太武帝藉由「全面軍事進攻」的國家政策來完成「消滅劉宋政權」的

國家目標，其憑藉乃是北魏軍隊的勇猛善戰及騎兵優勢，加上自己的百戰軍功，確切的說，魏太武帝自即位以來，對外戰爭幾乎攻無不克、戰無不勝，茲略述如下。第一：對北方宿敵柔然，規模較大之戰役即有 424 年（魏始光元年、宋元嘉元年）八月及十二月、425 年（魏始光二年、宋元嘉二年）十月、429 年（魏神䴥二年、宋元嘉六年）四月、443 年（魏太平眞君四年、宋元嘉二十年）九月、449 年（魏太平眞君十年、宋元嘉二十六年）正月和九月，〔註313〕魏軍不僅每次都大敗柔然，更擄獲爲數甚豐之牛羊牲畜等戰利品，而柔然也受此一連串打擊勢力漸衰。第二：對南方劉宋，430 年（魏神䴥三年、宋元嘉七年）和宋文帝初次交鋒即大獲全勝，〔註314〕445 年（魏太平眞君六年、宋元嘉二十二年）寇掠青徐地區亦有斬獲。〔註315〕第三：削平北方大夏、北燕、北涼等國亦順利完成。〔註316〕上述三點培養了魏太武帝對外用兵作戰的自信，其實不止對外戰爭，內部叛亂亦是成功鎮壓，如盧水胡蓋吳之亂，這些以強大軍事優勢獲得之成果，讓魏太武帝認爲北魏大軍乃百戰雄師，軍威所至攻必勝、戰必克，尤其 430 年、445 年二次對劉宋作戰的勝利，令他自認對劉宋已取得戰略優勢，滅亡劉宋當如消滅北方諸國般容易。此外，魏太武帝非常喜歡以皇帝之尊親自領軍作戰，這是游牧民族慣用的征戰方式，由最高領導人率軍出征，能激勵軍心將士用命，容易打勝仗。基於上述的思考邏輯與戰略思維，魏太武帝對消滅劉宋的作戰方式，採全面性的軍事進攻，並由自己親自率軍南侵，企圖以強大軍事實力一舉盪平南方混一宇內。

　　不過，魏太武帝忽略部分客觀事實。首先：劉宋的國力並不能和柔然及北方諸國相比。先論柔然，北魏在部落聯盟時期已和柔然互相攻伐，進入王朝階段，經魏道武帝、魏明元帝持續征討，柔然實力已不復往日強盛，故魏太武帝可謂在其父祖二代進擊柔然的成果上，繼續施加軍事壓力，才會有屢屢敗之的輝煌戰績，故柔然的衰頹，並非魏太武帝一人可成其功。次論大夏、北燕、北涼，他們的人口、領土皆無法和北魏相比，更遑論軍事力和經濟力，所以北魏與北方諸國的國力對比太過懸殊，北魏享有絕對優勢，因此在北魏大軍的進攻下，北方諸國無多大抵抗能力，紛紛滅亡。至於劉宋，乃承襲東

〔註313〕參見《魏書》卷 4 上〈世祖紀上〉，頁 69～75；同書卷 4 下〈世祖紀下〉，頁 95～103。
〔註314〕參見本書第三章第一節，頁 131～142；第二節，頁 150～158。
〔註315〕參見本書第四章第二節，頁 187～190；第三節，頁 232～233。
〔註316〕參見本書第四章第一節，頁 173～174。

晉而來,漢人政權立國江左已百餘年,根基穩固,國家制度和規模絕非柔然、北方諸國可比,北方諸國對北魏而言屬蕞爾小國,劉宋則是泱泱大國,且宋文帝又締造「元嘉之治」,國力雄厚。其次:北魏可用軍事力滅亡與自己國力相差極大之國家,但是無法用單一軍事力消滅與自己國力相當之國家,若二國國力相當,欲滅亡對方,即是雙方綜合國力之較量。綜合國力乃衡量一個國家的經濟、政治、軍事、文化、心理等基本國情和資源的的綜合性指標,簡言之,綜合國力可以簡單地定義爲一個國家通過有目的的行動追求其戰略目標的綜合能力。一般而言,分析國力有非常多的分類方式,眾多學者專家根據不同見解提出不同的分類,諸如形態力、人口力、組織力、經濟力、軍事力、外交力、政治力、科技力、精神力、文化力……等,甚至還有以軟實力、硬實力作區分,〔註317〕現筆者運用眾多學者專家重複性較高的軍事力、文化力、經濟力、意志力等面向比較北魏與劉宋之綜合國力。

(一)軍事力:北魏軍隊承襲游牧民族好戰習性,尙武之風勝於農業民族的劉宋軍隊,若依此而言,軍事力似乎魏軍佔有優勢。然而,北魏軍隊自建國後東征西討、南侵北伐,絲毫沒有喘息的時間。此外,欲消滅劉宋,魏軍勢必至宋境作戰,南方江河湖泊遍佈,騎兵優勢無法發揮,加上魏軍不諳水戰,水軍又是宋軍優勢兵種,可見軍事力劉宋並非絕對劣勢。一般普遍認爲,450年(魏太平眞君十一年、宋元嘉二十七年)魏宋大戰,魏強宋弱格局已然形成,但在此之前雙方大致相當,或許軍事力北魏略勝,但劉宋不會差距太遠,謂之均勢並不爲過。

(二)文化力:劉宋是漢民族所建政權,傳襲漢民族固有文化,自漢、魏、晉、宋一脈相承,文化優勢遠勝少數民族的北魏,這是劉宋最大的優勢。

〔註317〕國力的分類沒有一定,國內外眾多學者見解均不同,如穆爾(Richard Muir)曾提出六大分類:形態權力、人口權力、經濟權力、組織權力、軍事權力、外交權力等,參見鈕先鍾,《國家戰略論叢》(臺北:幼師文化事業公司,1984年4月),頁191~193。其他國力不同的分類方式,參見李方,《中國綜合國力論》(合肥:安徽科學技術出版社,2002年12月)。黃碩風,《綜合國力新論》(北京:中國社會科學出版社,1999年9月)。克萊茵(Ray S.Cline)著、鈕先鍾譯,《世界各國國力評估》(臺北:黎明文化事業股份有限公司,1982年5月)。劉振志,《宋代國力研究——功利學派國家戰略思想與宋廷國策之探討》(臺北:中國文化大學史學研究所博士論文,1995年6月)。王滬寧,〈作爲國家實力的文化:軟權力〉,《復旦學報》,1994年第3期。趙雪波,〈綜合國力構成要素辨析〉,《世界經濟與政治》,2001年第5期。

蓋文化力乃一軟實力，具穿透性，文化層次低者容易被融入文化水準高者，故北魏中期後，統治階層的拓跋氏和代人貴族，漸漸喪失草原文化習性，即使日後魏孝文帝遷都洛陽推動漢化改革，其文化力仍無法和南朝相比，何況是魏太武帝所處的平城時代，仍是草原文化主導時期，故當時北魏文化力實無法和劉宋相提並論，劉宋佔有文化力的優勢。

（三）經濟力：北魏所處的北方雖開發較早，自古即爲中國的精華區，但是從西晉末八王之亂起，北方一直處於戰亂相尋局面，經五胡十六國的摧殘，中間雖有前秦苻堅的短暫統一，但承平時間不長，地力、生產力恢復有限。前秦崩解後復見各政權相互廝殺情形，最終雖由北魏統一，但北魏自建立以來亦是戰爭不斷，百餘年的戰亂使人口負成長、土地荒蕪，經濟力大減。反觀劉宋所在的南方，雖開發較遲，但自三國孫吳政權開始，即進入穩定開發時期，經東晉百餘年的持續經營與開發，至劉宋建國，南方一直是統一的政權，不似北方四分五裂，因此南方在較爲穩定的情況下，對農業生產和經濟發展有極佳之幫助。而魏太武帝後期正逢宋文帝「元嘉之治」時期，劉宋社會繁榮富庶，生產穩定，經濟力大爲提升，此消彼長下，北魏承襲的北方，雖具中國精華區及開發較早之歷史因素，不過，歷經百餘年戰亂的結果，其經濟力與環境安定以及能穩定開發之劉宋相較，並未具備必然之優勢。

（四）意志力：魏太武帝採全面性的軍事進攻，意欲滅亡劉宋，而面對魏軍的入侵，劉宋軍民必然全力防禦，若將雙方意志力做一對比，劉宋君臣、百姓的意志力必定較北魏強，何也？因爲一旦亡國，所有人都將成亡國奴。依照北魏統治北方漢人的事實，南方若由北魏統治，漢人將淪爲次等人民，不僅一般百姓會喪失許多權利，連世家大族的政治權力都將消失，劉宋君王亦不復爲君王，故爲捍衛家園及國家，君臣肯定同心協力，軍隊必定拼死奮戰，百姓也踴躍捐輸供應戰爭所需，劉宋上下展現強韌之意志力當可想見。

至於北魏上下恐無法展現相同之意志力，先論君臣等統治階層，他們會有堅強的意志力，主要原因是魏太武帝和代人貴族關注的是國家發展，一旦滅了劉宋統一南北，北魏不僅疆域大爲擴大，也成爲第一個統治全中國的少數民族王朝，完成此一豐功偉業者乃魏太武帝，以其實際利益而言，治理的人口、土地大爲提高，政治權力亦相對增加；再依其歷史聲名而言，魏太武帝創造此空前歷史，將北魏王朝推至極致，勢必爲拓跋氏後世子孫歌頌，因此他的意志力必然堅定。而代人貴族在乎的是自身利益的擴張，進行滅宋戰

爭，領軍的代人將領，可以掠奪財貨為私財，擄掠漢人百姓為奴僕，在滅亡劉宋盡有南方土地與人民後，所有的代人貴族均蒙其利，因此他們和魏太武帝組成的統治集團，具有相同之意志力實不足為奇。

至於基層百姓和軍隊，他們不會與統治階層有相同思維，代人士兵和百姓或許其為統治主體，故對滅亡劉宋具強烈意志，但廣大的漢人百姓，並不樂見北魏進行滅宋戰爭，就心理因素而言，北方漢人在異族政權下淪為被統治者，而劉宋畢竟是漢人政權，精神上較有歸屬感，雖然封建時代百姓都是被統治階層剝削的一方，但與其被異族統治，不如被同屬漢民族的王朝統治。再就實際因素述之，北魏建國以來大小戰爭不斷，尤其戰爭的耗費龐大，這些負擔都落在一般百姓身上。窮兵黷武的魏太武帝統一北方後，積極籌畫南侵，軍費、物資、軍糧、兵仗、後勤等供應，又是百姓承擔，所以百姓都不希望有戰爭，唯有如此，才能減少統治者加諸在自己身上的苦難。其他的諸胡人民和漢人一樣都被嚴重剝削，且他們有更多的青壯人口被征發為兵，在戰場上犧牲或受傷，尤其魏太武帝對諸胡士兵的生命並不珍惜，前引魏太武帝致臧質書可為明證，〔註318〕戰爭愈多，諸胡士兵的傷亡就更大，所以諸胡人民和漢人相同，滅宋意志力並不強烈。以上可證在意志力部分，北魏內部有落差，和劉宋形成強烈對比，是故在意志力部分，劉宋略勝一籌。根據以上四項國力的分析，當北魏並未全部佔有優勢時，以軍事力量逐步攻佔沿邊城戍、土地尚不難達成，若企圖發動全面戰爭消滅劉宋，恐難如願。

綜合上述，魏太武帝以「消滅劉宋政權」為國家目標，時程尚早；而「全面軍事進攻」的國家政策，則考慮有欠周延，應代之以蠶食鯨吞方式。平時以蠶食方式，製造邊關衝突，逐步佔領城戍與土地，往南擴張疆土，一旦劉宋內部政治動盪或有內亂，立即把握時機大舉南侵。上策為直接攻進建康滅亡劉宋，若未果行仍可鯨吞大片土地，少則一州、多則數州全數予以兼併，如此作法亦不失為中策，惜魏太武帝不此之途，欲傾全國之力以武力一次解決劉宋問題，而結果卻是終其一生仍未能解決。

四、國家戰略：統一南北成為中國正統王朝

魏太武帝後期「統一南北成為中國正統王朝」的國家戰略，其實揭櫫北

〔註318〕參見本書第四章第四節，頁 259。

魏王朝未來發展的二大目標，其一為消滅劉宋統一南北；其二成為中國正統王朝。然此二大目標似是合而為一，根據歷史發展來看，只要是統一全中國的王朝，不論是漢民族或少數民族，都是正統王朝，如蒙元和滿清，但是未佔領中國全境且與漢民族政權對峙者，如北魏、金朝等，當時正統王朝都是漢民族建立的劉宋和南宋，當然，所謂正統王朝的解釋權操之於漢民族手中。

自西元前 221 年秦始皇滅六國後中國首度形成大一統的局面，直至 1912 年清朝宣統帝退位，中國兩千一百餘年的封建王朝可分成兩大型態：一種是典型漢民族所建的王朝；另一種是少數民族建立的朝代，分為征服王朝（Dynasties of Conquest）與滲透王朝（Dynasties of Infiltration）。〔註 319〕征服王朝或滲透王朝，就是由非漢族的族群，大部分是北亞游牧民族，征服中國的一部或全部而建立的國家，統治者與被統治者是兩個完全不同的民族。

魏太武帝所處的五世紀，對少數民族政權自然沒有征服王朝、滲透王朝之定義，但是卻有胡漢之別、正朔之辨。大凡分裂時代，中原正統王朝必定是漢民族所建的王朝，少數民族王朝不被承認，然而弔詭的是，一旦少數民族王朝領有中國全境，隨即被史書承認為中原正統王朝，此從之後歷史發展得到驗證，蒙元、滿清皆如是。魏太武帝當然並不曉得爾後歷史發展，但是卻有統一南北的企圖心，一旦消滅劉宋後，北魏成為唯一政權，漢人也不得不奉其為正統王朝。正朔之辨在分裂時期尤顯重要，因為這是爭取漢民族人心最好的精神號召，北魏欲和劉宋爭正統之位並不容易，因當時尚是「非我族類、其心必異」時代，南方漢人奉劉宋為正朔理所當然，北魏治下的北方

〔註 319〕魏復古（Karl A. Wittfogel）稱西元前 221 年至 1911 年的中國史為中華帝制時期，分成典型中國朝代和征服與滲透王朝二大類型及十個時期：一、典型中國朝代：（一）秦漢（前 221～220）、（二）分崩離析時期之漢族王朝（220～581）、（三）隋唐（581～907）、（四）宋（960～1279）、（五）明（1368～1644）。二、北方異族所建之征服與滲透王朝：（一）拓跋魏（386～556）、（二）遼（契丹，907～1125）、（三）金（女真，1115～1234）、（四）元（蒙古，1206～1368）、（五）清（滿洲，1616～1912）。這十個時期各有其歷史背景，各有其特殊問題，但其中有五個主要朝代顯示了特出的社會文化型態。參見魏復古著，蘇國良、江志宏譯，〈中國遼代社會史（907～1125）總述〉，收於鄭欽仁、李明仁編譯，《征服王朝論文集》（台北：稻鄉出版社，2002 年 8 月），頁 50～51。根據魏復古的說法，所謂「征服王朝」是指某一民族征服另一民族居住地之一部或全部而建立的王朝。所謂「滲透王朝」是指諸王朝的創始者在華北以半和平的滲透方式獲得政權，並建立王朝。滲透王朝以五胡十六國、北魏為代表；征服王朝則指遼、金、元、清。

漢人亦做如此思考，這種情況北魏歷代君王不可能不知，所以要讓北魏獲得漢人奉戴為正統王朝，唯有統一南北消滅所有政權，讓北魏乃中國大地唯一政權成為事實。魏太武帝並非首位有此想法之君王，前秦苻堅即是一例，由於苻堅的積極及善於把握時勢，使前秦成為少數民族首度統一北方的王朝，他面對的環境和局勢與魏太武帝類似，漢人同樣奉南方東晉為正朔，前秦雖統一北方，仍得不到漢人發自內心、精神上的支持，苻堅意欲通過消滅東晉統一南北成為唯一政權，可惜 383 年（晉太元八年）淝水之戰大敗，前秦王朝土崩瓦解，苻堅之期盼亦成泡影。

綜合上述，魏太武帝延續其父祖及自己三代的努力經營終於統一北方，接下來當然為統一南北而努力，並希望取得中原正統王朝地位，超越少數民族王朝的格局，達成苻堅未竟之志，而滅亡劉宋正能完成這一切，是故以此為後期國家戰略理所當然，且適應北魏國家發展所需，但是步伐過快，尤其把劉宋置於和北方諸國同等水平，忽略彼此國力相當乃失策之處。對於劉宋此南面大敵，魏太武帝後期的國家戰略體系應略作調整，雖仍然以「統一南北成為中國正統王朝」為國家戰略主軸，但在國家目標方面，「消滅劉宋政權」的國家目標不變，但欲一舉滅亡劉宋甚難，一蹴可幾有其高度困難性，不妨分階段實施列為長期奮鬥目標。第一階段先逐步南侵，從正面及東、西兩側盡量攻佔城戍與土地，易言之即是以蠶食方式持續拓展北魏版圖，劉宋版圖則會相對縮小。第二階段則是在前一階段的基礎下，將北魏疆域擴張至長江，盡收江北土地與劉宋隔長江對峙，而劉宋在人口、土地面積大量喪失下，直接影響國力的強弱，造成北魏益強、劉宋益弱，於是進入第三階段全面軍事進攻，傾全國之力大舉南侵。至於在國家政策方面，不能以軍事進攻一貫到底，雖說消滅劉宋以軍事作戰為主，但仍須其他政策輔助，如北魏政府需調整民族政策，解決內部的民族問題，並推動漢文化的文化政策，一則可增加漢人對北魏的歸屬感，穩固社會基礎；二則可強化他們支持北魏統一南北的意志。然魏太武帝並未有上述思維與作法，因此後期國家戰略的運籌並不順暢，故其最後結果亦僅是統一北方而已，如果他依照上述之言調整國家戰略進而實施，是否歷史會改寫？歷史不容假設，但吾人可揭示爾後發展以為參考。魏獻文帝時收劉宋青齊之地，正是第一階段的成果，而魏孝文帝遷都洛陽和漢化改革，也符合文化政策的推動，但民族問題始終未能解決。自北魏之後，東魏北齊、西魏北周等北方政權繼續向南擴張，終於完成第二階段目

標，南北以長江爲界，北方國力佔有絕對優勢，遂進入第三階段大舉南侵，隋文帝得以在前二階段基礎下，渡江滅亡陳朝，終結南北分裂完成統一。由此可見，消滅南方漢人政權非短時間可成其功，也非軍事力量即可完成，魏太武帝後期國家戰略方向無誤，只不過整個體系在運作執行時應有多方位更審慎的考慮。魏太武帝雖未能消滅劉宋，但全面的軍事進攻，直抵長江北岸，畢竟對劉宋造成極大心理震撼，同時也在 450 年（魏太平眞君十一年、宋元嘉二十七年）魏宋大戰後，北強南弱態勢更加明顯，爲後世北方統一南方奠定深厚基礎。

第五章 守成與穩健——魏文成帝與劉宋之戰略關係

　　宋文帝憑藉盛世餘資於 450 年（魏太平真君十一年、宋元嘉二十七年）北伐引起魏宋第三次大戰，而魏太武帝亦傾全力反擊，這次南北大戰等於魏宋二國國力總較量，然這場戰爭沒有贏家，劉宋尤其受創嚴重，江北、淮南地區殘破，百姓流離失所。而魏太武帝表面上雖兵臨長江，隔江與建康對望，似乎北魏是勝利者，但魏軍長途遠征，不適南方氣候，染疾及因戰傷亡者頗眾，造成北魏國力一定程度的損傷，故此後雙方的後繼者均無法發動大規模戰爭，幾次的衝突僅限於區域性質，乃有限戰爭型態。於是僅見區域性質的軍事衝突，不見魏宋大戰，就成為魏文成帝時期北魏與劉宋的戰略關係型態。

　　北魏統治者在魏太武帝和魏文成帝之間，尚有君臨天下八個月的南安王拓跋余，雖然其繼位與在位期間未被列入皇位繼承序列上，但他曾為北魏國主乃不爭之事實，更重要的是，他在位期間，魏宋爆發軍事衝突。宋文帝和魏太武帝的較量雖因魏太武帝崩逝而結束，但宋文帝與北魏的對峙卻未因此結束，他欲趁魏太武帝崩逝時機趁機收復河南地，遂興兵北伐，魏宋再度爆發戰爭。由於北魏此時正是南安王拓跋余在位，故南安王拓跋余與宋文帝的軍事衝突亦屬北魏與劉宋戰略關係之一環，但南安王拓跋余在位僅八個月，國家戰略體系尚未成形，加上與劉宋的衝突亦僅為區域性質，且很快就結束，故其與劉宋的戰略關係不需獨立成章，遂附於魏文成帝篇章，並單獨立節論述，國家戰略亦併於魏文成帝對劉宋國家戰略的內容中，並自成一單元討論。

第一節 452 年宋文帝的北伐

　　魏宋第三次大戰的全面戰爭結束甫一年，雙方正待休養生息，宋文帝突又興軍北伐，其入侵北魏之目的，乃著眼於北魏發生宮廷政變，魏太武帝暴崩，宋文帝欲趁北魏內部動亂、政局不穩的戰略時機北伐，但劉宋朝臣並非全然贊成北伐，故劉宋內部對北伐意見並不統一，然而在宋文帝君主權威的堅持下，北伐行動照常展開。

一、戰略環境分析

（一）魏太武帝遭弒，北魏政局動盪

　　魏太武帝於 432 年（魏延和元年、宋元嘉九年）正月立年僅五歲的長子拓跋晃為太子；〔註1〕439 年（魏太延五年、宋元嘉十六年）西征涼州時，以太子拓跋晃監國；〔註2〕443 年（魏太平真君四年、宋元嘉二十年）十一月，進一步以十六歲的太子拓跋晃總百揆，「令皇太子副理萬機，總統百揆。」〔註3〕在太子拓跋晃發展權力的過程中，其周圍逐漸形成東宮集團，東宮集團人數不少，〔註4〕遂逐漸引起魏太武帝的猜忌，加上好事臣子搬弄是非，太子拓跋晃又不知韜光養晦暫時沉潛，與魏太武的父子衝突於焉產生。

　　中常侍宗愛〔註5〕素得魏太武帝寵信，太子拓跋晃與宗愛不協，素有嫌隙，《魏書·宗愛傳》載：〔註6〕

> 宗愛，不知其所由來，以罪為閹人，歷碎職至中常侍。……（魏太武帝）以愛為秦郡公。恭宗（拓跋晃）之監國也，每事精察。愛天性險暴，行多非法，恭宗每銜之，給事仇尼道盛、侍郎任平城等任事東宮，微為權勢，世祖（魏太武帝）頗聞之。二人與愛並不睦。

〔註1〕參見《魏書》卷4下〈世祖紀下〉，頁107。
〔註2〕參見《魏書》卷4下〈世祖紀下〉，頁108。
〔註3〕《魏書》卷4下〈世祖紀下〉，頁96。
〔註4〕《魏書》卷48〈高允傳〉：「今東宮誠曰乏人，儁乂不少。」頁1072。
〔註5〕北魏宦官制度承襲自漢王朝，而北魏後宮制度的建立，是在北魏王朝建立的天興元年（398）之後，後宮制度之創立，是中宮制度建立之基礎，因此北魏的中宮制度建立應該是在天興元年以後的事，參見鄭欽仁著，〈北魏中常侍稿—兼論宗愛事件〉，收入氏著，《北魏官僚機構研究續篇》（台北：稻禾出版社，1995年4月），頁171～185。
〔註6〕《魏書》卷94〈閹官·宗愛傳〉，頁2012。

以一介閹宦能被封爲秦郡公，足見宗愛甚受寵愛，加上他以宦官身份常在魏太武帝左右，兼之出入內廷方便，更容易上下其手，擅權而行非法之事。太子拓跋晃總百揆後對此情況自是無法忍受，雙方遂產生衝突。

　　高允曾對魏太武帝、太子拓跋晃因權力衝突而升高之對立頗感不安，遂向太子拓跋晃諫言：〔註7〕

> 今殿下國之儲貳，四海屬心，言行舉動，萬方所則，而營立私田，
> 畜養雞犬，……與民爭利，議聲流布，不可追掩。……故願殿下少
> 察愚言，斥出佞邪，親近忠良，所在田園，分給貧下，畜產販賣，
> 以時收散。如此則休聲日至，謗議可除。

營立田園與民爭利對一位皇太子而言頗有可議之處，但這並非大過，其實營立田園逐利並非什麼大忌，因爲北魏皇帝也營立田園與民爭利，〔註8〕故魏太武帝對此不會有太大的反感。高允擔心眞正犯魏太武帝忌諱的，是太子拓跋晃親近左右，且東宮集團勢力不斷膨脹，佞邪之人進讒言慫恿太子拓跋晃，就更容易激起魏太武帝和太子拓跋晃之間的矛盾，故高允才會建議太子拓跋晃斥逐奸邪之人，進用忠良之士，可惜諫言並未被採納。

　　魏太武帝和太子拓跋晃衝突的結果，導致太子拓跋晃憂懼而死，「（宗愛）爲懼（仇尼）道盛等案其事，遂構造其罪。詔斬道盛等於都街。時世祖（魏太武帝）震怒，恭宗（拓跋晃）遂以憂薨。」〔註9〕太子拓跋晃之死似乎是因魏太武帝寵臣宗愛和東宮集團仇尼道盛、任平城之間宮廷鬥爭引起，然事實並非如此單純。宗愛能夠橫行無忌行多非法，乃是依賴魏太武帝對其之寵愛，

〔註7〕　《魏書》卷48〈高允傳〉，頁1072。

〔註8〕　〔梁〕蕭子顯，《南齊書》（中華書局點校本）卷57〈魏虜傳〉，頁984記載北魏平城宮中的情況：「妃妾住皆土屋。婢使千餘人，織綾錦販賣，酤酒，養豬羊，牧牛馬，種菜逐利。大官八十餘窖，窖四千斛，半穀半米。又有懸食瓦屋數十間，置尚方作鐵及木。其袍衣，使宮內婢爲之。僞太子別有倉庫。」

〔註9〕　《魏書》卷94〈閹官·宗愛傳〉，頁2012。《北史·宗愛傳》內容與《魏書》所記均同，太子拓跋晃均是憂懼而死，參見《北史》卷92〈恩幸·宗愛傳〉，頁3029。而南朝史書對此事變卻有不同説法，《宋書》卷95〈索虜傳〉：「（拓跋）燾至汝南瓜步，（拓跋）晃私遣取諸營，鹵獲甚眾。燾歸聞知，大加搜檢。晃懼，謀殺燾。燾乃詐死，使其近習召晃迎喪，於道執之。及國，單以鐵籠，尋殺之。」頁2353；《南齊書》卷57〈魏虜傳〉：「晃後謀殺佛狸（拓跋燾）見殺。」頁984。《資治通鑑》雖採北朝史書看法，但仍然詳列《宋書》、《宋略》、《南齊書》的記載，並説明南朝史書皆傳聞之誤，因此採《魏書》説法。見《資治通鑑》卷126〈宋紀八〉，文帝元嘉二十八年六月之考異，頁3971。

這和歷代宦官親近皇帝後，假其威名行擅權之事如出一轍。太子拓跋晃總百揆後，參與政事日深，對宗愛非法之事必然不滿，故欲以懲戒；而東宮官屬仇尼道盛、任平城與宗愛不睦，所以宗愛和仇尼道盛、任平城之間的鬥爭，反應的是魏太武帝與太子拓跋晃長期以來存在的矛盾。

東宮集團勢力迅速發展，隱然有威脅魏太武帝皇權之虞，魏太武帝自然不能忍受，於是藉宗愛構陷東宮官屬仇尼道盛、任平城等，順勢消滅東宮集團，「魏主（魏太武帝）怒，斬道盛等於都街，東宮官屬多坐死，帝怒甚。」〔註10〕魏太武帝有可能早欲壓制東宮集團氣焰，剛好藉宗愛構陷之言順勢而為打擊東宮集團，藉此教訓太子拓跋晃，勿結黨培植勢力，始料未及的是太子拓跋晃竟因此憂懼而薨，魏太武帝頗為後悔，「是後，太武追悼不已。」〔註11〕

太子拓跋晃死後，魏太武帝於同年（451、魏正平元年、宋元嘉二十八年）十二月封太子拓跋晃長子拓跋濬為高陽王，有意以拓跋濬為皇位繼承人，據《魏書・世祖紀》載：〔註12〕

（魏太武帝）封皇孫濬為高陽王。尋以皇孫世嫡，不宜在藩，乃止。

封秦王翰為東平王，燕王譚為臨淮王，楚王建為廣陽王，吳王余為南安王。

魏太武帝對太子拓跋晃的死，內心感到懊悔與歉疚，所以在皇位繼承問題上屬意皇孫拓跋濬，胡三省認為「魏世祖（魏太武帝）立孫之意定矣。」〔註13〕但是高陽王拓跋濬並未被立為太子，顯然魏太武帝尚未對立嗣問題做最終決定。此時宗愛見魏太武帝追悼太子拓跋晃的悔恨之心與日俱增，懼遷怒於己性命堪憂，遂於452年（魏正平二年、宋元嘉二十九年）二月發動政變襲殺魏太武帝，〔註14〕另立所喜之南安王拓跋余，北魏政權遂落入宗愛手中。南安王拓跋余雖繼承皇位，但得位不正，乃依宗愛之力而登大寶，且「非次而立」，〔註15〕故即位後以大量財帛賞賜臣下籠絡人心。更因宗愛有擁立之功，以其為「大司馬、大將軍、太師、都督中外諸軍事，領中秘書，封馮翊王。」

〔註10〕《資治通鑑》卷126〈宋紀八〉，文帝元嘉二十八年，頁3971。
〔註11〕《北史》卷92〈恩幸・宗愛傳〉，頁3029。
〔註12〕《魏書》卷4下〈世祖紀下〉，頁106。
〔註13〕《資治通鑑》卷126〈宋紀八〉，文帝元嘉二十八年，頁3972。
〔註14〕參見《魏書》卷94〈閹官・宗愛傳〉，頁2012。
〔註15〕《資治通鑑》卷126〈宋紀八〉，文帝元嘉二十九年，胡三省注云：「余以少子為宗愛所立，非次也。」頁3980。若以兄弟相繼來看，應該是臨淮王拓跋譚繼位，再次為廣陽王拓跋建，尚未輪到南安王拓跋余。

宗愛大權獨攬氣焰熏天，「權恣日盛，內外憚之。」〔註17〕而其一手扶持的南安王拓跋余，對北魏朝廷此種政治局勢亦有所警覺，他不願大權旁落成爲傀儡皇帝，正準備開始削減宗愛權力時，宗愛先發制人再行弒君之舉，遣心腹宦官賈周殺南安王拓跋余。〔註18〕

宗愛於承平元年（452、宋元嘉二十九年）十月丙午殺了南安王拓跋余後，〔註19〕繼承問題再次浮現。由於宗愛與故太子拓跋晃素有仇怨，故對高陽王拓跋濬的繼承持反對態度，但兩日後的戊申日，羽林中郎劉尼、南部尚書陸麗、殿中尚書源賀合謀，聯合另一位殿中尚書長孫渴侯迅速發動政變，〔註20〕擁高陽王拓跋濬即皇帝位，是爲魏文成帝，改元興安，〔註21〕殺宗愛、賈周等人，北魏自魏太武帝崩後的政治亂局，至此暫歸平靜。

（二）魯爽、魯秀兄弟投宋

魯爽，扶風郿人，其父、祖於東晉末時皆曾在劉裕麾下效力。祖父魯宗之，因功封爲鎮北將軍、南陽郡公，然「（魯）宗之自以非高祖（劉裕）舊隸，屢建大功，有自疑之心。」〔註22〕乃與司馬休之北奔後秦。劉裕率東晉北伐軍滅後秦定長安後，以魯爽之父魯軌爲「寧南將軍、荊州刺史、襄陽公，鎮長社（今河南長葛縣東北）。」〔註23〕之後長安不守，爲大夏主赫連勃勃攻陷，

〔註16〕《魏書》卷94〈閹官・宗愛傳〉，頁2012～2013。
〔註17〕《魏書》卷94〈閹官・宗愛傳〉，頁2013。
〔註18〕參見《魏書》卷18〈太武五王・南安王余傳〉，頁434～435；卷94〈閹官・宗愛傳〉，頁2013。
〔註19〕參見《資治通鑑》卷126〈宋紀八〉，文帝元嘉二十九年，頁3980。
〔註20〕擁立皇孫拓跋濬爲帝的事變中，除劉尼、源賀、陸麗、長孫渴侯外，在原太子拓跋晃的東宮集團中，漢臣高允在正平事變中並未遭到誅殺，太子拓跋晃和高允有很深的情誼，從崔浩事件中太子拓跋晃極力營救高允即可看出，太子拓跋晃營救高允經過，詳見《魏書》卷48〈高允傳〉，頁1069～1073。另據同書同卷載：「及高宗（魏文成帝）即位，允頗有謀焉。司徒陸麗等皆受重賞。」頁1073。可見高允在擁立皇孫拓跋濬爲帝的事件上，用力甚深。可能一方面感於太子拓跋晃的知遇之恩，再則仍認爲漢王朝的嫡長子繼承制優於北亞游牧民族的推選制，所以高允持續推動崔浩所構築的長子繼承制。
〔註21〕西元452年，北魏年號凡三變，先爲魏太武帝正平二年，三月南安王拓跋余即位，改爲承平元年，到了十月魏文成帝即位，又改爲興安元年。此年共有四次政變：宗愛弒魏太武帝、東平王拓跋翰、南安王拓跋余計三次，加上魏文成帝殺宗愛，可見政局動盪之不安。
〔註22〕《宋書》卷74〈魯爽傳〉，頁1922。
〔註23〕《宋書》卷74〈魯爽傳〉，頁1922。

劉裕盡失關中之地，魯軌遂歸大夏。魏太武帝統一北方後，關中地區盡入於北魏，魏太武帝對曾任官東晉、大夏的魯軌寵信有加，死後以其子魯爽承襲所有官爵。〔註24〕魯爽雖為漢人，卻「幼染殊俗，無復華風。」〔註25〕其弟魯秀「頗有意略，才力過爽。（拓跋）燾以充宿衛，甚知待之。」〔註26〕其後因功為中書郎，封廣陵侯。

魯氏兄弟雖得魏太武帝寵信，但是魏太武帝「果於誅戮。」〔註27〕對大臣的殘酷殺戮令魯氏兄弟心生畏懼，尤其國史事件對崔浩等漢人世家大族的屠殺。史載魏太武帝「明於刑賞，功者賞不遺賤；罪者刑不避親，雖寵愛之，終不虧法。常曰：『法者，朕與天下共之，何敢輕也。』故大臣犯法，無所寬假。」〔註28〕魯爽因「粗中使酒，數有過失，（拓跋）燾將誅之。」〔註29〕魯秀受命前往鄴城勘察當地人民反叛情形，「秀常乘驛往反，是時病還遲，為燾所詰讓，秀復恐懼。」〔註30〕魯氏兄弟雖已鮮卑化，但本質還是漢人，對北魏有煌煌之功的崔浩及其家族都難逃屠殺，何況對北魏貢獻無法和崔浩相比的魯氏兄弟，叛逃之心於焉滋生。

魯氏兄弟隨魏軍參與 450 年（魏太平真君十一年、宋元嘉二十七年）南侵行動，當時劉宋殿中將軍程天祚戰敗被俘，因「天祚妙善針術，（拓跋）燾深加愛賞，或與同輿，常不離於側。」〔註31〕時魯秀亦在魏太武帝左右，二人遂有相處機會。在程天祚煽動下，魯秀決定歸降劉宋，遂在隨魏軍北歸時，與其兄魯爽合謀，降附劉宋南平王劉鑠。按理而言，魯氏兄弟已鮮卑化，漢人因子所剩無幾，為何會如此輕易受程天祚撩撥而投宋，原因在於二兄弟之父、祖皆為劉裕舊部，宋文帝曾多次招降魯軌，「太祖（宋文帝）累遣招納，許以為司州刺史。」〔註32〕魯氏兄弟對其父魯軌受招降之事應有所知悉，故劉宋此次的招降，只是延續一貫對魯氏一門的招降政策，終於在魯爽、魯秀

〔註24〕「元嘉二十六年（449、魏太平真君十年），軌死，爽為寧南將軍、荊州刺史、襄陽公，鎮長社。」詳見《宋書》卷74〈魯爽傳〉，頁1922。
〔註25〕《宋書》卷74〈魯爽傳〉，頁1922。
〔註26〕《宋書》卷74〈魯爽傳〉，頁1922。
〔註27〕《魏書》卷4下〈世祖紀下〉，頁107。
〔註28〕《魏書》卷4下〈世祖紀下〉，頁107。
〔註29〕《宋書》卷74〈魯爽傳〉，頁1922。
〔註30〕《宋書》卷74〈魯爽傳〉，頁1923。
〔註31〕《宋書》卷74〈魯爽傳〉，頁1923。
〔註32〕《宋書》卷74〈魯爽傳〉，頁1922。

兄弟身上收到效果。魯氏兄弟的投宋，對北魏士氣必然有所影響，且魯氏兄弟對江淮地區的地理形勢頗爲瞭解，兼之作戰英勇，乃二員猛將，難怪宋文帝大喜，封魯爽征虜將軍、司州刺史，鎮守義陽；魯秀爲輔國將軍、滎陽潁川太守。

（三）劉宋淮泗諸州創傷未復

魏宋第三次大戰由於戰場多在宋境，故劉宋受創嚴重，魏軍鐵蹄過處，「凡所經過，莫不殘害。」〔註33〕對劉宋江北六州造成非常大的傷害。魏軍北歸時，更俘虜大量劉宋百姓，《魏書·島夷劉義隆傳》載：「世祖（魏太武帝）饗會於瓜步，既許和好，詔班師。其江北之民歸降者數十萬計。」〔註34〕《魏書》編撰者魏收身處北齊，揚魏貶宋勢所必然，但用「歸降」二字不免言過其實，這數十萬絕大部份恐怕都是遭魏軍擄掠者，而這數十萬應是多少？據同書〈世祖紀〉載：「以降民五萬餘家，分置京畿。」〔註35〕依此推測，一家戶五至六人計，北魏可能擄掠近三十萬人，而劉宋不僅戰爭期間馬上損失三十萬有生力量，後續的生產力、賦稅、社會經濟損失更是不可算計，至於魏軍對劉宋江北六州的破壞有多嚴重，《宋書》本身即有詳細記載：〔註36〕

> 既而虜縱歸師，殲累邦邑，剪我淮州，俘我江縣，喋喋黔首，踣高天，蹐厚地，而無所控告。強者爲轉屍，弱者爲繫虜，自江、淮至于清、濟，戶口數十萬，自免湖澤者，百不一焉。村井空荒，無復鳴雞吠犬。時歲惟暮春，桑麥始茂，故老遺氓，還號舊落，桓山之響，未足稱哀。六州蕩然，無復餘蔓殘構，至於乳鷰赴時，銜泥靡託，一枝之間，連窠十數，春雨裁至，增巢已傾。雖事舛吳宮，而殲亡匪異，甚矣哉，覆敗之至於此也。

江北六州之殘破可見一斑，劉宋首要之務應是恢復這些地區的生活秩序及社會經濟，推行一系列恢復生產措施，〔註37〕如安置流民、獎勵開墾、減免賦

〔註33〕《宋書》卷95〈索虜傳〉，頁2359。
〔註34〕《魏書》卷97〈島夷劉義隆傳〉，頁2140。
〔註35〕《魏書》卷4下〈世祖紀下〉，頁105。
〔註36〕《宋書》卷95〈索虜傳〉，頁2359。
〔註37〕宋文帝對戰後重建相當重視，從其詔書中可知重建的刻不容緩與相關措施，如《宋書》卷5〈文帝紀〉，頁99有載：「索虜自盱眙奔走。癸酉，詔曰：『獫狁孔熾，難及數州，眷言念之，鑒寐興悼。凶羯癉挫，迸跡遠奔，彫傷之民，宜時振理。凡遭寇賊郡縣，令還復居業，封屍掩骼，賑贍饑流。東作方始，

稅等。在國力未恢復至戰前水準時，宋文帝再度發動侵魏戰爭，劉宋的經濟力、軍事力能否支撐這場戰爭尚屬疑問。此外，宋軍將士傷亡慘重，又遭北魏強擄近三十萬眾，兵員勢必短缺，軍隊有生力量的補充非一蹴可幾，需鼓勵生育，且徵召之兵士尚須軍事訓練等，故少則十年、多則二十年皆有可能，不像農業生產一、二年即可收成且成效立見。

（四）劉宋朝臣反對聲浪

劉宋朝臣對宋文帝有意趁魏太武帝之喪再度北伐，意見並不一致，太子中庶子何偃提出諫言：〔註38〕

> 緣邊鎮戍，充實者寡，邊民流散，多未附業。控引所資，取給根本。虧根本以殉邊患，宜動必不剋。無慮往歲挫傷，續以內釁，侮亡取亂，誠為沛然。然淮、泗數州，實亦彫耗，流傭未歸，創痍未起。且政守不等，客主形異，薄之則勢艱，圍之則曠日，進退之間，姦虞互起。竊謂……方來之寇不深，宜含垢藏疾，以齊天道。

何偃認為，南北戰爭連年，劉宋北邊鎮戍經年遭遇兵戎，復原、破壞、再復原、又破壞，成為永無止盡的循環，人民生命財產不僅遭受損失，更流離失所無法從事生產，加上被魏太武帝蹂躪的淮、泗地區受創嚴重，當務之急應是從事受戰爭破壞地區的復原工作，安頓流民恢復經濟生產，而非窮兵黷武再次發動戰爭。對北伐有積極企圖心的宋文帝，對何偃的諫言自然是置之不理。另外，沈慶之對北伐一事亦持反對立場，其下場則遭宋文帝冷凍，令其勿參與北伐事宜，「（元嘉）二十九年（452、魏正平二年），復更北伐，慶之固諫不從，以立議不同，不使北出。」〔註39〕專制王朝皇帝為權力來源，臣下的諫言取決於君王的採納與否，當宋文帝將「立議不同」的沈慶之「不使北出」後，即可知宋文帝北伐決心已定，臣子的諫言已無法更改其決定，雖然何偃諫言切中時弊，想當然爾宋文帝是不予採納。有反對之人自然也有贊成者，贊成北伐者如魯爽與青州刺史劉興祖，魯爽新降未久，頗思立功急欲表現，遂進言宋文帝力贊北伐之議，「上（宋文帝）聞魏世祖（魏太武帝）殂，

務盡勸課。貸給之宜，事從優厚。其流寓江、淮者，並聽即屬，并蠲復稅調。』」。另，頁101亦載：「（元嘉）二十九（452、魏正平二年）年春正月甲午，詔曰：『經寇六州，居業未立，仍值災潦，饑困荐臻。可速符諸鎮，優量救卹。今農事行興，務盡地利。若須田種，隨宜給之。』」。
〔註38〕《宋書》卷59〈何偃傳〉，頁1608。
〔註39〕《宋書》卷77〈沈慶之傳〉，頁2000。

更謀北伐，魯爽等復勸之。」〔註40〕而劉興祖不僅力贊北伐主張，甚至提出北伐的戰略主張與戰略指導，其北伐戰略將於後面段落詳述。

戰略環境對北魏、劉宋而言各有利弊。首論北魏之弊，由於北魏正逢宮廷政變，政局動盪不安，光 452 年（魏正平二年、宋元嘉二十九年）就有三位君王更迭，可見皇位繼承極不穩定，連帶影響對外軍事決策，此一弊也。而漢人魯爽兄弟的投宋，對北魏漢人民心會有一定影響，尤其是歸屬感，由於北魏剛經歷崔浩等漢人世家大族遭屠戮的驚魂，胡漢問題在檯面下累積，有可能藉由漢人劉宋政權的北伐一次爆發，此二弊也。次論劉宋之利，由於利弊為一體兩面，北魏之弊實為劉宋之利，劉宋能掌握北魏政治紛擾之戰略環境北伐，趁其內部動亂之際發動進攻，可謂掌握優勢戰略契機。再論劉宋之弊，劉宋面臨之戰略環境亦有其弊，首先是江北六州受創嚴重，元氣未復前就急切北伐，人力、物力能否支援伐魏的軍事行動亦未可知；其次是劉宋君臣未能同心，何偃、沈慶之均反對再次北伐，二人認為，當前國家目標應恢復受戰爭破壞地區的社會秩序與經濟生產，而非興兵犯魏，劉宋朝廷對外作戰目標已有歧見，遑論上下同心伐魏。末論北魏之利，劉宋之弊可視為北魏之利，首先是 450 年（魏太平真君十一年、宋元嘉二十七年）魏宋全面戰爭戰場大部分在劉宋國境，尤其江北六州受創最深，反之北魏境內損害不大，需復原程度較劉宋小，整體而言，國力受損程度未若劉宋之鉅。其次，北魏作為一個被侵略者，宋軍北伐攻入魏境，北魏軍民感受家園入侵，士氣容易凝聚，與劉宋君臣無法齊心北伐的情形截然不同，故在政府與百姓上下同心作戰方面，北魏較佔優勢。

二、戰略規畫與作戰經過

宋文帝沒有在魏太武帝死後立即北伐，而是在 452 年（魏正平二年、宋元嘉二十九年）五月丙申下詔北伐：〔註41〕

> 惡稔身滅，戎醜常數，虐虜窮凶，著於自昔。未勞資斧，已伏天誅，子孫相殘，親黨離貳，關、洛偽帥，並懷內款，河朔遺民，注誠請効。拯溺蕩穢，今其會也。可符驃騎、司空二府，各部分所統，東西應接。歸義建績者，隨勞酬獎。

〔註40〕《資治通鑑》卷 126〈宋紀八〉，文帝元嘉二十九年，頁 3974。
〔註41〕《宋書》卷 5〈文帝紀〉，頁 101。

宋文帝在魏太武帝死後一百天左右才發動戰爭，原因有三，其一：先觀察北魏是否會因魏太武帝猝死造成政治混亂，若北魏政局迅速穩定下來，可能不利北伐，故需靜待局勢發展。然結果卻是宗愛亂政及繼承問題造成北魏政局動盪，宋文帝認為掌握此時機北伐實屬有利。其二：對劉宋而言，進行北伐需進行軍隊調集、後勤補給等作戰準備時間。其三：劉宋內部對再度興師北伐意見不一，宋文帝需整合不同意見。雖然宋文帝不理反對者意見執意北伐，但是在贊同北伐者中，對北伐戰略規畫也有不同意見，這些宋文帝都需要時間做內部整合工作。

（一）宋文帝北伐路線的選擇

宋文帝在制定北伐戰略規畫與進攻路線時，青州刺史劉興祖曾提出一套迥異於劉宋以往北伐路線的戰略規畫：〔註42〕

> 河南阻飢，野無所掠，脫意外固守，非旬月可拔，稽留大眾，轉輸方勞。伐罪弔民，事存急速，今偽帥始死，兼逼暑時，國內猜擾，不暇遠赴，關內之眾，裁足自守。愚謂宜長驅中山，據其關要。冀州已北，民人尚豐，兼麥已向熟，資因為易。向義之徒，必應響赴，若中州震動，黃河以南，自當消潰。臣城守之外，可有二千人，今更發三千兵，假別駕崔勳之振威將軍，領所發隊，并二州望族，從蓋柳津直衝中山。申坦率歷城之眾，可有二千，駱驛俱進。較略二軍，可七千許人，既入其心腹，調租發車，以充軍用。若前驅乘勝，張永及河南眾軍，便宜一時濟河，使聲實兼舉。愚計謬允，宜並建司牧，撫柔初附。定州刺史取大嶺，冀州刺史向井陘，并州刺史屯雁門，幽州刺史塞軍都，相州刺史備大行，因事指麾，隨宜加授。畏威欣寵，人百其懷，濟河之日，請大統版假。常忿將率憚於深遠，勳之等慷慨之誠，誓必死效。若能成功，清一可待；若不克捷，不為大傷。並催促裝束，伏聽敕旨。

劉興祖認為河南一代受戰火荼毒，受創嚴重，且飢民遍野物質環境差，不如捨棄以往逕攻河南地的攻擊路線，取道河北進擊，進入中山，直搗北魏心臟地帶，而冀州以北百姓將會起來響應，且冀州以北地區受戰爭損害輕微，百姓較有餘力供應宋軍糧秣，如此一來，從河北北伐較之從河南殘破之地北伐

〔註42〕《宋書》卷95〈索虜傳〉，頁2353～2354。

得到的後勤補給要容易的多。至於河南地區的宋軍，採側翼支援進攻河北之宋軍作戰，在東面的宋軍展開軍事行動後，隨即發動攻勢北渡黃河，東、西二線同時進攻分進合擊，一統華夏指日可待，若失敗，也不致損傷太大。

劉興祖北伐河北戰略過於大膽，有些部分太過理想化，未能兼顧事實層面，如冀州以北百姓是否會響應宋軍不無疑問，劉興祖認為當地漢人會視宋軍為王師北指的心態紛紛響應，未免太過樂觀，一旦漢人百姓響應不如預期，亦即宋軍無法從當地百姓取得一定數量的糧草，後勤補給馬上發生問題。此外，河南為四戰之地，北魏駐有重兵，河南的宋軍能否發揮側翼打擊效果支援河北宋軍作戰，或是遭魏軍擊退導致河北宋軍單獨承受北魏所有的攻擊，這些都未審慎評估。宋文帝雖強烈遂行其北伐意志，但驟然見此頗具創見之戰略規畫，卻猶豫起來。宋文帝以統一南北為職志，否則 450 年（魏太平眞君十一年、宋元嘉二十七年）不會傾全國之力北伐，但目前的戰略目標僅欲趁北魏政治動亂時機收復河南地而已，故未採納劉興祖之戰略規畫。

宋文帝五月丙申下詔北伐，六月己酉，「撫軍將軍蕭思話率眾北伐。」〔註43〕可見宋文帝以蕭思話為北伐總指揮，並在六月發動攻勢。《宋書·蕭思話傳》：「虜退，即代世祖（宋孝武帝）為持節、監徐兗青冀四州豫州之梁郡諸軍事、撫軍將軍、兗徐二州刺史。」〔註44〕魏太武帝率軍北返結束魏宋第三次大戰後，劉宋朝廷對淮北地區進行軍政人事調整，由撫軍將軍蕭思話接替武陵王劉駿之職，出任淮北地區最高軍政長官。由於北伐需調動淮北諸州軍隊、物資，由蕭思話擔任北伐總指揮，調度其所轄行政區域事務較為容易，故宋文帝以蕭思話為總指揮應是著眼於後勤補給。

宋文帝最後一次北伐仍採以往三路並進之傳統路線，東路由撫軍將軍、兗徐二州刺史蕭思話統揚武將軍、冀州刺史張永趨碻磝；中路由北魏降將魯爽、魯秀兄弟和殿中將軍程天祚趨許昌、洛陽；西路由雍州刺史臧質領柳元景、薛安都等驍將進逼潼關。

〔註43〕《宋書》卷 5〈文帝紀〉，頁 101。
〔註44〕《宋書》卷 78〈蕭思話傳〉，頁 2014～2015。

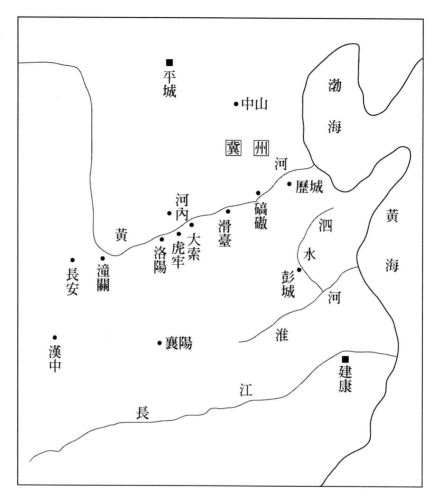

圖十四：魏宋 452 年戰爭相關形勢圖

（二）東線碻磝攻防戰

東路為宋軍主力，七月時已進軍至碻磝城外，由於碻磝軍事重鎮的重要性，北伐軍必須攻下碻磝作為前進據點，故蕭思話對碻磝展現勢在必得決心，分三道猛攻，「張永、胡景世當東攻道，申坦、任仲仁西攻道，崔訓南攻道。」〔註45〕宋軍攻勢雖猛，但圍攻近一個月，卻久攻不下。北魏碻磝守軍面對宋軍包圍及其綿延不絕攻勢，採地道戰術突破宋軍封鎖，挖掘地道猛然從地道殺出，宋軍猝不及防，攻城器具、營寨均被燒毀，「賊（指魏軍）夜地道出，

〔註45〕《宋書》卷 78〈蕭思話傳〉，頁 2015。

燒崔訓樓及蟆車，又燒胡景世樓及攻具，尋又毀崔訓攻道。」〔註46〕城樓上魏軍見地道戰術奏效，再乘亂從城內殺出，宋軍大敗：〔註47〕

> 虜（魏軍）開門燒樓及攻車，士卒燒死及爲虜所殺甚眾，（張）永即
> 夜撤圍退軍，不報告諸將，眾軍驚擾，爲虜所乘，死敗塗地。

蕭思話聞磝磝敗訊大驚，自歷城率軍前往增援，會同張永敗軍再次猛攻，磝磝仍屢攻不下，蕭思話因軍隊乏食的問題及擔憂魏軍增援，屆時首尾將無法兼顧，只得退兵返回歷城。蕭思話對磝磝失利頗爲不滿，在磝磝就已經殺了張永司馬崔訓，「崔訓以樓見燒，又不能固攻道，被誅於磝磝。」〔註48〕返歷城後續將張永、申坦下獄論罪。

（三）中路宋軍先盛後衰

中路宋軍由淮河上游汝南地區發起攻勢，初期進展頗爲順利，「八月，虜長社戍主永平公禿髮幡乃同棄城走。」〔註49〕魯爽、魯秀兄弟迅速攻下長社戍，接著在大索戍與北魏豫州刺史跋僕（長孫）蘭惡戰：〔註50〕

> （大索）戍主僞豫州刺史跋僕蘭曰：「爽勇而無防，我今出城，必輕
> 來據之，設伏檀山，必可禽也。」爽果夜進，秀諫不止，馳往繼之。
> 比曉，虜騎夾發，賴秀縱兵力戰，虜乃退還虎牢。

魯爽的莽撞差點中伏，幸賴魯秀作戰英勇揮軍力戰，不但攻佔大索戍並將長孫蘭逼退至虎牢。宋軍再下大索戍，下個戰略目標即是虎牢，魯氏兄弟原準備一鼓作氣進攻虎牢，若虎牢再陷，洛陽危矣。劉宋原本的戰略規畫是水陸夾攻虎牢，「爽因進攻之（虎牢），本期舟師入河，斷其水門。」〔註51〕但是因東路宋軍無法順利攻下磝磝，「王玄謨攻磝磝不拔，敗退，水軍不至，爽亦收眾南還。」〔註52〕魯爽評估單獨陸路進攻虎牢無必勝把握，無水軍支援恐損兵折將，遂撤軍返回汝南，劉宋水陸夾擊虎牢戰略因東路宋軍失利而告失

〔註46〕《宋書》卷78〈蕭思話傳〉，頁2015。
〔註47〕《宋書》卷53〈張永傳〉，頁1511～1512。
〔註48〕《宋書》卷78〈蕭思話傳〉，頁2015。
〔註49〕《宋書》卷74〈魯爽傳〉，頁1924。
〔註50〕《宋書》卷74〈魯爽傳〉，頁1924～1925。跋僕蘭應爲長孫蘭，乃北魏開國
　　　　功臣長孫肥之子，時爲北魏豫州刺史。參見《魏書》卷97〈島夷劉義隆傳〉，
　　　　頁2140。《魏書》卷26〈長孫肥附蘭傳〉，頁654。
〔註51〕《宋書》卷74〈魯爽傳〉，頁1925。
〔註52〕《宋書》卷74〈魯爽傳〉，頁1925。

敗。中路宋軍在撤軍過程中，遭到魏軍截擊，「虜候其饑疲，盡銳來攻，爽身自奮擊，虜乃退走。」〔註53〕可見中路宋軍在魯氏兄弟指揮下，戰鬥力較強，也能達成既定的戰略目標。

（四）西路宋軍統帥臧質的消極

西線部分，西路宋軍統帥臧質與其部將柳元景、薛安都對北伐的態度形成強烈對比，臧質消極的態度，似乎僅為應付宋文帝而虛應故事，史載：〔註54〕

> 太祖（宋文帝）又北伐，使（臧）質率所統見力向潼關，直頓兵近郊，不肯時發，獨遣司馬柳元景屯兵境上，不時進軍。質又顧戀嬖妾，棄營單馬還城，散用臺庫見錢六七百萬，為有司所糾，上不問也。

由引文中可知臧質不僅無心北伐，甚至還貽誤軍機，為了女眷丟下部隊，單槍匹馬回城，身為西路軍統帥有如此心態，令人匪夷所思，幸好麾下將士用命，柳元景、薛安都頻傳捷報。柳元景時為冠軍司馬、襄陽太守、寧朔將軍，率建武將軍薛安都北討，配合中路宋軍行動：〔註55〕

> 魯爽向虎牢，安都復隨元景北出，即據關城，期俱濟河取蒲坂，會爽退，安都復率所領隨元景引還。

柳元景乃西路宋軍實際作戰指揮者，在他傑出的領導下，西路宋軍協同中路宋軍側翼作戰，取得良好勝果，這都是柳元景、薛安都之功勞，也因為二人的力戰，抵消了臧質消極不作為帶來的負面影響。可惜的是，中路宋軍因東路宋軍失利而退，若西路宋軍孤軍深入，恐遭魏軍圍殲，故居側翼協同作戰的西路宋軍也因而撤軍。宋軍三路出師，劉宋朝廷的戰略部署與兵力配置是以東路為主力，中路、西路配合東路作戰的態勢，故東路軍的成敗牽動中路、西路之進展。當東路宋軍決定退兵結束北伐時，雖然中、西二路宋軍作戰進展順利，持續向北推進，但此二路軍並未具備主力軍之性質，劉宋朝廷若調整部署，將中、西路宋軍其中一路移為北伐主力繼續北伐，恐有其困難，不僅與原先戰略規畫不符，且相關作戰準備來不及因應，主力軍和配合主力作戰的協同部隊，二者的軍事配置差異極大，非短時間可完成，既然東路宋軍已敗，中、西二路軍唯有撤軍一途。

雖然北魏宮廷正處政治亂局，但對劉宋的攻擊行動，中央朝廷並未因內

〔註53〕《宋書》卷74〈魯爽傳〉，頁1925。
〔註54〕《宋書》卷74〈臧質傳〉，頁1914。
〔註55〕《宋書》卷88〈薛安都傳〉，頁2216。

部不靖而降低外部之防範，仍調兵遣將反擊宋軍的入侵，據《魏書‧島夷劉義隆傳》載：〔註56〕

> 興安元年（452、宋元嘉二十九年）義隆遣撫軍將軍蕭思話率其將張永等攻碻磝，詔諸軍擊破之，永等退走。思話遣建武將軍垣護之至梁山逆軍，尚書韓茂率騎逆擊之，思話退還歷溝。義隆又遣雍州刺史臧質向崤陝，梁州刺史劉秀之、輔國將軍楊文德出子午。豫州刺史長孫蘭遣騎破之，秀之等僅以身免。臧質、柳元景、薛安都等至關城，並相繼敗走。

面對三路宋軍的進攻，北魏的迎戰部署是：東線戰場乃宋軍主力，故由韓茂領軍抗擊宋軍，並擔任此次魏宋戰爭的總指揮官。韓茂時為侍中、尚書左僕射、征南將軍，「世祖（魏太武帝）崩，劉義隆遣將檀和之寇濟州，南安王余令茂討之。至濟州，和之遁走。」〔註57〕至於中線、西線戰場，北魏朝廷評估此二處宋軍戰力較弱，故僅由豫州刺史長孫蘭率軍抵禦。

　　北魏的戰略評估與事實略有出入，中、西二路宋軍雖非主力，但領軍將領軍事素養優異，攻佔北魏多座城戍，大索戍一役長孫蘭即遭中路宋軍魯氏兄弟擊敗並退守虎牢。然而，戰術上之成功並不能彌補戰略的失敗，宋文帝將北伐主力置於東路宋軍，但蕭思話、張永始終未能奪取碻磝，東路宋軍又遭碻磝守軍擊退，損失慘重遂不得不退兵。中、西二路宋軍見東路宋軍敗退，已失相互呼應、聯合進攻之作戰目標，加上長孫蘭大破宋軍劉秀之、楊文德等部，粉碎其取道子午〔註58〕進犯長安意圖，穩住中線、西線戰場局勢，中路宋軍、西路宋軍再北進恐無勝算，遂繼東路宋軍之後接連撤軍南返。戰局發展至此，魏軍完全遏止三路宋軍攻勢，宋文帝不僅灰頭土臉鎩羽而歸，欲趁北魏政治紛擾之際攻佔河南地計畫，亦告落空。

三、戰爭檢討

（一）劉宋戰略目標不夠明確

　　宋文帝發動此次北伐行動，未見 450 年（魏太平眞君十一年、宋元嘉二

〔註56〕《魏書》卷 97〈島夷劉義隆傳〉，頁 2140。

〔註57〕《魏書》卷 51〈韓茂傳〉，頁 1128。

〔註58〕關中與漢中間的南北通道，路線從今日陝西省安康市向北穿越秦嶺，到達長安縣子午鎮。

十七年）傾全國之力積極進攻北魏收復北方河山之氣魄，僅想趁北魏易主宮廷內亂之際，出兵收復河南地，欠缺收復北方宏大眼光，使此次北伐侷限在有限戰爭的範疇，成為一場區域戰爭。事實上，宋文帝將 452 年（魏承平元年、宋元嘉二十九年）之北伐定位為區域型有限戰爭，也是不得已而為之，「（元嘉）二十七年（450、魏太平眞君十一年），索虜殘破青、冀、徐、兗、南兗、豫六州，民死大半。」〔註 59〕劉宋淮北諸州因魏宋第三次大戰後尚未恢復元氣，發動戰爭需有充分的後勤支援，就客觀條件言之，淮北六州殘破急待復原，實無力支應宋文帝再一次的北伐。至於宋文帝的主觀心態，也因 450 年（魏太平眞君十一年、宋元嘉二十七年）大戰的失敗，一統中原的雄心壯志已然喪失，僅想收復河南地為滿足，在主、客觀條件皆不利的情況下，讓宋文帝再一次嚐到了失敗的苦果。

　　或許，宋文帝堅持出兵，乃期望北魏宮廷內亂疏於邊防之際奪取河南地。然而自 450 年魏宋大戰後，北強南弱格局已形成，南北勢力的消長宋文帝不可能不知，但他仍然冀望北魏領導階層忙於宮廷鬥爭而疏於邊防，只要把握住這萬分之一機會，劉宋即能奪回河南地，彌補 450 年慘敗北魏後朝野上下低迷氣氛，也可滿足自己的自尊。宋文帝以此狹隘戰略目標出發，並無中心戰略規畫，也未考慮嚴重受損的國力能否支撐，動輒發動戰爭的結果，徒然造成生靈塗炭及面對另一次的失敗罷了。

　　誠如劉興祖所言，若能將戰略目標擴及河北，而非僅限於河南，如此則戰場及戰爭規模勢必擴大，北魏將動員更多的兵員應戰。宋軍作為攻擊者，軍隊動員較北魏早，且早已做好戰略規畫與戰略目標；北魏做為防守者，僅能被動因應，依宋軍攻擊力道決定防禦力量。一般而言，防守者主要目的在擊退攻擊者，若攻擊者進攻程度不強，防守者會審慎評估，是否需動員更多軍隊抵禦。由於宋文帝將攻擊目標侷限在河南，威脅北魏程度不夠強，北魏朝廷自然無須動員太多部隊應戰。若宋軍攻擊目標擴大至河北，對北魏威脅升高，將使北魏朝廷疲於應付，並動員更多部隊抵禦宋軍的入侵。

　　宗愛弒殺魏太武帝後，雖大權獨攬，但宗室大臣多不滿宗愛，北魏朝廷暗潮洶湧。南安王拓跋余雖得繼大位，但不孚眾望，領導統御能力亦不足，一旦劉宋擴大戰場，北魏朝廷勢必將動員更多軍隊抵禦，同時籌集糧秣以應戰爭所需。然而，北魏朝廷政治局勢尚未穩定，決策模式不明，宗愛和甫即

〔註 59〕《宋書》卷 26〈天文志四〉，頁 748。

位之南安王拓跋余權力基礎並不穩，難保不會因增兵問題引起朝臣意見紛爭，進而延宕魏軍開赴前線時間，惜宋文帝並未採納劉興祖之議，戰略目標僅保守地侷限在河南地，上述假想遂無從試煉。

（二）宋文帝的人格特質

劉宋 452 年（魏承平元年、宋元嘉二十九年）的北伐乃宋文帝主動發起，其人格特質也影響北伐成敗，尤其在軍隊指揮權的賦予、戰敗責任歸屬、將領賞罰等方面之作為，茲分述如下：

1、未予統帥指揮全權

宋文帝對將領的不信任仍然展現無疑，依舊從廟堂之上指揮前線，領軍將領並未擁有百分百指揮權，如宋文帝曾遣散騎侍郎徐爰隨軍向碻磝，「銜中旨授諸將方略，臨時宣示。」〔註 60〕獨坐後方朝廷龍椅的宋文帝，不會比前線統兵將領更瞭解戰場情況，魏宋二軍激烈衝殺、戰鬥，戰場情況瞬息萬變，不讓第一線指揮官全權調度，權衡利害臨機應變，反而事事等候宋文帝指示，如此戰略決策使劉宋軍隊無法發揮奇正相合兵勢，很多戰略戰術無法執行，所謂「兵者，詭道也。」〔註 61〕前線的作戰行動，通常是將領視當前敵情，迅速做出判斷發起攻擊行動，如此才容易打勝仗獲取戰果，若等候不瞭解當面戰情的後方命令，容易失去攻擊契機，同時也會養成將領畏縮不前，無擔當、無責任感，如此情形要培養出良將、戰將，是近乎苛求了。

2、諉過臣下

魏宋第三次大戰後，宋文帝未體諒國家社會遭受的戰爭創傷，反而窮兵黷武再次發動北伐，面對北伐一再受挫，他並未檢討自己挑起戰端，反而將失敗歸咎臣下：〔註 62〕

> 太祖（宋文帝）以屢征無功，諸將不可任，責（張）永等與（蕭）思話詔曰：「虜既乘利，方向盛冬，若脫敢送死，兄弟父子，自共當之耳。言及增憤，可以示張永、申坦。」又與江夏王義恭書曰：「早知諸將輩如此，恨不以白刃驅之，今者悔何所及。」

專制王朝君王可獨斷獨行，君王發動戰爭，臣子有勸諫之責，君王納諫則罷，

〔註 60〕《資治通鑑》卷 126〈宋紀八〉，文帝元嘉二十九年，頁 3975。另《宋書》卷78〈蕭思話傳〉，頁 2015：「太祖（宋文帝）遣員外散騎侍郎徐爰宣旨督戰。」
〔註 61〕孫武著、吳仁傑注譯，《孫子讀本》〈計篇〉，頁 7。
〔註 62〕《宋書》卷 53〈張永傳〉，頁 1512。

若執意而爲，臣子實無可奈何，還須奉旨率軍力戰，一旦戰事失利，君王甚少檢討自己，常將敗戰矛頭指向臣子，宋文帝即是一例。他未檢討大戰過後國家凋蔽，實不宜輕率發動戰爭，反而怪罪臣下，爲何屢征無功，譴責諸將不可任，他卻忘了擅殺檀道濟此可任之將。宋文帝諉過臣子，在專制體制下屢見不鮮，其臣子也只能無奈接受。

3、未懲戒臧質臨陣脫逃行爲

西路宋軍統帥臧質對北伐行動冷漠以對，對照魏宋第三次大戰時堅守盱眙之慷慨激昂，不僅粉碎魏太武帝奪取盱眙圖謀，更令其不得不退兵北撤，臧質前後乖異之態度，實令人匪夷所思。爲何臧質會有這種行爲，可能是不認同宋文帝這次北伐行動，但身爲人臣必須遵旨行事，故只能用消極態度做抗議。然而，臧質這些違反軍紀行爲已遭有司糾彈，宋文帝卻未做出處置，不知是對以往臧質的貢獻不好下手，還是對自己誅殺太多將領感到後悔，故始終未予懲戒，《宋書・臧質傳》僅以一句「上不問也。」〔註63〕帶過，未載何故。翻檢《宋書》其他相關紀傳，〈文帝紀〉、〈柳元景傳〉、〈薛安都傳〉等亦復如此，此外，《南史》、《北史》、《魏書》、《資治通鑑》等史籍亦對此事未有記載及相關評論。宋文帝如此縱容臣下實對其領導統御有損，何況是在戰時，若此事持續擴大，恐會影響宋文帝君王威信，日後再發動北伐，勢必引起將領的不滿。不過，宋文帝在此次北伐失敗後不久即遭太子劉劭弑殺，此問題終究未出現，然對臧質行爲之縱容，實不可取。

（三）三路協同作戰之戰略思考

宋文帝對三路北伐的戰略思考並未改變，仍舊以東路軍爲主力，中路軍、西路軍爲協同角色，一旦東路軍敗，中、西二路軍就必須撤，此乃宋文帝一貫北伐之戰略思維。其實三路軍應該互相協調支援，不應東路軍敗，中、西二路軍就必須撤軍，若能改變戰略思考模式，如果東路軍敗，而中、西二路軍亦敗時，撤軍當無疑問；但中、西二路軍皆勝，應讓此二路軍相互聲援持續進軍，擴張勝果壓迫魏軍，一旦魏軍增援中線、西線抵禦宋軍，東路宋軍壓力便能得到舒緩，屆時再趁機反攻，或許能打一場不一樣的勝仗亦未可知。「兵無成勢，無恆形。」〔註64〕劉宋此前皆因東路軍敗而全部撤軍結束北伐，

〔註63〕《宋書》卷74〈臧質傳〉，頁1914。
〔註64〕孫武著、吳仁傑注譯，《孫子讀本》〈虛實篇〉，頁44。

此次面臨同樣情形，卻仍採取同樣作爲，導致相同後果當可想像。既然已有前車之鑑，不妨改變以往三路軍作戰的方式，或許能獲勝仗，宋文帝未能改變戰略思維嘗試變換不同的作戰方式，實有檢討空間。

（四）北魏備禦之道

北魏朝廷以韓茂爲抵禦劉宋北伐之總指揮，「（韓茂）永興中自赫連屈丐來降，拜綏遠將軍，遷龍驤將軍、常山太守，假安武侯。」〔註65〕自幼即臂力過人，及長，尤善騎射，隨同魏明元帝、魏太武帝南征北討，戰功彪炳，《魏書・韓茂傳》載：〔註66〕

> 太宗（魏明元帝）曾親征丁零翟猛，茂爲中軍執幢。……試以騎射，太宗深奇之，以茂爲虎賁中郎將。……後從世祖（魏太武帝）討赫連昌，大破之。……又從征統萬，大破之。從平平涼，當茂所衝，莫不應弦而殪。由是世祖壯之，……後從征蠕蠕，頻戰大捷。與樂平王丕等伐和龍，徙其居民。從平涼州，茂爲前鋒都將，戰功居多。……從破薛永宗，伐蓋吳。轉都官尚書。從征懸瓠，頻破賊軍。車駕南征，分爲六道，茂與高涼王那出青州。諸軍渡淮，降者相繼。

據上引文可知韓茂武功顯赫，謂之常勝將軍並不爲過。北魏朝廷以韓茂承擔抗宋大任，雖以詔命爲之，「南安王余令茂討之。」〔註67〕但當時朝政大權掌握在宗愛手中，這項任命應是經過宗愛同意。至於宗愛爲何同意這項任命，推測與其出身及當時北魏政治局勢詭譎有關，由於宗愛弒魏太武帝，又殺東平王拓跋翰，以及欲擁立東平王拓跋翰之尙書左僕蘭延等一干大臣，其殘酷好殺之行爲已引起拓跋宗室、大臣的憤慨。韓茂一非拓跋宗室、二非代人，乃降將出身，與北魏領導階層無血緣或部族淵源，其官職皆以軍功得之，由其南下退敵，不用擔心他領兵後消滅自己或推翻南安王拓跋余。加上宗愛執政根基未穩，若能藉此接收前朝良將爲己用，在韓茂凱旋而歸時，對其大量封賞，納入宗愛政治集團中，不失爲壯大自己實力的方式。

由於宋軍入侵的規模不大，且戰略目標在收復河南地，故北魏的備禦之道，先以地方武力爲主，再從中央派遣能征慣戰的良將至南方前線協助，此

〔註65〕《魏書》卷 51〈韓茂傳〉，頁 1127。
〔註66〕《魏書》卷 51〈韓茂傳〉，頁 1127～1128。
〔註67〕《魏書》卷 51〈韓茂傳〉，頁 1128。

良將即是韓茂。至於地方武力,則指豫州刺史長孫蘭,長孫蘭武將出身,對兵陣行伍之事有一定才能,「常從征伐,典御兵器,賞賜甚厚。後以破平涼功,賜爵睢陽子,加奮武將軍。」〔註 68〕以長孫蘭搭配任職中樞且具優秀軍事素養的韓茂,組成北魏中央至地方的防禦陣線。韓茂從中央帶去的兵力並不多,抵禦宋軍主要以地方駐軍為主,尤其是河南地附近州郡,故韓茂的主要任務應是視戰局發展徵調其他州郡駐軍支援。長孫蘭為豫州刺史,北魏朝廷並未賦予他都督其他州郡軍事的職權,若長孫蘭無法抵擋宋軍攻勢,則由代表北魏中央的韓茂,命令其他州郡派出援軍,如依舊無法擊退宋軍,韓茂即需秉明前線戰況,請北魏朝廷遣軍援助。

綜觀北魏面對此次劉宋的北伐,其備禦之道其實並無特別突出之處,僅以地方武力禦敵,但是在魏強宋弱態勢下,北魏派遣戰場經驗豐富的將領,率領地方武力即順利擊退宋軍,使北強南弱局面持續擴大。另一方面,拓跋宗室、代人貴族雖對宗愛不滿,但並未阻撓其對宋軍入侵的調度,可見北魏朝廷各種政治勢力展現一致對外精神,宋文帝寄望北魏宮廷紛爭影響南方邊防情況亦未發生。

第二節　魏文成帝與宋孝武帝時期的魏宋衝突

魏太武帝、宋文帝各為北魏、劉宋一代雄主,魏太武帝奮魏道武、明元二世之餘烈,整軍經武統一華北,結束自西晉末五胡亂華以來,中國北方長達百餘年的紛亂局面。宋文帝則繼承宋武帝餘蔭,創造劉宋難得的小康局面,史稱「元嘉之治」,並成功阻遏北魏的南侵,使南方漢人免於胡族的塗炭。二位君王在位時間相當,〔註 69〕魏太武帝在位三十年(423～452、魏泰常八年～正平二年、宋景平元年～元嘉二十九年),〔註 70〕宋文帝亦在位三十年(424～453、魏始光元年～興安二年、宋元嘉元年～三十年)。〔註 71〕二位君王在位期間,正是魏、宋國力鼎盛之際,二人亦有雄心壯志一統山河,從而使魏

〔註 68〕《魏書》卷 26〈長孫肥附蘭傳〉,頁 654。

〔註 69〕二人不僅在位時間相當,連生卒年亦僅各差一年而已。魏太武帝 408 年(魏天賜五年、晉義熙四年)生、452 年(魏正平二年、宋元嘉二十九年)崩,年45 歲;宋文帝 407 年(魏天賜四年、晉義熙三年)生、453 年(魏興安二年、宋元嘉三十年)崩,年 47 歲。

〔註 70〕魏太武帝三十年間共用始光、神䴥、延和、太延、太平真君、正平等年號。

〔註 71〕宋文帝在位三十年僅用元嘉一年號。

宋對峙三十年間，南北征戰不休，大小數十戰。而魏太武帝和宋文帝不知是
宿命還是歷史的安排，二人有太多巧合之處，不僅生卒年相當，在位時間相
同，下場亦都死於非命。然自二人崩逝後，南北政權繼位者分別爲魏文成帝、
宋孝武帝，也許是前朝頻頻發動戰事，窮兵黷武結果，不僅耗損國力，百姓
亦苦不堪言，二國最需要的乃休養生息，而魏文成帝、宋孝武帝都有相同體
認，故二人在位期間，南北關係趨緩，但不可避免的仍有部分區域衝突，不
過，大規模的戰事已不復見。

一、戰略環境分析

（一）劉宋的政治變動

　　前文已述，魏太武帝於正平二年（452、宋元嘉二十九年）遭宗愛所弒，
北魏宮廷陷入混亂，這一年魏主凡三變，依序爲魏太武帝、南安王拓跋余、
魏文成帝，魏文成帝繼位後紛亂的政局才逐漸穩定下來。緊接著劉宋宮廷也
發生動亂，宋文帝在次年（453、魏興安二年、宋元嘉三十年）二月遭太子劉
劭所弒。宋文帝共有十九子，長子劉劭乃皇后所出，〔註72〕元嘉三年（426、
魏始光三年）閏正月生，六歲即被立爲太子。〔註73〕因宋文帝在位日久，太
子劉劭繼位之日遙遙無期，而太子劉劭與其弟始興王劉濬，即宋文帝次子，
平日頗多過失，兄弟二人懼過失爲宋文帝所聞，遂透過女巫嚴道育行巫蠱事，
「以玉人爲上（宋文帝）形像，埋於含章殿前。」〔註74〕嚴道育乃太子劉劭
姐東陽公主身邊侍婢王鸚鵡所引見，太子劉劭與東陽公主對此民間女巫深爲
信服。東陽公主卒後，其府中太監陳慶國慮東窗事發對己不利，〔註75〕遂向

〔註72〕參見《宋書》卷72〈文九王傳〉，頁1855。
〔註73〕參見《宋書》卷99〈二凶傳〉，頁2423。
〔註74〕《宋書》卷99〈二凶傳〉，頁2424。
〔註75〕陳慶國爲何向宋文帝告發太子劉劭的巫蠱事件，原因頗爲複雜，據《宋書》
　　　　卷99〈二凶傳〉，頁2424～2425載：
　　　　初，東陽主有奴陳天興，鸚鵡養以爲子，而與之淫通。鸚鵡、天興及寧州所
　　　　獻黃門（陳）慶國並預巫蠱事。（劉）劭以天興補隊主。東陽主薨，鸚鵡應出
　　　　嫁，劭慮言語難密，與（劉）濬謀之。時吳興沈懷遠爲濬府佐，見待異常，
　　　　乃嫁鸚鵡與懷遠爲妾，不以啓上，慮後事泄，因臨賀公主微言之。上後知天
　　　　興領隊，遣闇人奚承祖詰讓劭曰：「臨賀公主南第先有一下人欲嫁，又聞此下
　　　　人養他人奴爲兒，而汝用爲隊主，抽拔何乃速。汝間用主、副，並是奴邪？
　　　　欲嫁置何處？」劭答曰：「南第昔屬天興，求將驅使，臣答曰：『伍那可得，
　　　　若能擊賊者，可入隊。』當時蓋戲言耳，都不復憶。後天興道上通辭乞位，

宋文帝告發巫蠱事件始末，宋文帝得知後大怒：〔註76〕

> 上（宋文帝）驚愰，即遣收鸚鵡，封籍其家，得劭、濬書數百紙，
> 皆呪詛巫蠱之言，得所埋上形像於宮內。道育叛亡，討捕不得，上
> 大怒，窮治其事，分遣中使入東諸郡搜討，遂不獲。

宋文帝未殺太子劉劭、始興王劉濬兄弟，亦未廢劉劭太子之位，更未嚴懲二人，僅是詰責而已。巫蠱事件後隔年，即 453 年（魏興安二年、宋元嘉三十年）二月，宋文帝得悉太子劉劭兄弟二人與嚴道育尚有往來，終於下定決心處置二人，遂「廢劭、賜濬死，以語濬母潘淑妃，淑妃具以告濬。濬馳報劭，劭因是異謀。」〔註77〕太子劉劭為自保，調集東宮衛士連夜舉兵，至萬春門前詐稱奉詔入宮，守門兵士不敢阻攔，太子劉劭遂得長驅入宮。時宋文帝正與尚書僕射徐湛之議事，猝不及防，遭太子劉劭心腹張超之所弒，徐湛之亦遭東宮士兵殺害。

太子劉劭弒父奪取大位後，開始整肅異己，大殺宗室、朝臣，建康城人心惶惶。當宋文帝遭弒消息傳出後，外藩間已有聲討太子劉劭的舉動，太子劉劭最懼者亦是當時勢力最大者，乃宋文帝三子、亦即其三弟武陵王劉駿。當時武陵王劉駿與名將沈慶之領兵在外，正於荊州一帶討伐西陽蠻。武陵王

追存往為者，不忍食言，呼視見其形容粗健，堪充驅使，脫爾使監禮兼隊副。比用人雖取勞舊，亦參用有氣幹者。謹條牒人名上呈。下人欲嫁者，猶未有處。」時鸚鵡已嫁懷遠矣。劭懼，馳書告濬，并使報臨賀主：「上若問嫁處，當言未有定所。」濬答書曰：「奉令，伏深惶怖，啟此事多日，今始來問，當是有感發之者，未測源由耳。計臨賀故當不應翻覆言語，自生寒熱也。此姥由來挾兩端，難可孤保，正爾自問臨賀，冀得審實也。其若見問，當作依違答之。天興先署佞人府位，不審監上當無此簿領耳。急宜捷之。殿下已見王未？宜依此具令嚴自躬上啟聞。彼人若為不已，正可促其餘命，或是大慶之漸。」凡劭、濬相與書疏類如此，所言皆為名號，謂上為「彼人」，或以為「其人」，以太尉江夏王義恭為「佞人」，東陽主第在西掖門外，故云「南第」，王即鸚鵡姓，躬上啟聞者，令道育上天白天神也。鸚鵡既適懷遠，慮與天興私通事泄，請劭殺之。劭密使人害天興。慶國謂宣傳往來，唯有二人，天興既死，慮將見及，乃具以其事白上。

東陽公主死後，依規定奴婢必須出嫁，太子劉劭擔心王鸚鵡嫁與外人或嫁到外地，巫蠱之事可能洩漏，遂與始興王劉濬商議，將王鸚鵡嫁予始興王劉濬府中之府佐沈懷遠為妾。不料，王鸚鵡害怕與陳天興的姦情敗露，乃要求太子劉劭殺了陳天興，如此一來，對巫蠱之事知之甚詳的陳慶國，也害怕遭滅口，為求自保乃向宋文帝告發。

〔註76〕《宋書》卷 99〈二凶傳〉，頁 2425。
〔註77〕《宋書》卷 99〈二凶傳〉，頁 2426。

劉駿在左右臣僚的勸進下，以手中軍隊為基礎舉起討逆旗號，由於他身邊聚集沈慶之、柳元景等能征慣戰的劉宋名將，討逆軍聲勢頗為浩大，以致南譙王劉義宣、雍州刺史臧質、司州刺史魯爽、兗冀二州刺史蕭思話、隨王劉誕紛紛舉兵響應，天時、地利、人和似乎已歸屬武陵王劉駿，遂在部屬、僚佐勸進下，於 453 年（魏興安二年、宋元嘉三十年）四月己巳即皇帝位，是為宋孝武帝。〔註78〕武陵王劉駿在進軍建康過程中，太子劉劭雖調兵遣將迎擊，但這些軍隊紛紛投降武陵王劉駿，可見太子劉劭已然眾叛親離。五月乙亥，討逆軍攻入建康，殺太子劉劭、始興王劉濬，〔註79〕結束宮廷動亂，恢復劉宋政治秩序。

（二）魏宋君王的和平體認

北魏、劉宋二國在不到一年的時間內分由魏文成帝和宋孝武帝即位，二人卻不約而同調整彼此的戰略關係，從緊繃的對峙期走向和緩的休整期，二人均自我克制不願輕啟戰端，雖小型邊界衝突在所難免，但魏宋長期衝突對峙能有短暫和平實屬難得，其主因在二位君王的和平體認。

魏太武帝和宋文帝長期征戰不休，對二國國力耗損甚鉅，雙方皆需長期調養恢復生氣。就北魏而言，自魏道武帝於 386 年（魏登國元年、晉太元十一年）創建北魏，就為爭生存而戰，其目的在避免北魏成為另一個短命胡族政權，於是魏初三帝：道武帝、明元帝、太武帝，都在為統一北方而努力，還要防禦北方柔然的侵擾，可說國無寧日，一直處在交戰狀態中。雖然 439 年（魏太延五年、宋元嘉十六年）魏太武帝滅北涼後統一北方，加上柔然經魏初三帝多次討伐，尤其魏太武帝一朝，屢屢重創柔然，柔然勢衰，北方已無力量可挑戰北魏王朝。但是之後與南方劉宋政權的全面對戰緊接著展開，從 430 年（魏神麚三年、宋元嘉七年）和 450 年（魏太平真君十一年、宋元嘉二十七年）兩次魏宋大戰可以看出，430 年之戰，由於北方尚未統一，魏太武帝仍有顧忌，所以採守勢作戰，僅擊退來犯宋軍，並未乘勝直搗劉宋心臟腹地。至 450 年時，魏太武帝再無後顧之憂，不僅御駕親征，魏軍精銳更是傾巢而出，北魏大軍直抵長江北岸瓜步，給予劉宋君臣莫大心理威脅。故綜上所述，北魏從建國起，戰爭成為常態，年年均有兵事的結果，造成國家社會無法休養生息，兵員的傷亡造成人口損耗，為了供應軍需，須由百姓不斷

〔註78〕參見《宋書》卷 6〈孝武帝紀〉，頁 110。
〔註79〕參見《宋書》卷 6〈孝武帝紀〉，頁 111。

的生產供應，軍事費用更是龐大，這些稅賦一樣落在百姓頭上，尤其漢人是被統治者，且是主要生產者，許多苛捐雜稅就落到漢人頭上。有鑑於此，魏文成帝即位後，深知戰爭帶來的社會動盪及加諸在百姓身上的痛苦，遂一改前代尙武好戰之風，改採「靜以鎮之」〔註80〕之國策，帶領北魏進入休養生息的國力恢復期。《魏書·高宗紀》有云：〔註81〕

> 世祖（魏太武帝）經略四方，內頗虛耗。既而國釁時艱，朝野楚楚。
> 高宗（魏文成帝）與時消息，靜以鎮之，養威布德，懷緝中外。自
> 非機悟深裕，矜濟爲心，亦何能若此！可謂有君人之度矣。

的確，北魏自建國之日起大小戰事不斷，尤其魏太武帝在統一北方戰爭及對抗劉宋上面，投入大量兵力、物力、財力，國力損耗頗大，魏文成帝與民休養生息政策符合當時北魏社會需求。

劉宋社會面臨的問題與北魏相去不遠，劉宋乃繼東晉後偏安江左之漢人政權，漢民族王朝大一統的觀念深烙在劉宋統治者心中。東晉偏安江左，無時無刻不以北伐收復北方江山爲國策，雖屢屢北伐失敗，然大一統思維仍普遍存在東晉君臣心中。其後之劉宋王朝亦然，宋文帝亦以收復北方爲念，故一再進行對北魏的軍事行動，但勝少敗多，尤其 450 年（魏太平眞君十一年、宋元嘉二十七年）魏宋的全面戰爭，魏軍對淮北諸州的破壞，將「元嘉之治」的繁榮成果幾乎摧殘殆盡，而宋文帝屢屢興兵的結果，劉宋社會和北魏一樣，承受因戰爭帶來的人員傷亡，尤其魏宋戰爭戰場多半在宋境，土地遭魏軍兵馬踐踏，大量百姓遭魏軍擄掠至北方，社會經濟遭受嚴重破壞。另外，戰後復原需大量人力資源，而數十萬劉宋百姓被擄至北方，造成復原工作人力缺乏，導致重建時間拖長，可以想見，劉宋社會、人民承受戰爭的痛苦與破壞較北魏來得大。故宋孝武帝即位後，衡量劉宋國力與社會情形，實已無力北伐，雖不致對北魏偃武息兵，卻也不再對北魏發動大規模戰爭，雖區域型衝突難免，但雙方克制得宜，不致擦槍走火演變成二國主力對抗，於是魏宋關係趨於和緩，二國關係出現難得的和平。

（三）魏文成帝整肅異己鞏固皇權

魏文成帝拓跋濬雖是世嫡皇孫，但在其父太子拓跋晃死後，魏太武帝卻未立皇孫拓跋濬爲太子，僅封爲高陽王而已，其能君臨天下，實得力於大臣

〔註80〕《魏書》卷5〈高宗紀〉，頁123。
〔註81〕《魏書》卷5〈高宗紀〉，頁123。

擁立，正因高陽王拓跋濬未有太子名分，且是藉眾臣擁立得以即位，故鞏固自身權力成為即位後首務，《魏書・高宗紀》載：〔註82〕

> 興安元年（452、宋元嘉二十九年）冬十月，以驃騎大將軍元壽樂為太宰、都督中外諸軍事、錄尚書事；尚書長孫渴侯為尚書令，加儀同三司。十有一月丙子，二人爭權，並賜死。癸未，廣陽王建薨，臨淮王譚薨。甲申，皇妣薨。太尉張黎、司徒古弼，以議不合旨，黜為外都大官。

據引文所述，魏文成帝登大位不過一個月即殺了不少宗室大臣，這些人大致可分三類型，他們被殺均有其背景因素，分述如下：

1、第一類：擁立功臣

拓跋壽樂與長孫渴侯二人乃擁立功臣，「高宗（魏文成帝）即位，壽樂有援立功。」；〔註83〕「（拓跋）余為宗愛所賊。殿中尚書長孫渴侯與尚書陸麗迎立皇孫，是為高宗焉。」〔註84〕魏文成帝即位後對二人大加賞賜，升官進爵委以重任乃情理之中。詎料，一個月後卻遭態度丕變的魏文成帝賜死，《魏書》並未詳載二人被殺原因，僅以二人爭權含糊帶過，其背後因素，恐是魏文成帝見宗愛弒魏太武帝、立南安王拓跋余，以一權臣能弒君且能操縱廢立，令魏文成帝深感戒慎恐懼，而拓跋壽樂與長孫渴侯卻以擁立功臣之姿在他面前互相爭權，若日後權勢愈大，魏文成帝皇位危矣，故藉二人爭權導致朝廷紛亂為由，果決地殺了二人。

2、第二類：拓跋宗室

廣陽王拓跋建、臨淮王拓跋譚同日而薨，頗不可思議，二位親王乃魏太武帝之子、魏文成帝之叔。魏太武帝共有十一子，其中「小兒、貓兒、真、虎頭、龍頭並闕母氏，皆早薨，無傳。」〔註85〕僅有六子長大成人，其中晉王拓跋伏羅薨於447年（魏太平真君八年、宋元嘉二十四年）、太子拓跋晃薨於451年（魏正平元年、宋元嘉二十八年），皆先魏太武帝而卒，東平王拓跋翰、南安王拓跋余則先後遭宗愛所殺。宗愛弒魏太武帝後，繼承問題浮現，魏太武帝在世四子中，以東平王拓跋翰最長，得到尚書左僕蘭延等大臣的擁

〔註82〕《魏書》卷5〈高宗紀〉，頁111。
〔註83〕《魏書》卷14〈神元平文諸帝子孫・長樂王壽樂傳〉，頁346。
〔註84〕《魏書》卷4下〈世祖紀下〉，頁106。
〔註85〕《魏書》卷18〈太武五王傳〉，頁417。

護，但宗愛不喜東平王拓跋翰，屬意南安王拓跋余繼承帝位，遂再次發動政變：〔註86〕

> 始（宗）愛負罪於東宮，而與吳王（拓跋）余素協，乃密迎余自中宮便門入，矯皇后令徵（蘭）延等。延等以愛素賤，弗之疑，皆隨之入。愛先使閹豎三十人持杖於宮內，及延等入，以次收縛，斬於殿堂。執秦王（拓跋）翰，殺之於永巷而立余。

南安王拓跋余因宗愛擁立之功，封他為「大司馬、大將軍、太師、都督中外諸軍事，領中秘書，封馮翊王。」〔註87〕造成宗愛的權力日漸膨脹，「權恣日盛，內外憚之。」〔註88〕甫即位權力基礎尚不穩的南安王拓跋余也開始對宗愛產生懷疑，欲削其權柄奪回皇權。宗愛不自安，於是發動第三次政變，趁南安王拓跋余夜祭東廟時，派小黃門賈周將其殺害。〔註89〕

魏文成帝於452年（魏興安元年、宋元嘉二十九年）十月即位，魏太武帝諸子僅剩廣陽王拓跋建與臨淮王拓跋譚二人在世。十一月癸未，「廣陽王建薨，臨淮王譚薨。」〔註90〕《魏書・高宗紀》載二位親王於同一天薨逝，卻僅有短短十個字的記載，死因不明且啟人疑竇。另據《魏書》二人列傳載其死亡一事觀之，〈臨淮王譚傳〉僅有「薨，諡宣王。」〔註91〕四字而已未列死因；〈廣陽王建傳〉亦復如此，僅列「薨，諡曰簡王。」〔註92〕從上述《魏書》紀、傳對廣陽王拓跋建、臨淮王拓跋譚死因及死亡日期來看，似乎有所隱諱。二人若是因病而亡，乃屬自然死亡，可堂而皇之載其病卒，然就機率而言，二人同日因病而亡機率太低，且二王列傳並未書其生病情形，故合理推測應是遭魏文成帝所殺，《魏書》為其隱諱，對二王死因僅用「薨」字帶過。

為何魏文成帝即位甫一月，就迫不急待殺了二位叔父，合理的原因在鞏固皇位剷除威脅。魏文成帝這二位叔父乃魏太武帝僅存二子，魏文成帝未有

〔註86〕《魏書》94〈閹官・宗愛傳〉，頁2012。另據鄭欽仁考證，宗愛與東平王翰非不協而殺之，其實是宗愛不欲立賢以便擅權，見氏著，〈北魏中常侍稿──兼論宗愛事件〉，收在《北魏官僚機構研究續篇》，頁188。

〔註87〕《魏書》卷94〈閹官・宗愛傳〉，頁2012～2013。

〔註88〕《魏書》卷94〈閹官・宗愛傳〉，頁2013。

〔註89〕參見《魏書》卷18〈太武五王・南安王余傳〉，頁434～435；卷94〈閹官・宗愛傳〉，頁2013。

〔註90〕《魏書》卷5〈高宗紀〉，頁111。

〔註91〕《魏書》卷18〈太武五王・臨淮王譚傳〉，頁419。

〔註92〕《魏書》卷18〈太武五王・廣陽王建傳〉，頁428。

太子名分，乃通過大臣擁立政變即位，他害怕舊事重演，何況二位叔父輩份高於自己，若北魏朝廷有其他大臣支持，恐危及自己皇位，故唯有先下手為強殺了二位叔父。魏文成帝充滿不安全感的心態其來有自，他親身經歷 452 年（魏興安元年、宋元嘉二十九年）三次政變。宗愛弒魏太武帝後，關於皇位繼承，由於魏太武帝未明確指定皇孫拓跋濬為儲君，北魏朝臣分成二派，各有擁立對象：一派認為應由高陽王拓跋濬繼承，擁立大臣有侍中、太原公薛提；另一派則主張國家宜立長君，由魏太武帝諸子中最年長的東平王拓跋翰繼位，擁立者為尚書左僕蘭延和侍中、吳興公和疋。結果宗愛再度發動政變殺害東平王拓跋翰及蘭延等大臣，改立南安王拓跋余，擁立高陽王拓跋濬、東平王拓跋翰兩派人馬同歸於盡。魏文成帝瞭解此歷史殷鑑，若非另一派國賴長君堅持擁立東平王拓跋翰，也許自己就能在大臣的擁立下提早即位。故二位叔父在世，雖其本人無此想法，但在有心朝臣的簇擁下，不無可能引發另一場奪位政變，唯有殺死二人，才能斬草除根鞏固皇位，而魏太武帝諸子經歷數場宮廷政變竟全數身亡。

3、第三類：朝廷重臣

太尉張黎、司徒古弼在《魏書‧高宗紀》未載被殺，僅書「以議不合旨，黜為外都大官。」〔註93〕但在二人列傳中卻可看出端倪，《魏書‧古弼傳》：〔註94〕

> 世祖（魏太武帝）崩，吳王（拓跋余）立，以（古）弼為司徒。高宗（魏文成帝）即位，與張黎並坐議不合旨，俱免，有怨謗之言。
>
> 其家人告巫蠱，俱伏法，時人冤之。

另《魏書‧張黎傳》載：「吳王余立，以（張）黎為太尉。後以議不合旨，免。仍與古弼並誅。」〔註95〕據古弼、張黎二人列傳所述，魏文成帝終究還是殺了二人，為何殺此二人？筆者以有限的史料推測，南安王拓跋余即位後，以古弼為司徒、張黎為太尉，二人能膺司徒、太尉之顯職，必定和當權者宗愛有所連結。魏文成帝即位後，對有功之臣必然大封官爵，至於在南安王拓跋余和宗愛手下任高官者，則成為打擊目標，古弼、張黎遂遭殺害。魏文成帝可能害怕南安王拓跋余或宗愛勢力仍在，恐有政變之虞，不得不誅除二人清除前朝勢力。

〔註93〕《魏書》卷5〈高宗紀〉，頁 111。
〔註94〕《魏書》卷 28〈古弼傳〉，頁 692～693。
〔註95〕《魏書》卷 28〈張黎傳〉，頁 693。

（四）宋孝武帝大殺宗室鞏固權力基礎

宋孝武帝劉駿即位後，剷除異己鞏固權力之手段，較魏文成帝不遑多讓，殺戮更甚株連更廣，對其皇位有威脅之宗室，紛遭殺害，茲分述如下：

1、南平王劉鑠

宋孝武帝殺了二個哥哥太子劉劭、始興王劉濬後，排行第三的他已是宋文帝在世兒子中最長者，就血統親疏與輩份高低而論，乃最具資格繼承宋文帝皇位者，劉宋宗室中當不做第二人想，惜宋孝武帝仍不自安，大概是經過政變洗禮，懼舊事重演，故以鞏固皇位為最高準則。宋孝武帝首先殺其四弟南平王劉鑠，因他在太子劉劭弒逆後受其重用，「元凶（指劉劭）弒立，以（劉鑠）為中軍將軍，護軍、常侍如故。」〔註96〕加上出降最晚，「及義軍入宮，鑠與濬俱歸世祖（宋孝武帝）。」〔註97〕待討逆軍入宮始降附，宋孝武帝認為南平王劉鑠首鼠二端，投降非其本心，〔註98〕且南平王劉鑠排行第四，宋孝武帝之下便是他，故對皇位威脅最大。宋孝武帝遂在即位不過二個月時間，首先於453年（魏興安二年、宋元嘉三十年）八月毒殺南平王劉鑠，〔註99〕「鑠素不推事世祖，又為元凶所任，上（宋孝武帝）乃以藥內食中毒殺之，時年二十三，追贈侍中、司徒。」〔註100〕

2、南郡王劉義宣

宋孝武帝殺南平王劉鑠後，對皇位威脅最大者尚有二位，一是其六弟竟陵王劉誕；另一位則是其六叔南郡王、荊州刺史劉義宣。竟陵王劉誕羽翼未成，勢力尚弱，而南郡王劉義宣出鎮「荊州十年，財富兵強。」〔註101〕太子劉劭弒逆時，「首創大義，威名著天下。」〔註102〕更遣軍助武陵王劉駿平亂，故武陵王劉駿即位為宋孝武帝後，對南郡王劉義宣頗為敬重與禮遇，「凡所求欲，無不必從。」〔註103〕造成南郡王劉義宣驕恣日甚，「朝廷所下制度，意所

〔註96〕《宋書》卷72〈文九王・南平王鑠傳〉，頁1857。
〔註97〕《宋書》卷72〈文九王・南平王鑠傳〉，頁1857。
〔註98〕《資治通鑑》卷127〈宋紀九〉，文帝元嘉三十年，頁4009載：「鑠為始興王濬所挾而走，遇江夏王義恭乃降，非本心也。」
〔註99〕此據《資治通鑑》卷127〈宋紀九〉，文帝元嘉三十年，頁4009。
〔註100〕《宋書》卷72〈文九王・南平王鑠傳〉，頁1858。
〔註101〕《資治通鑑》卷128〈宋紀十〉，孝武帝孝建元年，頁4011。
〔註102〕《宋書》卷68〈武二王・南郡王義宣傳〉，頁1800。
〔註103〕《宋書》卷68〈武二王・南郡王義宣傳〉，頁1800。

不同者，一不遵承。」〔註104〕時江州刺史臧質，乃劉宋宿將，「自謂人才足爲一世英傑。」〔註105〕宋孝武帝即位後，「質以少主遇之，是事專行，多所求欲。……刑政慶賞，不復諮稟朝廷。」〔註106〕臧質陰有異志欲有所圖謀，他認爲南郡王劉義宣闇弱，「易可制勒，欲外相推奉，以成其志。」〔註107〕南郡王劉義宣在臧質的鼓動下，加上宋孝武帝看中他的四個女兒姿色，雖是堂兄妹關係，仍將她們召入後宮，南郡王劉義宣對此頗爲憤怒，便同意與臧質舉兵反，更聯合豫州刺史魯爽、兗州刺史徐遺寶，準備於454年（魏興光元年、宋孝建元年）秋冬舉事。當南郡王劉義宣密使至魯爽駐地壽陽時，魯爽大醉未辨日期，竟即日舉兵，「爽狂酒失旨，其年正月便反。」〔註108〕南郡王劉義宣與臧質尚在謀劃之中，聞魯爽已反，不得已倉促舉兵，以清君側爲名起荊、江、兗、豫四州十萬兵眾順江而下，聲勢浩大威震遠近。

宋孝武帝見叛軍聲勢浩大，本想讓位南郡王劉義宣，賴竟陵王劉誕力諫始罷。宋孝武帝隨即展開作戰部署，以領軍將軍柳元景爲輔軍將軍、左衛將軍王玄謨爲豫州刺史、安北司馬夏侯祖歡爲兗州刺史，命柳元景統領諸將迎擊叛軍。南郡王劉義宣方面訂秋冬舉事，便是要詳細策劃，暗中調度軍隊、糧草，豈料被魯爽所累，不得不倉促起兵，各項作戰準備均尚未完成，便直接暴露於敵人之前，似乎已預見南郡王劉義宣失敗下場。徐遺寶首先攻打戰略要地彭城（今江蘇銅山），卻屢攻不下，竟自動撤軍與魯爽合軍圍攻歷陽（今安徽和縣）；另一方面，南郡王劉義宣以臧質爲前鋒從水路進攻歷陽，與朝廷軍對峙於歷陽附近之梁山。宋孝武帝命左軍將軍薛安都部署歷陽保衛戰，令鎮軍將軍沈慶之進擊魯爽。雙方大戰結果，朝廷軍首先傳出捷報，「沈慶之大破魯爽於歷陽之小峴（今安徽含山北），斬爽。」〔註109〕徐遺寶敗逃至東海（今江蘇連雲港），「東海人殺之。」〔註110〕叛軍聞魯爽、徐遺寶等將領已死，漸失鬥志，南郡王劉義宣、臧質更感惶恐，此時王玄謨遣薛安都以騎兵突擊叛軍大營，叛軍潰散，朝廷軍更「因風放火，船艦悉見焚燒。」〔註111〕叛軍四

〔註104〕《宋書》卷68〈武二王・南郡王義宣傳〉，頁1800。
〔註105〕《宋書》卷74〈臧質傳〉，頁1915。
〔註106〕《宋書》卷74〈臧質傳〉，頁1914～1915。
〔註107〕《宋書》卷74〈臧質傳〉，頁1915。
〔註108〕《宋書》卷68〈武二王・南郡王義宣傳〉，頁1800。
〔註109〕《宋書》卷6〈孝武帝紀〉，頁115。
〔註110〕《資治通鑑》卷128〈宋紀十〉，孝武帝孝建元年，頁4015。
〔註111〕《宋書》卷74〈臧質傳〉，頁1920。

散奔逃。臧質逃竄至南湖時，遭朝廷軍兵士亂刀殺死。南郡王劉義宣雖逃回江陵，卻惶惶不可終日，並未積極規劃戰守之策，而劉宋朝廷新命之荊州刺史朱修之已領軍逼近江陵，江陵守將左司馬竺超民見南郡王劉義宣毫無作為，註定失敗，遂將其下獄，向朱修之輸誠，朱修之遂入江陵，在安定城內秩序後，隨即賜死南郡王劉義宣，〔註112〕並殺其十六子，免竺超民罪，一場宗室內亂於焉平定。

3、武昌王劉渾

《宋書‧孝武帝紀》載455年（魏太安元年、宋孝建二年）八月庚申「雍州刺史武昌王渾有罪，廢為庶人，自殺。」〔註113〕關於武昌王劉渾之死僅有短短數語記載，若有罪？是因何罪而廢為庶人，語焉不詳，但從《宋書‧武昌王渾傳》即可得其原貌。宋孝武帝即位後，封十弟武昌王劉渾為雍州刺史，劉渾出鎮後，一則因年僅十七，玩心尚重；二則政治敏感度不足，不知政治禁忌，遂與「左右人作文檄，自號楚王，號年為永光元年，備置百官，以為戲笑。」〔註114〕這原僅是青少年之嬉戲，對宋孝武帝皇位並未構成威脅，然

〔註112〕關於南郡王劉義宣之死，史書有不同說法，《宋書》和《南史》的劉義宣本傳，均載朱修之至江陵時，劉義宣已死於獄中；而《宋書‧孝武帝紀》則載劉義宣於江陵賜死；至於《資治通鑑》則是明載朱修之入江陵後殺劉義宣。這三種記載看似矛盾其實並不衝突，筆者認為，劉義宣有可能內外交迫下死於獄中。內也，劉義宣謀反失敗，臧質、徐遺寶、魯爽俱死，自己未來生死未卜，內心必然惶恐不安，頗受煎熬；外也，劉義宣逃回江陵時嚐盡苦頭，《宋書》卷68〈武二王‧南郡王義宣傳〉，頁1805載其「步向江陵，眾散且盡，左右唯十人，腳痛不復能行，就民僦露車自載。無復食，緣道求告。」劉義宣乃皇族宗室尊貴無比，何時受過此種苦痛，故在身心俱疲、內外相攻之下，死於獄中實有其可能，《宋書》、《南史》之劉義宣本傳並無誤。而宋孝武帝本來即容不下劉義宣，亂平後定然殺之，故由朱修之執行賜死動作，只不過宋孝武帝不知劉義宣已早一步死於獄中。本紀乃記載帝王之舉措，宋孝武帝本意即是賜死劉義宣，雖劉義宣已死未執行賜死之舉，但宋孝武帝之意志仍須載於本紀中，故《宋書‧孝武帝紀》載賜死劉義宣亦未失真。至於朱修之是奉宋孝武帝之命賜死劉義宣，若劉義宣未死於獄中，朱修之便需執行此任務，朱修之入江陵本即負有殺劉義宣任務，故《資治通鑑》之記載並不為過。上述史籍載劉義宣之死內容，參見《宋書》卷68〈武二王‧南郡王義宣傳〉，頁1807；《宋書》卷6〈孝武帝紀〉，頁115；《南史》卷13〈宋宗室及諸王上‧南郡王義宣傳〉，頁378；《資治通鑑》卷128〈宋紀十〉，孝武帝孝建元年，頁4021。

〔註113〕《宋書》卷6〈孝武帝紀〉，頁117。

〔註114〕《宋書》卷79〈文五王‧武昌王渾傳〉，頁2042～2043。

武昌王劉渾長史王翼之並未如此認爲，他將此事上呈，宋孝武帝聞之大怒，將其「免爲庶人，……逼令自殺，即葬襄陽，時年十七。」〔註115〕武昌王劉渾死得冤枉，他其實並無反意，宋孝武帝下詔切責，令其不得再犯也就罷了，實無須爲一嬉戲之檄文而痛下殺手。

4、竟陵王劉誕

竟陵王劉誕在太子劉劭弒逆時，協助宋孝武帝起兵討伐，並支持其繼位；南郡王劉義宣謀反時，竟陵王劉誕固諫宋孝武帝不可讓位，並分析敵我態勢，他認爲南郡王劉義宣陣營聲勢浩大僅是虛有其表，其軍爲叛軍，名分不正，恐無法獲得民心。而宋孝武帝擁有天子名位，出兵征討是爲平叛，乃順天應人之舉，力勸宋孝武帝即刻遣將平亂，之後果然平定南郡王劉義宣之亂。上述二事讓竟陵王劉誕功勳卓著，頗獲宋孝武帝榮寵，「（宋孝武）帝加（劉）誕節，仗士五十人，出入六門。」〔註116〕然而凡事皆一體兩面，榮寵至極後，宋孝武帝開始對其猜忌。首先是竟陵王劉誕建造府第，極盡精巧之能事，園池之美冠於一時，但眞正引起宋孝武帝不快的是他「多聚才力之士，實之第內，精甲利器，莫非上品。」〔註117〕宋孝武帝懼其若在京師爲亂恐危及己身，遂於 457 年（魏太安三年、宋大明元年）秋調離建康，以其爲南兗州刺史出鎮廣陵（今江蘇揚州西北）。竟陵王劉誕知宋孝武帝對他已有疑忌，藉口「索虜寇邊，修治城隍，聚糧治仗。」〔註118〕於是謀反之說甚囂塵土，宋孝武帝亦知此情資對皇位之威脅性，決定先下手爲強。

459 年（魏太安五年、宋大明三年）四月，宋孝武帝決定殺竟陵王劉誕，先令有司奏竟陵王劉誕所犯之罪，將其「貶爵爲侯」，〔註119〕接著「以義興太守垣閬爲兗州刺史，配以羽林禁兵。」〔註120〕宋孝武帝原計畫秘密處決竟陵王劉誕，令垣閬以兗州刺史之名赴廣陵上任，再乘隙襲殺竟陵王劉誕，不料事洩，垣閬被殺，竟陵王劉誕舉兵據廣陵反。宋孝武帝得知後並未慌亂，從容部署平叛計畫。先以沈慶之爲車騎大將軍、南兗州刺史率軍往討竟陵王劉誕，沈慶之很快將廣陵團團圍住；再令豫州、徐州等地方駐軍開赴廣陵，援

〔註115〕《宋書》卷 79〈文五王・武昌王渾傳〉，頁 2043。
〔註116〕《宋書》卷 79〈文五王・竟陵王誕傳〉，頁 2026。
〔註117〕《宋書》卷 79〈文五王・竟陵王誕傳〉，頁 2026～2027。
〔註118〕《宋書》卷 79〈文五王・竟陵王誕傳〉，頁 2027。
〔註119〕《宋書》卷 79〈文五王・竟陵王誕傳〉，頁 2031。
〔註120〕《宋書》卷 79〈文五王・竟陵王誕傳〉，頁 2031。

助沈慶之的進攻行動。竟陵王劉誕一開始士氣高昂，據城堅守，但時間一久漸感不支。城池攻守戰中，守方若無法突圍又無外來援軍下，城破兵敗常在意料之中，竟陵王劉誕僅有廣陵一孤城，又無援軍，終於在七月己巳，沈慶之「剋廣陵城，斬誕。」〔註121〕宋孝武帝再一次解除對其皇位之威脅。

5、海陵王劉休茂

海陵王劉休茂為宋孝武帝十四弟，461 年（魏和平二年、宋大明五年）四月「丙午，雍州刺史海陵王休茂殺司馬庾深之，舉兵反。」〔註122〕海陵王劉休茂舉起反幟原因乃不滿司馬與典籤的勸諫與約束，「時司馬庾深之行府事，休茂性急疾，欲自專，深之及主帥〔註123〕每禁之，常懷忿怒。」〔註124〕典籤是都督軍府中掌管文書的小吏，創設於魏晉時期。〔註125〕宋武帝創建劉宋後，為了拱衛劉宋政權，將諸子分封至各軍事、政治重鎮。一則部分諸子尚幼；二則諸子歷練不足，未悉軍務與政務，宋武帝另以通曉政事，嫻熟文書行政之人為軍府長史、司馬，以輔佐諸王。宋孝武帝即位後，因自己通過起兵奪位成功，懼其他宗室覬覦皇位起而仿效，遂在長史、司馬之外再以親信為諸王典籤，協助處理政務、軍務。如此一來，典籤等於君王眼線，負有監控諸王任務，諸王稍有不軌舉措，典籤馬上密報朝廷。海陵王劉休茂喜獨斷專行，深惡司馬、典籤等人之掣肘。其左右張伯超乘機從旁鼓動，勸海陵王劉休茂殺朝廷所派的司馬、典籤，舉兵自立，若大事不成，亦可投降北魏。海陵王劉休茂年僅十七，政治歷練不足，未評估己身實力及政治局勢，也未從容部署，率爾聽信腹心之言便舉兵據襄陽反，「於城內殺典籤楊慶，出金城，殺司馬庾深之、典籤戴雙。」〔註126〕海陵王劉休茂錯估形勢，雖大張旗鼓舉起反幟，然響應者寡，宋孝武帝尚未調兵遣將，海陵王劉休茂手下參軍尹玄慶起義，「攻休茂，生禽之，將出中門斬首。」〔註127〕一場亂事瓦解於無形。

〔註121〕《宋書》卷 6〈孝武帝紀〉，頁 123。

〔註122〕《宋書》卷 6〈孝武帝紀〉，頁 127。

〔註123〕「主帥，典籤也。」《資治通鑑》卷 129〈宋紀十一〉，孝武帝大明五年，頁 4054。

〔註124〕《宋書》卷 79〈文五王‧海陵王休茂傳〉，頁 2043。

〔註125〕周兆望，〈南朝典籤制度剖析〉，《江西大學學報》，1987 年第 3 卷，1987 年 9 月，頁 31。

〔註126〕《宋書》卷 79〈文五王‧海陵王休茂傳〉，頁 2044。

〔註127〕《宋書》卷 79〈文五王‧海陵王休茂傳〉，頁 2044。

魏文成帝與宋孝武帝具一致戰略思維，二人無力也無意對外起紛爭，將重心全置於國內政治問題上。無力當然是魏宋二國久歷戰事，社會與百姓負擔沈重，雙方實不適合再兵戎相見；無意指的是魏文成帝與宋孝武帝即位過程艱辛，二人均非以太子之名繼位，均靠他人支持歷經政變後始登大寶，故即位後權力基礎不穩，首要之務當然是鞏固皇權，剷除對己有威脅者，因此也無意向外尋釁，二國戰略關係遂見鬆緩。

二、北魏與劉宋的地方衝突

北魏、劉宋的軍事對峙，雖在魏文成帝和宋孝武帝時期有緩和跡象，但基本上呈現外張內弛情況，二國君王不願主動開戰或入侵對方，避免爆發大型戰爭，不過，南北疆界上的二國邊防守軍，仍嚴陣以待。至於邊界上的中、小型衝突就在所難免。

（一）兗州事件

457 年（魏太安三年、宋大明元年）二月，北魏入侵劉宋兗州，關於北魏此次滋擾事件，《宋書·孝武帝紀》僅「索虜寇兗州。」〔註128〕寥寥五字記載，《宋書·薛安都傳》記載較詳：〔註129〕

> 大明元年，虜向無鹽（今山東東平），東平太守劉胡出戰失利。二月，遣安都領馬軍北討，東陽太守沈法系水軍向彭城，並受徐州刺史申坦節度。上（宋孝武帝）戒之曰：「賊若可及，便盡力殄之。若度已回，可過河耀威而反。」時虜已去。

從引文中可知宋孝武帝態度，他並不想尋釁開戰，反而欲避免引發更大衝突，進而爆發戰爭，故他告誡率軍赴援的薛安都適可而止，「耀威而反」即可，以防擦槍走火。至於北魏態度，《魏書·高宗紀》並無此次衝突相關記載，可見入寇兗州並非北魏朝廷授意，否則在魏宋長期對峙下，與鄰國軍事衝突，稍一不慎，即可能引發兩國大戰，君王本紀中多少都會有記載，如《宋書·孝武帝紀》雖僅五字卻仍記載此次衝突，而《魏書·高宗紀》隻字未提，故「兗州事件」應是北魏地方將領自行發動。至於邊防魏軍為何突然進攻兗州，史未明載故不得而知。而魏軍在衝突過程中也頗為克制，初始雖擊敗劉宋東平

〔註128〕《宋書》卷 6〈孝武帝紀〉，頁 119。
〔註129〕《宋書》卷 88〈薛安都傳〉，頁 2218。

太守劉胡，卻未擴大戰果，面對劉宋援軍，尚未接觸即撤軍，可見魏軍並無戰略目標與戰略規畫，「兗州事件」僅是一地方小型接觸戰，在雙方自我克制下很快落幕。

（二）青州之役

「兗州事件」結束後一年半左右，魏宋在青州爆發中型邊境衝突，雙方均派援軍增援，彼此互有勝負。「青州之役」可分三階段，第一階段是 458 年（魏太安四年、宋大明二年）十月，衝突導火線乃宋將殷孝祖於清水（今河南河陰）之東築城（即兩當城，今甘肅兩當縣東三十五里楊家店），魏文成帝獲報後，「詔鎮西將軍天水公封敕文等擊之。」〔註130〕魏軍戰事不利，先為劉宋清口（今山東東平縣西）戍主、振威將軍傅乾愛所拒。而劉宋朝廷見魏軍來襲，迅速做出反應，宋孝武帝遣虎賁主龐孟虬率軍增援；青、冀二州刺史顏師伯以中軍參軍苟思達領軍馳援，劉宋援軍再敗魏軍於沙溝，之後雙方多次交戰，宋軍屢敗魏軍，更「斬魏將窟瓌公等數人。」〔註131〕魏軍於第一階段屢遭宋軍擊敗，處於劣勢。十一月，戰事進入第二階段，魏文成帝見戰事不利，「詔征西將軍皮豹子等三將三萬騎助擊（殷）孝祖。」〔註132〕皮豹子遂率三萬魏軍逕趨青州，卻仍遭宋軍擊退，史載 458 年（魏太安四年、宋大明二年）：「（十一月）虜寇青州，為刺史顏師伯所破，退走。」〔註133〕劉宋輔國將軍焦度更刺皮豹子墜馬。魏軍屢戰屢敗，皮豹子開始檢討，他認為宋人長於守城，且城守堅固，魏軍應避己之短、揚己之長，發揮騎兵優勢以掠地為主，故十二月戰事進入第三階段後，魏軍進行騎兵掠地攻勢。459 年（魏太安五年、宋大明三年）正月，魏軍扭轉戰局，《魏書·皮豹子傳》載：〔註134〕

> 豹子以南寇城守，攻圍費日，遂略地至高平。劉駿(宋孝武帝)瑕丘鎮遣步卒五千助戍兩當，去城八里，與豹子前鋒候騎相遇，即便交戰，豹子軍繼至，大破之。縱騎追擊殺之，至於城下，其免者十餘人而已。城內恐懼，不敢出救。既而班師。

《魏書·高宗紀》亦載此次勝果：「征西將軍皮豹子略地至高平，破孝祖斬獲

〔註130〕《魏書》卷 5〈高宗紀〉，頁 117。
〔註131〕《資治通鑑》卷 128〈宋紀十〉，孝武帝大明二年，頁 4040。
〔註132〕《魏書》卷 5〈高宗紀〉，頁 117。
〔註133〕《宋書》卷 95〈索虜傳〉，頁 2354。
〔註134〕《魏書》卷 51〈皮豹子傳〉，頁 1132。

五千餘級。」﹝註135﹞皮豹子殲五千宋軍稍稍扳回魏軍顏面。魏軍雖勝，並未繼續攻城，反而班師結束青州戰事。

魏軍爲何不願乘勝追擊，卻主動撤出戰場，原因有二。首先：「青州之役」雖僅短短四個月，魏軍卻勝少敗多，後期雖轉敗爲勝，然欲擴張勝果即須攻城，如此一來戰事擴大，且攻城會令戰況陷入膠著，守城又屬宋人專長，魏軍恐會蒙受巨大損失，若魏宋二國中央再持續增援，不但戰事拉長、戰場擴大，演變成二國大戰不無可能。北魏朝廷不願因築城事件擴大衝突，演變爲大型戰爭，在魏軍獲致不錯戰果後便退出戰場，結束青州之役。

其次：北魏與劉宋各自有結束衝突的盤算。先就北魏而言，與「青州之役」同時，458 年（魏太安四年、宋大明二年）十月，魏文成帝北巡，正籌畫北討柔然事宜。十一月，開始進攻柔然，「車駕（魏文成帝）度漠，蠕蠕絕跡遠遁，其別部烏朱賀頽、庫世頽率眾來降。」﹝註136﹞北魏同時面對南方青州與北方柔然二個戰場，作戰重心置於北方柔然，固然是魏文成帝御駕親征，但以當時威脅而論，南方劉宋遠遠不及北方柔然，也由於魏文成帝專注於北方戰場，對南方戰場未予太多關注，使魏軍在青州之役前面階段迭嚐敗績。魏文成帝此次渡漠征討柔然，但雙方主力並未相遇，魏軍遂於十一月班師南返。柔然處羅可汗雖畏魏軍而遠遁，但他是否會怒魏軍之討伐，趁魏軍回返後來襲，實未可知。北魏之戰略思考在避免同時面對南北二個戰場，由於備禦重心放在北方柔然，故南方戰事不宜擴大，順勢結束爲上策。至於劉宋，雖因其築城而引發衝突，但是宋軍先勝後敗，軍事行動至後期已漸趨不利，尤其魏軍斬首宋軍五千人縱兵追殺時，宋軍「城內恐懼，不敢出救。」可見魏軍之殘酷與兵威大大震撼宋軍，若劉宋朝廷續增援軍拉長戰線，宋軍可能蒙受更大損失，故魏軍一退，宋軍自是無意再繼續作戰。另一方面，宋孝武帝即位未久，施政重心在鞏固皇位，對內重於對外，他正準備剷除對其有威脅之宗室，趁此罷兵，正可令其全心對內，假設宋孝武帝繼續增援青州戰場，萬一挫敗，恐損及其君王威望，虎視眈眈的宗室如竟陵王劉誕，一旦策動政變取而代之，宋孝武帝豈非因小失大、得不償失。

宋將殷孝祖築兩當城，竟引起北魏激烈反應，立即出兵干涉，原因在於雙方對此地域勢在必得，此地域衝突自 442 年（魏太平眞君三年、宋元嘉十

﹝註135﹞《魏書》卷 5〈高宗紀〉，頁 117。
﹝註136﹞《魏書》卷 5〈高宗紀〉，頁 117。

九年）五月宋文帝遣軍攻陷仇池即已展開，當時北魏朝廷對劉宋此軍事行動大爲震恐，以淮陽公皮豹子爲「使持節、仇池鎮將，督關中諸軍，……十道並進。」〔註137〕雙方於仇池爆發激烈戰鬥，雖然次年正月，魏軍「進至高平，（劉）義隆將姜道祖降，仇池平。」〔註138〕然而少數民族問題複雜，氐人反復無常，加上北魏駐軍不多，劉宋政府不時鼓動氐、羌等少數民族叛亂，使西南邊疆亂事不斷衝突未曾停歇。453 年（魏興安二年、宋元嘉三十年）正月，宋文帝趁魏文成帝即位僅兩月權力未穩之際，再度發兵進攻此地區：〔註139〕

> 義隆遣其將蕭道成、王虯、馬光等入漢中，別令楊文德、楊頭等率諸氐羌圍武都。城中拒之，殺賊二百餘人。豹子分兵將救之，……（宋文帝）又增兵益將，令晉壽、白水送糧覆津，漢川、武興運粟甘泉，皆置倉儲。

宋文帝置倉儲的目的是要打持久戰，這對魏軍甚爲不利，因北魏對仇池統治力薄弱，於是皮豹子分析敵我軍情上表北魏朝廷，其表曰：〔註140〕

> 臣所領之眾，本自不多，唯仰民兵，專恃防固。其統萬、安定二鎮之眾，從戎以來，經三四歲，長安之兵，役過期月，未有代期，衣糧俱盡，形顏枯悴，窖切戀家，逃亡不已，既臨寇難，不任攻戰。

北魏在仇池駐軍不多，糧草亦少，加上軍士因戀家產生的逃亡問題，使仇池局勢非常嚴峻，若無法抵擋宋軍攻勢，仇池可能爲劉宋所有，故皮豹子希望北魏朝廷能遣長安、上邽、安定成兵增援，但是仇池戰備存糧不足，希「遣秦州之民，送軍祁山。」〔註141〕北魏朝廷依皮豹子之議，「詔高平鎮將苟莫于率突騎二千以赴之，（蕭）道成等乃退。」〔註142〕由於劉宋的退軍，暫解魏宋於此區域之衝突。明乎此，即可知爲何殷孝祖築兩當城，會導致魏宋關係緊張，進而引爆軍事衝突了。

三、戰爭檢討

在魏宋雙方都是以鞏固內部爲先的戰略指導下，魏文成帝與宋孝武帝在

〔註137〕《魏書》卷 51〈皮豹子傳〉，頁 1130。
〔註138〕《魏書》卷 51〈皮豹子傳〉，頁 1130。
〔註139〕《魏書》卷 51〈皮豹子傳〉，頁 1131。
〔註140〕《魏書》卷 51〈皮豹子傳〉，頁 1131。
〔註141〕《魏書》卷 51〈皮豹子傳〉，頁 1132。
〔註142〕《魏書》卷 51〈皮豹子傳〉，頁 1132。

位期間，南北間維持了少見的和平，而兗州事件和青州之役的地方衝突，也在二位君王的自我克制下，並未擦槍走火演變成區域戰爭，甚至上綱到舉國大戰層次。也由於魏文成帝和宋孝武帝自我約束得宜，將這二場衝突侷限在地方層次，未再擴大，使二位君王能有餘力平定內部動亂，進而鞏固皇權。

內部問題與對外關係息息相關，內部問題處理得宜與否，常會影響對外關係之觀點，若內部有所衝突，即應避免引發外部衝突。雖然魏文成帝和宋孝武帝主要戰略方針都是著眼於內部，但是面對的內部紛爭卻大不相同，然他們降低與對方衝突的戰略思維，卻有相當的一致性。

（一）北魏之檢討

魏文成帝即位二年內已確立領導中心，前文已述，452年（魏興安元年、宋元嘉二十九年）即位第一年，馬上將驃騎大將軍拓跋壽樂、尚書令長孫渴侯、太尉張黎、司徒古弼等人一一剪除，二位叔王廣陽王拓跋建、臨淮王拓跋譚亦薨，雖經過一連串剷除行動，但是魏文成帝權力基礎尚不穩，次年又爆發一連串宗室謀反事件：〔註143〕

> 高宗（魏文成帝）興安二年（453、宋元嘉三十年）二月，有星孛于西方。占曰「凡孛者，非常惡氣所生也，內不有大亂，外且有大兵。」……先是，京兆王杜元寶、建康（寧）王崇、濟南王麗、濮陽王閭若文、永昌王仁，相次謀反伏誅。

這二次宗室謀反事件，發生在當年二月、七月，另據《魏書·高宗紀》載：〔註144〕

> 二月己未，司空、京兆王杜元寶謀反，伏誅；建寧王崇、崇子濟南王麗為元寶所引，各賜死。……秋七月辛亥，……濮陽王閭若文，征西大將軍、永昌王仁謀反。乙丑，賜仁死於長安，若文伏誅。

這二次謀反行動牽涉的拓跋宗室成員，輩份均高於魏文成帝，魏文成帝乃魏太武帝之孫、故太子拓跋晃之子。建寧王拓跋崇乃魏太武帝之弟，故為其祖父輩；濟南王拓跋麗、永昌王拓跋仁均與故太子拓跋晃同輩，算是其父輩。這二次謀反原因史載簡略，均未詳述，前述《魏書》〈高宗紀〉和〈天象志〉引文中，僅以「謀反」二字帶過，建寧王拓跋崇、濟南王拓跋麗、永昌王拓

〔註143〕《魏書》卷105之3〈天象志三〉，頁2407。

〔註144〕《魏書》卷5〈高宗紀〉，頁112。

跋仁在《魏書》〔註145〕和《北史》〔註146〕中之本傳，亦僅以謀反二字書之，未載其因，《資治通鑑》亦復如此，〔註147〕故無法確切得知諸王是否因奪位而謀反，但無論如何，若謀反成功，輩份低於上述諸王的魏文成帝，有被廢之可能。上述二次謀反事件很快平定，且此後終魏文成帝之世，史籍中並未有宗室涉入謀反之記載，由此可知魏文成帝即位二年內，經一連串整肅，已大致掌握權力。然魏文成帝乃政變即位，不可避免害怕他人循同樣方法奪位，尤其在經歷二次宗室謀反事件後，雖爾後宗室未再有謀反之事，但魏文成帝必然戒慎恐懼，於是影響他對劉宋的軍事態度，造成他不敢隨便對外發動戰爭，若輕啓戰端，容易予有心者可乘之機，加上魏太武帝窮兵黷武，連年對外用兵，國庫空虛，在此雙重考慮下，對劉宋的戰略思維，因北強南弱局勢已形成，劉宋欲發動大規模戰爭，威脅北魏生存，有其困難之處，故魏文成帝對劉宋的戰略思維，採不主動挑釁，乃被動防禦態勢，若有衝突，也限制在區域戰爭，此即魏文成帝一朝與劉宋僅有小型地方衝突的原因。

（二）劉宋之檢討

　　如同魏文成帝一樣，宋孝武帝亦是通過政變即位，但他所面臨的情況與魏文成帝不同。魏文成帝即位後二年內，基本上已收攏權力，皇位逐漸穩定下來，而宋孝武帝則是經過一段漫長時間。宋孝武帝為鞏固皇位大殺宗室，劉宋宗室的骨肉相殘，較北魏有過之而無不及，魏文成帝雖殺宗室諸王，但並未禍及子孫。反觀宋孝武帝，共殺了二位兄長、一位叔父、四位弟弟，〔註148〕甚至將其叔父南郡王劉義宣的十六個兒子，亦即自己的堂兄弟全部處死。從時間點來看，除了殺二凶太子劉劭、始興王劉濬二位兄長是即位之前，殺叔父和四位弟弟均發生在位期間，從 453 年（魏興安二年、宋元嘉三十年）八月至 461 年（魏和平二年、宋大明五年）四月。而兗州事件發生於 457 年（魏太安三年、宋大明元年），青州之役爆發於 458 年（魏太安四年、宋大明二年），從時間上的對比可知，和北魏衝突的兗州事件和青州之役，發生在宋

〔註145〕參見《魏書》卷 17〈明元六王列傳〉，頁 415。
〔註146〕參見《北史》卷 16〈明元六王列傳〉，頁 603～604。
〔註147〕《資治通鑑》卷 127〈宋紀九〉，文帝元嘉三十年，頁 3986、4008。
〔註148〕宋孝武帝殺的二位兄長是太子劉劭、始興王劉濬；叔父是南郡王劉義宣；四位弟弟則是南平王劉鑠、武昌王劉渾、竟陵王劉誕、海陵王劉休茂。宋孝武帝殺害上述宗室的經過，詳見本書第五章第二節，頁 291～293、298～302。

孝武帝殘殺一連串宗室諸王期間。宋孝武帝似乎和魏文成帝有著相同心態，自己靠政變上台，同樣害怕他人效法，故不遺餘力殺害對皇位有威脅者。宋孝武帝對北魏的戰略思維同樣受到其內部問題影響，他主要以鞏固權位為主，對北魏衝突不想擴大，故將這二次衝突侷限為區域戰爭，若和北魏衝突擴大，宋孝武帝必須防範宗室可能趁機而起，一旦同時面臨內憂外患，宋孝武帝勢必內外交迫，他不願見此情形發生，其首要之務乃保住皇位，這也是宋孝武帝不願和北魏擴大衝突的原因。再者，宋文帝元嘉年間的北伐，俱以失敗收場，連年北伐耗費大量人力、物力、財力，劉宋民生凋敝急待休養生息，實無力再發動大型戰爭，故宋孝武帝對北魏盡量避免戰爭，衝突侷限在區域性，也因魏文成帝和宋孝武帝彼此採相同的戰略方針，使北魏、劉宋的戰略關係，在二位君王在位期間，出現難得一見的和平局面。

第三節　魏文成帝時期北魏對劉宋的國家戰略解析

一、南安王拓跋余維護北魏領土完整

宋文帝 452 年（魏興安元年、宋元嘉二十九年）六月的北侵行動，發生在南安王拓跋余在位期間，宗愛於同年二月弒魏太武帝立南安王拓跋余，復於十月殺之，總計在位八個月，由於是權臣所立，魏太武帝並未以其為皇位繼承人，不僅得位不正且非次而立，〔註149〕故未得廟號、諡號，《魏書》未列本紀，〔註150〕其餘史籍也未將其列入北魏帝系。魏文成帝即位後，將南安王拓跋余「葬以王禮。」〔註151〕並未以君王規格隆重厚葬，可見在北魏當代已不被承認，但南安王拓跋余曾為北魏君王乃不爭事實，且任內發生魏宋衝突事件，對宋軍的北侵順利予以擊退，捍衛了北魏南疆安全。

一般而言，新任君王必定會根據新的環境與局勢調整國家戰略，即使蕭規曹隨也罷，仍會有小部分調整，但是並非立即調整。一般新君繼位，國家大政千頭萬緒，需經過一段時間的觀察與摸索，這段時間長短不一，視君王資質與對政務熟悉度而定，因此甫即位之君王在未調整國家戰略結構前，大

〔註149〕參見《資治通鑑》卷 126〈宋紀八〉，文帝元嘉二十九年，頁 3980。
〔註150〕參見《魏書》卷 18〈太武五王·南安王余傳〉，頁 434～435。
〔註151〕《魏書》卷 18〈太武五王·南安王余傳〉，頁 435。

致仍延續前任君王的作法與思維，如魏太武帝之於魏明元帝。南安王拓跋余在位僅八個月，皇權旁落宗愛，尚未收攬權力即被宗愛所殺，如何能制定國家戰略？欲勾勒南安王拓跋余一朝之國家戰略體系，實有其困難，但是國家戰略結構中的國家利益本質變動不大，國家目標、國家政策會因每位君王的戰略思維有所變更，甚至全盤翻轉，而國家利益旨在維護國家生存、維護領土主權完整，這是最根本的國家利益，幾乎歷任君王都是以此為國家利益之核心，再加以修改或添加其他國家利益。

南安王拓跋余雖未及制定其國家戰略體系，但捍衛領土、主權的國家利益應不致變動太大，因此當宋文帝第三次北伐欲收復河南地時，必然觸及北魏領土的國家利益，不管誰為君王，領土遭敵入侵，捍衛疆土勢所必然，故南安王拓跋余和宗愛，遣軍迎戰乃理所當然。

由於劉宋在 450 年（魏太平真君十一年、宋元嘉二十七年）魏宋全面戰爭時受創過重，元氣尚未恢復，其內部對宋文帝收復河南地的軍事行動反對聲浪不小。而北魏並未因宗愛亂政使全國陷入政治動盪，至少將政治紛擾侷限在中央朝廷，未擴及地方，若北魏爆發像劉宋之後的宋明帝和晉安王劉子勛皇位之爭，地方武力和中央軍隊捲入其中，已是不折不扣內戰，宋文帝或許可趁北魏內耗攻佔河南地，惜北魏並未發生這般情形。宋文帝最後一次的北伐，即在內部意見不一、外部環境北魏並未陷入混亂中率爾出兵，最終遭魏軍擊退宣告失敗。至於南安王拓跋余，雖史書未正其名，僅視為魏太武帝、魏文成帝之間皇位繼承的過渡，但他畢竟是魏太武帝之子，在與宋文帝的戰爭中獲勝，維護國家利益中最基本的領土完整不受劉宋的侵害。

二、魏文成帝對劉宋的國家戰略解析

魏文成帝在南安王拓跋余之後通過政變繼為北魏君王，其即位過程並不輕鬆已如前述，由於他在好大喜功、屢屢對外征戰的魏太武帝之後為北魏君王，接收的是因戰爭耗損元氣的國家與社會，因此他的戰略思維與其祖父魏太武帝有非常大的轉變，不再是積極的外拓，而是保守性質的守成，其國家戰略體系如下圖所示：

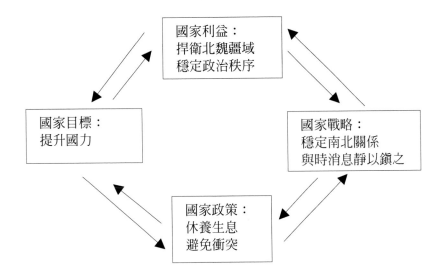

圖十五：魏文成帝時期北魏對劉宋的國家戰略圖

（一）國家利益：捍衛北魏疆域、穩定政治秩序

　　北魏在魏文成帝即位時，國家社會經過長時期的戰爭，不能說民生凋弊，但肯定元氣大傷；政治上則剛經歷宗愛亂政的動盪，二位君王連續被他所殺，故魏文成帝施政的首要重點在穩定政治秩序，鞏固以皇帝為中心的領導體制，將宗愛亂政引發的政治變動回歸常軌。因此魏文成帝面對新的環境與局勢，其國家利益與魏太武帝時期有明顯不同，「捍衛北魏疆域、穩定政治秩序」即成為他欲維護國家利益的二大部分。

　　「捍衛北魏疆域」是北魏每位君王的使命與責任，不論是哪位君王，都不願自己國家的領土遭侵佔，一旦遇敵來攻，必定遣將迎戰，擊退來犯之敵。比較魏文成帝與魏明元帝、魏太武帝的國家利益發現，三人都以維護領土為最基本的利益，但魏明元帝、魏太武帝的國家利益尚包括向外擴張拓展版圖，也就是主動積極對外進攻，透過攻打其他國家開拓疆域，相形之下魏文成帝的作為保守，等於是被動等待敵人來攻再將其擊退。若以此認知論述魏文成帝對外開展無積極作為並不公平，因魏文成帝時期北魏面對的國內局勢和國際關係與魏明元帝、魏太武帝時期有很大不同。先論國內局勢，長年的戰爭為北魏帶來極大的損耗，魏初三帝道武帝、明元帝、太武帝頻頻發動對外侵略戰爭，實為北魏國家發展所需，由於疆域尚未定型，北方割據政權林立，又有南北二敵劉宋與柔然虎視眈眈，所以必須不斷的進行軍事行動，掃除對

北魏構成國家安全的障礙，但是北魏長期戰爭的結果，國家、社會對戰事的支撐力量逐漸減弱，故魏文成帝繼位後，若再發動大型戰爭，百姓負擔更為沈重，激起民變的機率也提高，屆時不但無法順利進行對外戰爭，恐先面臨國內亂事，如此一來豈非得不償失，因此在國家社會困頓的情況下，魏文成帝決定暫時停止對外戰事與民休養生息，無疑是因應國內局勢所需。

　　次論國際關係，魏明元、太武二帝時國際關係複雜，此時北方尚未統一，柔然勢強，劉宋又是南方統一的政權，所以必須為維持北魏生存及開疆拓土而努力，二位君王都曾親自領軍討伐柔然，剪除北方的威脅，對劉宋也積極用兵併吞其土地，而北方諸國也在魏太武帝時完全消滅統一北方，二人積極對外用兵當可理解，也不得不然。至於魏文成帝則不同，國際關係相對單純許多，此時北方已在北魏統一政權之下，不需他承擔消滅北方諸國的工作。柔然雖仍具威脅，但經魏太武帝多次強力打擊，實力不復以往強盛，對北魏威脅大減，換言之，已無法威脅北魏生存，但是寇邊騷擾掠奪牲畜在所難免，雖仍須戒備柔然的侵犯，但與以往魏太武帝動輒發大軍征討柔然引起的社會波動與損耗，北魏與柔然的關係平靜不少。至於劉宋，宋文帝對北魏戰事頻遭敗績，軍方不免有厭戰思想，如 452 年（魏正平二年、宋元嘉二十九年）宋文帝的第三次北伐，宋軍西路統帥臧質遷延觀望不肯進軍，無法和東、中二路軍協同作戰，更棄大軍而不顧，單槍匹馬逃跑，可見長年的戰爭已使劉宋官兵疲憊，故宋孝武帝即位後，一改宋文帝積極北討政策，止戈息兵。魏文成帝沒有統一北方的重責大任，南北二敵柔然又勢衰；而劉宋對北魏戰略關係更改弦易張，以保境安民為主，如此單純的國際關係，加上北魏國內困頓的局勢，發動大型對外戰爭有其困難，魏文成帝自然沒有積極開拓版圖的想法，而以休養生息恢復國家元氣為主。

　　「穩定政治秩序」對魏文成帝個人而言相當重要，因他是通過政變即位，權力基礎並不穩，雖然有羽林中郎劉尼、南部尚書陸麗、殿中尚書源賀和長孫渴侯支持他繼位，但是他並未具有皇位繼承人的名分，而且是間隔二代繼承。魏文成帝和魏太武帝是祖孫關係，而魏文成帝父親拓跋晃乃魏太武帝長子，拓跋晃於 432 年（魏延和元年、宋元嘉九年）「春正月丙午，立為皇太子。」〔註152〕卻英年早逝，451 年（魏正平元年、宋元嘉二十八年）「薨於東宮，時

─────────────────

〔註152〕《魏書》卷 4 下〈世祖紀下附恭宗景穆帝〉，頁 107。

年二十四。」〔註153〕早於魏太武帝去世，成為北魏首位無法繼位的太子。太子拓跋晃死後皇儲懸空，魏太武帝並未就在世諸子擇一立之，反而特別看重故太子拓跋晃之子拓跋濬，「世祖（魏太武帝）愛之，常置左右，號世嫡皇孫。」〔註154〕魏太武帝似乎有意以皇長孫拓跋濬為儲君，卻未正式冊立為皇太子，接著魏太武帝便遭宗愛所弒。拓跋濬雖然在混亂局勢中由一批大臣擁立為魏文成帝，但未有太子名分乃是事實，魏太武帝雖有意願以其接替皇位，朝中大臣或許也都知情，不過未經正式冊立儀式，名不正言不順，不免引起他人的覬覦。〔註155〕另外，北魏朝廷經宗愛八個月的秉政，應有一批阿附於宗愛的朝臣協助政事的推動，如面對宋文帝的北伐，宗愛能調兵遣將擊退宋軍的入侵，即可見其權勢之大，南安王拓跋余不過是受其控制的傀儡，此由宗愛可立其為帝，不滿時再予以殺之即可看出。魏文成帝雖即位，這批朝臣會不會有所圖謀，若欲立新君，北魏皇位繼承恐再掀動亂。

　　據上所述，魏文成帝雖坐上天子寶座，實際上政治風波尚未完全平息，因此「穩定政治秩序」實為當務之急。封建王朝君王一人即代表國家，故有時君王個人的利益遂變成國家的利益，因君王可指揮所有官僚體系維護其利益。魏文成帝在皇位不穩情形下，勢必盡一切政治力量鞏固權力，如此看來，「穩定政治秩序」似乎僅是他的個人利益，其實不然，若有拓跋宗室和大臣具奪位之心，必將掀起政治動盪，甚至引發內戰，如此一來，受苦的還是平民百姓。設想，皇位繼承不穩，君王更易太快，政策必定無法落實，君王若是通過政變即位，一般都與前朝勢力抗爭過，因此對前朝君王的政策毫不留戀，動輒廢除改行新政策，沒有穩定的政策，國家施政就無法上軌道，廣大人民將會遭遇朝令夕改無法適應的困境。所以，魏文成帝能坐穩皇帝尊位，不會因皇位爭奪再生政治動亂，將不致使政治風暴影響到黎民百姓。

　　魏文成帝即位時雖年僅十三，〔註156〕但為「穩定政治秩序」，採用誅殺手段，所殺之人非朝廷重臣即為拓跋宗室。先論拓跋宗室，前文已述，魏文成帝即位後一個月內，在世的二位叔父卻同日死亡，的確啟人疑竇，而這二位叔父

〔註153〕《魏書》卷4下〈世祖紀下附恭宗景穆帝〉，頁109。
〔註154〕《魏書》卷5〈高宗紀〉，頁111。
〔註155〕魏文成帝的皇位繼承經過，可參見蔡金仁，《北魏皇位繼承不穩定性之研究》（臺北：花木蘭文化出版社，2010年9月），頁96～116。
〔註156〕魏文成帝生於440年（魏太平眞君元年、宋元嘉十七年），452年（魏興安元年、宋元嘉二十九年）即位，參見《魏書》卷5〈高宗紀〉，頁111。

是魏文成帝皇位最大的競爭者，二人死後，魏太武帝所有兒子全部死亡，血緣最近者非魏文成帝莫屬，更加確立他繼承北魏君王的血統性。但是往後數年仍有拓跋宗室謀反或涉入謀反案件被殺，如前文述及的 453 年（魏興安二年、宋元嘉三十年）建寧王拓跋崇、濟南王拓跋麗、永昌王拓跋仁等拓跋宗室的亂事。〔註157〕建寧王拓跋崇乃魏明元帝之子，而濟南王拓跋麗和永昌王拓跋仁則為魏明元帝之孫，輩份都比魏文成帝高，他們是否欲謀奪皇位而叛亂，史未明載故不得而知。另 455 年（魏太安元年、宋孝建二年）正月，「車騎大將軍、樂平王拔有罪，賜死。」〔註158〕樂平王拓跋拔是魏明元帝之孫，亦高魏文成帝一輩，他的死亡史書亦未詳載。上述拓跋宗室死亡的記載均極其簡略，因何事謀反或獲罪，未有進一步說明，遂容易令人有聯想空間，不排除魏文成帝為鞏固皇位而誅殺拓跋宗室。不論如何，這些拓跋宗室的死亡是事實，直接得利者乃魏文成帝，能挑戰他君王寶座的愈來愈少，發生謀朝篡位的機率也大為降低，政治因此日趨穩定。

　　至於朝廷重臣，魏文成帝誅殺的程度不下宗室，不管是對其有擁立之功的長樂王拓跋壽樂、尚書令長孫渴侯，或是曾在南安王拓跋余在位期間為其朝廷重臣的張黎與古弼，全部殺之，殺張黎與古弼已有可議之處，何況對其有擁立之功的長樂王拓跋壽樂、長孫渴侯。張黎與古弼雖曾在宗愛掌權時任太尉、司徒之職，但這是無奈之事，尤其當時北魏君王為南安王拓跋余，尚是拓跋氏天下，並未改朝換代，而且他是魏太武帝之子，也有繼承皇位資格。相反地，魏文成帝並未具儲君身份，當時北魏文武百官忠於南安王拓跋余實為理所當然之事，事實上，朝廷官員效忠者乃北魏王朝，並非南安王拓跋余或宗愛，魏文成帝因張黎、古弼曾在前朝任職而殺之，恐怕太過，若依此標準，可能還要誅殺不少官員，因他們都在前朝任事，而擊退宋文帝北伐的北魏將領也要誅殺，如此一來，將有眾多官員被殺，北魏朝廷將為之一空。綜上所述，魏文成帝殺張、古二人應是希望取回皇權，他記取前朝大權旁落宗愛的教訓，甫即位便展開奪權行動，以這樣思考角度就能瞭解擁立功臣長樂王拓跋壽樂、長孫渴侯的被殺。水能載舟亦能覆舟，長樂王拓跋壽樂、長孫渴侯今日能支持魏文成帝，他日同樣可迎立別人，故先殺之一勞永逸，否則

〔註157〕參見《魏書》卷 5〈高宗紀〉，頁 112。另參見本書第五章第二節，頁 307～308。
〔註158〕《魏書》卷 5〈高宗紀〉，頁 123。

魏文成帝不會在即位一個月內連續誅殺多位大臣，《魏書》也將他們的死因輕輕帶過，長樂王拓跋壽樂、長孫渴侯因「二人爭權，並賜死。」〔註159〕張黎和古弼則「俱伏法，時人冤之。」〔註160〕由時人冤之可看出他們被當時輿論認為是枉殺，《魏書》對死亡經過簡略交代，不排除有為尊者諱的因素在內。

（二）國家目標：提升國力

魏文成帝鑑於國家久經戰亂，民生雖未至凋弊程度，但不可否認有日漸困難情形，因此國家目標設定，與前三任君王不同，沒有積極性的對外，而是守成格局的提升北魏國力，希望將之前戰爭的損耗逐漸恢復。以此為國家目標，的確符合北魏政府所需，同時也符合魏文成帝的性格，「機悟深裕，矜濟為心。」〔註161〕由此胸懷出發自然偏重保守內向型的國家目標，只要將自己國家治理好即可，不會如魏太武帝積極外拓的性格，不愛惜軍士性命，動輒征發百姓為兵對外侵略，使國家長期陷於戰爭的動盪。

國力乃國家綜合力量的發揮，現依據穆爾（Richard Muir）對國家權力的六大分類，〔註162〕引申為對魏文成帝提升北魏國力的說明，計有形態力、人口力、經濟力、組織力、軍事力、外交力等。

1、形態力、經濟力

形態力指國家面積、地形、氣候等。首先是面積，魏文成帝時，青齊之地尚屬劉宋，故魏宋二國面積差距不大。其次是地形，中國北方地形多高原、高山甚至沙漠，河川少且缺乏舟楫之利，此亦為北人不善水戰之由。最後是氣候，北魏所在地域氣候嚴寒，根據徐勝一的研究：〔註163〕

> 從西元 408 年至 537 年的一百三十年間，山西、河北、河南一帶，陰曆四月至八月（陽曆五至九月），隕霜寒凍紀錄頻繁，共有 29 次之多，造成廣泛嚴重的天然災害，有包括數個州郡者，有時甚至跨越數個省份者。

而這種嚴寒氣候影響經濟力，《魏書・靈徵志》載 483 年（魏太和七年、齊永

〔註159〕《魏書》卷 5〈高宗紀〉，頁 111。
〔註160〕《魏書》卷 28〈古弼傳〉，頁 692～693。
〔註161〕《魏書》卷 5〈高宗紀〉，頁 123。
〔註162〕參見鈕先鍾，《國家戰略論叢》（臺北：幼獅文化事業公司，1984 年 4 月），頁 191～193。
〔註163〕徐勝一，〈北魏孝文帝遷都洛陽與氣候變化之研究〉，《師大地理研究報告》，第 38 期，2003 年 5 月，頁 6～7。

明元年）七月「雍、朔二州及枹罕、吐京、薄骨律、敦煌、仇池鎮並大霜，禾豆盡死。」〔註164〕北方因地形關係農業發展受限，加上霜寒的氣候因素，農業生產往往不如預期。雖云北魏乃游牧民族，牲畜的放養應能展現一定的經濟力，實則不然，牲畜同人一樣受氣候影響，大雪與暴風雨會凍死人畜，「（魏太平）真君八年（447、宋元嘉二十四年）五月，北鎮寒雪，人畜凍死。」〔註165〕而這種霜寒通常綿延數州面積廣大，對北魏造成重大經濟傷害。500年（魏景明元年、齊永元二年）「八月乙亥，雍、并、朔、夏、汾五州，司州之正平、平陽頻暴風霣霜。」〔註166〕上述五州約在今之陝西、山西、河北等各省。上述例子說明氣候嚴重影響北魏的經濟生產，包括農業與牧業，而且引文中的大雪、霜害、暴風雨等，都是發生在五、七、八月的夏季，連夏季尚且如此，冬季寒害將更嚴重。

2、人口力、組織力

　　人口力不僅是單純的數量而已，尚包括精神、民族性等。人口數長久以來北方多於南方，先看劉宋人口，「（宋）孝武大明八年（464、魏和平五年），戶九十萬六千八百七十，口四百六十八萬五千五百一。」〔註167〕至於北魏人口，可從幾個數據推估，《晉書・苻堅載記》：〔註168〕

> 堅遂攻鄴，陷之。慕容暐出奔高陽，堅將郭慶執而送之。堅入鄴宮，閱其名籍，凡郡百五十七，縣一千五百七十九，戶二百四十五萬八千九百六十九，口九百九十八萬七千九百三十五。

《通典・食貨典》：〔註169〕

> 大抵編戶二百四十五萬九千八百四十，口千六百一十六萬三千八百六十三，此晉之極盛也。……後魏戶三百三十七萬五千三百六十八。……（北周）大象中，有戶三百五十九萬，口九百萬九千六百四。

從《晉書・苻堅載記》可知前燕人口，苻堅滅前燕獲其人口九百九十八萬餘。

〔註164〕《魏書》卷112上〈靈徵志八上〉，頁2906。
〔註165〕《魏書》卷112上〈靈徵志八上〉，頁2905。
〔註166〕《魏書》卷112上〈靈徵志八上〉，頁2907。
〔註167〕〔唐〕杜佑，《通典》第一冊（北京：中華書局，1988年12月）《食貨典》卷7〈食貨七〉，「歷代盛衰戶口」，頁146。
〔註168〕《晉書》卷113〈苻堅載記上〉，頁2893。
〔註169〕《通典》第一冊《食貨典》卷7〈食貨七〉，「歷代盛衰戶口」，頁145～147。

據《通典‧食貨典》可知北周人口，大象為周靜帝年號，當時已滅北齊統一北方，共有人口九百萬。至於全中國人口，則是西晉全盛統一時期的一千六百一十六萬餘。前燕九百九十八萬餘尚未包括北方其他割據政權，故北方人口一定超過一千餘萬；北周因與北齊經過長久戰爭始滅之，人口必然有一定消耗，故僅有九百萬左右。北魏乃統一北方政權，以前燕、北周為參考基準，其人口約一千餘萬。再從戶口數比較，北魏有戶三百三十七萬餘，北周戶數三百五十九萬，北魏少二十二萬戶，北周有九百萬人，北魏人口保守估計至少八百萬。但是不管八百萬或一千餘萬，都比宋孝武帝的四百六十八萬餘多三百餘萬至五百餘萬，此乃最保守之估計。若以西晉全中國的一千六百一十六萬餘減去宋孝武帝的四百六十八萬餘，得出的一千一百四十八萬餘為北方人口數，若以此作為北魏人口，則北魏較劉宋多六百八十萬餘。

　　游牧民族逞兇鬥狠富好戰精神，由於逐水草而居的生活習性，每每遷移至一處，常因爭奪水草而起糾紛，與農業民族不同的是，游牧民族喜歡用打鬥解決糾紛。農業民族因耕作需要，以群居方式定居一地，展現安土重遷的民族性，遇有糾紛，多由宗長、族長等群居地的領袖人物出面解決。魏人乃游牧民族，具侵略性格與尚武精神亦不例外，不過，隨著漢化程度的深淺則會有所改變。北魏至魏孝文帝遷都洛陽大力推動漢化改革後，上述精神與民族性逐漸消失，換言之，少數民族的統治者為了統治漢民族的土地與人民，不得不因襲漢王朝傳統的政策，然不久便為高層次的漢文化所感化，失去原有樸素清新的民族風氣，但是北魏在魏文成帝時尚未全面漢化，故仍有一定程度的保留。從上述北魏人口數目、精神、民族性的論述可知，其人口力對劉宋佔有優勢。

　　組織力指政府的安定程度、政府與人民的關係，北魏至魏文成帝時已歷四位君王（南安王拓跋余暫且不論），北方又已統一，統治基礎穩定不成問題，但是對外戰爭不斷，如魏初三帝皆發動對外戰爭，而政治上也紛擾不安，如魏道武帝遭其子清河王拓跋紹所弒，引發皇位繼承紛爭；〔註170〕宗愛亂政弒魏太武帝立南安王拓跋余，再度因皇位繼承問題造成宮廷喋血，是故戰爭及政治動盪使北魏政府的安定程度有很大的改善空間。至於北魏政府與人民的關係，由於民族政策不當及糧食等問題，內部民亂迭起，如魏道武帝時，「平原徐超聚眾反

―――――――――――――――

〔註170〕關於清河王拓跋紹的弒逆與魏明元帝的繼承問題，參見蔡金仁，《北魏皇位繼承不穩定性之研究》，頁 71～84。

於畔城，詔將軍奚斤捕斬之。并州守將封真率其種族與徒何爲逆，將攻刺史元延，延討平之。」〔註171〕魏明元帝時，「河西飢胡屯聚上黨，推白亞栗斯爲盟主，號大將軍，反於上黨，……詔將軍公孫表等五將討之。」〔註172〕至魏太武帝時更爆發聲勢浩大的的蓋吳之亂，地方武力無法討平，賴魏太武帝親征始平定，由上述三例觀之，北魏政府與人民的關係極待改善，實應勸課農桑、偃武習文暫停兵戎之事。

3、軍事力、外交力

　　一般而言，游牧民族的軍事力似乎強於農業民族，持此論者，泰半認爲游牧民族剽悍好戰的個性，又因畜養馬匹能獲得源源不絕的供應，遂能擁有騎兵之優勢兵種，但事實上卻不盡然。軍事力包含軍隊數目、類型、素質、戰略戰術水準等，非僅就野戰的戰鬥層次而言，漢朝衛青、霍去病大破匈奴即是一例。魏明元帝和魏太武帝與劉宋爆發三次大規模戰爭，北魏往往是勝利一方，不僅疆域往南推移，每次戰爭更擄獲人畜財產無算。陳寅恪認爲：「南朝兵卒素質不及北兵，紀律亦不及。」〔註173〕魏宋戰爭時，「江南白丁輕進易退，卒以敗師。」〔註174〕可見宋武帝賴以創業的北府兵楚子集團，至宋文帝時已開始腐化漸失戰鬥力。北魏建國後經三代之經營，至魏文成帝時魏強宋弱格局已形成，故以軍事力而言，北魏略勝一籌。

　　外交力即是國際關係，在國際社會的威望和影響力量，然而以當時的中國而言，南北分裂成魏宋二大政權，屬一對一的對抗，沒有其他與魏宋相當或實力略低於二國的政權，外交力的影響不大。外交力的運用劉宋較北魏更適合，尤其在北魏未統一北方時，劉宋可和其他北方諸國形成對抗北魏的聯合陣線，然至魏文成帝時北方早歸一統，劉宋外交運用對象尚有柔然，不過路途遙遠，且劉宋屢敗於北魏，威望和影響力不足，欲和柔然合作極其困難。事實上北魏在東亞屬軍事強權，對柔然、劉宋數次戰爭都獲勝，自然在國際社會有一定威望，但是南方是統一的劉宋政權，未有其他國家，因此北魏外交力施展空間不大，雖然在魏宋邊境有不少少數民族依違於魏宋之間，然部

〔註171〕《魏書》卷 2〈太祖紀〉，頁 29。
〔註172〕《魏書》卷 3〈太宗紀〉，頁 55。
〔註173〕陳寅恪著、萬繩楠整理，《陳寅恪魏晉南北朝史講演錄》（臺北：雲龍出版社，2002 年 3 月），頁 265。
〔註174〕〔元〕馬端臨，《文獻通考》第二冊（臺北：新興書局，1963 年 10 月）卷 151〈兵考三〉，頁 1317。

眾和土地太小，北魏爭取後不太容易對劉宋構成生存威脅，但是可以進行騷擾行動造成劉宋邊境不安。不過，這些少數民族泰半皆利益取向，今日投魏、明日可投宋，如前文述及的仇池地區，〔註175〕然而以北魏的威望和軍事力，外交力的運用應能較劉宋順利不少。

（三）國家政策：休養生息、避免衝突

國家政策乃為實踐國家目標而行之，北魏在久經戰爭與政治動盪後，為達成「提升國力」的國家目標，「休養生息、避免衝突」即成為國家政策主軸。在上述國力的六大分類中，有些限於自然因素難以改易，如「形態力」，地形和氣候是人為無法改變，而國家面積需對外擴張始能增大，但在「避免衝突」的政策指導下，魏文成帝不願挑起戰爭，國家面積就不可能擴大。有些國力是北魏具有優勢，如「軍事力」、「外交力」，這二項即須在既定政策中加以維持。至於經濟力北魏應較劉宋為佳，雖然寒雪、暴雨、霜害等因素使農作欠收、牲畜死亡，但總體而言，中國北方開發較早，有一定經濟力，南方氣候、地形等因素縱然優於北方，不過開發較遲，愈往南愈未開發，直到唐朝中葉的安史之亂，成為中國南北發展分界點，南方始逐漸凌駕北方，故北魏佔有一定經濟優勢。陳寅恪亦云南北對峙，「物力南不及北。」〔註176〕南方資源不及北方，主要在於人口數北方遠勝南方，許多時候北方人口數是倍數於南方，可見北魏「人口力」佔有極大優勢，人口多經濟生產亦多，北方「經濟力」之優越乃理所當然。

魏文成帝的「修養生息」表現在多項具體政策及其行為上，主要目標在改善國力中居於劣勢的「組織力」。他在位的十四年間，多次頒佈減免賦稅以及與百姓休戚相關的民生詔書，希望能改善北魏政府與人民的關係，《魏書‧食貨志》載：〔註177〕

> 先是太安中，高宗（魏文成帝）以常賦之外雜調十五，頗為煩重，將與除之。尚書毛法仁曰：「此是軍國資用，今頓罷之，臣愚以為不可。」帝曰：「使地利無窮，民力不竭，百姓有餘，吾孰與不足。」遂免之。……於是賦斂稍輕，民復瞻矣。

458年（魏太安四年、宋大明二年）五月詔曰：「朕即祚至今，屢下寬大之旨，

〔註175〕參見本書第五章第二節，頁304～306。
〔註176〕陳寅恪著、萬繩楠整理，《陳寅恪魏晉南北朝史講演錄》，頁265。
〔註177〕《魏書》卷110〈食貨志〉，頁2852。

蠲除煩苛，去諸不急，欲令物獲其所，人安其業。」〔註178〕次年再度重申休養生息政策：「朕承洪業，統御羣有，思恢政化，以濟兆民。故薄賦斂以實其財，輕徭役以紓其力，欲令百姓修業，人不匱乏。」〔註179〕461 年（魏和平二年、宋大明五年）詔曰：〔註180〕

> 刺史牧民，爲萬里之表。自頃每因發調，逼民假貸，大商富賈，要射時利，旬日之間，增贏十倍。上下通同，分以潤屋。故編戶之家，困於凍餒；豪富之門，日有兼積。爲政之弊，莫過於此。其一切禁絕，犯者十疋以上皆死。布告天下，咸令知禁。

魏文成帝這類善待百姓的政策與詔書頗多，「問民疾苦，詔民年八十以上，一子不從役。」；〔註181〕「今內外諸司、州鎮守宰，侵使兵民，勞役非一。自今擅有召役，逼雇不程，皆論同枉法。」；〔註182〕「前以民遭飢寒，不自存濟，有賣鬻男女者，盡仰還其家。」〔註183〕上述政策體現魏文成帝的民本思想，同時也改善北魏政府與人民的關係。此外，魏文成帝爲探求民隱，瞭解民間眞正的想法俾作爲施政參考，他經常巡視各地，在繼位次年的 453 年（魏興安二年、宋元嘉三十年）十一月，即「行幸信都、中山，觀察風俗。」；〔註184〕458 年（魏太安四年、宋大明二年）正月「遂東巡平州。……親對高年，勞問疾苦。」〔註185〕他不止身體力行親自至地方探求民瘼，更遣使巡察民間，455 年（魏太安元年、宋孝建二年）六月癸酉，詔曰：〔註186〕

> 夫爲治者，因宜以設官，舉賢以任職，故上下和平，民無怨謗。若官非其人，姦邪在位，則政教陵遲，至於凋薄。思明黜陟，以隆治道。今遣尚書穆伏眞等三十人，巡行州郡，觀察風俗。

只要使地方官員能以百姓爲念，百姓便能安居樂業，也就不會滋生叛亂之心，亂事少則政治得以安定，「組織力」便能得到加強。同時，魏文成帝繼位後一連串誅殺大臣、宗室行動，逐漸集中權力，展現其皇權威嚴，而魏文成帝能

〔註178〕《魏書》卷 5〈高宗紀〉，頁 116。
〔註179〕《魏書》卷 5〈高宗紀〉，頁 118。
〔註180〕《魏書》卷 5〈高宗紀〉，頁 119。
〔註181〕《魏書》卷 5〈高宗紀〉，頁 119。
〔註182〕《魏書》卷 5〈高宗紀〉，頁 121。
〔註183〕《魏書》卷 5〈高宗紀〉，頁 121。
〔註184〕《魏書》卷 5〈高宗紀〉，頁 113。
〔註185〕《魏書》卷 5〈高宗紀〉，頁 116。
〔註186〕《魏書》卷 5〈高宗紀〉，頁 114。

乾綱獨斷，皇權便不致旁落，於是政治便能安定。在政治安定、人民生活穩定，且不再有頻繁戰爭情況下，人口應能獲得一定成長，加上魏文成帝時期尚可見游牧民族勇悍的性格，因此在上述種種因素相互作用下，當能增強北魏「人口力」，而「組織力」也能獲得改善與提升。

魏文成帝「避免衝突」的政策表現在兗州事件與青州之役上。457年（魏太安三年、宋大明元年）二月，雖云北魏入侵劉宋兗州，實際上僅是地方的小型衝突，北魏朝廷並未針對此事做出進一步反應，不管是由中央遣將赴援，或是調集鄰近州郡守軍前往援助。這類邊區附近的衝突各朝皆有，從魏道武帝起屢見不鮮故不足爲奇，眞正的戰爭應是青州之役。458年（魏太安四年、宋大明二年）十月由於宋將殷孝祖於清水（今河南河陰）之東築城，威脅北魏邊防，遂引起北魏不滿爆發青州之役。第一、二階段都是宋軍得勝、魏軍敗績，但在北魏朝廷不斷增援下，第三階段魏軍反守爲攻終於取得勝利。觀察青州之役過程，顯現出魏文成帝不願引起軍事衝突的避戰思維，第一：戰爭的的源起並非北魏主動，乃劉宋地方將領的挑釁，可見魏文成帝盡量避免邊境生事，希望維持與劉宋的和緩關係，若非殷孝祖的逾矩行爲，也許終魏文成帝之世不會和劉宋有任何的戰爭發生。第二：魏文成帝會持續增援，乃一、二階段戰事不利，若魏軍在魏強宋弱態勢下敗陣退兵，魏文成帝將無法面對國內臣民。另一方面，宋軍的擴張，已侵犯到北魏的國家利益，故魏文成帝爲了捍衛北魏疆域及自身顏面，增援前線勢所必然。及至第三階段取得勝績有所交代後，果然秉持「避免衝突」的國家政策，未趁機擴大戰爭揮軍入宋，雙方衝突遂告一段落。依此推論，如第一階段魏軍即得勝，魏文成帝當不致繼續進攻，雙方衝突可能提早結束也不無可能。

（四）國家戰略：穩定南北關係、與時消息靜以鎮之

《魏書・高宗紀》史臣曰：「高宗（魏文成帝）與時消息，靜以鎮之，養威布德，懷緝中外。」〔註187〕雖說是對魏文成帝的評價，卻也彰顯出其國家戰略思維，與魏太武帝征戰爲主的積極性大相逕庭，轉向休養生息的保守性，這雖然與二人性格有關，魏太武帝「聰明雄斷，威靈傑立。……神叡經綸，事當命世。」〔註188〕雄霸個性促使其東征西討一統北方，而魏文成帝「矜濟爲心。」

〔註187〕《魏書》卷5〈高宗紀〉，頁123。
〔註188〕《魏書》卷4下〈世祖紀下〉，頁109。

〔註189〕不僅體恤民力,更不願因戰爭造成百姓的傷害和負擔,但最重要者乃二人面對的環境與背景不同。魏太武帝時北方諸國林立,在魏道武、明元二帝對北魏的積極經營下,魏太武帝能「藉二世之資,奮征伐之氣。」〔註190〕魏文成帝則不同,「世祖(魏太武帝)經略四方,內頗虛耗。既而國釁時艱,朝野楚楚。」〔註191〕他繼承的北魏,元氣大傷或許太過,至少損耗相當嚴重,處境艱難可想而知,北魏若要發動大型戰爭實有其困難。當時北方已統一,欲採積極的擴張戰略唯有南向,但這並非魏文成帝迫切之務,他的思考重點在與民休養生息,欲達此目的就不能有戰爭的消耗,而當時北魏最大的對手即是劉宋,欲避免戰爭即須改善自魏太武帝以來雙方劍拔弩張的戰略關係,於是在魏文成帝性格與當時環境相互作用下,「穩定南北關係」成為其國家戰略主要思維。

魏文成帝崩於 465 年(魏和平六年、宋泰始元年)五月,檢視其在位的十四年間,「穩定南北關係」的國家戰略得以貫徹,雙方對峙情勢遂和緩不少,雖然魏文成帝國家戰略屬保守型,盡量避免和劉宋衝突,但並非退縮毫不還擊,一旦危害到國家利益底線,他仍會全力出擊捍衛北魏疆域,如青州之役。至於魏文成帝推行多項有利民生的政策,目的都是要達成「提升國力」的國家目標,而北魏在這段期間,外部情勢與劉宋的關係和緩下來;內部局勢因魏文成帝致力政治穩定以及恢復社會元氣,對國力的成長大有裨益,因此可云其「與時消息,靜以鎮之,養威布德,懷緝中外。」之國家戰略,的確符合北魏歷經長時期戰爭之後的國家需求。

〔註189〕《魏書》卷 5〈高宗紀〉,頁 123。
〔註190〕《魏書》卷 4 下〈世祖紀下〉,頁 109。
〔註191〕《魏書》卷 5〈高宗紀〉,頁 123。

第六章　從黃河到淮河——魏獻文帝與劉宋之戰略關係

　　魏文成帝和宋孝武帝在位時，因各自約束得宜，魏宋關係趨緩，雖有軍事衝突，並未爆發大型戰爭，但是二人死後，後繼者未有同樣思維，魏宋衝突再起。464年（魏和平五年、宋大明八年）閏五月庚申，宋孝武帝崩，太子劉子業即皇帝位，是為宋前廢帝。隔年（465、魏和平六年、宋泰始元年）五月癸卯，魏文成帝崩，太子拓跋弘即位，是為魏獻文帝。北魏、劉宋南北二大政權的皇位繼承有諸多巧合之處，掀起魏宋二國大戰的魏太武帝與宋文帝，僅隔一年相繼辭世；讓魏宋緊張關係得到舒緩的魏文成帝與宋孝武帝，亦相差一年先後崩逝，似可稱之為歷史巧合。魏獻文帝和宋前廢帝及其後繼者宋明帝在位期間，或許二國休養生息一段時間，國力漸復，魏宋戰略關係再度進入對峙衝突局面，大規模戰爭再度爆發，劉宋節節敗退，喪失淮北淮西、青齊諸地，北魏勢力伸展至長江流域，帶給劉宋政權莫大威脅。

　　魏獻文帝並非北魏最後一位與劉宋發生戰略關係之君王，他雖然於476年（魏承明元年、宋元徽四年）六月崩逝，但劉宋直至三年後的479年（魏太和三年、齊建元元年）四月遭蕭道成所篡始滅亡。這三年北魏是魏孝文帝在位，曾與劉宋在西境因仇池問題發生二次衝突。這二次邊境的地區衝突，在魏宋六十年對峙的過程中屢見不鮮，且由於規模小，實無必要另立「魏孝文帝與劉宋之戰略關係」之章節加以析論，但為求研究完整性，仍將這二次仇池衝突列於魏獻文帝篇章一併論述。

第一節　北魏取劉宋淮北淮西、青齊之地

　　魏獻文帝繼位後一改魏文成帝穩定南北關係的戰略思維，對劉宋的戰略關係轉趨積極，開始關注劉宋內部情勢變化，魏獻文帝雖不若魏太武帝主動出擊的積極，但企圖心卻勝過魏文成帝的守成格局，因此自魏文成帝以來和緩的魏宋戰略關係恐難維持，雙方爆發戰爭的機率極高。果然宋明帝處理州刺史問題失策，導致劉宋多位州刺史以州降魏，魏獻文帝乘機派大軍南下接收，與劉宋爆發「淮北之戰」、「青齊之役」。這二場戰役對二國疆域的推移有關鍵性影響，北魏已佔有河南地，再佔領淮北全境，可將國防線往南推移至淮河，對劉宋更具威脅性。劉宋則不願國境線由黃河再退至淮河，如此不僅國防受威脅，且日後北伐將無法利用淮北為前進基地，漢人政權收復北方河山的使命恐更難達成。由於雙方對淮北勢在必得，故均投入大量軍隊作戰，魏宋二軍戰鬥激烈，但在魏強宋弱態勢下，劉宋終究無法保有淮北、青齊之地。

一、戰略環境分析

　　魏文成帝、宋孝武帝分別崩逝後，北魏、劉宋內部都產生不小的政治動盪。宋孝武帝太子劉子業雖順利即位，但不過二年時間，湘東王劉彧即發動政變竊取皇位。至於北魏，權臣乙渾的專擅，令魏文成帝太子拓跋弘一度無法繼位，之後雖然繼位成功，但隨即在文明太后領導下，展開與乙渾的政治鬥爭。另外，劉宋宗室義陽王劉昶投奔北魏之舉，竟開啟劉宋邊將降附北魏效應。內部的政治變動會影響對外戰略關係，而上述事實，使魏宋對峙下的戰略環境發生改變，以下分別論述之。

（一）劉宋宗室義陽王劉昶亡奔北魏

　　義陽王劉昶乃宋文帝第九子，宋前廢帝即位後，懷疑這位叔父有異志，預備遣軍征討，義陽王劉昶不得已投奔北魏，《魏書·劉昶傳》載：〔註1〕

> （劉）義隆（宋文帝）時，封義陽王。（劉）駿（宋孝武帝）子子業立，昏狂肆暴，害其親屬，疑昶有異志。昶聞甚懼，遣典籤虞法生表求入朝，以觀其意。子業曰：「義陽與太宰謀反，我欲討之，今知求還，甚善。」……昶欲襲建康，諸郡並不受命。和平六年（465、宋景和元年），遂委母妻，攜妾吳氏作丈夫服，結義從六十餘人，間

〔註1〕《魏書》卷59〈劉昶傳〉，頁1307。

行來降。

義陽王劉昶投歸北魏有其重大意義，首先：他是皇室近親，乃宋文帝之子、宋孝武帝之弟、宋前廢帝之叔，與劉宋前後三位君王血緣關係緊密，身份血統不同凡響。其次：義陽王劉昶總攬淮北地區軍政大權，入魏前，他在劉宋的官職爲征北將軍、徐州刺史、都督徐南北兗青冀幽七州豫州之梁郡諸軍事，〔註2〕等於劉宋淮北戰區最高司令長官，全盤掌握淮北地區軍事部署，對淮北地區的佈防知之甚詳，且徐州治所彭城，乃劉宋戰略要地。北魏得義陽王劉昶，不僅對彭城防務瞭然於胸，更掌握劉宋在淮北地區的軍事機密。至於義陽王劉昶降奔北魏對劉宋造成的負面影響，則是由於劉宋內部政爭不斷，而義陽王劉昶降魏之舉，竟帶動劉宋邊將降魏浪潮，特別的是，不少宋將降魏，牽涉到劉宋內部政治鬥爭。

（二）劉宋湘東王劉彧政變奪位

宋前廢帝「幼而狷暴。及即位，始猶難太后、大臣及戴法興等，未敢自恣。太后既殂，帝年漸長，欲有所爲，法興輒抑制之。」〔註3〕宋孝武帝爲宋前廢帝安排五位顧命大臣：太宰江夏王劉義恭、驃騎大將軍柳元景、始興公沈慶之、尚書僕射顏師伯、領軍將軍王玄謨，這些大臣不時在宋前廢帝面前耳提面命，令其備受拘束漸感不滿，加上閹宦在旁進讒詆毀，宋前廢帝遂先拿戴法興開刀。465年（魏和平六年、宋永光元年）「秋八月辛酉，越騎校尉戴法興有罪，賜死。」〔註4〕江夏王劉義恭、柳元景、顏師伯等人不自安，欲先下手爲強，遂密謀廢立，準備推江夏王劉義恭爲帝。柳元景爲求勝算，將計畫告知沈慶之，望能得其協助。不料，沈慶之與江夏王劉義恭、顏師伯素不協，遂將此密謀上報，宋前廢帝得知大怒，「自率宿衛兵，誅太宰江夏王義恭、尚書令驃騎大將軍柳元景、尚書僕射顏師伯、廷尉劉德願。」〔註5〕沈慶之告發柳元景等人陰謀，令宋前廢帝及時敉平一場可能的政變，雖有如此大功，最後仍不免遭其所殺，原因在於沈慶之不斷勸諫。宋前廢帝殺害多位大臣後，「兇暴日甚，慶之猶盡言諫爭，帝意稍不說。」〔註6〕加上宋前廢

〔註2〕　《宋書》卷95〈索虜傳〉，頁2355。

〔註3〕　《資治通鑑》卷130〈宋紀十二〉，明帝泰始元年，頁4074。

〔註4〕　《宋書》卷7〈前廢帝紀〉，頁144。

〔註5〕　《宋書》卷7〈前廢帝紀〉，頁144。

〔註6〕　《宋書》卷77〈沈慶之傳〉，頁2004。

帝納親姑姑新蔡長公主入後宮，他認為沈慶之必會因此亂倫之事進諫，遂決定殺之，「帝乃遣慶之從子攸之齎藥賜慶之死，時年八十。」〔註7〕

宋前廢帝一連串殘殺宗室的手段較其父宋孝武帝不遑多讓。殺江夏王劉義恭時，併其四子全部誅殺。之後，對自己八弟新安王劉子鸞曾受寵於宋孝武帝甚為不滿，遂賜死年僅十歲的新安王劉子鸞，「又殺其母弟南海王子師及其母妹。」〔註8〕接著將茅頭對準三弟晉安王劉子勛。前段敘及宋前廢帝亂倫納新蔡長公主入後宮，為了對新蔡長公主駙馬何邁交代，竟殺一宮女詐稱公主已死，交予何邁安葬。何邁不甘受辱，密謀擁立晉安王劉子勛，不料事洩被殺。宋前廢帝以此為藉口，欲殺晉安王劉子勛，卻激起其反叛，「（宋前廢帝）遣左右朱景雲送藥賜子勛死。景雲至盆口，停不進，遣信使報長史鄧琬。琬等因奉子勛起兵，以廢立為名。」〔註9〕宋前廢帝聞知晉安王劉子勛舉兵反，正籌畫出兵征討，卻遭湘東王劉彧所弒。

宋前廢帝懼諸位叔王出鎮在外，一旦舉兵為亂恐威脅自己皇位，遂將湘東王劉彧、建安王劉休仁、山陽王劉休祐等諸王聚之建康，不時加以羞辱、虐待，諸王性命朝不保夕。其中湘東王劉彧不甘受辱，「與左右阮佃夫、王道隆、李道兒密結帝左右壽寂之、姜產之等十一人，謀共廢帝。」〔註10〕465年（魏和平六年、宋景和元年）十一月戊午夜，誅殺宋前廢帝行動開始，「佃夫、道兒因結壽寂之等殞廢帝於後堂。」〔註11〕湘東王劉彧奪位成功即皇帝位，是為宋明帝。

（三）北魏權臣乙渾專權亂政

465年（魏和平六年、宋泰始元年）五月魏文成帝突然崩逝，太子拓跋弘一度無法順利即位，北魏宮廷會發生立有太子卻未能即位情形，在於太子拓跋弘年僅十二歲，未經監國等政治歷練，魏文成帝亦未安排顧命大臣，遂讓有心人士趁此權力真空之際奪權，故有侍中、車騎大將軍乙渾控制皇宮，隔絕內外。外廷朝臣不知魏文成帝生死情況，百官震恐，但不知宮內詳情亦無計可施。乙渾不欲太子拓跋弘即位，顯然有所圖謀，幸掌握禁軍之殿中尚

〔註7〕　《宋書》卷77〈沈慶之傳〉，頁2004。
〔註8〕　《資治通鑑》卷130〈宋紀十二〉，明帝泰始元年，頁4078。另參見《宋書》卷80〈孝武十四王‧始平孝敬王子鸞傳〉，頁2065。
〔註9〕　《宋書》卷80〈孝武十四王‧晉安王子勛傳〉，頁2060。
〔註10〕　《宋書》卷7〈前廢帝紀〉，頁146。
〔註11〕　《宋書》卷8〈明帝紀〉，頁152。

書拓跋郁率數百衛士衝入宮中欲殺乙渾，乙渾驚駭之下，只得奉太子拓跋弘即皇帝位，《魏書・順陽公郁傳》載：〔註12〕

> 郁率殿中衛士數百人從順德門入，欲誅（乙）渾。渾懼，逆出問郁曰：「君入何意？」郁曰：「不見天子，群臣憂懼，求見主上。」渾窘怖，謂郁曰：「今大行在殯，天子諒闇，故未接百官，諸君何疑？」遂奉顯祖（魏獻文帝）臨朝。

乙渾圖謀為何？可能欲廢太子拓跋弘另立新君，貪擁立之功趁機攬權，但史籍未載乙渾之圖謀，故不得而知。

太子拓跋弘雖然即位，但畢竟只有十二歲，大權旁落乙渾，乙渾為進一步鞏固權力防止他人掣肘，遂謀殺朝廷重臣。先是矯詔殺尚書楊保年、平陽公賈愛仁、南陽公張天度，〔註13〕接著更殺害侍中、撫軍大將軍、司徒公陸麗，陸麗乃北魏朝廷元老重臣，「在朝者無出其右。」〔註14〕乙渾將朝廷重臣一一誅殺後掌握北魏政權，魏獻文帝成為傀儡皇帝，「太尉乙渾為丞相，位居諸王上，事無大小，皆決於渾。」〔註15〕乙渾何以能誅殺多位朝廷重臣掌控朝政，除了他是車騎大將軍、太原王，並以侍中之職親近皇帝外，最大的原因是「矯詔」，殺尚書楊保年、平陽公賈愛仁、南陽公張天度是矯詔；陸麗當時在代郡養病，為誘其返平城遂以魏文成帝之喪為名，其後殺陸麗亦應是以矯詔為之。乙渾掌控魏獻文帝，自然能以其名頒佈詔書為所欲為。乙渾專權擅殺，所做所為超過一般人臣專權之範圍，他有可能為圖謀廢立預作準備。

魏獻文帝繼位後，立尊魏文成帝皇后馮氏為皇太后，一般稱為文明太后。〔註16〕文明太后見乙渾專權恐危及魏獻文帝皇位，遂與宗室密謀誅除乙渾，「丞相乙渾謀逆，顯祖（魏獻文帝）年十二，居於諒闇，（文明）太后密定大策，誅渾，遂臨朝聽政。」〔註17〕誅除乙渾的行動顯然是以文明太后為主體，她首先分乙渾之權，以宗室東陽公拓跋丕為侍中，侍中為親近君王而有權力之人物，名額六名，乙渾本人即為侍中。由親文明太后之東陽公拓跋丕任侍中，便能掌握一定權力。文明太后佈置妥善後，待時機成熟迅速發動

〔註12〕《魏書》卷14〈神元平文諸帝子孫・順陽公郁傳〉，頁347。
〔註13〕參見《魏書》卷6〈顯祖紀〉，頁125。
〔註14〕《魏書》卷40〈陸麗傳〉，頁907。
〔註15〕《魏書》卷6〈顯祖紀〉，頁126。
〔註16〕參見《魏書》卷6〈顯祖紀〉，頁125。
〔註17〕《魏書》卷13〈皇后・文明皇后馮氏傳〉，頁328。

政變，命東陽公拓跋丕收拿乙渾，「丞相乙渾謀反，（拓跋）丕以奏聞。詔丕帥元賀、牛益得收渾，誅之。」〔註18〕乙渾伏誅後，魏獻文帝年齡尚幼，文明太后順勢臨朝聽政，掌握政權。

二、戰略規畫與作戰經過

劉宋宗室義陽王劉昶於 465 年（魏和平六年、宋景和元年）九月降北魏後，短短不到二年的時間，劉宋邊將相繼叛宋降魏，466 年（魏天安元年、宋泰始二年）即有三位宋將降魏：〔註19〕

> 九月，劉彧（宋明帝）司州刺史常珍奇以懸瓠內屬。……劉彧徐州刺史薛安都以彭城內屬。……十有一月壬子，劉彧兗州刺史畢眾敬遣使內屬。

次年閏正月，「劉彧青州刺史沈文秀、冀州刺史崔道固並遣使請舉州內屬。」〔註20〕這一連串宋將降魏事件，使緩和的魏宋關係再度緊張。接著因劉宋內亂處理不當，衍伸出魏宋的軍事對抗，引爆長達二年多的魏宋戰爭，這二年多的衝突，可分爲二階段，第一階段爲「淮北之戰」，戰場在淮北、淮西等地；第二階段爲「青齊之役」，戰場在青齊地區。

（一）第一階段：466 年十月至 467 年正月

1. 晉安王劉子勛與宋明帝爭奪皇位

湘東王劉彧雖繼位爲宋明帝，但皇位並不穩，原因在於宋前廢帝誅戮過甚，引起劉宋朝臣、宗室憤慨，反對宋前廢帝的宗室不止宋明帝，尚有晉安王劉子勛。宋明帝初登大寶，首先要解決的是舉起反幟的晉安王劉子勛，現宋前廢帝已死，爲收服這股勢力，宋明帝先採懷柔政策，「進子勛號車騎將軍、開府儀同三司。」〔註21〕不料，晉安王劉子勛陣營並不接受，反而趁宋明帝初即位權力基礎不穩欲與之爭奪帝位。466 年（魏天安元年、宋泰始二年）正月七日，晉安王劉子勛長史鄧琬「奉子勛爲帝，即僞位於尋陽（今江西九江），年號義嘉元年，備置百官，四方並響應，威震天下。」〔註22〕劉

〔註18〕《魏書》卷 14〈神元平文諸帝子孫・東陽王丕傳〉，頁 357。
〔註19〕《魏書》卷 6〈顯祖紀〉，頁 126～127。
〔註20〕《魏書》卷 6〈顯祖紀〉，頁 127。
〔註21〕《宋書》卷 80〈孝武十四王・晉安王子勛傳〉，頁 2060。
〔註22〕《宋書》卷 80〈孝武十四王・晉安王子勛傳〉，頁 2060。

宋遂分成二個陣營爭奪皇位展開內戰。

　　晉安王劉子勛陣營開始較佔上風，從宗室至地方刺史，多人紛紛表態支持晉安王劉子勛。宗室方面主要是晉安王劉子勛弟弟，如安陸王劉子綏、尋陽王劉子房、臨海王劉子頊；地方刺史則有徐州刺史薛安都、青州刺史沈文秀、冀州刺史崔道固等人舉兵響應。這些州刺史都是擁有軍隊的實力派人物，以具體行動支持晉安王劉子勛後，更令其陣營聲勢浩大，其餘諸州紛紛見風轉舵，表態支持晉安王劉子勛，如益州、湘州、廣州、梁洲等。劉宋朝廷所能掌握的，僅餘建康附近的丹陽、淮南數郡而已，〔註23〕宋明帝政權面臨空前危機。幸宋明帝臨危不亂，擬定作戰計畫，恩威並濟雙管齊下，先施以懷柔心理戰，分化叛軍陣營，對反叛者留在京城的親屬宣揚「罪不相及」政策，這些人在京城的職務照舊，此舉同時具備安撫、威嚇之效。藉由安撫，讓這些親屬不會成為叛軍在京城的內應，歷史上許多宮廷政變都是由內應開城門，使政變得以成功。同時也讓反叛者知道他們的親屬在京城受到良好照顧，鬆懈他們的鬥志，若戰事拉長，有可能讓這些反叛者棄晉安王劉子勛歸降宋明帝。威嚇部分在於，宋明帝讓這些反叛者知道，他們的親屬等於人質，若朝廷軍戡亂不順，可能會將這些親屬殺掉，讓反叛者投鼠忌器，不敢全心為晉安王劉子勛效力，藉以分化離間叛軍陣營，如《孫子兵法》所云：「親而離之。」〔註24〕敵人內部和諧團結，就要設法離間分化，故宋明帝善待反叛者在京親屬，可謂一石二鳥之計。

　　宋明帝實施心理戰之後開始調兵平亂，以「司徒建安王休仁都督征討諸軍事，統眾軍南討。」〔註25〕車騎將軍、江州刺史王玄謨任副手；兗州刺史殷孝祖為前鋒。宋明帝的戰略規畫是，叛軍陣營勢強，暫緩與其主力決戰，先剪除外圍勢力，遂決定先剿滅東面會稽地區叛軍，由巴陵王劉休若領建武將軍吳喜公等諸將負責東面作戰：〔註26〕

　　　鎮東將軍巴陵王休若進號衛將軍，建武將軍吳喜公率諸軍破賊於
　　　吳、吳興、會稽，平定三郡，同逆皆伏誅。

叛軍陣營對會稽地區迅速被朝廷軍平定感到驚愕，鄧琬身為叛軍陣營的主要

〔註23〕參見《資治通鑑》卷131〈宋紀十三〉，明帝泰始二年，頁4095～4098。
〔註24〕孫武著、吳仁傑注譯，《孫子讀本》〈計篇〉，頁7。
〔註25〕《宋書》卷8〈明帝紀〉，頁155。
〔註26〕《宋書》卷8〈明帝紀〉，頁156。

成員，卻貽誤戰機，未制敵機先率先出兵攻打建康，反而讓宋明帝從容部署。
東面勢力遭消滅後，鄧琬意識到須全軍出擊才能扭轉劣勢，而朝廷軍在收復
會稽地區，挫叛軍銳氣後，正欲趁勝追擊，於是雙方主力皆投入戰場，在赭
圻（今安徽繁昌西北）遭遇展開決戰。叛軍先盛後衰，「輔軍將軍殷孝祖攻
赭圻，死之。以輔國將軍沈攸之代為南討前鋒，賊眾稍盛。」〔註27〕朝廷軍
折損殷孝祖一員大將，但叛軍未持續發動攻擊，於是在濃湖（安徽繁昌西北）
形成對峙局面，朝廷軍無法徹底消滅叛軍，叛軍亦無把握擊潰朝廷軍奪取皇
位。為打開僵局，朝廷軍決定先佔領叛軍上游地區，遂遣龍驤將軍張興世率
二百艘快艇、七千軍士，直趨上游的錢溪（今安徽貴池東），張興世趁夜順
利抵達錢溪安營紮寨，叛軍上游被佔，軍糧補給中斷，加上內訌，叛軍毫無
鬥志紛紛投降，朝廷軍順利攻下尋陽城，對叛亂諸人，宋明帝毫不留情，屠
戮甚慘，《宋書・明帝紀》載：〔註28〕

> （466、魏天安元年、宋泰始二年）八月己卯，司徒建安王休仁率
> 軍大破賊，斬偽尚書僕射袁顗，進討江、郢、荊、雍、湘五州，平
> 定之。晉安王子勛、安陸王子綏、臨海王子頊、邵陵王子元並賜死，
> 同黨皆伏誅。諸將軍帥封賞各有差。

晉安王劉子勛之亂雖平，宋明帝皇位趨穩，卻必須面臨北方緣邊鎮將的降附
問題，薛安都、沈文秀、崔道固，分任徐州、青州、冀州刺史，為了備禦北
魏，眾刺史均擁重兵，若處理不當再次反叛或投降北魏，極可能掀起劉宋另
一場內亂造成國土淪喪。

2. 宋明帝處理北方諸州刺史問題失當

徐州刺史薛安都見晉安王劉子勛兵敗，宋明帝登大寶已是天命所歸，時
移勢轉，遂決定向劉宋朝廷輸誠：〔註29〕

> 子勛平定，安都遣別駕從事史畢眾愛、下邳太守王煥等奉啟書詣太
> 宗（宋明帝）歸款，曰：「……今天命大歸，羣迷改屬，輒率領所
> 部，束骸待誅，違拒之罪，伏聽湯鑊。」

薛安都已表歸順之意，只待劉宋朝廷對其加官進爵，而北方諸州刺史，自會
紛紛仿效，但是宋明帝並未抱如此想法，他認為晉安王劉子勛已滅，這些州

〔註27〕《宋書》卷8〈明帝紀〉，頁156。
〔註28〕《宋書》卷8〈明帝紀〉，頁158。
〔註29〕《宋書》卷88〈薛安都傳〉，頁2220。

刺史投降乃遲早之事，不需給特別恩惠，史載：「時四方皆已平定，徐州刺史薛安都據彭城請降，上雖相酬許，而辭旨簡略。」〔註30〕宋明帝冷淡的態度引起薛安都疑懼。宋明帝因新君即位，兼之大亂初平，頗欲耀武揚威，「太宗（宋明帝）以四方已平，欲示威於淮外，遣張永、沈攸之以重軍迎之。」〔註31〕薛安都大懼，他在評估整體戰略環境後，認爲宋明帝政權已穩，天下底定，以彭城一隅與朝廷軍對抗，實力過於懸殊，欲保全性命，唯有借助北魏力量，遂做出投降北魏決定。北魏與劉宋經年爭奪淮北戰略要地，今見劉宋將領竟以軍事重鎮彭城請降，豈不見獵心喜，立遣大軍支援：〔註32〕

> 安都謂既已歸順，不應遣重兵，懼不免罪，乃遣信要引索虜。（泰始）三年（467、魏天安二年）正月，索虜遣博陵公尉遲苟人（尉元）、城陽公孔伯恭二萬騎救之。（張）永等引退，安都開門納虜，虜即授安都徐州刺史、河東公。

薛安都降附北魏後，引發劉宋北方多位刺史請降北魏的骨牌效應，北魏若納降，便能兵不血刃取得沿邊要地，遂迅速派兵前往接收，北魏出兵的結果，不可避免與劉宋爆發一連串衝突，淮北地區爭奪戰於焉展開。

3. 淮北、淮西爭奪戰

北魏長期密切觀察劉宋政治情勢，情報蒐集從未停止，從義陽王劉昶投魏開始至晉安王劉子勛和宋明帝爭位爆發一連串內戰，北魏朝廷也曾對此戰略態勢做出評估，欲趁劉宋內亂出兵。在魏獻文帝伐宋詔書中，對當時戰略環境及劉宋政治局勢有詳盡分析，史載：〔註33〕

> （魏獻文帝）下書曰：……今宋室衰微，凶難洊起，國有殺君之逆，邦罹崩離之難，……僞使持節、散騎常侍、都督徐南北兗青冀幽七州豫州之梁郡諸軍事、征北將軍、儀同三司、徐州刺史義陽王昶，……，知機體運，歸款闕庭，朕錫以顯爵，班同親舊。昶弟湘東王進不能扶危定傾，退不能降身高謝，阻兵安忍，篡位自立，……僞江州刺史晉安王復稱大號，自立一隅，荊郢二州刺史安陸臨海王劉子綏子項大擅威令，不相祇伏。徐州刺史彭城鎮主薛安都、青州

〔註30〕《宋書》卷74〈沈攸之傳〉，頁1929。
〔註31〕《宋書》卷88〈薛安都傳〉，頁2220。
〔註32〕《宋書》卷88〈薛安都傳〉，頁2220～2221。
〔註33〕《宋書》卷95〈索虜傳〉，頁2354～2355。

> 刺史沈文秀、冀州刺史歷城鎮主崔道固等,皆彼之要藩,懼及禍難,
> 擁眾獨據,各無定主。

「擁眾獨據,各無定主。」一語道盡劉宋政治紛亂情況,北魏掌握此戰略契
機,揮師南進,九路伐宋,規模之大,頗有一舉盪平劉宋意味,《宋書·索
虜傳》詳載魏軍部署及伐宋路線:〔註34〕

> 今可分命諸軍,以行九伐。使持節征東大將軍安定王直勤伐伏玄、
> 侍中尚書左僕射安西大將軍平北公直勤美晨、散騎常侍殿中尚書平
> 北將軍山陽公呂羅漢,領隴右之眾五萬,沿漢而東,直指襄陽。使
> 持節征南大將軍勃海王直勤天賜、侍中尚書令安東大將軍始平王直
> 勤渴言侯、散騎常侍殿中尚書令安西將軍西陽王直勤蓋戶千,領
> 幽、冀之眾七萬,濱海而南,直指東陽。使持節征南將軍京兆王直
> 勤子推、侍中司徒安南大將軍新建王獨孤侯尼須、散騎常侍西平公
> 韓道人,領江、雍之眾八萬,出洛陽,直至壽陽。使持節征南大將
> 軍宜陽王直勤新成、侍中太尉征東大將軍直勤駕頭拔、羽直征東將
> 軍北平公拔敦及義陽王劉昶,領定、相之眾十萬,出濟、兗,直造
> 彭城,與諸軍剋期同到,會於秣陵。

據上引文可知北魏動員兵力為:隴右之眾五萬、幽冀之眾七萬、江雍之眾八
萬、定相之眾十萬,合計三十萬大軍。三十萬大軍規模龐大,作戰準備需要
一段時間,但是最終此伐宋行動並未進行。事實上,這份詔書應非魏獻文帝
本意,此時正是乙渾專政時期,伐宋可能是乙渾之意。以時間點切入,乙渾
專權從465年(魏和平六年、宋永光元年)七月癸巳為丞相開始,至466年
(魏天安元年、宋泰始二年)二月庚申伏誅為止。依前文所述,義陽王劉昶
於465年(魏和平六年、宋景和元年)九月降北魏,晉安王劉子勛於466年
(魏天安元年、宋泰始二年)正月七日即位於尋陽城,薛安都、沈文秀、崔
道固等各州刺史紛起響應,這些事件均在乙渾專權期間,《宋書·索虜傳》
亦載:〔註35〕

〔註34〕《宋書》卷95〈索虜傳〉,頁2355~2356。
〔註35〕《宋書》卷95〈索虜傳〉,頁2354。另,西元465年中國共有四個年號,北方
　　　　北魏情況單純,乃魏文成帝和平六年。南方劉宋較為複雜,共三個年號,該年
　　　　一至七月乃宋前廢帝永光元年,八月改元景和,十二月湘東王劉彧政變殺宋前
　　　　廢帝即位,改元泰始,是為宋明帝泰始元年,雖為泰始元年,卻僅十二月一個
　　　　月而已,466年即為泰始二年了。故引文中所謂泰始初,應指泰始元年十二月,

景和（465）中，北討徐州刺史義陽王昶，昶單騎奔虜。太宗（宋
明帝）泰始（465）初，江州刺史晉安王子勛為逆，四方反，徐州
刺史薛安都、青州刺史沈文秀、冀州刺史歷城鎮主崔道固等，亦各
舉兵。

當時魏獻文帝初即位，對國內外局勢尚不明瞭，按常理而言不太可能興師伐
宋，且政權掌握在乙渾手中，故合理推斷，此伐宋詔書應是乙渾本意。但為
何乙渾會有伐宋之舉，張金龍先生認為：「乙渾大概試圖通過這次大規模南
伐以樹立自己的威信，同時將對朝政有重大影響的大臣，特別是宗室諸王排
擠出朝，以利其更好地專斷朝政。」〔註36〕筆者認同此說，分析北魏此次出
征的將領，頗多拓跋宗室，茲舉數人言之，如直懃伐伏玄（拓跋休）、直懃
美晨（拓跋目辰）、直懃天賜（拓跋天賜）、直懃子推（拓跋子推）、直懃新
成（拓跋新成）等人，〔註37〕這些拓跋宗室若領軍在外，乙渾在朝中擅權攬
政將更無阻礙。但是隨著乙渾伏誅，以文明太后為首的統治集團，對劉宋有
不同的戰略思維，乃停止勞師動眾的大規模征討，改以小規模軍事行動接納
劉宋降將。

　　義陽王劉昶雖為劉宋將領投魏的第一張骨牌，但是宋明帝並未思考其後
引發的連鎖效應，在迅速平定晉安王劉子勛之亂後信心滿滿，對附晉安王劉
子勛之諸州刺史，欲以兵威臨之，顯然不願施以懷柔政策，而以強硬手段對
付，導致宋將投魏之風發酵，一如骨牌效應。466年（魏天安元年、宋泰始
二年）九月，劉宋司州刺史常珍奇「以懸瓠內屬。」；徐州刺史薛安都「以
彭城內屬。」〔註38〕北魏見劉宋邊將竟然陸續以屬地降魏，這些軍事重鎮在
魏宋對峙情況下，不知需耗費多少兵力始能奪取，如今不費吹灰之力就能獲
得這些戰略要地，北魏自然掌握此戰略良機，迅速做出反應：〔註39〕

北部尚書尉元為鎮南大將軍、都督諸軍事，鎮東將軍、城陽公孔伯
恭為副，出東道救彭城；殿中尚書、鎮西大將軍、西河公元石都督

此時晉安王劉子勛已舉起反幟，只不過在次年（泰始二年）正月始正式稱帝。
〔註36〕張金龍，《北魏政治史》第五冊，卷7〈獻文帝時代〉，頁205。
〔註37〕伐伏玄即《魏書》之安定王拓跋休；美晨即《魏書》之宜都王拓跋目辰；天賜
即《魏書》之汝陰王拓跋天賜；子推即《魏書》之京兆王拓跋子推；新成即《魏
書》之陽平王拓跋新成。參見《宋書》卷95〈索虜傳〉校勘記，頁2366～2367。
〔註38〕《魏書》卷6〈顯祖紀〉，頁126～127。
〔註39〕《魏書》卷6〈顯祖紀〉，頁127。

> 荊、豫、南雍州諸軍事，給事中、京兆侯張窮奇爲副，出西道救懸瓠。

北魏出兵的戰略思維是，若能趁劉宋內亂，接收劉宋降將及其屬地，不僅可拓展疆域，又能對劉宋造成威脅，對北魏實屬有利；若出兵不順，未能接應劉宋降將及其屬地，北魏亦未有多大損失，因這些宋將及其領地本非北魏所有。不過，北魏內部乙渾之亂初平，而魏獻文帝年齡尚幼、文明太后甫聽政，因此執政根基未穩，必須避免因邊境衝突演變成全面軍事對抗，危及以文明太后爲首的統治集團，此爲北魏出兵的戰略指導。是故魏軍並未大舉出動，以避免激怒劉宋造成更大危機，因此在上述前提下的兵力動員，估計不超過三萬，東路軍史載一萬，〔註40〕西路軍史雖未明載，估計與東路軍相當，即便兵力倍於東路軍，亦僅二萬，東西二路軍合計不過三萬。另外，對北魏而言，彭城爲淮北重鎮，戰略地位優於懸瓠，薛安都在劉宋地位、軍功亦皆優於常珍奇，故薛安都受北魏重視程度高於常珍奇，在東路軍僅一萬的兵力下，西路軍諒不致多於一萬。

（1）東路魏軍戰況

尉元所率東路魏軍與張永、沈攸之所領之宋軍主力相逢，「太宗（宋明帝）遣張永、沈攸之北討，薛安都大懼，遣使引虜。虜遣萬騎救之。」〔註41〕當時薛安都遭張永、沈攸之圍逼甚緊，魏軍增援後，戰況丕變。尉元抵彭城，先做安撫工作，「（薛）安都出城見（尉）元，元依朝旨，授其徐州刺史。遣中書侍郎高閭、李璨等與安都俱還入城，別令孔伯恭精甲二千，撫安內外，然後元入彭城。」〔註42〕尉元觀察彭城當時戰略情勢，他發現宋軍的後勤困難，欲退宋軍解彭城之圍，後勤問題是關鍵。由於糧秣乃軍隊之所需，宋軍遠道而來補給不易，且彭城已落入魏軍之手，宋軍不能因地取糧，不似以往宋軍北伐時，彭城爲劉宋北伐軍後方指揮中樞，負有籌集糧秣之重責大任，今情況丕變，反而造成宋軍補給線拉長。宋軍對後勤糧草輜重的部署，據《魏書·尉元傳》載：〔註43〕

> （張）永乃分遣羽林監王穆之領卒五千，守輜重於武原，龍驤將軍

〔註40〕 參見《魏書》卷61〈薛安都傳〉，頁1354。《資治通鑑》卷131〈宋紀十三〉，明帝泰始二年，頁4124。

〔註41〕 《宋書》卷95〈索虜傳〉，頁2356。

〔註42〕 《魏書》卷50〈尉元傳〉，頁1109～1112。

〔註43〕 《魏書》卷50〈尉元傳〉，頁1109～1110。

　　謝善居領卒二千據呂梁，散騎侍郎張引領卒二千守茱萸，督上租

糧，供其軍實。

尉元決定採截斷宋軍糧道之戰術，進攻主軸放在「斷其糧道、絕其糧運。」
至於攻擊主力，尉元決定親自領魏軍出擊，彭城則留部分魏軍與薛安都及其
原有守軍固守。魏宋二軍正面遭遇後，魏軍大敗宋軍於呂梁東（今江蘇徐州
東南），「皇興元年（467、宋泰始三年）春正月癸巳，尉元大破張永、沈攸
之於呂梁東，斬首數萬級，凍死者眾。」〔註44〕《魏書·尉元傳》對呂梁之
役尉元的作戰方針與戰爭經過有詳細記載：〔註45〕

　　（尉）元以張永仍據險要，攻守勢倍，懼傷士卒。乃命（薛）安都

　　與（李）璨等固守，身率精銳，揚兵於外，分擊呂梁，絕其糧運。

　　（謝）善居遁奔茱萸，仍與張引東走武原。馳騎追擊，斬首八百餘

　　級。武原窮寇八千餘人，拒戰不下。元親擐甲冑，四面攻之，破（王）

　　穆之外營，殺傷太半，獲其輜重五百餘乘，以給彭城諸軍。然後收

　　師緩戰，開其走路。穆之率餘燼奔於永軍。永勢挫力屈，元乘勝圍

　　之，攻其南門，永遂捐城夜遁。（孔）伯恭、安都乘勢追擊，時大

　　雨雪，泗水冰合，永棄船而走。元豫測永必將奔亡，身率眾軍，邀

　　其走路，南北奮擊，大破於呂梁之東。斬首數萬級，追北六十餘里，

　　死者相枕，手足凍斷者十八九。生擒劉彧（宋明帝）使持節，都督

　　梁、南、北秦三州諸軍事，梁、秦二州刺史，寧朔將軍，益陽縣開

　　國侯垣恭祖；龍驤將軍、羽林監沈承伯等。永、攸之輕騎走免。收

　　其船車軍資器械不可勝數。劉彧東徐州刺史張讜據團城，徐州刺史

　　王玄載守下邳，輔國將軍、兗州刺史樊昌侯王整，龍驤將軍、蘭陵

　　太守桓忻驅掠近民，保險自固。元遣慰喻，張讜及青州刺史沈文秀

　　等皆遣使通誠，王整、桓忻相與歸命。

戰爭經過幾乎由尉元主導，戰事可分三個層次論之。

　　第一：魏軍統帥尉元此行任務在接收彭城，先決條件須保彭城不失，他
觀察敵我態勢後認為，宋軍據險要之地，若強行攻之，魏軍必損兵折將，當
務之急在嚴守彭城，於是以薛安都與李璨固守彭城。薛安都新附，恐懷有異
志，遂以中書侍郎李璨與之俱守，李璨，「字世顯。身長八尺五寸，衣貌魁

〔註44〕《魏書》卷6〈顯祖紀〉，頁127。
〔註45〕《魏書》卷50〈尉元傳〉，頁1110。

－335－

偉。」〔註46〕**魏獻文帝令其在尉元、孔伯恭旁參贊軍事，置李璨於薛安都身旁，可收監視之效，尉元始能放心率軍出擊。**

第二：欲令宋軍喪失戰鬥力，絕其糧道乃最佳戰術，「（李）璨勸（尉）元乘（張）永之失據，攻永米船，大破之。」〔註47〕尉元率魏軍精銳，連破呂梁、茱萸、武原宋軍，但尉元並未一舉殲滅這些敗逃宋軍，而是採用心理戰，「收師緩戰，開其走路。」刻意讓有如驚弓之鳥的殘兵敗將與宋軍統帥張永會合，影響宋軍士氣並強化其懼魏軍之心，此心理戰術奏效，魏軍趁勢包圍張永，張永恐懼之下棄戰敗逃。

第三：時值冬季大雪紛飛，泗水冰合無法行舟，尉元推測張永必棄船循陸路南逃，遂南北合擊，由前述引文「（張）永、（沈）攸之輕騎走免。」可知宋軍幾近全軍覆沒，而劉宋多位刺史、太守在尉元遣使慰喻下，紛紛遣使通誠，北魏「於是遂定淮北。」〔註48〕

北魏能收淮北之地，尉元應居首功，所謂「知彼知己，百戰不殆。」〔註49〕他先掌握宋軍動態，對敵我態勢瞭解透徹，故能下達正確戰略判斷，避免和宋軍正面對戰，減少我軍傷亡。進攻時先毀其軍需糧秣，令宋軍自亂，再以精兵出擊，大敗宋軍。此外，他能明天地變化，並乘勢利用，《孫子兵法》云：「天者，陰陽、寒暑、時制也。地者，高下、遠近、險易、廣狹、死生也。」〔註50〕精準判斷冬季泗水結冰，宋軍必從陸路竄逃，然後陳兵途中截擊，果然盡滅宋軍，東路魏軍遂得以大勝。

（2）西路魏軍戰況

元石之西路魏軍進軍順利，並未遭遇太大抵抗即進入司州地界，「到上蔡，（常）珍奇率文武三百人來迎，既相見，議欲頓軍於汝北，未即入城。」〔註51〕時中書博士鄭羲乃元石之軍事參謀，他認為魏軍若駐紮城外未立即入城，恐夜長夢多，遂謂元石曰：「機事尚速，今珍奇雖來，意未可量，不如直入其城，奪其管籥，據有府庫，雖出其非意，要以全制為勝。」〔註52〕元

〔註46〕《魏書》卷49〈李璨傳〉，頁1101。
〔註47〕《魏書》卷49〈李璨傳〉，頁1101。
〔註48〕《魏書》卷49〈李璨傳〉，頁1101。
〔註49〕孫武著、吳仁傑注譯，《孫子讀本》〈謀攻篇〉，頁23。
〔註50〕孫武著、吳仁傑注譯，《孫子讀本》〈計篇〉，頁4。
〔註51〕《魏書》卷56〈鄭羲傳〉，頁1237。
〔註52〕《魏書》卷56〈鄭羲傳〉，頁1237。

石納其言，率魏軍入城。常珍奇雖降魏，受封爲「持節、平南將軍、豫州刺史、河內公。」〔註53〕然驟見魏軍接管，心中不平，乃猶疑二端欲趁魏軍鬆懈之際陰謀爲亂，《魏書‧鄭羲傳》載：〔註54〕

> （元）石既克城，意益驕怠，置酒嬉戲，無警防之虞。（鄭）羲謂石曰：「觀珍奇甚有不平之色，可嚴兵設備，以待非常。」其夜，珍奇果使人燒府廂屋，欲因救火作難，以石有備，乃止。明旦，羲齎白虎幡慰郭邑，眾心乃定。

雖然阻止常珍奇爲亂，但是宋人對魏軍以往燒殺擄掠之殘暴行徑懷有恐懼，「淮西七縣民並連營南奔。」〔註55〕北魏若不設法止住宋人南奔浪潮，所得之地百姓稀少，將嚴重影響生產力及賦稅等經濟利益，於是北魏朝廷派建安王陸馛進行撫慰工作：〔註56〕

> 時劉彧司州刺史常珍奇以懸瓠內附，而新民猶懷去就。（陸）馛銜旨撫慰，諸有陷軍爲奴婢者，馛皆免之。百姓忻悅，民情乃定。

陸馛安撫得宜，百姓不再南逃，願留原鄉，於是淮西七郡（汝南、新蔡、汝陽、汝陰、陳郡、南頓、穎川）〔註57〕盡爲魏地。

〔註53〕《魏書》卷61〈常珍奇傳〉，頁1365～1366。
〔註54〕《魏書》卷56〈鄭羲傳〉，頁1237～1238。
〔註55〕《宋書》卷87〈殷琰傳〉，頁2211。
〔註56〕《魏書》卷40〈陸馛傳〉，頁904。
〔註57〕《資治通鑑》卷131〈宋紀十三〉，明帝泰始二年，頁4126。

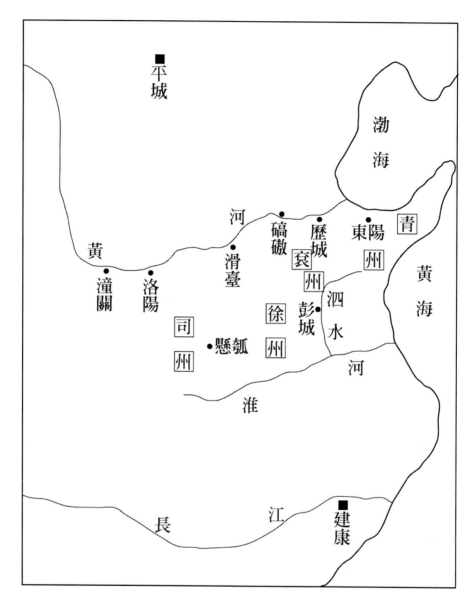

圖十六：「淮北之戰」、「青齊之役」相關形勢圖

（二）第二階段：467 年二月至 469 年正月

　　北魏能佔有淮北、淮西之地，並非主動出擊，而是劉宋司州刺史常珍奇、徐州刺史薛安都、兗州刺史畢眾敬三位州刺史獻地歸降的結果，466 年（魏天安元年、宋泰始二年）九月，常珍奇和薛安都分別向北魏要求以懸瓠、彭城內屬時，北魏掌握此戰略契機，迅速遣軍赴援常珍奇和薛安都。而魏軍尚在行動

中，「十有一月壬子，劉彧（宋明帝）兗州刺史畢眾敬遣使內屬。」〔註58〕劉宋
再度發生刺史降魏事件無異對其為一大打擊，對北魏則是一大鼓舞，東、西二
路魏軍在與司州、徐州宋軍作戰過程中，不用懼怕畢眾敬率兗州宋軍從旁掣肘，
如果畢眾敬忠於劉宋，魏軍就要分兵應付，將影響接收司州、徐州時程，而畢
眾敬的降魏，魏軍再無後顧之憂。其後尉元與元石二路魏軍均挫敗宋軍，劉宋
失淮北、淮西之地，使其北方國防線由淮北退至淮南，而北魏不僅控有淮北地
區，更可伸展勢力至淮河下游，明顯具戰略優勢。北魏欲持續擴張勝果，攫取
更大領域；劉宋則是意識到對北魏戰略縱深不足，急欲阻止國防線續往南退，
魏宋衝突遂無法停歇，雙方投入更多兵力，戰火持續蔓延。

　　張永、沈攸之雖敗退，為了阻止魏軍繼續向南挺進，沈攸之仍留諸將駐
守各要地，其佈防情形為「留長水校尉王玄載守下邳，積射將軍沈韶守宿豫，
睢陵、淮陽亦置戍。」〔註59〕與此同時，北魏雖佔有淮北地區，但尚未執行
全面掃蕩，故多處要地仍由宋將堅守，如「東平太守申纂屯無鹽，并州刺史
房崇吉屯升城。」〔註60〕幽州刺史劉休賓守梁鄒、輔國將軍張讜守團城，而
兗州刺史王整、蘭陵太守桓忻，及肥城、麋溝、垣苗等戍皆未附魏，〔註61〕
仍高舉宋幟，北魏僅能控制點、線，但是接下來的發展，讓北魏不斷增軍淮
北地區，穩固此地統治。張永、沈攸之敗逃後，魏軍勢強，劉宋刺史降魏骨
牌效應開始發酵，467年（魏皇興元年、宋泰始三年）閏正月，「劉彧青州刺
史沈文秀、冀州刺史崔道固並遣使請舉州內屬。」〔註62〕二人降魏原因乃受
當地土人〔註63〕所攻，由於宋軍撤出淮北地區，魏軍一時無法全面佔領，當
地青、冀土民趁勢而起，沈文秀、崔道固兵力不足以平亂，遂決定「俱以州
降（北魏），請師應接。」〔註64〕北魏再度把握此良機，以平東將軍長孫陵、
平南將軍侯窮奇領軍赴援。另劉宋冀州乃一僑置州，未有實土，真正的冀州
在河北，劉宋並未真正統治過，其於青州之地僑置冀州，用為接收、安撫北
方流民。

〔註58〕《魏書》卷6〈顯祖紀〉，頁127。
〔註59〕《宋書》卷74〈沈攸之傳〉，頁1930。
〔註60〕《魏書》卷50〈慕容白曜傳〉，頁1117。
〔註61〕參見《資治通鑑》卷132〈宋紀十四〉，明帝泰始三年，頁4133。
〔註62〕《魏書》卷6〈顯祖紀〉，頁127。
〔註63〕胡三省謂「土人乃青、冀二州之人。」《資治通鑑》卷132〈宋紀十四〉，明帝
　　　　泰始三年，頁4131。
〔註64〕《魏書》卷61〈沈文秀傳〉，頁1367。

　　尉元將淮北情勢上表北魏朝廷，他認爲新佔地區有多處要地仍由宋軍駐守，應徹底掃除並「分兵置戍，進定青冀。」〔註65〕分兵置戍才能讓北魏統治力全面伸展於基層，並進一步略取青齊之地，故希望北魏朝廷遣軍增援。北魏朝廷接受尉元建言，閏正月沈文秀、崔道固降魏時，立遣長孫陵、侯窮奇率軍赴援，二月，續遣慕容白曜率軍五萬後援，「加（慕容）白曜使持節、都督諸軍事、征南大將軍、上黨公，屯於碻磝，以爲諸軍後繼。」〔註66〕魏宋青齊之役於焉展開，慕容白曜成爲北魏爭奪青齊之地的總指揮。

　　劉宋對北方失土持續擴大及刺史降魏有增無減，尚無具體應對之策，宋明帝爲此擔憂不已，幸發現沈文秀之弟沈文炳在朝廷爲官，決定啓動人情攻勢，命其與輔國將軍劉懷珍攜詔書率軍三千，北上青州進行勸喻工作。沈文秀初始不願回歸劉宋，但是其底下將士多爲宋人，毫無降魏之心，見劉懷珍率軍而來，紛紛請降，而北魏對青州、冀州短時間內無法全面接收，只能以原有宋將繼續固守，故民心不穩。沈文秀衡量內外，決定回歸劉宋，崔道固亦隨之跟進，宋明帝聞之大喜，「曲赦青、冀二州。」〔註67〕仍命二人任該州刺史。然而宋明帝卻犯了致命性的戰略錯誤，他見沈文秀、崔道固願意續爲宋臣，劉懷珍任務完成，便將三千人馬撤回，如此青、冀二州又回復原狀。而此時北魏大軍集結將近完成準備進攻，青齊之地戰雲密佈，宋明帝不僅應令劉懷珍三千兵馬協同青、冀二州宋軍協力抗魏，更應速派大軍增援，防止魏軍對青齊地區蠢動，宋明帝主動撤軍的戰略思考，未戰已先示弱。

　　慕容白曜盱衡情勢，對敵我做戰略評估，若直攻沈文秀與崔道固，因青齊地區多處要地仍由宋將堅守，魏軍易腹背受敵，故設定「攻點阻援」戰略，決定先剪除外圍鎮戍，消滅沈文秀、崔道固之援軍，再與其決戰。

1、攻克無鹽、肥城、麋溝、垣苗、升城等五城戍

　　慕容白曜兵鋒首先指向無鹽（今山東東平南），守衛其地者乃劉宋東平太守申纂。魏軍將領認爲，魏軍遠道而來，「攻具未周。」〔註68〕不宜躁進，應完成作戰準備後再行攻城，獨左司馬酈範持不同看法，他認爲：〔註69〕

　　　　今輕軍遠襲，深入敵境，無宜淹留，久稽機候。且（申）纂必以我

〔註65〕《魏書》卷50〈尉元傳〉，頁1111。

〔註66〕《魏書》卷50〈慕容白曜傳〉，頁1117。

〔註67〕《宋書》卷8〈明帝紀〉，頁160。

〔註68〕《魏書》卷42〈酈範傳〉，頁949。

〔註69〕《魏書》卷42〈酈範傳〉，頁949。

軍來速，不去攻守，謂方城可憑，弱卒可恃。此天亡之時也。今若

外潛威形，內整戎旅，密屬將士，出其非意，可一攻而克之。

慕容白曜贊同酈範主張，乃佯示退兵，趁申纂疏於防備，出其不意攻下無鹽。慕容白曜對無鹽及其軍民處理方式，本依魏軍慣例，「盡以其人爲軍實。」〔註70〕酈範反對，其云：〔註71〕

齊四扊之地，世號「東秦」，不遠爲經略，恐未可定也。今皇威始被，

民未霑澤，連城有懷貳之將，比邑有拒守之夫。宜先信義，示之軌

物，然後民心可懷，二州可定。白曜曰：「此良策也。」乃免之。

酈範的建言再次獲得慕容白曜贊同，打破以往魏軍掠奪劉宋百姓爲奴役、軍賞的作法，而降低宋人對魏軍的恐懼感，示之以恩德的作法，對爭取民心及增強北魏統治力極有幫助。

　　魏軍第二個作戰目標爲無鹽東北之肥城（今山東肥城），酈範認爲肥城雖小，攻城頗費時日，「得之無益軍聲，失之有損威勢。」〔註72〕不如將魏軍攻下無鹽的詳細情形飛書告喻肥城守將，讓肥城軍民自動投降，縱使不降，亦當逃散。慕容白曜依計而行，肥城守軍果然被魏軍軍威震懾住，慕容白曜兵不血刃拿下肥城，對酈範大加讚譽曰：「此行也，得卿，三齊不足定矣。」〔註73〕連克無鹽、肥城，魏軍士氣大振乘勝前進，再下麋溝（今山東長青）、垣苗（今山東長青東南）二戍，《魏書・慕容白曜》載：〔註74〕

垣苗、麋溝二戍拒守不下。白曜以千餘騎襲麋溝，麋溝潰，自投濟

水死者千餘人。擊垣苗，又破之，得粟十餘萬斛，由是軍糧充足。

慕容白曜一旬之內連拔四城，威震齊土，但升城（山東長青西南）守將并州刺史房崇吉仍閉門拒守，慕容白曜揮軍攻城，「圍三重，更造攻具，日夜攻擊。」〔註75〕費時三月始攻陷，房崇吉遁逃。攻城行動中魏軍頗有損傷，及城破，慕容白曜本欲縱兵陵城，幸賴參軍事韓麒麟力諫：〔註76〕

今始踐僞境，方圖進取，宜寬威厚惠，以示賊人，此韓信降范陽之

〔註70〕《魏書》卷42〈酈範傳〉，頁949。

〔註71〕《魏書》卷42〈酈範傳〉，頁949～950。

〔註72〕《魏書》卷42〈酈範傳〉，頁950。

〔註73〕《魏書》卷42〈酈範傳〉，頁950。

〔註74〕《魏書》卷50〈慕容白曜傳〉，頁1117。

〔註75〕《魏書》卷43〈房崇吉傳〉，頁975。

〔註76〕《魏書》卷60〈韓麒麟傳〉，頁1331。

計。勁敵在前，而便坑其眾，恐自此以東，將人各為守，攻之難克。

日久師老，外民乘之，以生變故，則三齊未易圖也。

慕容白曜及時頓悟，乃行安撫之策，「撫慰其民，無所殺戮，百姓懷之。獲崇吉母妻，待之以禮。」〔註77〕房崇吉逃至盤陽（今山東淄博西南），見慕容白曜善待其家屬，遂降北魏。

2、平劉宋冀州刺史崔道固

467年（魏天安二年、宋泰始三年）四月，慕容白曜攻克五城戍後，兵至瑕丘（今山東兗州市），部署進攻沈文秀、崔道固的軍事行動，他分魏軍為二路，一路由平東將軍長孫陵率領，攻東陽（今山東益都）沈文秀；一路由自己統領，攻崔道固於歷城（今山東濟南）。由於無鹽等五城戍已遭魏軍攻陷，歷城、東陽便直接暴露在魏軍正面，雙城告急。宋明帝見青州危急，急令沈攸之進攻彭城，企圖開闢第二戰場牽制魏軍，不料遭到沈攸之反對，「攸之以清泗既乾，糧運不繼，固執以為非宜，往返者七。」〔註78〕宋明帝大怒，下詔切責，沈攸之不得已，「乃奉旨進軍。」〔註79〕尉元見宋軍企圖攻取彭城，為掩護慕容白曜順利進軍青齊，必須擊退進攻彭城之宋軍，遂命孔伯恭率步騎一萬應戰，雙方在離下邳五十里左右的焦墟遭遇，結果宋軍大敗，「伯恭大破賊軍，攸之、憘公等輕騎遁走。（尉）元書與劉彧徐州刺史王玄載，示其禍福。玄載狼狽夜走，宿豫、淮陽皆棄城而遁。」〔註80〕劉宋再失下邳、宿豫、淮陽等城，使宋軍援助青齊之路斷絕。解決了側翼威脅後，慕容白曜準備進

〔註77〕《魏書》卷50〈慕容白曜傳〉，頁1117。

〔註78〕《宋書》卷74〈沈攸之傳〉，頁1930。

〔註79〕《宋書》卷74〈沈攸之傳〉，頁1930。

〔註80〕《魏書》卷50〈尉元傳〉，頁1112。關於此次魏宋二軍作戰經過及魏軍所獲戰果，《魏書》卷51〈孔伯恭傳〉，頁1141，有詳細記載：「伯恭遣子都將侯汾等率騎五百在水南，奚升等五百餘騎在水北，南北邀之。伯恭密造火車攻具，欲水陸俱進。攸之等既聞，將戰，引軍退保樊階城。伯恭又令子都將孫天慶等步騎六千向零中峽，斫木斷清水路。劉彧寧朔將軍陳顯達領眾二千溯清而上，以迎攸之，屯于睢清合口。伯恭率眾渡水，大破顯達軍，俘斬十九。攸之聞顯達軍敗，順流退下。伯恭部分諸將，俠清南北尋攸之軍後。伯恭從睢陵城東向零中峽，分軍為二道，遣司馬范師子等在清南，伯恭從清西，與攸之合戰，遂大破之，斬其將姜產之、高遵世及丘幼弼、丘隆先、沈榮宗、陸道景等首，攸之、憘公等輕騎遁走。乘勝追奔八十餘里，軍資器械，虜獲萬計。進攻宿豫，劉彧戍將魯僧遵棄城夜遁。又遣將孔太恒等領募騎一千南討淮陽，彧太守崔武仲焚城南走，遂據淮陽。」

攻歷城，他先致「勸降書」〔註81〕予崔道固，希望他主動投降，「道固固守不降，白曜築長圍以攻之。」〔註82〕慕容白曜自 467 年（魏皇興元年、宋泰始三年）八月圍歷城，至次年二月拔其東城，崔道固終因力竭面縛請降。與此同時，梁鄒守將兗州刺史劉休賓亦以城降魏，「白曜皆釋而禮之。送道固、休賓及其僚屬於京師（平城）。」〔註83〕歷城、梁鄒已入魏，而長孫陵屢攻東陽不下，慕容白曜隨即移師助其圍城。

3、執劉宋青州刺史沈文秀

長孫陵率軍進抵東陽後，沈文秀本已遣使請降，然魏軍進入東陽外城後，長孫陵竟縱容魏軍擄掠，沈文秀「遂有悔心，乃嬰城固守。」〔註84〕其間，沈文秀多次向劉宋朝廷告急，因陸路援青州之路斷絕，劉宋朝廷乃以沈文秀之弟沈文靜爲輔國將軍，從海路援救東陽。沈文靜登陸後進至不其城（今山東即墨西南），魏軍隨即斷其歸路並包圍不其城，沈文靜無法抵擋魏軍猛烈進攻，城破後被殺。沈文秀所有外援均斷絕，加上慕容白曜率魏軍「並力攻討，長圍數匝。」〔註85〕終於在 469 年（魏皇興三年、宋泰始五年）正月攻陷已成孤城的東陽，獨力堅守東陽三年的沈文秀被俘送往平城。至此，北魏進攻青齊地區的戰爭正式結束，劉宋青齊保衛戰失敗，青齊之地盡入魏矣！

〔註81〕勸降書內容爲：「天棄劉彧禍難滋興，骨肉兄弟，自相誅戮，君臣上下，靡復紀綱。徐州刺史薛安都、豫州刺史常珍奇、兗州刺史畢衆敬等深觀存亡，翻然歸義。故朝廷納其誠歂，委以南蕃。皆目前之見事，東西所備聞也。彼無鹽戍主申纂敢縱姦愿，劫奪行人，官軍始臨，一時授首。房崇吉固守升城，尋即潰散。自襄陽以東，至於淮海，莫不風靡，服從正化。謂東陽、歷城有識之士，上思安都之榮顯，下念申纂之死亡，追悔前惑，改圖後悟。然執守愚迷，不能自革。猥總戎旅，掃定北方。濟黃河知十二之虛說，臨齊境想一變之清風，踟蹰周覽，依然何極。故先馳書，以喻成敗。夫見機而動，周易所稱；去危就安，人事常理。若以一介爲高，不悛爲美，則微子負嫌於時，紀季受譏於世。我皇魏重光累葉，德懷無外，軍威所拂，無不披靡。固非三吳弱卒所能擬抗。況於今者，勢已土崩。劉彧威不制秣陵，政不出閫外，豈復能浮江越海，赴危救急。恃此爲援，何異於蹄涔之魚，冀拯江海。夫蝮蛇螫手則斷手，螫足則斷足，誠忍肌體以救性命。若推義而行之，無割身之痛也，而可以保家寧宗，長守安樂。此智士所宜深思重慮，自求多福。」詳見《魏書》卷 50〈慕容白曜傳〉，頁 1118～1119。
〔註82〕《魏書》卷 50〈慕容白曜傳〉，頁 1119。
〔註83〕《魏書》卷 50〈慕容白曜傳〉，頁 1119。
〔註84〕《魏書》卷 61〈沈文秀傳〉，頁 1367。
〔註85〕《魏書》卷 61〈沈文秀傳〉，頁 1367。

三、戰爭檢討

第一階段「淮北之戰」魏勝宋敗，北魏攻取淮北、淮西之地；第二階段「青齊之役」亦然，北魏攻佔青齊之地，茲將戰爭檢討分下列數點論之。

（一）劉宋處理薛安都等州刺史政策失當

宋明帝平晉安王劉子勛之亂，坐穩劉宋皇位後，當初附於叛軍陣營之州刺史如薛安都等人，應如何處理，考驗宋明帝政治智慧。宋明帝預備採強勢作為，重兵壓境以武力威之，然是否適合以武力解決？劉宋朝廷曾有不同意見，蕭道成認為：〔註86〕

> 初，（宋）明帝遣張永、沈攸之以眾喻降薛安都，謂太祖（齊高帝蕭道成）曰：「吾今因此北討，卿意以為何如？」太祖對曰：「安都才識不足，狡猾有餘。若長轡緩御，則必遣子入朝；今以兵逼之，彼將懼而為計，恐非國之利也。」帝曰：「眾軍猛銳，何往不剋。卿每杖策，幸勿多言。」

尚書右僕、兗州大中正蔡興宗亦云：〔註87〕

> 安都遣使歸順，此誠不虛。今宜撫之以和，即安所蒞，不過須單使及咫尺書耳。若以重兵迎之，勢必疑懼，或能招引北虜，為患不測。叛臣釁重，必宜翦戮，則比者所宥，亦已弘矣。況安都外據強地，密邇邊關，考之國計，尤宜馴養。如其遂叛，將生盰食之憂。彭城嶮固，兵強將勇，圍之既難，攻不可拔，疆塞之虞，二三宜慮，臣為朝廷憂之。

蕭道成與蔡興宗均主張對薛安都應採安撫政策，厚以官爵，不宜以武力征討，若貿然以軍事力量奪取彭城等地，恐造成薛安都恐慌，懷疑朝廷誠意，甚至投降北魏，如此將造成國家重大損失，惜宋明帝未採納二人所言，堅決主張以武力征討，而後續發展，果如蕭道成、蔡興宗所料。其實在晉安王劉子勛覆滅後，宋明帝已是劉宋法統，其皇位正當性已不容懷疑，薛安都體認政治現實才會遣使歸順，若宋明帝不以兵戎相見，將其逼至絕境不得已降魏，而改採安撫政策，給予高官厚祿，當可使薛安都、常珍奇、畢眾敬等北疆刺史續為劉宋所用，繼續捍衛劉宋北方國防，不致投降北魏，更造成淮北、淮西諸地的喪失。

〔註86〕《南齊書》卷1〈高帝紀上〉，頁6。
〔註87〕《宋書》卷57〈蔡興宗傳〉，頁1582。

（二）宋明帝對軍事實力的過度自信

宋明帝欲以武力解決薛安都問題，關鍵在於宋軍、魏軍何者能先進入彭城。若張永、沈攸之能早一步在魏軍抵達前，一舉攻克彭城，造成既定事實，將薛安都以彭城降魏，望魏軍援助的原因消滅，則魏軍是否攻打彭城，需重新思考。張永、沈攸之所率宋軍進入彭城，等於再度確認劉宋對彭城的統轄權，若魏軍直接攻打，等同入侵宋境向劉宋宣戰，有可能引發二國大戰，此乃北魏需謹慎思量之處。

宋明帝認為薛安都不足懼，宋軍定能克敵致勝，其自信來自於對晉安王劉子勛戰事的成功，但是他忘了對付晉安王劉子勛和薛安都，是不同環境與層次的戰爭，裴子野曾論曰：〔註88〕

> 太宗（宋明帝）之初，威令所被，不滿百里，卒有離心，士無固色，而能開誠心，布款實，莫不感恩服德，致命效死，故西摧北蕩，宇內寰開。既而六軍獻捷，方隅束手，天子欲賈其餘威，師出無名，長淮以北，倏忽為戎。惜乎！若以嚮之虛懷，不驕不伐，則三叛奚為而起哉！

宋明帝與晉安王劉子勛爭位過程中，初期氣勢不如晉安王劉子勛，可謂居於劣勢，但他卻能「開誠心，布款實。」將士皆感恩服德為其致命，原因在於宋明帝面臨「零和」的生死存亡之戰，誰贏即能登大寶，輸者性命不僅不保，甚至家屬、將士等恐遭贏者清算，故宋明帝與其文武大臣只能全心投入對晉安王劉子勛的戰爭，而最終亦獲得勝利。出兵薛安都卻不同，首先是師出無名，薛安都已表達歸順之意，宋明帝卻出兵征討，朝廷軍已失正當出兵名分。其次：晉安王劉子勛覆滅後，劉宋上下皆認為內戰已結束，不宜隨意興師，應讓軍隊休養生息。薛安都問題原可用安撫政策解決，如今卻以軍事力量征討，遂導致將士有厭戰心理，既有厭戰心理，就無法上下一心克敵致勝，這也是朝廷軍無法攻下彭城原因之一。再其次則是薛安都負隅頑抗，因其視之為生死存亡之戰，正如宋明帝面對晉安王劉子勛的戰爭型態一樣，薛安都見朝廷軍到來，已知宋明帝對己不信任，若彭城遭朝廷軍攻陷，以宋明帝對同屬晉安王劉子勛陣營的劉宋宗室屠戮之慘，絲毫不顧血緣之親，何況薛安都並非宗室僅是一州刺史，下場實無法預料，故面對生死存亡之戰時，薛安都唯有堅守彭城，待北魏援軍到來。宋明帝未體認戰略環境、對象已有不同，

〔註88〕《資治通鑑》卷132〈宋紀十四〉，明帝泰始三年，頁4130。

且本身內部情勢亦有改變，仍堅信其將士與軍隊能如同平滅晉安王劉子勛一樣，順利擊敗薛安都，結果事與願違，不僅遭到挫敗，更使常珍奇、畢眾敬等刺史接連降魏，可見劉宋因錯誤決策導致的損失有多大。

（三）北魏乘劉宋內亂掌握有利戰機

薛安都降魏請魏軍救援時，「又遣第四子道次爲質。」〔註89〕可見其頗具誠意且決心堅定，北魏對是否接受薛安都納降，曾召集廷議：〔註90〕

> 顯祖（魏獻文帝）召羣臣議之，羣官咸曰：「昔世祖（魏太武帝）常有并（劉）義隆（宋文帝）之心，故親御六軍，遠臨江浦。今江南阻亂，內外離心，安都今者求降，千載一會，機事難遇，時不可逢，取亂侮亡，於是乎在。」顯祖納之。

魏獻文帝經廷議後決定出兵，以援救薛安都爲進攻劉宋起點興師南侵，其後屢戰屢勝，淮北、淮西接連入魏，接著進兵青徐，又順利攻佔青齊地區，淮河以北俱成魏土。魏軍出擊能連戰皆捷，在於掌握天時、地利、人和。首先：利用劉宋內亂，掌握有利戰機，宋明帝、晉安王劉子勛爭位導致劉宋元氣大傷，北魏已先佔天時。其次：劉宋北方鎮將以所轄州縣接連降魏，多處軍事重鎮落入北魏手中，劉宋地利已失。最後：劉宋軍隊在內戰中損耗頗鉅，又接著同魏軍作戰，疲憊之師難獲勝仗，何況面對驍勇善戰的北魏騎兵，宋軍普遍有厭戰心理，加上北魏對劉宋降將封賜甚豐，且對新佔領區百姓採安撫政策，劉宋人和亦失。

綜觀此次魏宋對抗是在魏強宋弱的態勢下進行，客觀形勢利於北魏，獲勝機會自然大的多，和 450 年（魏太平眞君十一年、宋元嘉二十七年）魏宋全面戰爭結果大不同，當時魏太武帝傾全國精銳之師大舉伐宋，魏軍直抵長江北岸瓜步，建康戒嚴，帶給劉宋莫大威脅，表面上看北魏乃勝利者，實際上是兩敗俱傷，魏軍所佔劉宋之地得而復失，究其原因，劉宋正當宋文帝的「元嘉盛世」，根據歷史發展來看，此時乃南朝國力最強時期，魏強宋亦強，雙方勢均力敵，故北魏優勢不顯，結局以平手收場。而宋明帝承內亂之後即位，不論是宋明帝或晉安王劉子勛陣營，劉宋軍隊在內戰中耗損不少元氣，且元嘉盛世一去不復返，劉宋國力至宋文帝後江河日下，經宋孝武帝、宋前廢帝，至宋明帝時更加衰弱，與北魏對峙早顯弱勢。至於魏獻文帝，雖乙渾

〔註89〕《魏書》卷 61〈薛安都傳〉，頁 1354。
〔註90〕《魏書》卷 61〈薛安都傳〉，頁 1354。

為亂使其即位經過一番波折，但乙渾之亂範圍僅限於宮廷，並未如劉宋形成二大陣營爭奪皇位，蔓延成全國性的內戰，故北魏國力並未因此而損耗。魏強宋弱已是先天態勢，北魏又無內戰削弱軍隊戰力，劉宋既失先天又無法掌握後天優勢，兩階段戰事皆敗於魏軍乃是情勢使然。

（四）北魏對劉宋降將的優遇

相較於宋明帝的不信任，北魏對劉宋降將極盡優遇之能事，封官賜爵乃理所當然之事，北魏理由有二，其一：運用心理戰。宋明帝態度強硬對薛安都不願給予高官厚祿安撫，「上（宋明帝）雖相酬許，而辭旨簡略。」〔註91〕薛安都遂對劉宋朝廷轉為失望，北魏為爭取薛安都，自然極力滿足其需求：〔註92〕

> 拜安都使持節，散騎常侍，都督徐、南北兗、青、冀五州，豫州之梁郡諸軍事，鎮南大將軍，徐州刺史，賜爵河東公。……又為起第宅，館宇崇麗，資給甚厚。

由上引文可知北魏對薛安都禮遇之隆，劉宋不欲許薛安都者，他卻能從北魏得此需求。北魏對劉宋邊關將領實施心理戰，冀望以薛安都為開端，能爭取到更多劉宋降將。其二：北魏期望藉由對這些劉宋降將優厚之禮遇，塑造樣板人物，在往後的魏宋對峙，甚至戰鬥過程中，增加宋將投降誘因，若宋將因貪北魏豐厚賞賜投降，不但可接收其守衛之城戍和軍事情報，還可減低魏軍傷亡。劉宋之所失正如北魏之所得，三位宋將入魏後都獲得不錯待遇，薛安都如上所述。畢眾敬，「（北魏）拜散騎常侍、寧南將軍、兗州刺史，賜爵東平公。」〔註93〕468年（魏皇興二年、宋泰始四年）「（薛安都）與畢眾敬朝於京師（平城），大見禮重。」〔註94〕至於常珍奇，「（北魏）以珍奇為持節、平南將軍、豫州刺史、河內公。」〔註95〕由爾後又發生崔道固、沈文秀等劉宋鎮將降魏事件，可見北魏禮遇優厚之心理戰略成功，也驗證宋明帝吝於封賜之失敗。

（五）北魏軍事戰略與政治戰略並行

北魏對淮北新佔領區的處理方式，與 450 年（魏太平真君十一年、宋元

〔註91〕《宋書》卷 74〈沈攸之傳〉，頁 1929。
〔註92〕《魏書》卷 61〈薛安都傳〉，頁 1354。
〔註93〕《魏書》卷 61〈畢眾敬傳〉，頁 1360。
〔註94〕《魏書》卷 61〈薛安都傳〉，頁 1354。
〔註95〕《魏書》卷 61〈常珍奇傳〉，頁 1365～1366。

嘉二十七年）魏宋全面戰爭時，魏太武帝對劉宋百姓的態度大相逕庭。當時魏軍以掠奪為主，所過城鎮莫不殘害，「數州摧掃，列邑殲痍，山淵反覆，草木塗地。」〔註96〕魏獻文帝則特別叮囑魏軍主帥慕容白曜，務以百姓為重，「且伐罪弔民，國之令典，當招懷以德，使來蘇之澤，加於百姓。」〔註97〕而慕容白曜也能遵從魏獻文帝要求，撫慰百姓，秋毫無犯。對新佔領區百姓，魏獻文帝同樣採懷柔之策，下詔曰：〔註98〕

> 其曲赦淮北三州之民，自天安二年（467、宋泰始三年）正月三十日
> 壬寅昧爽以前，諸犯死罪以下，繫囚見徒，一切原遣。……三州之
> 民，各安其業，以就農桑。有饑窮不自存，通其市糴之路，鎮統之
> 主，懃加慰納，遵用輕典，以荅新化。若綏導失中，令民逃亡，加
> 罪無縱。其普宣下，咸使聞知朕意焉。

可見北魏將淮北新佔領區視同北魏境內方式對待，以永續經營為念，非以往燒殺擄掠，如此作為將會造成城鎮殘破及宋人對魏軍的恐懼，若北魏仍持以往殘暴方式，淮北之地將成焦土，宋人必激烈反抗，新得之地將得而復失，即便勉強以軍事武力鎮壓，該地區將成不定時炸彈，不知何時會叛魏投宋，唯有讓宋人安居樂業，才可以讓他們對北魏有歸屬感，樂於成為魏民。

（六）魏宋將帥之戰略素養

二軍對陣，將帥戰略素養之優劣高下，絕對居戰爭勝敗關鍵因素。魏軍將帥如尉元、慕容白曜之戰略素養，就戰爭過程及其結果來看，明顯優於張永、沈攸之等宋軍將帥。尉元援救薛安都時，面對張永所率之宋軍，依其遠道而來補給不易之缺失，訂定絕其糧道戰術，果然成功大敗宋軍，而尉元在接收彭城後，曾上書北魏朝廷：〔註99〕

> 元表曰：「彭城倉廩虛罄，人有飢色，求運冀、相、濟、兗四州粟，
> 取張永所棄船九百艘，沿清運致，可以濟救新民。」顯祖從之。
> 又表分兵置戍，進定青冀。……臣前表以下邳水陸所湊，先規殄
> 滅，遣兵屢討，猶未擒定。然彭城、下邳信命未斷，而此城之人，
> 元居賊界，心尚戀土。輒相詿惑，希幸非望，南來息耗，壅塞不

〔註96〕《宋書》卷70〈袁淑傳〉，頁1836。
〔註97〕《魏書》卷50〈慕容白曜傳〉，頁1117。
〔註98〕《宋書》卷95〈索虜傳〉，頁2356～2357。
〔註99〕《魏書》卷50〈尉元傳〉，頁1110～1111。

達，雖至窮迫，仍不肯降。彭城民任玄朗從淮南到鎮，稱劉彧將
任農夫、陳顯達領兵三千，來循宿豫。……若賊向彭城，必由清
泗過宿豫，歷下邳；趨青州，路亦由下邳入沂水，經東安。即爲
賊用師之要。今若先定下邳，平宿豫，鎮淮陽，戍東安，則青冀
諸鎮可不攻而克。若四處不服，青冀雖拔，百姓狼顧，猶懷僥倖
之心。

尉元提出的建言，即是對北魏出兵順利接管彭城後，如何進一步平定青、冀
二州的戰略規畫，共分三部分，第一：保彭城，彭城乃淮北軍事重鎮，魏、
宋必爭之地，戰略地位重要，既已入魏，即須堅守，防止宋軍前來爭奪，而
保衛彭城，需有充足糧食，今彭城糧倉空虛，爲解決糧食問題，以張永所棄
船隻，運補冀、相、濟、兗四州糧食以應彭城所需。第二：遣軍分據要戍，
使魏軍聯絡不致中斷，各要戍彼此連結成爲魏軍防衛線，互相支援，所佔城
池不會成爲孤城。此外，要有效佔領不能僅佔彭城、懸瓠等幾個點，必須擴
大魏軍影響力，由點連成線、線合成面，一步步達成攻取青冀的戰略目標。
第三：攻克宋軍必經要道之鎮戍。爲進佔青冀及防止劉宋進攻彭城，唯有將
宋軍出師路線沿途之鎮戍先行攻佔，不僅可遲滯宋軍行動，還可阻斷青冀之
外援，青冀孤立無援，對北魏而言則有如囊中物。從結果來驗證，之後魏軍
的戰略方向和軍事行動，果如尉元所言。當慕容白曜進軍青冀時，劉宋遣沈
攸之企圖進攻彭城牽制魏軍，尉元因分兵置戍獲得不錯效果，以孔伯恭率軍
應戰，於距離下邳五十里左右的焦墟大敗宋軍，魏軍遂攻佔下邳、宿豫、淮
陽等城，劉宋這些青冀外圍城戍一失，青冀形同孤島，尉元爲慕容白曜解決
了側面威脅，也爲進攻青冀開闢一條坦途，故慕容白曜能成就收青冀之功，
將青齊之地納入北魏版圖，尉元精確的戰略規畫與豐富的戰略素養，實爲成
功因素之一。尉元將才亦獲魏獻文帝肯定，下詔嘉曰：「自淮以北，蕩然清
定，皆是元帥（指尉元）經略。」〔註100〕

《孫子兵法》云：「將者，智、信、仁、勇、嚴也。」〔註101〕乃探討身
爲將帥需具備的素養與條件，智──智謀才能、信──信賞必罰、仁──仁
民愛物、勇──勇敢果決、嚴──治軍嚴明，而慕容白曜具備這五種將帥必
備的素養與條件，分析如下：

〔註100〕《魏書》卷50〈尉元傳〉，頁1112。
〔註101〕孫武著、吳仁傑注譯，《孫子讀本》〈計篇〉，頁4～5。

　　1、進攻沈文秀與崔道固時制定的「攻點阻援」戰略，其戰略思想與尉元如出一轍，也是先奪取無鹽、肥城、麋溝、垣苗、升城等外圍鎮戍，阻卻其援軍，孤立沈文秀、崔道固之後，開始圍攻，二人在無奧援之下只得投降，此為「智」之表現。

　　2、進攻歷城崔道固時，慕容白曜攻城前先致勸降書曰：〔註102〕

> 彼無鹽戍主申纂敢縱姦慝，劫奪行人，官軍始臨，一時授首。……
> 謂東陽、歷城有識之士，上思安都之榮顯，下念申纂之死亡，追悔
> 前惑，改圖後悟。……而可以保家寧宗，長守安樂。此智士所宜深
> 思重慮，自求多福。

舉出薛安都以彭城降，對北魏有大功所獲之榮寵，對比申纂之下場，期望崔道固早日投降以保安康。崔道固思前量後，終信慕容白曜之言，遂「面縛而降。」〔註103〕而慕容白曜固守承諾「釋而禮之。」〔註104〕足見慕容白曜並非騙降，而是言出必行，此為「信」之表現。

　　3、魏軍攻下無鹽後，慕容白曜本欲「盡以其人為軍實。」〔註105〕酈範反對，「宜先信義，示之軌物，然後民心可懷。」〔註106〕慕容白曜接受建言，改行安撫之策爭取民心。另魏軍攻升城（今山東長青西南）時，因劉宋守將房崇吉堅守，雖最終仍攻陷之，但魏軍死傷頗重，慕容白曜本欲縱兵陵城報復，參軍事韓麒麟力諫「宜寬威厚惠。」〔註107〕慕容白曜幡然醒悟，「撫慰其民，無所殺戮，百姓懷之。」〔註108〕上述二件史實皆為「仁」之表現。

　　4、慕容白曜攻打無鹽（今山東東平南）時，諸將認為魏軍長途行軍，攻城器具尚未準備妥當，應完成攻城準備後再發動攻擊，然而左司馬酈範卻認為兵貴神速，且劉宋無鹽守將也認為魏軍遠道而來不會馬上攻城，戒備必然鬆散，故出其不意攻城殺宋軍措手不及，必能一舉攻克。慕容白曜依其建議執行，果然一舉攻下無鹽，酈範之意見與魏軍諸將不同，慕容白曜能依據形勢果斷下達決定，此為「勇」之表現。

〔註102〕《魏書》卷50〈慕容白曜傳〉，頁1118～1119。
〔註103〕《魏書》卷50〈慕容白曜傳〉，頁1119。
〔註104〕《魏書》卷50〈慕容白曜傳〉，頁1119。
〔註105〕《魏書》卷42〈酈範傳〉，頁949。
〔註106〕《魏書》卷42〈酈範傳〉，頁949～950。
〔註107〕《魏書》卷60〈韓麒麟傳〉，頁1331。
〔註108〕《魏書》卷50〈慕容白曜傳〉，頁1117。

5、慕容白曜任北部尚書時，「執法無所阿縱，高宗（魏文成帝）厚待之。」〔註109〕其後領兵作戰，軍紀嚴明，故能克敵致勝，魏獻文帝嘉曰：「卿總率戎旅，討除不賓，霜戈所向，無不催靡。……韓白之功，何以加此。」〔註110〕慕容白曜爲官執法森嚴，爲將重視紀律，故能成爲常勝將軍，更先後得到北魏二位君王肯定，此爲「嚴」之表現。

張永率軍和尉元爭奪彭城時，宋軍士卒手足多遭凍傷，凍死者甚眾，戰鬥力大減，何也？魏人居北方，對嚴寒氣候適應較佳；反之，宋人居南方，不適酷冷氣候，天時利於魏軍，「（張）永征彭城，遇寒雪，軍人足脛凍斷者十七八。（張）沖足指皆墮。」〔註111〕張沖乃張永之侄，至於張永，「腳指斷落，僅以身免。」〔註112〕可見酷寒氣候對宋軍影響極大。雪地作戰，魏軍猶如以己之長攻敵之短，宋軍統帥張永當思考的是，欲掌握天時將氣候因素轉爲宋人之長，應先採堅城固守戰略，與魏軍對峙。「（尉）元以張永仍據險要，攻守勢倍。」〔註113〕當時張永所率宋軍佔有彭城外圍險要之地，尉元認爲進攻不易。若魏軍先行攻擊，其補給線過長，利於速戰速決，此時宋軍即應發揮守城專長堅守險要之地，一旦戰事拖長進入夏季，氣候因素將對魏軍不利，只要宋軍持續固守，待氣候轉暖後發動攻擊，魏軍不適炎熱氣候，戰力必定減弱，或許可盡逐魏軍收淮北之地。魏人不喜暑熱，遷都洛陽後仍是如此，如魏孝文帝太子拓跋恂，「深忌河洛暑熱，意每追樂北方。」〔註114〕張永未能以有利於己之天候與魏軍作戰，其與魏軍統帥尉元、慕容白曜之軍事素養高下立判。

第二節　魏獻文帝太上皇帝時期與劉宋的軍事衝突

魏獻文帝在北魏王朝乃頗爲特殊之皇帝，465 年（魏和平六年、宋泰始元年）至 476 年（魏延興六年、宋元徽四年）共在位十二年，不過並非全以皇帝之名君臨天下，471 年（魏延興元年、宋泰始七年）至 476 年爲太上皇帝時期，他也是北魏唯一一位太上皇帝。魏獻文帝之太上皇帝，並非毫無權力之

〔註109〕《魏書》卷 50〈慕容白曜傳〉，頁 1117。
〔註110〕《魏書》卷 50〈慕容白曜傳〉，頁 1117。
〔註111〕《南齊書》卷 49〈張沖傳〉，頁 853。
〔註112〕《宋書》卷 53〈張永傳〉，頁 1514。
〔註113〕《魏書》卷 50〈尉元傳〉，頁 1110。
〔註114〕《魏書》卷 22〈廢太子恂傳〉，頁 588。

太上皇，而是握有實權，權力等同皇帝之太上皇帝。雖然在位分成前後二階段，但對於劉宋的國家戰略並未有太大差別，不同的是戰爭的規模與大小，還有劉宋內部政治情勢的不同。魏獻文帝在延興年間〔註115〕仍時刻準備趁劉宋政治情勢不穩時南伐，希望再創造奪取淮北、青齊之地的勝果，而劉宋君臣對上述失地亦心存恢復，雙方的衝突遂不可免，只不過魏宋彼此面對的戰略環境不同，雖有軍事衝突卻未演變成大規模戰爭，僅是一般的邊界型區域衝突，所以魏獻文帝二個時期和劉宋的對抗，在規模和型態上有極大差別。

一、戰略環境分析

淮北、青齊等地入魏後，北魏領土大增，魏獻文帝自然希望繼續攻佔劉宋領土，拓展北魏版圖。但是自「青齊之役」結束後，北魏和劉宋內部都發生很大變化，因此魏獻文帝欲持續對劉宋用兵擴充南方疆域，其所面臨的戰略環境和「淮北之戰」、「青齊之役」時有很大不同。除了北魏仍須面對柔然威脅外，劉宋面對國防線南移，刻意加強淮南防務，以便阻止魏軍南下。另外，魏宋都發生政治事變，北魏是未流血的禪位事件；劉宋則是多位宗室親王遭宋明帝殺害，宗室間普遍惶恐不安，遂在其崩後發生兩起叛亂事件。上述事實表明戰略環境發生很大變化，現分析如下。

（一）魏獻文帝禪位事件

魏文成帝 465 年（魏和平六年、宋泰始元年）五月崩逝，太子拓跋弘雖順利繼位，成為北魏王朝第五位君王魏獻文帝，但朝政大權落於權臣乙渾之手。文明太后聯合拓跋宗室與朝臣，於 466 年（魏天安元年、宋泰始二年）二月庚申誅除乙渾後臨朝聽政，此乃文明太后首次執政，魏獻文帝空有皇帝虛名，未有皇帝實權。不過文明太后首次臨朝聽政為時不久，次年八月魏獻文帝生子拓跋宏，此時魏獻文帝年僅十四，但游牧民族習於早婚，北魏亦不例外，故無足為奇。文明太后為親自撫育皇孫拓跋宏，於 469 年（魏皇興三年、宋泰始五年）六月拓跋宏被立為皇太子後，文明太后乃歸政魏獻文帝，「及高祖（拓跋宏）生，太后躬親撫養。是後罷令，不聽政事。」〔註116〕

〔註115〕471 年至 476 年為魏獻文帝太上皇帝時期，時北魏皇帝為魏孝文帝，其年號延興共有六年，即延興元年至六年，恰與太上皇帝時期相符，故以延興年間稱之。而此六年劉宋之紀年為宋明帝泰始七年至宋後廢帝元徽四年。

〔註116〕《魏書》卷13〈皇后・文成文明皇后馮氏傳〉，頁 328。文明太后不聽政事，

　　魏獻文帝與文明太后之間，雖名為母子，但無任何血緣關係，魏獻文帝初親政時與文明太后的關係如何？雖然史無明載，不過以魏獻文帝當時僅十四歲，尚是個大孩子，必須依賴文明太后的地方甚多，不見得有多少自主行事的能力，彼此間的關係大概還不致太壞，因此二人在政治上並無太大的衝突。但隨著魏獻文帝年齡增長，太子拓跋宏漸脫離襁褓，文明太后不需投注太多心力於太子拓跋宏身上，遂將精神轉移到朝中政局。魏獻文帝雖然親政，但文明太后仍握有權力，二人在政治上的看法逐漸產生差異，開始出現相互爭權的情形。

　　470 年（魏皇興四年、宋泰始六年）冬，魏獻文帝已十七歲，為了伸展君主威嚴與剷除文明太后勢力，遂誅殺慕容白曜及李敷、李弈兄弟。殺慕容白曜乃其黨於乙渾，乙渾之亂雖已時過境遷，卻為魏獻文帝所利用，「慕容白曜，慕容元真之玄孫。……執法無所阿縱，高宗（魏文成帝）厚待之。高宗崩，與乙渾共秉朝政，遷尚書右僕射，進爵南鄉公，加安南將軍。」〔註 117〕乙渾專權時，不少朝臣迫於情勢，必須與乙渾虛與委蛇，並非真心附於乙渾，魏獻文帝以此原因誅殺慕容白曜，理由不免牽強，尤其他收劉宋青齊之地以為魏土，有大功於國家，故天下咸以為冤，「初，乙渾專權，白曜頗所俠附，緣此追以為責。及將誅也，云謀反叛，時論冤之。」〔註 118〕慕容白曜為北魏名將，遭此下場，乃魏獻文帝欲藉此樹立君主權威，慕容白曜遂成為犧牲品。魏獻文帝接著與文明太后正面衝突，下令誅殺李敷、李弈兄弟，《魏書·文成文明皇后馮氏傳》載：「太后行不正，內寵李弈，顯祖因事誅之，太后不得意。」〔註 119〕顯祖為魏獻文帝之廟號。李弈是文明太后的情人，李敷是魏文成、獻文兩朝重臣。文明太后品行不正，內寵李敷之弟李弈，魏獻文帝藉此誅李敷和李弈兄弟，終於導致雙方衝突的表面化。〔註 120〕

《魏書》、《北史》未確切載於何年，《資治通鑑》則繫於太子拓跋宏生之下：「頃之，還政於魏主。魏主始親國事，勤於為治，賞罰嚴明，拔清節、黜貪汙，於是魏之牧守始有以廉潔著聞者。」《資治通鑑》卷 132〈宋紀十四〉，明帝泰始三年，頁 4141。王吉林認為《資治通鑑》是因拓跋宏生而附記，文明太后還政未必是在此年，應當在 469 年（魏皇興三年、宋泰始五年）左右，亦即在文明太后親自撫養之皇孫拓跋宏被立為皇太子後，文明太后始敢還政魏獻文帝。參見王吉林，〈北魏繼承制度與宮闈鬥爭之綜合研究〉，收於《華岡文科學報》，第 11 期，1978 年 1 月，頁 104～105。

〔註 117〕《魏書》卷 50〈慕容白曜傳〉，頁 1116～1117。
〔註 118〕《魏書》卷 50〈慕容白曜傳〉，頁 1119。
〔註 119〕《魏書》卷 13〈皇后·文成文明皇后馮氏傳〉，頁 328。
〔註 120〕李氏兄弟被殺乃受李敷之至友李訢連累，《魏書·李訢傳》有言：「（李訢）乃

魏獻文帝殺李氏兄弟等於向文明太后公開挑戰，同時也驚覺文明太后權勢之大，他可能爲了避此風頭，也爲了脫離文明太后以「太后」威權對其皇權的箝制，遂於 471 年（魏皇興五年、宋泰始七年）八月，宣佈將皇位禪讓其叔父京兆王拓跋子推，北魏朝廷百官譁然，這種傳叔不傳子的皇位繼承方式，是北魏王朝從魏道武帝以來推行「父子相傳」繼承制的一大挑戰，將會對北魏的皇位繼承帶來紛爭。禪位事件《魏書》所載理由爲魏獻文帝「雅薄時務，常有遺世之心。」〔註121〕這當然是表面理由並非事實。從他退位爲太上皇帝至過世的六年間，經常南征北討，實在很難看到他的「雅薄時務」及「遺世之心」，因其中大有文章，牽涉到文明太后與魏獻文帝的權力鬥爭。

魏獻文帝有兄弟更立有太子拓跋宏，若欲禪位，爲何不傳於太子或其兄弟，卻傳位叔父京兆王拓跋子推。其實魏獻文帝有其目的，京兆王拓跋子推乃魏文成帝之弟，與文明太后同輩，兩人是叔嫂關係，他不僅歷任北魏諸要職，兼之甚有威望：「位侍中、征南大將軍、長安鎮都大將。……入爲中都大官，察獄有稱。」〔註122〕論聲望與經驗，他都有與文明太后抗衡的實力，更重要的是，一旦京兆王拓跋子推繼位，文明太后躬自撫養的太子拓跋宏將喪失皇位繼承權，文明太后在政治上將無著力點，可見魏獻文帝挑選京兆王拓跋子推乃經過縝密思考。

魏獻文帝知其禪位京兆王拓跋子推牽涉甚廣，遂召集百官朝議，但「王公卿士，莫敢先言。」〔註123〕北魏朝廷百官面對此種情況，若贊成禪位京兆王拓跋子推，將得罪文明太后；反之，若不贊成又得罪魏獻文帝，處兩難之間只有緘默。魏獻文帝不得已，遂「集諸大臣，以次召問。」〔註124〕不料卻

受納民財及商胡珍寶，兵民告言。……有司諷訴以中旨嫌敷兄弟之意，令訴告列敷等隱罪，可得自全。」《魏書》卷46〈李訢傳〉，頁 1040～1041。另《魏書・李順附子敷傳》亦載：「李訢列其隱罪二十餘條，顯祖（魏獻文帝）大怒，皇興四年（470、宋泰始六年）冬，誅敷兄弟，削順位號爲庶人。敷從弟顯德、妹夫廣平公叔珍等，皆坐關亂公私，同時伏法。……敷長子伯和。次仲良，與父俱死。」《魏書》卷36〈李順附子敷傳〉，頁834。《資治通鑑》則明載魏獻文帝因「敷弟弈得幸於馮太后，帝意已疏之。」《資治通鑑》卷132〈宋紀十四〉，明帝泰始六年，頁4154。

〔註121〕《魏書》卷 6〈顯祖紀〉，頁 131。
〔註122〕《魏書》卷 19 上〈景穆十二王上・京兆王子推傳〉，頁 443。
〔註123〕《魏書》卷 19 中〈景穆十二王中・任城王雲傳〉，頁 461。
〔註124〕《魏書》卷 48〈高允傳〉，頁 1086。

遭到任城王拓跋雲〔註125〕、太尉源賀〔註126〕、東陽公拓跋丕〔註127〕、選部尚書陸馣〔註128〕、漢臣中書令高允〔註129〕、宦官趙黑〔註130〕等眾臣一致反對，任城王拓跋雲、東陽公拓跋丕代表拓跋宗室意見；源賀、陸馣屬代人重臣，他們在北魏王朝屬統治階層，擁有政治權力。至於高允則為漢人官僚代表；趙黑則是宦官，他們的政治權力和地位都不及拓跋宗室和代人貴族，但是連他們都反對，可見魏獻文帝禪位之舉遭到全面性反對。眾臣的意見分兩部分，其一：魏獻文帝正當年富力強，不可輕易禪位，這是最佳的方案。其二：若魏獻文帝禪位態度堅決，既有太子拓跋宏，皇位繼承人已定，國有儲君，就不可禪位他人。魏獻文帝見大勢已去，無法違背朝廷百官公論，宗室和朝臣幾乎一面倒聲援太子拓跋宏，無人贊成禪位京兆王拓跋子推，魏獻文帝無奈只有讓步，挑選賢臣輔佐，以陸馣為太保，與太尉源賀持節奉皇帝璽紱，奉太子拓跋宏於 471 年（魏皇興五年、宋泰始七年）八月丙午繼位，是為魏孝文帝，改元延興。

　　文明太后親自撫育太子拓跋宏其實別有用心，她深知掌握太子拓跋宏，就能擁有一切權力，因太子日後定將繼承皇位。在拓跋宏被立為皇太子後，文明太后願意還政魏獻文帝，是她已立於不敗之地，一旦魏獻文帝崩逝，太子拓跋宏必然繼位。進一步而言，若文明太后暗算魏獻文帝成功，自然又可臨朝聽政，

〔註125〕任城王拓跋雲曰：「陛下方隆太平，臨覆四海，豈得上違宗廟，下棄兆民。父子相傳，其來久矣。皇魏之興，未之有革。皇儲正統，聖德凤章，陛下必欲割捐塵務，頤神清曠者，塚副之寄，宜紹寶曆。若欲捨儲，輕移宸極，恐非先聖之意，駭動人情。又，天下是祖宗之天下，而陛下輒改神器，上乖七廟之靈，下長姦亂之道，此是禍福所由，願深思慎之。」《魏書》卷 19 中〈景穆十二王中‧任城王雲傳〉，頁 461。

〔註126〕源賀曰：「陛下今欲外選諸王而禪位于皇叔者，臣恐春秋蒸嘗，昭穆有亂，脫萬世之後，必有逆饗之譏，深願思任城之言。」《魏書》卷 19 中〈景穆十二王中‧任城王雲傳〉，頁 461。

〔註127〕東陽公拓跋丕曰：「皇太子雖聖德凤彰，然實沖幼。陛下富於春秋，始覽機政，普天景仰，率土傒心，欲隆獨善，不以萬物為意，其若宗廟何，其若億兆何。」《魏書》卷 19 中〈景穆十二王中‧任城王雲傳〉，頁 462。

〔註128〕選部尚書陸馣曰：「皇太子聖德承基，四海屬望，不可橫議，干國之紀。臣請刎頸殿庭，有死無貳。」《魏書》卷 40〈陸馣傳〉，頁 905。

〔註129〕中書令高允曰：「臣不敢多言，以勞神聽。願陛下上思宗廟託付之重，追念周公抱成王之事。」《魏書》卷 48〈高允傳〉，頁 1086。

〔註130〕宦官趙黑曰：「臣愚無識，信情率意。伏惟陛下春秋始富，如日方中，天下說其盛明，萬物懷其光景，元元之心，願終萬歲。若聖性淵遠，欲頤神味道者，臣黑以死奉戴皇太子，不知其他。」《魏書》卷 94〈閹官‧趙黑傳〉，頁 2016。

故立僅三歲之拓跋宏爲太子，應是出自文明太后之意。此後魏獻文帝發動攻勢殺李敷兄弟，但文明太后握有之勢力非魏獻文帝所能撼動。她發動宗室、百官反對魏獻文帝禪位京兆王拓跋子推，逼其傳位太子拓跋宏，《魏書・天象志》載：「明年，上（魏獻文帝）迫於太后，傳位太子，是爲孝文帝。」〔註131〕「迫於太后」一語道出魏獻文帝遭受文明太后之壓力。事實上，魏獻文帝以皇帝至尊，不應慘敗於文明太后，但因其戰略錯誤，欲傳位皇叔京兆王拓跋子推，此舉對漢化漸深的北魏統治階層而言實無法接受。由於北魏王朝父子相承、太子繼承已成祖訓，從魏道武帝建國以來均是父子相傳，叔姪相傳已是部落聯盟時期的舊事，魏獻文帝違反祖訓，正好給文明太后和偏向她之宗室、百官有利條件，並有了反對的理論依據。其實這些宗室、代人及漢臣，他們大多數皆非反對魏獻文帝的退位，而是堅決反對由京兆王拓跋子推繼位，然而他們僅執著於宗法、禮法，並不瞭解魏獻文帝這種傳位思維背後的深層意義。文明太后正好利用這批朝臣力量，借力使力，粉碎魏獻文帝傳位京兆王拓跋子推的計謀。在文明太后首次與魏獻文帝鬥爭中，文明太后雖然表面上獲勝，但實際上魏獻文帝也未盡輸，他以太上皇帝掌握政權，而夾在二人之間的魏孝文帝，成爲二人鬥爭的工具，所幸其年幼無知，避免了立場的問題。

魏獻文帝傳位太子拓跋宏，可說是文明太后一大勝利，文明太后認爲如此一來魏獻文帝勢必退出權力核心，屆時她將可重掌政權，但事實並非如其所料，魏獻文帝不會輕易放棄權力。他的因應之道，是皇位雖傳給太子拓跋宏，但他仍掌握實際權力，以「太上皇帝」之名繼續執掌國家大事，以別於不管國政之太上皇：〔註132〕

> 群臣奏曰：「昔漢高祖稱皇帝，尊其父爲太上皇，明不統天下也。今皇帝幼沖，萬機大政，猶宜陛下總之。謹上尊號曰太上皇帝。」顯祖從之。

魏獻文帝雖退居二線，但並非清靜無爲的「太上皇」，而是握有實權的「太上皇帝」，所謂「國之大事咸以聞。」〔註133〕正是他任太上皇帝最佳之寫照，《魏書・刑罰志》亦對其任太上皇帝之執政有詳細記載：〔註134〕

〔註131〕《魏書》卷105之3〈天象志三〉，頁2412。
〔註132〕《資治通鑑》卷133〈宋紀十五〉，明帝泰始七年，頁4165～4166。
〔註133〕《魏書》卷6〈顯祖紀〉，頁132。
〔註134〕《魏書》卷111〈刑罰志〉，頁2876。

及傳位高祖（魏孝文帝），猶躬覽萬幾，刑政嚴明，顯拔清節，沙汰貪鄙。牧守之廉潔者，往往有聞焉。……先是諸曹奏事，多有疑請，又口傳詔敕，或致矯擅。於是事無大小，皆令據律正名，不得疑奏。合則制可，失衷則彈詰之，盡從中墨詔。自是事咸精詳，下莫敢相罔。

據上所引可證魏獻文帝雖已退位，仍以太上皇帝之尊執掌朝政大權。

（二）柔然的威脅

柔然長久一來一直為北魏北方大患，經魏道武、明元、太武三代持續的打擊，勢力大衰，尤其魏太武帝屢次渡漠強力征討，柔然不復為北魏之患，他才得以無後顧之憂南伐劉宋，遂其飲馬長江之志。然魏文成帝即位後，與民休養生息不主動對外征戰的國家戰略，雖然讓國家社會漸復元氣，也使南方劉宋、北方柔然的戰略關係趨緩，而柔然亦趁北魏對其減輕軍事壓力之際，獲得長期休息，實力逐漸復甦。北魏延興年間，柔然多次入寇北魏，屢遭北魏邊將擊退，魏獻文帝更有親自征討之舉，這段期間北魏和柔然的衝突如下表：

表二：魏獻文帝太上皇帝時期柔然進犯北魏表

年	月	內　容	出　處：《魏書》
472 年 魏延興二年 宋泰豫元年	正月	蠕蠕犯塞，太上皇帝次於北郊，詔諸將討之。虜遁走。	卷 7 上〈高祖紀上〉，頁 136。
	閏六月	蠕蠕寇敦煌，鎮將尉多侯擊走之。又寇晉昌，守將薛奴擊走之。	卷 7 上〈高祖紀上〉，頁 137。
	十一月	冬十月，蠕蠕犯塞，及於五原。十有一月，太上皇帝親討之。將度漠襲擊，蠕蠕聞軍至，大懼，北走數千里。以窮寇遠遁，不可追，乃止。	卷 7 上〈高祖紀上〉，頁 137。
473 年 魏延興三年 宋元徽元年	二月	戊午，太上皇帝至自北討，飲至策勳，告於宗廟。	卷 7 上〈高祖紀上〉，頁 139。
	七月	蠕蠕寇敦煌，鎮將樂洛生擊破之。	卷 7 上〈高祖紀上〉，頁 139。
	十月	蠕蠕犯邊，柔玄鎮二部敕勒叛應之。	卷 7 上〈高祖紀上〉，頁 139。
474 魏延興四年 宋元徽二年	七月	蠕蠕寇敦煌，鎮將尉多侯大破之。	卷 7 上〈高祖紀上〉，頁 140。

475 年 魏延興五年 宋元徽三年	十月	太上皇帝大閱於北郊（布威於柔然）。	卷 7 上〈高祖紀上〉，頁 142。

據上表可知從魏太武帝後期沈寂已久的柔然，至魏獻文帝太上皇帝時期再度猖獗起來，對北魏北方國防漸生威脅，但是觀察柔然和北魏衝突的過程，柔然雖主動進犯北魏邊疆，卻未能造成巨大破壞，均遭當地守軍擊退，可見柔然實力雖有恢復，已無法恢復至全盛時期能威脅北魏生存，僅能以寇擾方式造成北魏北疆騷動與不安，可見魏太武帝對柔然的致命打擊，使北方「邊疆息警矣。」〔註135〕誠非虛言，於此已展現具體成效。

柔然雖然數犯邊疆，與北魏發生多次軍事衝突，但其受羅部眞可汗予成卻也提出通婚要求，《魏書・蠕蠕傳》：〔註136〕

> 延興五年（475、宋元徽三年），予成求通婚娉，有司以予成數犯邊塞，請絕其使，發兵討之。顯祖曰：「蠕蠕譬若禽獸，貪而亡義，朕要當以信誠待物，不可抑絕也。予成知悔前非，遣使請和，求結姻援，安可孤其款意？」乃詔報曰：「所論婚事，今始一反，尋覽事理，未允厥中。夫男而下女，爻象所明，初婚之吉，敦崇禮娉，君子所以重人倫之本。不敬其初，令終難矣。」予成每懷譎詐，終顯祖世，更不求婚。

柔然和北魏的戰略關係在武力衝突的緊張背景下，予成請婚北魏，的確頗爲奇特，因而使雙方關係呈現一弛一張的情形，而由於柔然的屢犯邊疆，與北魏的通婚之議終究未能達成。

柔然實力與往昔動輒大軍入寇足以威脅北魏生存已有明顯落差，僅能襲擊邊區劫掠人畜，由於戰略態勢的改變，北魏也相對做出戰略調整，以攻勢作爲主動出擊者少，改採備禦爲主，著重防範柔然的入侵，所以才有尉多侯、樂洛生等鎮將鎮守邊疆擊退柔然的入侵。但是適時布威進攻柔然仍不可全廢，君王親自征討仍有其宣示與戰略意義，故仍有魏獻文帝北討之舉。柔然雖無法威脅北魏生存，但其屢屢寇邊仍會影響北方國防，對北魏軍事部署形成牽制，尤其在對劉宋用兵時，若柔然襲邊，將使魏獻文帝無法專力進軍劉宋，須分心關注北方情勢，故柔然的動向，仍是影響對劉宋軍事行動的重要

〔註135〕《魏書》卷 103〈蠕蠕傳〉，頁 2295。
〔註136〕《魏書》卷 103〈蠕蠕傳〉，頁 2296。

因素。另外，據上所述，北魏國防外交政策仍由魏獻文帝之太上皇帝決定，誠如前段所言，他仍是北魏王朝最高統治者於此又一明證。

（三）劉宋加強淮南防務

469 年（魏皇興三年、宋泰始三年）正月乙丑，〔註137〕慕容白曜「克東陽，擒沈文秀。」〔註138〕後，北魏用兵青齊戰事結束，青齊之地成為北魏疆域。由於劉宋失淮北淮西、青齊等地區，加強淮南防務乃當務之急，原屬後方的淮陰、鍾離、義陽等緣淮諸城鎮，一變而為前線抗魏軍事重鎮。事實上，宋明帝在淮北戰事接連失利時，就已注意到淮南防務，命蕭道成鎮守淮陰，負責淮南防務，並延續至戰後，《南齊書‧高帝紀》載：〔註139〕

> （張）永等敗於彭城。淮南孤弱，以太祖（蕭道成）為假冠軍將軍、持節、都督北討前鋒諸軍事，鎮淮陰。泰始三年（467、魏皇興元年），……遷督南兗徐二州諸軍事、南兗州刺史，持節、假冠軍、督北討如故。五年，進督兗、青、冀三州。六年，除黃門侍郎，領越騎校尉，不拜。復授冠軍將軍，留本任。

至於鍾離則提升其地位：〔註140〕

> 北徐州，鎮鍾離。……宋泰始末年屬南兗。元徽元年（473、魏延興三年）置州，割為州治，防鎮緣淮。

義陽亦復如此，《南齊書‧州郡志》載：〔註141〕

> 司州，鎮義陽。……泰始中。立州於義陽郡。有三關之隘，北接陳、汝，控帶許、洛。自此以來，常為邊鎮。

雖然劉宋國防線退至淮河，北魏卻未乘勝追擊，自 469 年（魏皇興三年、宋泰始三年）正月「青齊之役」結束後，也許是劉宋加強淮南防務得到效果，此後直至 479 年（魏太和三年、齊建元元年）蕭道成篡宋為止，魏宋並未發生大規模戰爭，二國關係趨於和平。

（四）宋明帝殘殺宗室諸王

「青齊之役」結束後，劉宋喪失淮北淮西及青齊地區大片領土，宋明帝

〔註137〕《魏書》卷6〈顯祖紀〉，頁129。
〔註138〕《魏書》卷50〈慕容白曜傳〉，頁1119。
〔註139〕《南齊書》卷1〈高帝紀上〉，頁6。
〔註140〕《南齊書》卷14〈州郡志上〉，頁258。
〔註141〕《南齊書》卷15〈州郡志下〉，頁278～279。

接連對外戰爭受挫，威信受損，遂有劉宋宗室欲起兵謀反。而宋明帝安內重於對外，對北魏偃武息兵，不敢採取主動積極的攻勢作為，其目的在鞏固領導權威，杜絕有心人士挑戰，於是宋明帝又走回劉宋殘殺宗室的老路。宋文帝十九個兒子經過多次宋室喋血後，除宋明帝外尚有六人在世，義陽王劉昶早已投降北魏，其餘五人分別是：盧江王劉禕、晉平王劉休祐、建安王劉休仁、巴陵王劉休若、桂陽王劉休範。

　　469 年（魏皇興三年、宋泰始五年）二月，「青齊之役」甫結束，劉宋即生內亂，「河東柳欣慰謀反，欲立（劉）禕，禕與相酬和。」〔註142〕正當二人謀畫之際，遭征北諮議參軍杜幼文告發，宋明帝大驚，遂先下手為強，殺柳欣慰等謀反之人。一開始雖未殺盧江王劉禕，僅削邑千戶，但次年六月，仍「逼令自殺。」〔註143〕此後宋明帝對其兄弟不信任感漸增，懼兄弟奪其皇位。之後宋明帝患重病，當時太子劉昱僅有九歲，宋明帝恐其死後，諸弟謀奪太子劉昱皇位，遂決定殺之。據《宋書‧明帝紀》載，471 年（魏皇興五年、宋泰始七年）宋明帝殺了三位弟弟：〔註144〕

　　　　二月……甲寅，驃騎大將軍、開府儀同三司、南徐州刺史晉平王休
　　　　祐薨。……五月戊午，司徒建安王休仁有罪，自殺。……秋七月……
　　　　乙丑，新除車騎大將軍、江州刺史巴陵王休若薨。

建安王劉休仁有罪自殺，卻未書何罪；晉平王劉休祐、巴陵王劉休若僅以「薨」字帶過，《宋書‧明帝紀》似乎有所隱諱，然觀《宋書》三人本傳即可知原委。〈晉平刺王休祐傳〉載宋明帝趁狩獵時，令晉平王劉休祐追擊獵物，卻命左右快馬前往，拉晉平王劉休祐下馬殺之。〔註145〕建安王劉休仁則是宋明帝賜其毒藥自盡，待其死後下詔誣指建安王劉休仁欲謀反，事發後因羞愧恐懼，故自殺謝罪。〔註146〕至於巴陵王劉休若，時為荊州刺史，宋明帝召其入朝，巴陵王劉休若見其兄長晉平王劉休祐、建安王劉休仁俱害，恐懼不已，其中兵參軍王敬先，「勸割據荊楚以距朝廷，休若偽許之。敬先既出，執錄，馳使白太宗（宋明帝），敬先坐誅死。」〔註147〕巴陵王劉休若雖先自

〔註142〕《宋書》卷79〈文五王‧盧江王禕傳〉，頁2039。
〔註143〕《宋書》卷79〈文五王‧盧江王禕傳〉，頁2042。
〔註144〕《宋書》卷8〈明帝紀〉，頁167～168。
〔註145〕參見《宋書》卷72〈文九王‧晉平刺王休祐傳〉，頁1880。
〔註146〕參見《宋書》卷72〈文九王‧始安王休仁傳〉，頁1873～1878。
〔註147〕《宋書》卷72〈文九王‧巴陵哀王休若傳〉，頁1884。

曝王敬先謀反陰謀，但是仍然得不到宋明帝信任，宋明帝殺意已決，「即於第賜死。」〔註148〕宋明帝殺了一位兄長、三位弟弟後，僅剩桂陽王劉休範一人，宋明帝將其列於誅殺排序之末，乃因「休範素凡訥，少知解，……謹澀無才能，不爲物情所向。」〔註149〕不過宋明帝還來不及下手，卻已先卒，桂陽王劉休範遂得以存活。

（五）宋後廢帝之即位與政治亂局

宋明帝崩於 472 年（魏延興二年、宋泰豫元年）四月乙亥，太子劉昱繼位，史稱宋後廢帝，以別於宋前廢帝。宋後廢帝在位期間爆發兩次宗室謀反事件，雖然最終得以平定，卻也造就蕭道成的崛起。蕭道成出身蘭陵蕭氏，乃南朝僑姓四大望族王、謝、袁、蕭之一。宋明帝崩時，以其「領石頭戍軍事。」〔註150〕即建康城之衛戍司令。

第一次宗室謀反發生於 474 年（魏延興四年、宋元徽二年）五月，未遭宋明帝殺害的漏網之魚桂陽王劉休範「舉兵於尋陽（今江西九江）。」〔註151〕叛軍順江而下，劉宋朝廷震恐，眾臣惶惶無計，蕭道成挺身而出率軍應戰，雙方於新亭（今南京南）交戰，「短兵接戰，自巳至午，眾皆失色。……未時，張敬兒斬休範首。」〔註152〕桂陽王劉休範一死，叛軍群龍無首，亂事迅速被平定。蕭道成因功「遷散騎常侍、中領軍、都督南兗徐兗青冀五州軍事、鎮軍將軍、南兗州刺史，持節如故。」〔註153〕與袁粲、褚淵、劉秉並稱四貴，乃劉宋朝廷中最有權勢之四人，從職銜可知蕭道成握有軍權，實力明顯優於另外三人，劉宋軍政大權遂落入蕭道成之手。476 年（魏承明元年、宋元徽四年）七月再度爆發宗室叛亂，南徐州刺史、建平王劉景素舉兵反，他乃宋文帝七子建平王劉宏之長子。劉宋朝廷面對此叛亂，平叛重任又落在蕭道成肩上，「齊王（蕭道成）出屯玄武湖，冠軍將軍任農夫、黃回、左軍將軍李安民各領步軍，右軍將軍張保率水軍，並北討。」〔註154〕建平王劉景素水軍訓練有素，敗張保水軍，並殺之。叛軍雖初獲勝仗，但內部橫向聯

〔註148〕《宋書》卷 72〈文九王‧巴陵哀王休若傳〉，頁 1884。
〔註149〕《宋書》卷 79〈文五王‧桂陽王休範傳〉，頁 2046。
〔註150〕《南齊書》卷 1〈高帝紀上〉，頁 7。
〔註151〕《南齊書》卷 1〈高帝紀上〉，頁 7。
〔註152〕《南齊書》卷 1〈高帝紀上〉，頁 8。
〔註153〕《南齊書》卷 1〈高帝紀上〉，頁 9。
〔註154〕《宋書》卷 72〈文九王‧建平宣簡王宏附子景素傳〉，頁 1862。

繫不足，且缺乏後繼，而其餘叛軍竟未乘勝追擊，以致錯失戰機，加上寡不敵眾，終遭朝廷軍殲滅，朝廷軍隨後攻陷京口，殺建平王劉景素，亂事於焉平定。

蕭道成連續平定桂陽王劉休範、建平王劉景素亂事，威權日重，且宋後廢帝乃一荒唐怠政之君主，史載如下：〔註155〕

> 窮凶極悖，自幼而長，善無細而不違，惡有大而必蹈。前後訓誘，常加隱蔽，險戾難移，日月滋甚。棄冠毀冕，長襲戎衣，犬馬是狎，鷹隼是愛，阜歷軒殿之中，轇轕宸辰之側。至乃單騎遠郊，獨宿深野，手揮矛鋋，躬行剚刃，白刃爲弄器，斬害爲恒務。捨交戟之衛，委天畢之儀，趨步閭閻，酣歌壚肆，宵遊忘反，宴寢營舍，奪人子女，掠人財物，方笑所不書，振古所未聞。

種種劣行罄竹難書，蕭道成於是有廢立之意，卻遭到四貴之一的袁粲反對，然而蕭道成大權在握，不顧袁粲反對，召統領禁軍之越騎校尉王敬則合謀，令其尋有利時機殺宋後廢帝。477年（魏太和元年、宋元徽五年）七月戊子，王敬則潛入寢宮殺了宋後廢帝。〔註156〕次日，蕭道成以太后之名召集廷議議立新君，因蕭道成已掌握大權，眾臣唯唯諾諾，不敢表示意見，遂在蕭道成主導下，立宋明帝三子安成王劉準爲帝，是爲宋順帝。

二、衝突經過

魏獻文帝太上皇帝時期和劉宋未發生大規模軍事衝突，原因有二：一則因北方柔然實力漸復，不斷寇擾北方邊界，北魏關注的軍事焦點在北方；二則劉宋邊將降魏浪潮已止，且雙方經過淮北、青齊等地區爭奪戰後，進入戰後休整期，暫時沒有大規模動員作戰的準備。然而邊境衝突並無法完全避免，這段時間也會有地方的軍事衝突。

（一）東兗州衝突

471年（魏延興元年、宋泰始七年）十月，宋軍入侵北魏東兗州地域，《魏書・高祖紀》載：〔註157〕

〔註155〕《宋書》卷9〈後廢帝紀〉，頁187。
〔註156〕參見《宋書》卷9〈後廢帝紀〉，頁187；《南齊書》卷1〈高帝紀上〉，頁10；《資治通鑑》卷134〈宋紀十六〉，順帝昇明元年，頁4196～4197。
〔註157〕《魏書》卷7上〈高祖紀上〉，頁135～136。

> 劉彧（宋明帝）將垣崇祖率眾二萬自郁洲寇東兗州，屯於南城固。
> 十有一月，刺史于洛侯討破之，崇祖還郁洲。

宋明帝因處理鎮將問題不當，引起北魏趁勢入侵，喪失淮北大片土地，對於收復失土，宋明帝仍心有懸念，故令北琅邪、蘭陵二郡太守垣崇祖經略淮北，即著眼於淮北地區附於北魏未久人情不安，欲趁此時機奪回失地，卻遭北魏東兗州刺史于洛侯擊退，宋明帝第一次收復淮北的嘗試自此告終，同時也是其最後一次對淮北的積極作為。東兗州衝突屬小型的邊界衝突，宋軍敗退後，北魏沒有進一步攻擊行動，魏宋並未因此引起更大規模的對抗。

（二）司州衝突

東兗州衝突後次年，魏宋另在司州地面爆發軍事衝突，起因與蠻族的歸附有關。《魏書・高祖紀》載 472 年（魏延興二年、宋泰豫元年）春正月乙卯「大陽蠻酋桓誕率戶內屬，拜征南將軍，封襄陽王。」〔註158〕桓誕勢力龐大，雖為蠻酋其實卻是漢人，且乃將門之後，為東晉權臣桓玄之子，據《魏書・蠻傳》載：〔註159〕

> 延興中，大陽蠻酋桓誕擁沔水以北，滍葉以南八萬餘落，遣使內屬。
> 高祖（魏孝文帝）嘉之，拜誕征南將軍、東荊州刺史、襄陽王，聽自選郡縣。誕字天生，桓玄之子也。初玄西奔至枚回洲，被殺，誕時年數歲，流竄大陽蠻中，遂習其俗。及長，多智謀，為羣蠻所歸。
> 誕既內屬，治於朗陵。

因桓誕的附魏，使北魏爭取蠻族的信心大增，同時籌畫利用桓誕的蠻族勢力結合邊防駐軍，進行對劉宋司州地域的攻擊行動。472 年（魏延興二年、宋泰豫元年）十二月，魏宋在義陽爆發衝突，《宋書・後廢帝紀》載「索虜寇義陽。丁巳，司州刺史王瞻擊破之。」〔註160〕衝突經過《宋書・索虜傳》記載較詳：〔註161〕

> 泰豫元年（472、魏延興二年），虜狹石鎮主白虎公、安陽鎮主莫索公、貞陽鎮主鵝落生、襄陽王桓天生等，引山蠻馬步二萬餘人，攻圍義陽縣義陽戍。司州刺史王瞻遣從弟司空行參軍思遠、撫軍行參軍王叔瑜

〔註158〕《魏書》卷 7 上〈高祖紀上〉，頁 136。
〔註159〕《魏書》卷 101〈蠻傳〉，頁 2246。
〔註160〕《宋書》卷 9〈後廢帝紀〉，頁 179。
〔註161〕《宋書》卷 95〈索虜傳〉，頁 2357。

擊大破之，虜退走。

北魏發動對義陽的進攻，應是基於二個因素，第一：472 年（魏延興二年、宋泰豫元年）正月大陽蠻酋桓誕率眾來歸，令北魏見獵心喜，認為可憑這股力量進攻劉宋邊關，伺機掠奪領土。第二：同年四月宋明帝崩，宋後廢帝雖順利繼位但年僅十歲，北魏認為幼君即位權力不穩，欲趁此良機進攻，希冀能攻佔劉宋城戍與土地，擴張南方疆域。可惜的是，劉宋司州邊防甚為嚴謹，北魏戰略目的並未達成，其地方軍和蠻族的聯合部隊遭司州宋軍擊退。

（三）淮河沿岸之衝突

宋後廢帝即位後第二年的 473 年（魏延興三年、宋元徽元年）七月，也開始聚焦淮北失土，對當地魏軍開展攻勢，「劉昱（宋後廢帝）遣將寇緣淮諸鎮，徐州刺史、淮陽公尉元擊走之。」〔註 162〕這是劉宋經略淮北失土的第二次嘗試，不過，由於投入的資源並不多，依劉宋僅「遣將寇緣淮諸鎮」觀之，應是小規模的騷擾、襲擊戰術，主要是試探性質，其目的有二：一是寄望魏軍戒備有所疏漏，宋軍能趁機佔領城戍，此為最佳結果；二是測試魏軍在淮河的防務，及其面對宋軍攻擊時之反應，以便作為日後大舉北伐收復淮北軍事行動之參考

值得注意的是，由於宋明帝、宋後廢帝對淮北地區一再的軍事挑釁，魏獻文帝有些隱忍不住，似乎準備大舉回擊，《魏書・顯祖紀》載 473 年：〔註 163〕

> 冬十月，太上皇帝親將南討。詔州郡之民，十丁取一以充行，戶收租五十石，以備軍糧。⋯⋯十有一月⋯⋯癸巳，太上皇帝南巡。

徵兵取糧的詔書已下，魏獻文帝又接著南巡，種種跡象顯示他南伐的堅定決心，但這項軍事行動最後並未付諸實施。檢視《魏書・島夷劉昱傳》、《宋書・後廢帝紀》、《宋書・索虜傳》、《資治通鑑》等史籍，均未有魏獻文帝南伐的相關記載，按理北魏君王御駕親征，所率軍隊必有一定規模，即便魏獻文帝最後未親自領軍而另遣良將南伐，魏軍和宋軍的戰鬥過程及最後結果，必會載於各相關紀傳中，諸如劉宋朝廷如何因應此次危機？如何調兵遣將迎戰？戰爭結果是魏勝亦或宋勝等，但是上述史籍之相關紀傳均隻字未提，其中《資治通鑑》乃按時間編排的編年體，鉅細靡遺紀錄大小史事，然而在〈宋紀十五〉、〈宋紀十六〉等相關篇章也未見魏宋征戰記載，足證魏獻文帝這場伐宋行動最終並未進行。

魏獻文帝十月進行作戰準備，十一月南巡，極可能在十二月發動侵宋行

〔註 162〕《魏書》卷 7 上〈高祖紀上〉，頁 139。
〔註 163〕《魏書》卷 7 上〈高祖紀上〉，頁 139。

動，但最後不得不終止，恐基於當時內外情勢的變化。首先是「蠕蠕犯邊，柔玄鎮二部敕勒叛應之。」〔註164〕北方國防局勢頓時緊張起來；其次是當年水旱災嚴重，「是歲九月，州鎮十一水旱，詔免其田租，開倉賑乏。」〔註165〕雖有免除田租、開倉賑濟等措施，但百姓飢荒仍相當嚴重，「相州民餓死者二千八百四十五人。」〔註166〕再其次是叛亂，「妖人劉舉自稱天子，齊州刺史、武昌王平原捕斬之。」〔註167〕北魏接連發生柔然入侵、水旱災荒、武裝叛亂等數起重大事件，在內外情勢不穩的情況下，魏獻文帝無法全力進行南侵的軍事行動，因為這些事件會對伐宋行動形成牽制，如此一來親征劉宋勝算不大，而且上述國內的政治、軍事、社會情勢，勢必需魏獻文帝返回平城坐鎮處理，因他並非有名無實的太上皇，而是掌握實權的太上皇帝，於是魏獻文帝在次年二月甲辰回到平城。〔註168〕

　　雖然親征劉宋無法如願以償，但魏獻文帝仍密切觀察劉宋政治局勢，欲尋覓良機再度進攻。三個月後的 474 年（魏延興四年、宋元徽二年）五月，劉宋爆發內亂，桂陽王劉休範舉兵反，雖亂事迅速遭蕭道成平定，但劉宋朝政盡操之於四貴，同時造成蕭道成的崛起。魏獻文帝見劉宋朝廷政治混濁，君王怠惰、權臣專擅，決定征戰劉宋，「九月，以劉昱（宋後廢帝）內相攻戰，詔將軍元蘭等五將三萬騎及假東陽王丕為後繼，伐蜀漢。」〔註169〕這場軍事行動同樣未進行，如前述所列史籍，《魏書》、《宋書》等相關人物紀傳及《資治通鑑》等均未見後續記載，同時也僅有《魏書·高祖紀》記載魏獻文帝欲伐蜀漢的行動。為何魏獻文帝有進攻蜀漢的戰略思維和作為，最後卻無法付諸實行，筆者認為原因可能有三，其一：北魏災荒持續嚴重，這一年「州鎮十三大飢，丐民田租，開倉賑之。」〔註170〕前一年才發生「州鎮十一水旱」，隔年竟又「州鎮十三大飢」，連續二年地方都發生嚴重災荒，一旦飢民迅速增加，若處理不當將導致民變，此時是否適合進攻蜀漢，實有討論空間。其二：七月時「蠕蠕寇敦煌，鎮將尉多侯大破之。」〔註171〕柔然在魏文成帝一朝實力漸復後，至魏獻文帝時多

〔註164〕《魏書》卷 7 上〈高祖紀上〉，頁 140。
〔註165〕《魏書》卷 105 之 3〈天象志三〉，頁 2412。
〔註166〕《魏書》卷 7 上〈高祖紀上〉，頁 140。
〔註167〕《魏書》卷 7 上〈高祖紀上〉，頁 140。
〔註168〕參見《資治通鑑》卷 133〈宋紀十五〉，蒼梧王元徽二年，頁 4177。
〔註169〕《魏書》卷 7 上〈高祖紀上〉，頁 140～141。
〔註170〕《魏書》卷 7 上〈高祖紀上〉，頁 141。
〔註171〕《魏書》卷 7 上〈高祖紀上〉，頁 140。

次攻擊北魏北方邊疆，雖然七月進攻敦煌遭尉多侯擊退，但難保魏獻文帝經略蜀漢時趁機襲擊，若邊區守將無法順利擊退，將嚴重威脅北方國防，連帶影響伐蜀戰事，北魏勢將面臨雙線作戰之困境，此爲魏獻文帝需審愼考慮之處。其三：宋後廢帝荒唐怠惰，只顧嬉戲玩樂，朝政盡由四貴掌控，其中蕭道成實力在四貴中最爲雄厚，不過史籍中未見宋後廢帝和蕭道成鬥爭導致朝政動盪的記載，如此一來，魏獻文帝便無法利用劉宋君臣不和、政治混亂之際南侵，因此伐宋行動就要重新評估。

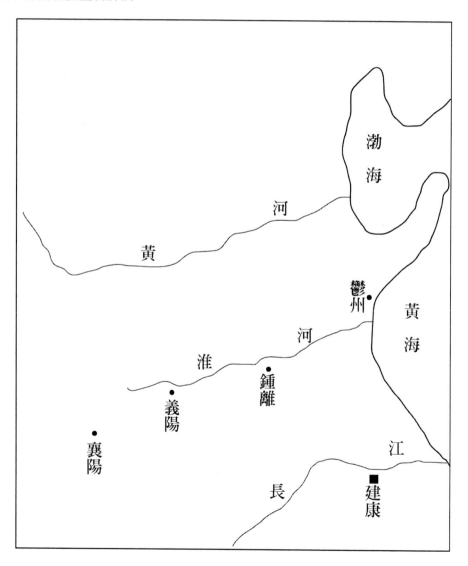

圖十七：魏獻文帝太上皇帝時期魏宋衝突相關形勢圖

三、衝突檢討

　　魏獻文帝太上皇帝時期和劉宋具體的軍事衝突共有三次，這三次魏宋的地方衝突，規模都不大，戰事也很快結束，可見僅是雙方邊境試探性的軍事接觸，一旦初敗於對方隨即撤軍，毫不戀棧，關於這三次的魏宋衝突，試解析如下。

（一）劉宋對恢復淮北失土的渴切

　　漢民族文化水準高，對邊疆少數民族一直以邊夷視之，長久以來少數民族都是視漢王朝爲天朝上國，對其稱臣納貢，甚難想像少數民族能建立強盛的北魏王朝並與漢民族之劉宋王朝分庭抗禮。而在北魏、劉宋南北對抗下，基於漢民族的強烈自尊，劉宋王朝當然自詡爲正統王朝，因此當魏獻文帝連取淮北、青齊等地時，對劉宋君臣而言，屢屢陷地於北魏莫不視爲奇恥大辱，即使宋文帝時遭魏太武帝強攻至長江岸，也未喪失如此大片土地，且魏軍退去後，雙方幾乎回到戰前的國防線，再度以爭奪河南地爲中心。而劉宋王朝傳至宋明帝時，竟喪失有史以來最多的土地，讓北魏南方國防線從黃河流域推進至淮河流域，因此劉宋君臣對收復失土自然念茲在茲。宋明帝經略東兗州、宋後廢帝寇緣淮諸鎮，都是爲收復淮北做嘗試。而在魏宋三次衝突中，這兩次都是劉宋積極主動，可見劉宋政府對收復失土的志切。

　　這兩次劉宋對淮北的試探性攻擊，因宋明帝和宋後廢帝都是侷限在小規模的區域衝突，軍隊動員規模不大，足見二人並未有發動大型戰爭收復失地的準備。一方面由於宋明帝甫結束和北魏激烈的戰爭，劉宋大敗，軍隊需休養生息恢復戰力，暫時不宜發動大型戰爭；另一方面因宋明帝大殺劉宋宗室，內鬥激烈，雖宋明帝最終仍將其欲剷除之宗室諸王全部誅殺，但不免引起國內非議與輿論指責，故現階段應以安定國內爲主，讓太子劉昱能順利繼承皇位，不適合對外進行大規模作戰。宋後廢帝繼位後，因年紀輕耽於玩樂不管國政，寇緣淮諸鎮應是四貴之意，或是軍方將領意欲挑戰魏軍的防務而經四貴同意，是故這兩次宋軍入侵魏境之目的，僅是在測試當地魏軍對宋軍進攻的反應，做爲日後大舉北伐的參考，正因如此，劉宋不可能動員太多部隊。也由於進攻宋軍兵力過少，且在魏強宋弱的背景下，宋軍的兩次進攻，都被當地北魏守軍擊退。

（二）北魏利用蠻族的嘗試

　　歷來北魏和劉宋政府對爭取雙方邊界的蠻族一直相當重視，雖然蠻族文化

水準不高，但其向背足以影響國防安全與社會安定。若蠻族受敵對政權蠱惑進犯，會破壞經濟生產令百姓流離失所，造成經濟、社會問題，且政府又需派兵征討，影響國家整體軍事部署，若敵對政權乘勢進攻，則一方面要剿滅蠻族；一方面又要拒敵入侵，疲於奔命之情況可想而知。大陽蠻酋桓誕統領八萬餘落蠻民，是一股不小的軍事力量，其向背足以左右沔水地區的安定，而北魏對桓誕的來歸頗為振奮，首先是如此一來，蠻族即不會再侵擾該地區，於是北魏朝廷立即授與桓誕征南將軍、東荊州刺史、襄陽王等官爵，〔註170〕透過桓誕成為北魏統治階層一員，約束大陽蠻民勿使之為亂。其次是桓誕具漢人血統又是東晉權臣桓玄之子，而劉宋王朝雖承襲東晉王朝，實際上是宋武帝篡位而建劉宋政權，運用桓誕可收以漢制漢之效，更可達到一定程度的政治號召，遂以當地駐軍和蠻族組成聯軍進犯劉宋司州義陽（今河南信陽）等地。

北魏以當地三個鎮的守軍加桓誕蠻軍共二萬餘兵馬進攻義陽，卻被劉宋司州刺史王瞻擊退，魏軍的戰略目標未達成，雖結果如此，但不能據以論定北魏此次進犯義陽行動失敗，應該說是戰術執行上的考量，但戰略思維並未有錯。首先：桓誕的身份和實力必定為魏宋積極爭取對象，北魏能爭取成功實為一大勝利，否則桓誕投歸劉宋，今日遭受攻擊的即是北魏州郡了，換言之，北魏得到邊境安寧又獲得蠻族兵力及進犯劉宋的機會。其次：運用蠻兵進攻乃理所當然之事，如此北魏可降低戰爭損耗，減少有生力量的消失，對北魏而言百利而無一害，若劉宋能掌握大陽蠻，相信也會有同樣思維。最後：北魏進攻義陽最終目的不明，依其過程判斷，應僅是軍事騷擾希望造成劉宋邊境不安，當然，若義陽防禦出現漏洞或宋軍抵抗不力，魏軍可乘勢攻佔義陽，甚至增派援軍佔領司州地域亦不無可能。此外，北魏也想藉這次衝突觀察大陽蠻戰力，做為日後南伐時，大陽蠻適合擔任何種軍事任務的參考。

北魏若真想奪取義陽此軍事重鎮，其戰術執行必會經過一定程度的作戰準備，由中央派遣大將率部分軍隊至當地，會同地方駐軍及蠻軍進攻義陽，當不致僅以地方部隊和蠻軍承擔大任，且三位鎮主名不見經傳，足證北魏運用蠻兵製造邊界紛爭乘隙進佔的成分居多，然劉宋守城實力有目共睹，二萬餘兵馬無法攻佔義陽，反遭劉宋司州刺史王瞻遣將擊退，不過北魏並未增派援兵，亦未令桓誕等繼續猛攻，既然已達騷擾目的，又已知大陽蠻的戰鬥能力，兼之義陽城防禦得當無法攻陷，遂結束對義陽的用兵。

〔註170〕參見《魏書》卷101〈蠻傳〉，頁2246。

（三）魏獻文帝南伐的嘗試

魏獻文帝雖然利用宋明帝處理州刺史問題不當，連續揮兵南下佔領淮北、青齊等地，乃北魏建國以來對劉宋最大的疆域擴展，他的躊躇滿志自不待言，若能再利用劉宋內部因素持續往南拓地，當屬不世之功，是故魏獻文帝密切觀察劉宋政治局勢變化，期望再一舉南下奪取領土。473 年（魏延興三年、宋元徽元年）十月準備親自領軍南討和次年九月預謀伐蜀漢的軍事行動，都是在上述思維下的產物，前者可視爲對宋明帝、宋後廢帝兩次覬覦淮北遣軍進攻的反撲，而魏獻文帝出兵時機是在宋後廢帝繼位不久，他的二個思考點，其一是適時回擊劉宋對淮北的挑釁，明確展示實力維護淮北新魏土，杜絕劉宋一再對淮北失土的軍事動作；其二是冀望宋後廢帝年齡尚輕且即位未久，加上劉宋朝廷四貴用事，宋後廢帝無法乾綱獨斷，魏獻文帝欲乘其權力不穩之際南侵，希望能佔領部分城戍與土地。後者圖謀蜀漢則是利用桂陽王劉休範叛亂掀起的劉宋內亂，雖然蕭道成迅速平亂，但劉宋政治並未步入坦途，蕭道成逐漸建立起個人威望並開始掌控朝政，故魏獻文帝著眼於劉宋政治的混亂，希望趁機攫取西南之利益。這二次南侵行動最後均未執行，誠如前文所述，北魏本身面臨諸多內外問題極待解決，能否有餘力侵略劉宋尚未可知，另一個重要原因，即是宋後廢帝時之劉宋政治局勢並未如預期般動盪，和北魏進攻淮北、青齊等地時，宋明帝處理州鎮問題不當引起多位刺史投魏的政治亂象有很大不同。

魏獻文帝 466 年（魏天安元年、宋泰始二年）利用劉宋內部政治因素興師南下，於「淮北之戰」、「青齊之役」大敗宋軍，一舉獲得淮北、青齊領土之巨大成果，而上述 473 年（魏延興三年、宋元徽元年）、474 年（魏延興四年、宋元徽二年）兩次出兵亦是基於同樣戰略思維。但是 473 至 474 年間劉宋內部的政治不安，無法和 465 年（魏和平六年、宋泰始元年）九月義陽王劉昶投魏引發一連串州刺史降魏的政治效益相比。自義陽王劉昶首開其端降魏後，二年間，劉宋司州刺史常珍奇、徐州刺史薛安都、兗州刺史畢眾敬、青州刺史沈文秀、冀州刺史崔道固等相繼降魏，伴隨著上述州刺史的入魏，則是劉宋大片國土及懸瓠、彭城等戰略重鎮盡歸北魏所有，使劉宋北方國防洞開，且有動搖國本之虞，此時北魏進軍劉宋，無異掌握其政治混亂下最有利的戰略時機。473 年、474 年則不同，宋後廢帝雖嬉遊無度，朝政由四貴掌控，但並未發生權力眞空及君臣爭權情形，而桂陽王劉休範也未如晉安王劉子勛之叛亂，形成地方大規模對抗中央，泰半州郡皆捲入其中的情形，反而

很快遭蕭道成平定，更重要的是，沿北魏邊界的刺史鎮將，不再發生投魏浪潮，反而固守邊陲防線，如司州刺史王瞻抵禦魏軍的入侵。誠如前述，如魏獻文帝強勢進攻，勢必遭遇劉宋北方邊關將領率軍對抗，魏軍欲長驅直入恐有困難。北魏能取淮北、青齊乃拜劉宋多位州刺史降魏導致門戶洞開之助，魏軍得以省卻進攻步驟，節省不少戰力，若劉宋邊將堅守城戍，面對善於守城的宋軍，魏軍的攻城行動必將犧牲不少，魏獻文帝兩相權衡之下，劉宋政治情勢並未嚴重動盪到影響其對外作戰，加上北魏內部亦有多項問題待解決，遂不得不中止這兩次南伐的嘗試。

四、477 年仇池之衝突

北魏與劉宋於 477 年（魏太和元年、宋昇明元年）在西境爆發的仇池衝突，屬雙方對峙期間常見之區域衝突，並非大規模動員之大型戰爭，且戰場侷限在仇池地區，並未擴大至其他區域。此外，戰事從開始到結束不過一個月，因此從戰爭規模、戰場、戰爭時間等因素來看，仇池問題都屬於區域戰爭範疇。仇池衝突發生在魏獻文帝崩逝後、魏孝文帝在位期間，而魏獻文帝崩逝至劉宋滅亡僅有短短三年，且仇池衝突乃屬區域衝突，因此就內容、時間等因素而言，實不足以另成篇章專論魏孝文帝與劉宋的戰略關係。另外，魏孝文帝年僅十歲，尚未親政，更是無法建構自己的國家戰略體系。當時北魏執政者為文明太后，稱之為文明太后的國家戰略更符合實際，而文明太后執政期間，面對南方漢人政權主要是南齊，因此文明太后和魏孝文帝建構的國家戰略乃是針對南齊。然而北魏在劉宋最末三年畢竟與其在仇池發生二次衝突，為求北魏與劉宋戰略關係的完整性與一貫性，遂將 477 年仇池衝突併入魏獻文帝篇章論述。

（一）魏宋君王異動

北魏與劉宋在爆發仇池衝突之前，各自發生君王異動。北魏首先在 476 年（魏承明元年、宋元徽四年）發生政變，魏獻文帝暴崩，此次宮廷政變的經過，《魏書・高祖紀》記載頗為簡略，未敘及政變之前因後果：〔註172〕

> 承明元年（476、宋元徽四年）……六月甲子，詔中外戒嚴，分京師
> 見兵為三等，第一軍出，遣第一兵，二等兵亦如之。辛未，太上皇

─────────────────────

〔註172〕《魏書》卷 7 上〈高祖紀上〉，頁 142。

帝崩。

當時雖是魏孝文帝在位，但年僅十歲，魏獻文帝以太上皇帝掌握大權率軍四處征伐，故「詔中外戒嚴」應是魏獻文帝之意。他似乎正準備進行某種軍事行動，可能是調動軍隊準備出征；或是重新整編禁軍；或是進行部隊操演；或是欲一舉消滅文明太后。《魏書‧高祖紀》在敘述禁軍調動後，緊接著就是「太上皇帝」崩，過程太過突然，似乎有某種隱諱，這個答案在《魏書‧文成文明皇后馮氏傳》揭露：「顯祖暴崩，時言太后為之也。」〔註173〕由前述引文可知，魏獻文帝六月甲子調動禁軍，七日後的辛未即暴崩，〔註174〕推測應是文明太后陣營先下手為強，在魏獻文帝未發動政變前即置其於死地。

魏孝文帝已經在 471 年（魏皇興五年、宋泰始七年）即皇帝位，故 476 年（魏承明元年、宋元徽四年）魏獻文帝崩逝，乃太上皇帝崩逝，北魏君王仍是魏孝文帝，似乎沒有君王異動問題，表面上雖是如此，其實不然，因魏獻文帝禪位魏孝文帝，僅是形式上禪位，朝政大權仍在其手中。魏獻文帝是皇權的擁有者與執行者，其崩逝後，代表北魏皇權發生移轉，故以君王異動代表皇權移轉之意，只不過皇權並未移給魏孝文帝，而是歸文明太后掌握。

劉宋接著於 477 年（魏太和元年、宋元徽五年）七月亦發生宮廷政變，盡攬大權的蕭道成遣越騎校尉王敬則潛入寢宮弒宋後廢帝，〔註175〕立宋明帝三子安成王劉準為帝，是為宋順帝。

（二）劉宋進犯仇池

宋順帝繼位後三個月，477 年（魏太和元年、宋昇明元年）十月遣軍進攻仇池，這項攻擊行動不太可能由形同傀儡的宋順帝決定，當是蕭道成之意，《魏書‧高祖紀》載：〔註176〕

> 劉準（宋順帝）葭蘆戍主楊文度遣弟鼠襲陷仇池。……十有一月癸未，詔征西將軍、廣川公皮懽喜，鎮西將軍梁醜奴，平西將軍楊靈珍等率眾四萬討楊鼠。……懽喜攻陷葭蘆，斬文度，傳首京師（平城）。

戰事不過一個月即結束，宋軍敗退，但仍於次年（478、魏太和二年、宋昇

〔註173〕《魏書》卷 13〈皇后‧文成文明皇后馮氏傳〉，頁 328。

〔註174〕《魏書》卷 7 上〈高祖紀上〉，頁 142。

〔註175〕參見《宋書》卷 9〈後廢帝紀〉，頁 187；《南齊書》卷 1〈高帝紀上〉，頁 10；《資治通鑑》卷 134〈宋紀十六〉，順帝昇明元年，頁 4196～4197。

〔註176〕《魏書》卷 7 上〈高祖紀上〉，頁 144～145。

明二年）十月再攻仇池，「劉準遣將寇仇池，陰平太守楊廣香擊走之。」〔註177〕劉宋這種嘗試性的騷擾戰術，主要是見機行事，若宋軍初戰得勝，則乘勝追擊，劉宋朝廷再評估戰略情勢，視情況遣軍增援。然而在魏強宋弱態勢下，劉宋僅以邊防軍進行攻擊，自然非魏軍對手，雖然一度攻陷仇池，最終仍遭魏軍奪回，劉宋對仇池發動的二次軍事行動，俱以失敗坐收，魏宋西境國防線未有更動。

第三節　魏獻文帝時期北魏對劉宋的國家戰略解析

　　北魏的國土拓展在魏初三帝的努力下有驚人的進展，三位君王任內疆域均有所擴大，然至魏文成帝時陷入停頓。一則因北方歸於一統，北方不再有其他政權可兼併，南方劉宋遂成為擴張領土的主要目標。二則「穩定南北關係、與時消息靜以鎮之」的國家戰略，主要在與民休養生息，遂緩和與劉宋的戰略關係，在未採取積極的擴張戰略下，雖劉宋乃主要目標，但並未進攻劉宋奪取土地。魏獻文帝繼位後，改變不少其父魏文成帝的國家戰略，其國家戰略體系，如下圖所示：

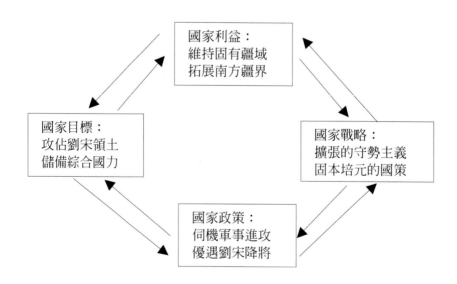

圖十八：魏獻文帝時期北魏對劉宋的國家戰略圖

〔註177〕《魏書》卷 7 上〈高祖紀上〉，頁 146。

一、國家利益：維持固有疆域、拓展南方疆界

　　魏獻文帝時期面臨的南北局勢和其父魏文成帝時期並未有太大差異，仍然是魏強宋弱格局，劉宋內部依然內鬥激烈、政變頻傳。魏文成帝的主要對手宋孝武帝通過政變即位，之後爲鞏固政權而大殺宗室，相同情形再度發生在魏獻文帝主要對手宋明帝身上，他亦是藉由政變即位，同樣殘殺宗室，內部的紛爭抵消成長與進步，這也是劉宋國力始終無法提升的原因之一。由於魏獻文帝和魏文成帝面對的劉宋戰略環境頗爲類似，因此國家利益大同小異，相同之處在於守護北魏君王代代相傳的國家領土，這也是最核心的國家利益，每位君王都有「維持固有疆域」的責任與義務，魏獻文帝亦不例外。尤其自從淮北、青齊之地入魏後，魏獻文帝更須全力維護勿令劉宋奪回，並將其傳之後世，所以魏獻文帝的首要國家利益在「維持固有疆域」，而這固有疆域分成二個層面：一是繼承自其父魏文成帝的北魏疆土；另一是他和宋明帝對抗獲勝的成果，將南方疆界拓展至淮河流域與青齊地區。魏獻文帝維護固有疆域曾受到二次挑戰，乃宋明帝和宋後廢帝對淮北地區的侵略，由於這二位劉宋君王著重內部事務，執政重點在剷除宗室對其皇位之威脅，故並未投注太多心力於對外事務，因此雖說殷殷企盼收復淮北失土，卻無法完全落實，對淮北的經略都侷限在地方層次，二人均就近以當地軍隊進攻淮北。若宋明帝、宋後廢帝當真以光復淮北、甚至青齊之地爲念，即應以中央力量投入，規畫大規模北伐行動，由朝廷遣將率精銳禁軍聯合地方部隊組成北伐軍，而非僅命地方將領經略淮北或「寇緣淮諸鎮。」〔註178〕如此作爲只能達到騷擾目的並不能收復失土。魏獻文帝面對劉宋這種地方層級的襲擊，完全不須中央遣軍迎擊，當地守軍已足以達成捍衛領土任務。

　　北魏經魏文成帝十四年的守成與休養，國力恢復到一定程度，所以魏獻文帝繼位後，除了守成型「維持固有疆域」的國家利益外，理所當然可嘗試積極型的對外拓展疆界。而當時北方已一統，北魏的二大外敵爲北方的柔然與南方的劉宋，柔然的土地幾無任何價值可言，是故拓展疆界的對象唯有劉宋。雖然目標明確，但是魏獻文帝並非毫無理由直接以武力向南進攻，他與魏太武帝直接揮軍南下的雄霸個性不同，他的「拓展南方疆界」有其限制。戰爭的損耗畢竟影響深遠，北魏社會經過十四年的休息，不太可能完全恢復，例如：因戰爭死亡的士兵，十四年時間僅夠繁衍第一代零至十四歲。因此魏獻文帝雖欲追求

〔註178〕《魏書》卷7上〈高祖紀上〉，頁139。

「拓展南方疆界」的國家利益,但並未採取積極進攻的方式,一旦魏軍主動南伐,與宋軍硬碰硬的戰鬥,宋人又以守城見長,魏軍將會遭致大量傷亡,兵仗、食糧的消耗也大爲增加,會加重國家社會對戰爭的負擔,北魏甫恢復的國力必將快速消耗。因此,若能趁劉宋內部不穩之際趁勢南進,可減少劉宋抵抗的力道,魏軍的戰爭損耗就不會增加太多,所以魏獻文帝「拓展南方疆界」的國家利益,屬於被動型,是有條件的等待時機,若未遇戰略良機,寧願鞏固固有疆域而不輕易出兵,而一旦戰略良機出現,必毫不考慮遣將率軍南下,拓展南方疆界。

二、國家目標:攻佔劉宋領土、儲備綜合國力

國家目標乃基於維護國家利益而定,欲「拓展南方疆界」只能用兵劉宋攻佔其領土。北魏對劉宋的疆域擴展其實並不理想,魏文成帝時和劉宋戰略關係趨緩,攻佔劉宋領土自然無多大成績。即便如魏太武帝與宋文帝轟轟烈烈的對抗,雖兵臨長江威脅建康,卻是不顧堅城在後直接往劉宋縱深挺進,並未佔領城戍與土地,因此班師北返後,北魏的疆界無法向南擴展。對劉宋領土擴展較有績效者,乃魏明元帝的佔領河南地,此後經魏太武帝、魏文成帝即陷入沈寂,至魏獻文帝始有重大進展,更超越魏明元帝的績效。

既然國家利益以「拓展南方疆界」爲出發,進攻劉宋奪取領土即成爲唯一選項,因此「攻佔劉宋領土」勢所必然成爲國家目標,然而魏獻文帝並非盲目或毫無目的進攻,而是有其思考與評估。北魏與劉宋東西國境綿長,要攻佔劉宋領土必須決定目標,而魏獻文帝決定奪取北魏的正面——淮北地區,因淮北對北魏、劉宋都具有重要的戰略意義。劉宋開創者宋武帝劉裕在東晉末時,即積極北討拓地,滅南燕盡併其土;滅後秦進入關中,雖然關中最後不守,但是在劉宋建國之初,其疆域乃南朝政權中疆域最廣者,北境及於黃河以南乃至青齊地區,而北魏當時國勢正處上升階段,控有黃河以北大部分地區,勢力尚未能跨越黃河,魏宋沿黃河形成南北對峙,此時應是劉宋佔有優勢。然而劉宋的優勢沒有太久,422 年(魏泰常七年、宋永初三年)魏明元帝打破劉宋優勢,他利用宋武帝崩逝之際南伐,一舉攻佔河南地,北魏勢力正式跨越黃河,魏軍從此可以河南爲前進基地,長驅南下,以致會有魏太武帝率軍直達長江兵臨建康之舉。

劉宋既失河南地,淮北軍事地位更加凸顯,魏宋雙方均有控制淮北之急迫

性與必要性。北魏方面，欲鞏固河南就必須擁有淮北，顧祖禹曾謂河南曰：「河南古所稱四戰之地也，當取天下之日，河南在所必爭，及天下既定，而守在河南。」〔註178〕固守河南須以淮北爲基礎，淮北等於是河南之外城，未有淮北，河南容易遭劉宋攻擊，北魏君王定當寢食難安，自東晉以來的多次北伐河南，均以淮北爲基地即可證明。劉宋方面，淮北一旦陷魏，淮河又較黃河易渡，整個國防正面全暴露在北魏面前，劉宋將無險可守，長江成爲捍衛建康的最後一道防線，如此太過冒險，因守江必先守淮，而守淮又在守淮北、河南。孫瑞寧、孫瀘松在〈論淮北〉一文中曾言：「無論是定都黃河沿岸，還是定都長江沿岸的政權，淮北都是這些政權的安全邊緣。」〔註179〕所以劉宋最理想的國防線是以黃河拒北魏，現河南地已失，次佳狀況是守淮北抗北魏，一旦淮北再失退至以長江爲防線，則建康將隨時暴露在北魏的攻擊威脅之下。綜上所述，淮北遂成爲魏宋必爭之地，劉宋失河南地後爲己身的國防安全，希望固守安全邊緣，並保有淮北此北伐基地以利於往後進攻北魏的軍事行動，故必定全力拱衛淮北。而北魏則希望控有淮北消除對河南地的威脅，並以此作爲南伐的攻擊發起線，加上佔有淮北符合南面發展需求，所以將淮北列爲「攻佔劉宋領土」的首要目標。

南北史書所稱的淮北包括青、冀、徐、兗等州，稱之爲「淮北四州」，這是對淮北地區的泛稱，因此魏獻文帝欲攻佔淮北，自然包括青齊之地直至濱海地區，所以「攻佔劉宋領土」的二大戰略目標，即爲立足淮河流域、奪取青齊之地，換言之，將南方與劉宋的國防線再往南推移，由黃河流域至淮河流域。北魏欲立足淮河流域不能僅奪取淮北正面，僅有淮北單點式的正面，兩側容易遭受攻擊，如劉宋可從側翼攻擊北魏淮北的新佔領區，因此必須向東擴展至青齊之地以至濱海地區，將這一片廣大淮北地區全納入魏境，同理，淮西也須一併奪取，避免劉宋來自西邊的攻擊，亦即淮河全線不論是東段、中段、西段，爲拱衛淮北地區，北魏需全部兼併，而劉宋這些地方的行政區，即前述所稱之淮北四州。

北魏自建國以來兵戎不斷，雖經過魏文成帝十四年暫息兵爭努力休復元氣，國力有一定程度提升，但國力恢復並非一蹴可幾，故魏獻文帝仍必須爲提升國力而努力。另外，他有意拓展南方疆界，表明從魏文成帝以來和緩的魏宋

〔註178〕顧祖禹，《讀使方輿紀要》卷46〈河南方輿紀要序〉，頁1909。
〔註179〕孫瑞寧、孫瀘松，〈論淮北〉，《安徽史學》，1995年第4期。

關係，勢必干戈再起，一旦爆發戰爭，必須以堅強的國力為後盾，因此「儲備綜合國力」成為魏獻文帝的國家目標，他曾頒佈詔書曰：〔註180〕

> 夫賦斂煩則民財匱，課調輕則用不足，是以十一而稅，頌聲作矣。先朝權其輕重，以惠百姓。朕承洪業，上惟祖宗之休命，夙興待旦，惟民之恤，欲令天下同於逸豫。而徭賦不息，將何以塞煩去苛，拯濟黎元者哉！今兵革不起，畜積有餘，諸有雜調，一以與民。

從「先朝權其輕重，以惠百姓。」可知魏文成帝的確做了許多恤民措施；「今兵革不起，畜積有餘。」也證實他在位期間沒有太多的軍事行動，可見國家社會已然恢復至一定水準。魏獻文帝秉持相同思維，繼續推展恤民措施厚實北魏國力，作為攻佔劉宋領土的後盾。

「攻佔劉宋領土」和「儲備綜合國力」的國家目標，其實是一體兩面並行而不悖，不過能否順利達成有其限制，有時無法全然操之在我，必須依賴外部因素。「儲備綜合國力」只要魏獻文帝以此為目標，在封建專制體制下，君王可指揮官僚體系全力配合，因此這項國家目標不難達成。至於「攻佔劉宋領土」，魏獻文帝的戰略思考是等待出兵良機，如果北魏主動出擊，雖然國力漸復，但宋軍的抵抗想當然爾必定強烈，魏軍恐無法避免大量傷亡，故採魏太武帝時期大舉南下的進攻戰略，非魏獻文帝時期所合宜。若乘劉宋內部政治局勢不穩之際南侵，最佳情況是有內亂發生，雙方爭鬥結果會折損劉宋軍隊戰力，降低宋軍抗拒魏軍力道，屆時再入侵劉宋攻佔領土，即可減少魏軍傷亡及軍需損耗。因此這二項國家目標，就必然性而言，「儲備綜合國力」是必然；另一項「攻佔劉宋領土」受限於外部因素並非必然，雖是如此，仍有達成之希望與空間。目標之設定，雖未必全然可以達成，但仍須有一目標存在成為努力與奮鬥方向，若以受外部因素影響太深為理由而不設目標，一旦劉宋內部發生嚴重動亂，北魏欲趁此時機出兵，在平時毫無目標可追求情況下，不僅魏軍精神戰力無法集中，北魏社會相關軍事資源的提供也會產生問題，是故「攻佔劉宋領土」仍應列於國家目標，達到精神動員的目的，以便隨時做好南侵的準備。

三、國家政策：伺機軍事進攻、優遇劉宋降將

國家目標有賴國家政策的執行而達成，魏獻文帝為「儲備綜合國力」推

〔註180〕《魏書》卷6〈顯祖紀〉，頁125～126。

行多項有利休養生息的政策，除前段的輕薄徭賦外，他更以身作則，「顯祖（魏獻文帝）即位，親行儉素，率先公卿，思所以賑益黎庶。」〔註181〕並持續推動多項恤民措施，如對百姓的醫療照護，「是以廣集良醫，遠探名藥，欲以救護兆民。可宣告天下，民有病者，所在官司遣醫就家診視，所須藥物，任醫量給之。」〔註182〕另外，魏獻文帝對地方的生產行動也很關心，曾於473年（魏延興三年、宋元徽元年）「詔牧守令長，勤率百姓，無令失時。同部之內，貧富相通。家有兼牛，通借無者。」〔註183〕上述實例都表明魏獻文帝對儲備國力不遺餘力，各項政策持續推行。

魏獻文帝覬覦淮北地區，但是鑑於國力初復，如能利用劉宋內亂乘機進攻實屬最佳，如此方能較採取主動進攻減少損失，因此「伺機軍事進攻」成為北魏主要國家政策方向。魏獻文帝期望劉宋內部不穩因素出現，如果此因素能綿延擴大，而非迅速被穩定下來，即可伺機發動軍事進攻奪取淮北。而465年（魏和平六年、宋景和元年）劉宋義陽王劉昶的投魏，乃造成劉宋內亂開端，其後竟形成劉宋北方州刺史降魏浪潮，包括司州刺史常珍奇、徐州刺史薛安都、兗州刺史畢眾敬、青州刺史沈文秀、冀州刺史崔道固等，可怕的是淮北四州均在內，其中義陽王劉昶入魏後，應是薛安都入替為徐州刺史，《宋書‧薛安都傳》載：「景和元年（465、魏和平六年），代義陽王昶督徐州豫州之梁郡諸軍事、平北將軍、徐州刺史。」〔註184〕二位前後任徐州刺史俱皆降魏。而這些州刺史降魏，更將其所轄州域一併奉送北魏，亦即北魏只要派兵接收即可，等於以最少代價獲得最大利益。魏獻文帝見宋明帝處理北方州刺史問題失策，引發中央與地方對立，對於此天賜良機自然不願放過，其「伺機軍事進攻」正可付諸實施，達成「攻佔劉宋領土」的國家目標，遂分遣尉元、慕容白曜等諸將，領軍前往接收。

宋明帝自然不願意平白喪失北方諸州，遂遣軍前往希望穩定局勢，而無可避免的和前來接收的魏軍爆發衝突，劉宋朝廷軍不敵，北方諸州淪陷全成魏土，魏軍獲勝最大的原因乃少了劉宋地方州軍這塊阻力。在這些州刺史欲以州降魏的前提下，必不會讓所屬州軍與魏軍為敵，於是魏軍即可專心對付

〔註181〕《魏書》卷110〈食貨志〉，頁2852。
〔註182〕《魏書》卷6〈顯祖紀〉，頁130。
〔註183〕《魏書》卷7上〈高祖紀上〉，頁138。
〔註184〕《宋書》卷88〈薛安都傳〉，頁2218。

劉宋朝廷軍。在魏強宋弱態勢下，宋軍欲擊退魏軍已極其困難，加上張永、沈攸之等宋將，軍事素養及指揮長才實不如尉元、元石等魏將，且劉宋地方州軍在其刺史節制下，不可能和劉宋朝廷軍聯合對抗魏軍，於是魏軍順利擊敗劉宋朝廷軍，成功接收當地州域，徐州、司州、兗州情形皆如出一轍。至於青州刺史沈文秀和冀州刺史崔道固，在降魏、歸宋間猶疑不定，使其州軍無所適從，缺乏戰略目標和作戰準備，以致被慕容白曜各個擊破，青州、冀州所在的青齊之地，算是魏軍戰鬥較激烈之處，但最終結果仍為魏有。

　　上述魏軍進佔淮北各州的情形，彰顯「伺機軍事進攻」政策之正確，假設劉宋未發生州刺史降魏風波，魏獻文帝欲奪取淮北，須以大軍和劉宋正面衝突，首先會遭遇淮北諸州州軍的堅強抵禦，宋人以守城見長，魏軍如攻城不順遷延日久，代表此次南討失敗；若能攻下該州，隨之而來的是劉宋朝廷派出的援軍，魏軍勢必與其激戰，在甫與劉宋地方州軍結束戰鬥必有不少傷亡情況下，緊接著又面臨和劉宋援軍的戰鬥，魏軍的損傷可想而知，即便魏軍最後都能取勝，將淮北納入魏境，魏軍也會有大量折損，好不容易恢復的國力又將大傷，北魏雖取得淮北卻付出慘痛代價。因此利用州刺史降魏、州軍按兵不動的契機，魏軍避免先和地方州軍戰鬥減少損耗，更可全力迎戰劉宋朝廷軍，而魏軍最終也順利將其擊敗佔領淮北，事實結果凸顯了魏獻文帝戰略眼光之正確。

　　「伺機軍事進攻」是待劉宋內部動亂始展開進攻行動，若其政治局勢未出現動盪，則不會有南侵舉動；或開始出現不穩，魏軍雖立即出動藉機南侵，但不久後劉宋政治局勢隨即回穩，魏獻文帝當然要隨著戰略環境改變立即調整，不會執意南侵，各項作戰準備隨即停止。如 473 年（魏延興三年、宋元徽元年）、474 年（魏延興四年、宋元徽二年）兩次侵宋舉動，魏獻文帝本想藉劉宋朝廷四貴弄權及桂陽王劉休範之亂趁機進犯，多項軍隊動員及後勤準備皆已開始進行，但是劉宋內部政治局勢並未如預期般引起大亂，在「伺機軍事進攻」的國家政策指導下，魏獻文帝遂中止對劉宋的軍事動作，他並未因佔領淮北和青齊等地的勝利迷失戰略思考，若未趁劉宋內部有變而強行進攻，魏軍恐會遭遇頑強抵抗，能否攻佔城戍或土地尚未可知，但魏軍必會面臨犧牲，故一動不如一靜，暫且停止進軍，等待下一個劉宋內亂再行進攻，由此也可知「伺機軍事進攻」的國家政策執行非常徹底。

　　對於舉州降魏的刺史，北魏政府給予高度禮遇，「優遇劉宋降將」成為當時重要政策，其目的在收攬其心。這些州刺史均為一方之霸，薛安都的徐州、常

珍奇的司州、畢眾敬的兗州，他們均掌握該州的政治、經濟、軍事，若能以高官厚祿籠絡他們，不但能堅定他們降魏的決心，還能取得該州的領土與所有權力，等於北魏以最少的代價獲得最大的利益，達到「攻佔劉宋領土」的國家目標。其實積極爭取他們的向心，另有一重要目的，上述諸州的行政體系、百姓、州軍等，北魏都很陌生，若魏軍直接兵臨其地恐會招致極大反抗，故需透過降魏刺史成爲溝通橋樑，亦即由該州刺史約束守軍，協助魏軍進入並穩定秩序，所以必須厚待這些州刺史，以免他們中途變卦。從義陽王劉昶開始，雖然他是徐州刺史，但並未以徐州降魏，而僅是偕同近親家屬和核心部眾六十餘人投魏，但鑑於他劉宋宗室的特殊身份，北魏仍給予極高的榮寵，不僅爲他興建豪宅以安其心，更向武邑公主，公主薨後，繼向建興長公主。在官祿上以其爲侍中、征南將軍、駙馬都尉、封丹陽王。〔註185〕北魏有意以義陽王劉昶爲標竿，期盼吸引劉宋更多宗室與文武官員降魏，削弱劉宋統治階層的人力資源，從之後薛安都、常珍奇、畢眾敬、沈文秀、崔道固等多位州刺史的相繼降魏，證明北魏「優遇劉宋降將」的政策非常成功，薛安都、常珍奇、畢眾敬都獲得北魏政府授予極佳的官職。〔註186〕至於沈文秀、崔道固，由於劉宋北方州刺史不斷降魏，造成北疆國防危機，宋明帝亦開始警惕並檢討，對於沈文秀與崔道固啓動政治與溫情攻勢，二人心態遂在魏宋之間游疑不定，最後決定回歸劉宋，以致北魏功敗垂成，否則以薛、常、畢三位刺史所獲待遇，沈、崔二人諒不致相差太遠。不過，雖然心理戰略輸一籌，北魏最終還是用軍事力量攻陷青、冀二州取得青齊之地。

「優遇劉宋降將」實質上即爲心理作戰，北魏和劉宋互相爭取這些州刺史的向心。我國心理戰的思想起源甚早，如孫子曾云：「三軍可奪氣，將軍可奪心。」〔註187〕此即爲心理作戰的概念，至於今日心理戰的定義，如《國軍軍語辭典》曰：「運用一切足以影響心理的方法，從精神意志上制勝敵人的戰

〔註185〕參見《魏書》卷59〈劉昶傳〉，頁1307。
〔註186〕薛安都，「使持節，散騎常侍，都督徐、南北兗、青、冀五州，豫州之梁郡諸軍事，鎮南大將軍，徐州刺史，賜爵河東公。」《魏書》卷61〈薛安都傳〉，頁1354。畢眾敬，「拜散騎常侍、寧南將軍、兗州刺史，賜爵東平公。」《魏書》卷61〈畢眾敬傳〉，頁1360。常珍奇，「以珍奇爲持節、平南將軍、豫州刺史、河內公。」《魏書》卷61〈常珍奇傳〉，頁1365～1366。三人所獲官職前文亦有詳述，參見本書第六章第一節，頁347。
〔註187〕孫武著、吳仁傑注譯，《孫子讀本》〈軍爭篇〉，頁50。

鬥行為。」〔註188〕而許如亨則認為心理戰就是心理戰線的對抗，目的在變化心戰目標（或目標群）的思想、感情和行為。心理戰其實是一種說服的藝術，當用在戰爭時，心理戰是宣傳、安撫宣慰及謀略欺敵的活動。〔註189〕義陽王劉昶與宋前廢帝，以及上述州刺史與宋明帝之間均產生矛盾，遂使他們有叛宋降魏之心，忠於劉宋的心理意志已經動搖，北魏隨即運用一切足以影響心理的方法，希望從精神意志上制勝他們。其中給予榮寵及高官厚祿乃極佳之方式，目的在變化他們的思想，而北魏朝廷對降魏諸人安撫宣慰的行動亦奏效。及至宋明帝發覺事態嚴重，同樣採心理作戰，企圖挽回青州刺史沈文秀和冀州刺史崔道固，魏宋拉距結果雖使二人回歸劉宋政權效忠宋明帝，但大勢已去，在魏軍已佔領淮北大部情況下，青、冀二州局勢終究不可為，劉宋無法保有青齊之地。北魏以心理作戰配合軍事作戰，成功佔領淮北，因此從事實驗證，「優遇劉宋降將」不僅為一正確之國家政策，更是一成功之心理作戰。

戰爭對土地、百姓、經濟生產破壞極大，北魏欲取淮北，若以大軍壓境進行純軍事的作戰方式，先不論當地宋軍、百姓抵抗之激烈，即便能以龐大軍事力攻佔淮北諸城戍，這些經過戰爭洗禮的城戍，必然遭受嚴重破壞，百姓流離失所，土地荒蕪，需長時間從事戰後復原，這並非上策，北魏希望保持該州全貌，未受任何破壞，此誠為上策也。孫子曾云：「凡用兵之法，全國為上，破國次之；全軍為上，破軍次之。」〔註190〕用兵的指導原則在於使敵國完整歸順是為上策，擊破敵國則為次等；使敵軍全軍投降是上策，擊破敵軍則為次等。而北魏「優遇劉宋降將」正是上述「上策」精神的表現，與其用戰爭方式獲得破碎的州域，不如優遇該州刺史，使其衷心降附，透過他乃當地行政首長的力量，控制該州秩序等待魏軍接收，如此一來，北魏首先得到州刺史此等封疆大吏的來歸，足可做為對劉宋政治、精神上的號召。其次更獲得整州完整資源，人口、土地、城鎮未遭戰亂破壞，對北魏經濟大有助益，體現孫子所謂使敵國完整歸順之精神。再其次是魏軍接收州軍這股軍事力量，因為劉宋各州的駐軍，理所當然接受州刺史指揮，在州刺史有意降魏

〔註188〕國軍軍語辭典編審指導委員會編，《國軍軍語辭典》（臺北：國防部，2003 年 3 月），頁 3。

〔註189〕許如亨，《解構另類戰爭（上）》（臺北：翔威文化傳播股份有限公司，1999 年 4 月），頁 21。

〔註190〕孫武著、吳仁傑注譯，《孫子讀本》〈謀攻篇〉，頁 17。

前提之下，不可能命守軍對抗魏軍，反而是魏軍進城後順勢接管這批武力，這對北魏的軍事力大有幫助，而劉宋卻喪失這批地方部隊，一來一往間，劉宋等於失去此部隊二倍的戰力。

青州刺史沈文秀舉州降魏不久後反悔，關鍵因素乃其麾下州軍反對，當宋明帝命輔國將軍劉懷珍領軍三千攜詔書前來安撫時，青州州軍紛紛表態支持劉宋政權，不願和沈文秀投歸北魏，沈文秀得不到州軍支持，只得改變立場回歸劉宋。由此可證劉宋在各州都駐有一定數量兵力，尤其在與北魏交界的沿邊各州，為防範魏軍入寇，駐軍應比內地各州還多。司州、徐州、兗州等州，史籍未載其州軍有如青州反對降魏之事，加上魏軍都能進入州城接收，三位州刺史也獲北魏朝廷封賜不錯官銜，故北魏順利接管這三州武力應不成問題。

「優遇劉宋降將」政策其實也有擴大運用一面，468 年（魏皇興二年、宋泰始四年）十二月甲午，魏獻文帝下詔曰：〔註191〕

> 頃張永迷擾，敢拒王威，暴骨原隰，殘廢不少。死生冤痛，朕甚潛焉。天下民一也，可敕郡縣，永軍殘廢之士，聽還江南；露骸草莽者，收瘞之。

或許是「優遇劉宋降將」獲得極佳的效果，魏獻文帝將此政策擴大實施，逐漸演變成厚待宋軍將士。據上引文，北魏政府命令地方官員，陣亡之宋軍將士，曝屍荒野者協助安葬；殘廢者依其意願放還劉宋，這二項措施凸顯二種意義，其一：就君王本身而言，魏獻文帝展現人道精神，對俘虜之殘障士兵及陣亡者，給予最佳之照顧。其二：就北魏政權而言，日漸漢化的結果，使其以往對待漢民百姓燒殺掠奪的方式有所改變。魏獻文帝殷切叮嚀慕容白曜，對新佔領區百姓務必秋毫無犯，殷勤撫慰，〔註192〕表明北魏君王已懂得施行仁愛、運用懷柔之術，而這也需漢化至一定程度，上下始能互相體認與配合，否則光是君王在上大聲疾呼，將領陽奉陰違仍無濟於事。從尉元、慕容白曜等將領在淮北新佔領區未有殘害百姓、掠奪財產情事發生，可見北魏政權至魏獻文帝時，深受漢文化的影響卓然可見，故北魏君王、將領仁慈對待陣亡及傷殘宋軍兵士，實有其脈絡可尋。同時，藉由「優遇劉宋降將」政

〔註191〕《魏書》卷6〈顯祖紀〉，頁129。

〔註192〕魏獻文帝特別叮囑魏軍主帥慕容白曜，務以百姓為重，「且伐罪弔民，國之令典，當招懷以德，使來蘇之澤，加於百姓。」《魏書》卷50〈慕容白曜傳〉，頁1117。另參見本書第六章第一節，頁347～348。

策的擴大運用，讓漢民百姓、宋軍兵士感懷北魏政府之德，降低他們與北魏政權的對立，不僅有利於北魏政府對淮北的統治，還可以此爲宣傳，消除漢人對少數民族政權的敵視與恐懼，有助於北魏日後攻佔劉宋城戍土地時，減少漢人的反抗，使北魏統治力迅速穩固。

四、國家戰略：擴張的守勢主義、固本培元的國策

魏獻文帝建構的國家戰略體系，在北魏的國家戰略發展過程中呈現極爲特殊的意義，剛好介於魏太武帝的積極與魏文成帝的守成二種極端之間，恰似中和二者，卻也不盡然。魏太武帝爲了統一南北成爲正統王朝，在其積極的攻勢主義下，對劉宋發動全面性軍事進攻，南北二大政權烽火連天，雖然當時態勢乃魏強宋弱，魏軍甚至兵臨長江，但魏太武帝最終仍無法消滅劉宋，南北依然維持對峙局面。魏文成帝承長年戰亂之後，戰爭的沈重負擔幾乎已令北魏社會瀕臨臨界點，因此國家戰略一百八十度大轉變，以保守的守勢主義爲指導，不主動對外進行軍事行動，目的在讓疲憊的北魏休養生息。

魏獻文帝折衷魏太武帝積極的攻勢主義與魏文成帝保守的守勢主義，採「擴張的守勢主義」，但擴張與守勢主義並不衝突。守勢主義較爲保守，一般不會主動對外挑釁，大都遭遇外敵入侵威脅到國家利益時，始會出兵反擊，如魏文成帝之戰略態度即是如此；至於擴張之意，則如魏太武帝以積極的戰略態度主動進犯劉宋。事實上，魏文成帝與魏獻文帝雖同採守勢主義，但二者精神與內涵大不同，前者屬保守型；後者乃擴張型，守勢主義並非戰略與戰術也一律要採取守勢，這是首先須辨明清楚。比較魏文成帝與魏獻文帝的守勢主義，魏文成帝的守勢主義是戰略戰術亦採守勢，故爲保守型的守勢主義。他在位期間與劉宋曾有二次衝突，457 年（魏太安三年、宋大明元年）二月的兗州事件爲魏宋邊界常見的衝突，在魏宋對峙情形下，雙方邊界守軍欲完全沒有糾紛實爲不易，故兗州事件只是一般的邊界衝突。458 年（魏太安四年、宋大明二年）十月的青州之役，乃劉宋邊將殷孝祖於清水（今河南河陰）築城的挑釁舉動，迫使魏文成帝不得不遣軍將其擊退。〔註193〕由上述二次衝突觀察魏文成帝的守勢戰略與戰術，兗州事件屬常見之邊區衝突，規模不大故暫且不論。青州之役魏文成帝並非主動攻擊挑起戰爭，乃劉宋邊將進犯北

〔註193〕魏文成帝時與劉宋的兗州事件與青州之役詳細經過，參見本書第五章第二節，頁 303～306。

魏領土，侵害北魏國家利益中最核心的領土完整部分，魏文成帝於是被迫應戰，但是將宋軍擊退後，魏軍並未繼續進攻，由此可見魏文成帝的守勢主義，其戰略戰術亦採守勢於此可得明證。

至於魏獻文帝「擴張的守勢主義」，和魏文成帝相同部分在於：遇宋軍犯我國土必定遣軍迎戰；不同部分則是一旦將進犯魏境之宋軍擊退，若劉宋內部情勢不穩，或各項戰略環境利於北魏時，魏軍就會乘勝追擊向南擴張。另外，如果劉宋未主動進攻北魏，魏獻文帝是否永遠不會進軍劉宋？保守的守勢主義或許如此，但「擴張的守勢主義」則會有主動出兵之時，亦即保持一定的主動性，至於何時擴張，則視劉宋內部穩定與否。如果劉宋內部情勢穩定，魏獻文帝不會輕易出兵，此時如同魏文成帝戰略戰術均採守勢之情形。面對穩固的劉宋政權，北魏主動出擊，會遭遇劉宋強烈抵抗，縱然能佔領城戍與土地，但這些戰果或許仍無法彌補戰爭的損失，在仍須繼續「儲備綜合國力」的國家目標下，應盡量減少國力的損耗，此乃魏獻文帝必須慎重考慮之處。反面言之，若劉宋內部發生動亂，魏獻文帝自然把握機會出兵拓展南方疆界，如此可收減少魏軍損耗及事半功倍之效，而事實的確如此。宋明帝因與晉安王劉子勛爭奪皇位爆發內戰，地方上擁有武力的多位州刺史紛紛捲入，劉宋動盪不安的政治局勢已為北魏開啟入寇之門，魏獻文帝見此情形已躍躍欲試，但是宋明帝很快平定晉安王劉子勛之亂，皇位得以鞏固，劉宋政治權力定於宋明帝一尊，眼看魏獻文帝期待劉宋動亂的出兵契機將如曇花一現，詎料宋明帝處理北方州刺史問題不當，使他們叛宋投魏，魏獻文帝期待之機會來臨，遂遣大軍南下淮北，自 466 年（魏天安元年、宋泰始二年）十月至 469 年（魏皇興三年、宋泰始五年）正月連取劉宋司州、徐州、兗州，雖然青州刺史沈文秀、冀州刺史崔道固降而復叛，但終究不敵北魏強大兵力，青齊之地還是為北魏所佔。上述事實表明魏獻文帝在守勢主義下的擴張思想，遇有攻佔劉宋領土的機會，必然迅速把握。由北魏盡收淮北之地觀之，魏獻文帝執行「擴張的守勢主義」國家戰略相當成功，其關鍵在於掌握主客觀因素，主觀因素：魏獻文帝有興師南討意願；客觀因素：劉宋爆發內鬥政治不安。主客觀因素相輔相成，成就魏獻文帝成為北魏建國以來，對劉宋擴展最大疆域之君王。

相同情形發生在魏文成帝時期，筆者認為他的處理方式和魏獻文帝可能不盡相同，雖然面對自動送上門的徐州、司州、兗州，他仍會接受薛安都、

常珍奇、畢眾敬的納降，並遣軍前往接收，不過是否會乘勝追擊尚有討論空間。青州沈文秀、冀州崔道固態度不定，忽而請降、忽而拒降，甚至全力抵禦魏軍，慕容白曜經過一番激烈戰鬥始擊潰沈文秀和崔道固佔領青齊之地，而魏文成帝對於如此頑強的抗拒行動，恐怕早已放棄奪取青齊之地。上述對魏文成帝的假設實有其脈絡可循，試以 458 年（魏太安四年、宋大明二年）的青州之役為例，魏文成帝在逐退宋軍後即不願乘勝追擊，反而保守的結束軍事行動，顯見他未有繼續擴張之意。由此推之，即便魏文成帝願意接受沈文秀、崔道固的請降並派軍前往接收，但是在他們反悔決定回歸劉宋後，面對沈、崔二人全力備戰防禦魏軍進攻，魏文成帝召回軍隊的可能性極大，因此時魏軍已是入侵者的角色，會遭遇宋軍激烈反抗，將造成魏軍大量傷亡，此為魏文成帝所不樂見，而這也是雖同為守勢主義的國家戰略，魏文成帝態度保守、魏獻文帝趁勢擴張的最大不同。

「固本培元」對中醫而言乃指鞏固身體健康的根本，若置於國家則是鞏固國家本身的根本，所以無論放於何處，其所形容對象皆是強調穩固基礎的重要。魏獻文帝藉由「固本培元的國策」厚實國家的根本，與「擴張的守勢主義」形成其國家戰略運籌的二大方向。北魏建國以來為求生存與開疆闢土，不斷對外征討，尤其魏太武帝和宋文帝三十年的相互征戰，雖然北魏常勝、劉宋多遭敗績，且奠定魏強宋弱格局，魏太武帝之功不可謂不大，呂思勉曾言：〔註 194〕

> 自景平之初，至於元嘉之末，〔註 195〕宋、魏戰爭，歷三十年。……
> 北強南弱之形勢，由此遂成，此實關係南北朝百六十年之大局，非
> 徒一時之得失也。

不過事情往往有一體兩面，魏太武帝的好戰的確將北魏國威推至顛峰，但隨之而來的是國力受到削弱、發展受到抑制。魏文成帝時期經過十四年的休養生息，國力雖有復原但仍不足，故魏獻文帝繼位後，國家戰略仍繼續朝此方向發展，全力固本培元。但是北魏此時之實力已較魏文成帝時提升不少，應可尋覓良機嘗試南侵。魏獻文帝在固本培元之際，雖不適合發動對外戰爭，此即守勢主義精神之發揮，然而若遇劉宋內部不穩，便可趁隙興師南討，成為「擴張的守勢主義」，可見其與固本培元相輔相成相互影響，構成魏獻文帝

〔註 194〕呂思勉，《兩晉南北朝史》上冊（上海：上海古籍出版社，2009 年 6 月），頁 346。
〔註 195〕景平為宋少帝年號，元嘉為宋文帝年號。景平初至元嘉末約 423～453 年，魏明元帝泰常八年至魏文成帝興安二年。

的國家戰略體系。

　　在此國家戰略體系下，國家利益、國家目標、國家政策，均是從「固本培元」與「擴張的守勢主義」二大方向出發。以國家利益而言，魏獻文帝欲維護者，乃「維持固有疆域」與「拓展南方疆界」，「維持固有疆域」即是鞏固國家根本，不容既有領土遭侵犯，此為國家最核心的基本利益，是故此國家利益趨近於「固本培元」之意。至於「拓展南方疆界」國家利益之追求，並非一常態性國家利益，而是等待出兵時機，而這個時機不一定會出現，如果遲遲未出現，即維持守勢主義「維持固有疆域」之國家利益；如果出兵時機出現又能迅速掌握，即對劉宋展開軍事進攻，此即為守勢主義下的擴張。

　　從維護國家利益出發的國家目標，一為「攻佔劉宋領土」；另一為「儲備綜合國力」。「儲備綜合國力」非常明顯乃穩固基礎的工作，實「固本培元」之戰略方向，因此「固本培元」國家戰略欲實現之國家目標即是「儲備綜合國力」。而在守勢主義的擴張下，往東西南北何處擴張，須經完整的戰略評估，在東至海、西至西域、北為柔然情形下，南方劉宋成為魏獻文帝唯一擴張選擇，於是「攻佔劉宋領土」遂成為當時北魏之國家目標。

　　國家目標的達成有賴國家政策的配合與推動，國家政策中的各項恤民政策與措施，即是「固本培元」之工作，如透過稅賦減免政策，增加百姓勞動的意願；透過關懷傷病百姓並奉送湯藥等措施，增加百姓對北魏政權的向心，前者能提升經濟力，後者能穩固統治基礎。至於「伺機軍事進攻」及「優遇劉宋降將」等政策，則是相應於「擴張的守勢主義」。「擴張的守勢主義」一般不主動對外擴張，必須尋覓有利擴張時機，故表現在政策上就是趁劉宋政治動盪時，伺機發動軍事進攻，而為了擴張順利減少宋軍抗拒，透過優遇劉宋降將政策拉攏其心，使他能約束所屬宋軍放棄抵抗，如此更能令魏軍擴張順利。

　　綜合言之，魏獻文帝的國家戰略體系由二道軸線構成。其一為穩固統治基礎與厚實國力，以「維持固有疆域」之國家利益出發，達成「儲備綜合國力」之國家目標，透過多項「恤民政策」的實施，建構成「固本培元」的國家戰略。其二為守成有餘趁機南侵，從追求「拓展南方疆界」之國家利益出發，設定「攻佔劉宋領土」之國家目標，並通過「伺機軍事進攻」和「優遇劉宋降將」等國家政策，形成「擴張的守勢主義」國家戰略。這二道國家戰略軸線相互作用循環不已，使北魏取得淮北及青齊之地，魏獻文帝創造攻取劉宋領土之空前成就，由此事實證明其國家戰略運籌至為成功。

結　論

　　北魏與劉宋六十年的對峙，經歷北魏五位君王、劉宋八位。期間邊區衝突有之；舉國大戰有之；甚至相安無事亦有之，可見北魏與劉宋之戰略關係呈現多樣性的風貌，而會形成多樣性風貌的原因，在於每位北魏君王在位時主客觀因素不同，所形成的國家戰略亦不同。

　　主觀因素指君王的戰略思維與戰略觀念；客觀因素則是當時的國際環境與北魏國力。前者如魏太武帝雄霸的個性，使其戰略思維具積極性與主動性，加上統一南北的戰略觀念，遂使魏太武帝對劉宋採取全面性的軍事進攻，使北魏與劉宋的戰略關係呈現最緊張的衝突狀態。魏文成帝則表現出與魏太武帝截然不同的戰略思維與戰略觀念，由於他保守不欲主動尋釁的個性，避免衝突遂成為其主要戰略思維，而他與民休息恢復國力的戰略觀念，使該時期北魏與劉宋的戰略關係得以緩和。至於客觀因素，如魏明元帝時北方諸國林立，當時戰略目標在北方諸國，故魏明元帝未對劉宋發動大規模戰爭，僅以區域戰爭為主，與劉宋戰略關係雖是對峙狀態，但不致有全面性之對抗。而魏獻文帝時魏宋對峙早已成型，國際環境單純，但北魏長年戰爭國力損耗不少，故魏獻文帝之戰略思維為不主動求戰，但亦不避戰，其戰略觀念在於：若欲對劉宋用兵，須乘其內亂攻之，以減少魏軍犧牲；如劉宋政治安定，則盡量避免軍事行動，故與劉宋之戰略關係呈現緊繃狀態，隨時有爆發大戰之可能。

　　魏明元帝時期北魏和劉宋的戰略關係，表現在魏明元帝身上有二個第一，首先：他乃北魏首位和劉宋發生戰略關係之君王；其次，也是首位面對南方二個漢人政權之君王。魏明元帝在位十五年，前面十一年面對東晉，後面四年則

是劉宋。由於面對不同政權,因此北魏這十五年與東晉、劉宋的戰略關係展現出極大的差異性。東晉權臣劉裕自平定桓玄之亂後開始掌握東晉政權,當時北魏君王為魏道武帝,其將北魏戰略重心置於北方,故對東晉採和平方針,而魏明元帝繼位後國際環境無多大改變,故沿襲避免和東晉衝突的戰略關係,及至劉裕篡東晉建劉宋時依然如此,北魏對新興的劉宋政權採和平政策。事實上,魏明元帝409年(魏永興元年、晉義熙五年)即位時,劉裕已是東晉政權實際執政者,東晉皇帝不過拱手而已,因此雖劉宋王朝取代東晉王朝,然實際執政者未變,故可云北魏與劉裕政權的戰略關係則更接近事實。

魏明元帝忌憚劉裕軍威,加上北方諸國林立,北魏置戰略目標於北方,故無須交惡劉裕,避免與北方諸國作戰時,劉裕從後掣肘。然而,北魏和劉裕最終還是發生軍事衝突。416年(魏泰常元年、晉義熙十二年)劉裕北伐後秦,晉軍沿黃河西進時和魏軍發生衝突,但是在魏明元帝和劉裕各自克制下,彼此考量對方並非自己的戰略目標,故衝突並未擴大,避免衝突仍是北魏對劉裕的戰略關係主軸。事實上,戰略關係並非一成不變,應隨戰略環境改變而做調整。422年(魏泰常七年、宋永初三年)劉裕崩逝,令魏明元帝忌憚的因素消失,他立即乘此良機揮軍南下攻佔河南地,北魏與劉宋爆發河南地之戰,宋軍雖頑強抵抗,但魏軍最終還是佔領河南地。河南地之戰乃魏宋戰略關係轉捩點,北魏從此前的避免衝突,至此後衝突頻繁,大小戰爭不斷,迄至劉宋亡,故魏明元帝實居北魏與劉宋戰略關係之關鍵地位。劉宋建立後與魏明元帝的四年戰略關係,呈現從和平到衝突的樣貌,和平有之;戰爭時期亦有之,前三年劉裕在位時,北魏與劉宋大體處於共存階段,第四年則是河南地戰爭階段,而戰爭結束後,魏明元帝不久亦崩逝,但北魏與劉宋對峙、緊張的戰略關係已然形成。

魏明元帝時期北魏對劉宋的國家戰略,除了鞏固既有疆域外,尚須積極對外拓展領土,由於魏明元帝具積極擴張的戰略思維,因此東晉、劉宋都是其拓展領土目標,但是因國際環境略有不同,劉裕的存世與否成為北魏國家戰略變動最重要的指標。當劉裕在世時,不以南方為擴張對象,遂使北魏在東晉末、劉宋初形成避免和劉宋政權衝突的戰略關係,而劉裕逝世後,劉宋便成為北魏擴張的對象,於是在積極擴張的國家戰略指導下,魏軍入侵河南地,北魏與劉宋戰略關係遂進入衝突狀態,由此可見,魏明元帝對劉宋國家戰略前後的不同,影響雙方的戰略關係,出現避戰、衝突之差異。

　　北魏與劉宋的戰略關係，自魏明元帝進佔河南地後，雙方即進入南北對峙態勢，和平已難期待。魏太武帝繼位後，由於他具統一南北的雄心壯志，加上宋文帝亦有北伐企圖心，南北大戰勢不可免，於是魏太武帝執政期間，成為魏宋衝突最激烈、戰爭規模最大時期。不過，魏太武帝時期北魏與劉宋雖是全面衝突的戰略關係，但是可以 439 年（魏太延五年、宋元嘉十六年）北魏統一北方為一分界，魏太武帝對劉宋的戰略態度呈現二種不同的差異。統一北方前，魏太武帝對劉宋採守勢，主要顧慮北方諸國尚存，以及柔然勢力尚強，不時侵擾北魏北方邊境，故北魏北方國防威脅重於南方，魏太武帝遂將戰略重心置於北方，因此這段時期是宋攻魏守的戰略態勢。當 430 年（魏神䴥三年、宋元嘉七年）宋文帝首次北伐爆發河南大戰時，魏太武帝即以防禦代替迎擊，並未立即遣軍還擊，而是等到冬季河水冰合後，才令魏軍反攻收復河南地，且宋軍雖敗退，卻未見魏軍乘勝追擊，可見此時北魏對劉宋主要以防衛為主。

　　北魏統一北方後，正式形成魏宋南北對峙態勢，影響所及，北魏對劉宋的戰略關係立即產生重大改變，此時魏太武帝不須擔心北方諸國的牽制，加上柔然經多次打擊已勢衰，遂將戰略重心從北方移至南方，對劉宋轉守為攻，準備採取積極的攻勢。魏軍先於 450 年（魏太平真君十一年、宋元嘉二十七年）二月進攻劉宋挑起懸瓠之役，這已是魏太武帝預備全面出擊消滅劉宋政權的信號，雖然懸瓠的軍事行動不久即結束，然而隨後在七月時，因宋文帝的二次北伐爆發魏宋全面戰爭。魏軍雖然如同 430 年一樣將入侵的宋軍擊退，但不同的是，北魏大舉動員乘勝追擊，魏太武帝更御駕親征攻抵長江北岸瓜步，與建康隔江相望，劉宋君臣籠罩在魏軍渡江恐懼中。不過受限於北魏水軍的薄弱，魏軍並無渡河載具，加上北魏尚未具備消滅劉宋的絕對優勢，魏太武帝滅亡劉宋的目的終究未達成，不過，他在位期間乃北魏與劉宋戰略關係最緊繃、戰爭最慘烈時期，應殆無疑義。

　　魏太武帝時期北魏對劉宋的國家戰略，統一北方與否成為影響國家戰略至為關鍵之因素。由於魏太武帝有一統南北的雄心壯志，因此充滿積極主動的戰略思維，而欲完成統一宏願，須不斷對外征討，即先平北方諸國或先滅劉宋的戰略選擇。就客觀國際環境而言，北方諸國較弱、劉宋較強，魏太武帝的戰略觀念是先北後南、先弱後強，因此雖是積極擴張的國家戰略，但在北方未定前，他以消滅北方諸國為首務，這也是為何對劉宋暫採守勢，逐退進攻河南地宋軍卻未乘勝追擊原因。及至統一北方後，國際環境發生變化，

北魏國家戰略亦做相應之調整，消滅劉宋成為正統王朝的國家戰略於焉形成，魏宋全面戰爭因而爆發，導致雙方進入有史以來衝突最激烈時期，由此可見，北魏國家戰略影響雙方戰略關係甚鉅。當北魏國家戰略以統一北方為國家目標時，對劉宋以守勢防衛為主，魏宋戰略關係雖對峙、衝突，但不致有大規模戰爭；而北方諸國已平，統一南北成為北魏國家戰略時，對劉宋自是主動進攻的態勢，戰爭規模更不斷擴大，而劉宋亦有北伐收復北方的戰略思維，於是北魏與劉宋都是舉國總動員，二國之對抗已是國力之總較量。

南安王拓跋余在位僅八個月，和劉宋尚無足夠時間形成戰略關係之形式，且當時和戰主動權並非操之在己，而是在宋文帝手中。由於宋文帝趁宗愛弒魏太武帝引起北魏政治動亂之際北伐，南安王拓跋余和宗愛遂被迫迎戰。劉宋此次北伐，內部意見並不一致，加上 450 年（魏太平真君十一年、宋元嘉二十七年）與北魏的全面戰爭，受創過於嚴重，又有部分將領對北伐不熱衷，以致功敗垂成，北伐軍遭魏軍擊退。南安王拓跋余本可藉戰爭而開展與劉宋的戰略關係，建構國家戰略，然不久北魏又發生宮廷政變，宗愛再弒南安王拓跋余，導致北魏尚未形成新的國家戰略體系，又再經歷一次新的皇位更迭。

魏文成帝在野心勃勃、頻頻發動對外戰爭的魏太武帝之後繼位，北魏社會與人民長年支撐戰爭，早已疲憊不堪。而魏文成帝之個性屬保守性質的守成之君，因此其繼位後，一改魏太武帝與劉宋緊張對峙的戰略關係，專注於內政，先鞏固本身權位，並與民休養生息，對劉宋不主動挑釁，但是仍必須堅守國家利益底線，即一旦劉宋入侵魏境，北魏必全力反擊。與此同時，劉宋亦是新君即位，宋孝武帝與魏文成帝的戰略思維相去不遠，同樣有避戰想法，而劉宋社會的情況與北魏無多大差異，都是因戰爭而受創嚴重，於是在南北二位君王有志一同下，魏宋戰略關係趨於和緩。如果其中一位君王未有避戰想法而有求戰慾望，魏宋必定干戈不斷，故魏文成帝無法單方面主導魏宋之戰略關係。換言之，若是衝突性質的戰略關係，可由魏文成帝決定，一旦他遣軍進犯劉宋，魏宋便會爆發戰爭。如果欲緩和魏宋戰略關係，除魏文成帝的主觀意志外，尚須宋孝武帝的配合，而宋孝武帝剛好亦有同樣想法，於是魏宋戰略關係自魏明元帝河南地戰爭以來，呈現難得的緩和。

魏文成帝時期北魏與劉宋的戰略關係，雖然未有緊繃之氣氛與大規模戰爭，但邊界及一般的軍事衝突仍無法避免。前者如 457 年（魏太安三年、宋大明元年）二月的兗州事件；後者則為 458 年（魏太安四年、宋大明二年）

十月的青州之役。這二次衝突在雙方自我克制下並未擴大，可見二位君王的確有和平的體認。上述二次衝突明確記載於史籍中，依據史料記載邏輯思考，如果連如此小規模的衝突都載於史籍中，更大規模的衝突或戰爭則一定會記載，然《魏書》、《宋書》、《資治通鑑》等史籍未見其他戰事之記載，由此可見，魏文成帝時期北魏與劉宋雖然仍是南北對峙態勢，但軍事衝突的減少，使雙方戰略關係確實獲得一定程度的舒緩。

　　魏文成帝時期北魏的國家戰略，表現出他對內重於對外的戰略思維：對內專力於政治秩序之穩定、恢復國家社會之元氣；對外避免和劉宋軍事衝突，上述魏文成帝的戰略思維屬主觀因素。至於客觀因素，就當時的國際環境而言，劉宋亦有不願和北魏生釁的思維，原因在於宋孝武帝欲鞏固權力，剷除對其皇位有威脅者，因此不願和北魏衝突。再就北魏國力而言，因北魏久經戰事國力流失，恢復國力實為當務之急，於是魏文成帝的國家戰略在上述主客觀因素交互影響下，遂呈現與魏太武帝截然不同的國家戰略，保守與穩健成為其一大特色，最主要的表現在「穩定南北關係」、「與時消息靜以鎮之」，而魏文成帝亦朝此國家戰略作為努力，「穩定南北關係」避免和劉宋衝突，使魏宋關係得以穩定，這也說明該時期和劉宋沒有大型戰爭的原因。另外「與時消息靜以鎮之」的恢復國力作為，也使北魏的國力恢復不少，奠定爾後魏獻文帝興軍進佔淮北、青齊之地的基礎。也由於魏文成帝並非積極外拓，而是保守的國家戰略，使該時期成為繼魏明元帝與劉宋最初三年的和平關係後，雖仍是南北對峙，卻再度出現與劉宋之間較為平和的局面。

　　魏獻文帝在北魏的執政歷程頗為特殊，除了以皇帝身份君臨天下外，更以太上皇帝執掌政權，故雖禪位魏孝文帝，但朝政大權仍由魏獻文帝掌控，總計魏獻文帝掌握政權十二年。這十二年對劉宋的戰略態度，一以貫之，不論是皇帝、太上皇帝身份，前後皆同。即是在北魏國力日漸恢復的基礎下，不能因戰爭耗損太多國力，所以不太可能主動出擊，除非是乘劉宋內部有變，趁機出擊比主動出擊可減少戰爭之耗損。因此魏獻文帝對劉宋的戰略態度相當清楚，主動出擊的機率不大，但有二個原因會導致魏宋衝突，其一為宋軍入侵北魏，魏軍守土有責必將全力迎戰；其二為劉宋內部局勢不穩，魏獻文帝則會瞄準時機南侵，而上述二個原因，在魏獻文帝前後執政時期皆發生過。

　　由於劉宋內部發生宋明帝和晉安王劉子勛爭位風波，及其後宋明帝處理北方州刺史問題不當，引發多位州刺史以州降魏。魏獻文帝自然不會放過如此天

賜良機,於 466 年(魏天安元年、宋泰始二年)十月陸續遣將領軍前往接收,雖然和宋明帝派來的宋軍以及反悔降魏的青州刺史沈文秀、冀州刺史崔道固爆發激烈戰鬥,但仍佔領淮北、青齊等地區,使魏獻文帝成為北魏創建以來對劉宋拓地最廣之君王。而魏獻文帝禪位為太上皇帝後,與劉宋仍發生三次軍事衝突:471 年(魏延興元年、宋泰始七年)十月的東兗州衝突、472 年(魏延興二年、宋泰豫元年)正月的司州衝突、473 年(魏延興三年、宋元徽元年)七月的淮北衝突。綜觀魏獻文帝在皇帝或太上皇帝時期四次與劉宋的衝突,466 年是因應劉宋州刺史降魏而出兵;472 年是掌握大陽蠻酋桓誕降魏,及宋明帝崩逝、宋後廢帝初即位的有利形勢,這二次都是利用劉宋內部不穩而出兵。而 471 年、473 年都是宋軍入寇,地方魏軍被迫應戰,且都順利將宋軍擊退。

魏獻文帝的國家戰略,其主觀的戰略思維是儲備國力,且在不會耗損過多國力的前提下,探守勢主義的擴張,換言之,亦即不避戰,但求戰有其條件,須視國際環境,即視劉宋國情而定。所謂不避戰在鞏固固有疆域,一旦遭遇宋軍攻擊,魏軍反擊乃理所當然,471 年、473 年對劉宋的回擊,即是上述國家戰略的思考。至於求戰,則是伺機軍事進攻,趁劉宋有隙發動攻勢,雖是守勢主義,但有出兵良機則會全力把握,此即為 466 年出兵淮北、青齊;472 年出兵司州展現對國家戰略的實踐。然而當劉宋內部不穩的情勢消失時,魏獻文帝不會戀戰並果決的結束戰事,如 466 年佔領淮北、青齊之地後,在北魏尚未具備滅亡劉宋的絕對優勢下,繼續南侵會耗損國力,故魏獻文帝果決的結束戰爭。472年宋後廢帝即位,但政治並未出現預期的動盪,魏獻文帝亦決定收兵。另外,魏獻文帝曾在 473 年十月籌畫親征劉宋以及次年九月伐蜀漢的軍事行動,但是因為北魏內部的天災飢荒,以及劉宋桂陽王劉休範的謀反迅速遭平定,未引發大規模叛亂,在儲備國力為先及劉宋內部並未不安的情形下,遂中斷這二次對劉宋的戰略規畫,否則魏宋又將陷入戰爭之中。由此可見,魏獻文帝的國家戰略影響北魏與劉宋呈現戰爭衝突或是勒兵對峙的戰略關係。

魏孝文帝雖於 471 年(魏延興元年、宋泰始七年)即位,但不過四歲之童,實毫無政治權力可言。從其繼位至 490 年(魏太和十四年、齊永明八年)親政止,皇權分由魏獻文帝與文明太后執掌,在魏孝文帝 471 年即位至 479 年(魏太和三年、宋昇明三年)劉宋滅亡這八年時間,北魏實際主政者,前五年乃魏獻文帝以太上皇帝之名執掌國家大權,後三年則是文明太后,所以北魏與劉宋連續於 477 年(魏太和元年、宋昇明元年)、478 年(魏太和二年、宋昇明二年)

在西境仇池發生衝突時，北魏朝廷是文明太后臨朝聽政。其實這兩次的仇池衝突實乃魏宋對峙下常見的邊區衝突，且均由劉宋挑起，而衝突過後雙方邊界並未改變，可見北魏主政者雖由魏獻文帝更易爲文明太后，與劉宋戰略關係並無多大改變，仍延續魏獻文帝執政時的不主動出擊，但一旦遭遇攻擊，必然全力還擊的戰略態勢。文明太后甫再度臨朝執政，對劉宋國家戰略尚未形成，更在思考如何調整與劉宋的戰略關係，故暫時以維持現狀爲指導原則，不料僅三年時間，南方漢人政權發生更替，南齊取代劉宋，於是北魏與南方漢人政權的戰略關係進入南齊階段，對南齊也形成新的國家戰略體系。

綜觀北魏與劉宋對峙的六十年，每位北魏君王在位期間因面臨內外情勢的不同，加上對劉宋的戰略思維也不一樣，因此每位君王國家戰略的設計與運籌當然就有差異，與劉宋呈現出來的戰略關係也有不同程度的差別。如魏明元帝將國家戰略目標置於北方，故對劉宋的戰略關係是「和平與衝突」，先和平而後衝突，劉裕在世時，雙方和平共存，待其崩逝後，魏明元帝遂出兵搶佔河南地，開啓北魏與劉宋衝突的序幕。而雄心萬丈的魏太武帝，雖設計統一南北的國家戰略，但在運籌過程中，在北方未統一前，無法對劉宋全採攻勢，所以「攻勢與守勢兼具」成爲此時北魏對劉宋戰略關係的特色，待北方統一後，便能全力進攻劉宋，於是和劉宋爆發最大規模戰爭，魏宋二國都進入「全國總動員的對抗」。及至魏文成帝，逢國家長年兵戰之後，社會負擔沈重，加上本身的保守性格，所以國家戰略呈現「守成與穩健」格局，對內以恢復國力休養生息爲主，對外則避免與劉宋衝突，於是自魏太武帝以來與劉宋激烈衝突的戰略關係，得以獲得沈澱舒緩。至於魏獻文帝，在守勢主義下趁劉宋內亂南討，獲得極佳戰果。「從黃河到淮河」的地理形勢，標誌北魏與劉宋的國防線往南延伸至淮河，爭奪區域也從黃河流域進展至淮河流域。雖然北魏不斷向南拓展領土，對劉宋戰爭也大多獲勝，然魏宋的南北對峙終究有落幕之時，不過劉宋並非爲北魏所滅。479 年（魏太和三年、齊建元元年）蕭道成建南齊王朝，北魏與劉宋的戰略關係結束，魏宋對峙轉爲魏齊對峙，也開啓了北魏與南齊的戰略關係。

經由本書的論析，具體呈現北魏各時期的國家戰略，也對北魏與劉宋戰略關係的形成與發展，有全盤且詳盡的瞭解，由此研究結果顯示，以科際整合方式，將現代國家戰略概念應用於歷史研究實屬可行，若能妥善結合戰略研究與歷史研究二者，應能豐富研究歷史的面向，也爲歷史研究提供新的研究取向。

表三　北魏與劉宋戰略關係大事表 [註1]

西元	紀　　年	魏宋戰略關係	相關大事
386	魏道武帝登國元年 晉孝武帝太元十一年		拓跋珪大會諸部落酋首於牛川，復興代國稱代王，尋改稱魏王，史稱北魏。
387	魏登國二年 晉太元十二年		魏道武帝大敗獨孤部劉顯，劉顯南奔西燕慕容永。
388	魏登國三年 晉太元十三年		魏軍大破庫莫奚於弱落水南。
389	魏登國四年 晉太元十四年		北魏討伐叱突隣部並和舅氏賀蘭部的賀染干絕裂。
390	魏登國五年 晉太元十五年		北魏討平賀蘭、紇突隣、紇奚等三部。

[註1] 劉宋與北魏南北對峙雖然起自 420 年（魏泰常五年、宋永初元年）劉宋王朝建立，然其創建者宋武帝劉裕，在東晉末實已掌握政權，更主導東晉朝廷對北魏的戰略態度，故編列北魏與劉宋戰略關係大事，爲求其完整性，實有向上延伸至東晉必要，如此才能瞭解劉裕對北魏戰略態度與戰略觀念的演進與改變。至於要上溯至東晉何時，由於本書研究主體爲北魏，且國家戰略有其延續性，雖然劉宋王朝在魏明元帝時成立，但魏道武帝對東晉的國家戰略，多少會影響魏明元帝對劉宋國家戰略的制定，因此本表編列起點設定爲東晉時期的 386 年（魏登國元年、晉太元十一年），亦即魏道武帝創建北魏政權之日，以求其一貫性，而終至 479 年（魏太和三年、宋昇明三年）劉宋滅亡止。

391	魏登國六年 晉太元十六年		七月，魏道武帝遣弟拓跋觚赴後燕朝覲，後燕為索良馬扣留拓跋觚，北魏與後燕絕交。 十一月，北魏擊匈奴部劉衛辰，劉衛辰出奔，其後遭部下所殺。
392	魏登國七年 晉太元十七年		魏道武帝長子拓跋嗣生。
393	魏登國八年 晉太元十八年		魏道武帝西征侯呂隣部，大破之。
394	魏登國九年 晉太元十九年		魏道武帝令衛王拓跋儀屯田於河北五原，至棝楊塞外。
395	魏登國十年 晉太元二十年		十月，魏道武帝於參合陂大敗後燕軍，奠定經營華北的基礎。
396	魏登國十一年 魏皇始元年 晉太元二十一年	東晉遣使入魏，提出聯軍進攻後秦要求。	四月，後燕主慕容垂卒，子慕容寶嗣位。 八月，魏道武帝乘後燕國喪大舉進攻。 九月，晉孝武帝崩，太子司馬德宗繼位，是為晉安帝。
397	魏皇始二年 晉安帝隆安元年		魏軍大敗後燕軍，陷信都圍中山。慕容寶棄中山奔蓟城，旋奔龍城。
398	魏皇始三年 魏天興元年 晉隆安二年		正月，慕容德稱燕王，建南燕政權。 六月，魏道武帝以魏為國號。 七月，北魏遷都平城。
399	魏天興二年 晉隆安三年		二月，魏軍破高車雜種三十餘部。 十月，北魏太廟成，遷神元、平文、昭成、獻明皇帝神主於太廟。
400	魏天興三年 晉隆安四年		十一月，高車別帥敕力犍，率九百餘部落降北魏。
401	魏天興四年 晉隆安五年		北涼沮渠蒙遜、西涼李暠遣使朝貢北魏。

402	魏天興五年 晉元興元年		五月，後秦攻北魏，陷平陽、乾壁等地。 七月，魏道武帝率軍親討後秦，大敗之。 十二月，柔然犯塞，魏道武帝詔常山王拓跋遵率軍出擊，不及而還。
403	魏天興六年 晉元興二年		十月，魏道武帝封皇子拓跋嗣為齊王，加車騎大將軍，位相國，已有立儲君之意。 十二月，東晉權臣桓玄逼晉安帝退位，自即帝位，國號楚。
404	魏天興七年 魏天賜元年 晉元興三年	四月，魏道武帝遣尚書郎中公孫表出使東晉，以觀桓玄之釁，然桓玄已敗。	二月，劉裕起兵討桓玄。
405	魏天賜二年 晉義熙元年		九月，南燕主慕容德卒，其兄慕容納之子慕容超繼位。
406	魏天賜三年 晉義熙二年		四月，柔然寇魏邊。
407	魏天賜四年 晉義熙三年		六月，後秦安北將軍赫連勃勃起兵自立，稱大夏天王，建大夏政權。
408	魏天賜五年 晉義熙四年		魏明元帝長子拓跋燾生。
409	魏天賜六年 魏明元帝永興元年 晉義熙五年	三月，劉裕率軍北討南燕。	十月，清河王拓跋紹弒魏道武帝，齊王拓跋嗣起兵平亂後即位，是為魏明元帝。
410	魏永興二年 晉義熙六年	二月，劉裕滅南燕，執其主慕容超。	五月，柔然圍長孫嵩於牛川，魏明元帝率軍馳援，柔然遁走。 九月，葬魏道武帝於盛樂金陵。
411	魏永興三年 晉義熙七年		十二月，柔然斛律率宗黨百餘人降附北魏。
412	魏永興四年 晉義熙八年		西秦主乞伏乾歸為兄子乞伏公府所殺，乞伏乾歸子乞伏熾磐起兵殺乞伏公府後繼位。

413	魏永興五年 晉義熙九年		七月，魏軍破越勤倍泥部。 十一月，後秦遣使聯姻北魏，魏明元帝許之，遂娶後秦主姚興女西平公主。
414	魏神瑞元年 晉義熙十年	八月，魏明元帝詔平南將軍、相州刺史尉古眞與劉裕相聞。	八月，魏明元帝詔馬邑侯元陋孫使於後秦、遣謁者悅力延撫慰柔然、于什門招諭北燕。 十二月，柔然犯塞，魏明元帝率軍北討。
415	魏神瑞二年 晉義熙十一年		十月，姚興遣使送西平公主至平城，魏明元帝以后禮納之。
416	魏神瑞三年 魏泰常元年 晉義熙十二年	八月，劉裕趁姚泓即位未久，率軍討後秦。 九月，劉裕前鋒王仲德入滑臺。魏明元帝遣叔孫建渡河耀威滑臺，問劉裕侵寇之狀，劉裕遜辭謝之曰：「欲假道於魏，非敢為不利也。」	二月，姚興卒，子姚泓繼爲後秦主。
417	魏泰常二年 晉義熙十三年	二月，魏明元帝以長孫嵩率軍邀擊晉軍，雙方戰於畔城，互有勝負。	八月，劉裕將王鎮惡攻克長安，後秦亡。
418	魏泰常三年 晉義熙十四年		五月，魏將長孫道生率二萬騎伐北燕，攻至龍城，徙民萬餘家而還。 十一月，赫連勃勃入長安，鎮守長安之劉裕子劉義眞，領殘軍敗還東晉。 十二月，劉裕使中書侍郎王韶之弒晉安帝，改立其母弟琅邪王司馬德文，是爲晉恭帝。
419	魏泰常四年 晉恭帝元熙元年	三月，東晉寧朔將軍、平陽太守、匈奴護軍薛辯及司馬楚之、司馬順明、司馬道恭等人投歸北魏。 六月，東晉建威將軍、河西太守、馮翊羌酋黨道子投歸北魏。	

420	魏泰常五年 晉元熙二年 宋武帝永初元年	六月，劉裕篡東晉自立，國號宋，是爲宋武帝。	七月，北涼主沮渠蒙遜率軍攻西涼。
421	魏泰常六年 宋永初二年	九月，宋武帝遣沈範、索季孫出使北魏。	三月，沮渠蒙遜滅西涼。
422	魏泰常七年 宋永初三年	七月，北魏扣留宋使沈範、索季孫。 八月，魏明元帝興師進攻河南地，爆發河南地戰爭。 十一月，劉宋東郡太守王景度棄滑臺走。	四月，魏明元帝立皇子拓跋燾爲泰平王，拜相國、加大將軍。 五月，宋武帝崩逝，太子劉義符繼位，是爲宋少帝。
423	魏泰常八年 宋少帝景平元年	正月，魏軍猛攻虎牢不克，劉宋守將司州刺史毛德祖固守。 四月，魏軍攻陷虎牢，河南地戰爭結束，北魏佔領河南地。 九月，劉宋潁川太守李元德襲擊許昌，魏明元帝詔周幾擊之，李元德不敵遁走。	十月，魏明元帝崩，太子拓跋燾繼位，是爲魏太武帝。
424	魏太武帝始光元年 宋景平二年 宋文帝元嘉元年		五月，劉宋輔政大臣徐羨之、傅亮、謝晦廢殺宋少帝，迎宋武帝三子宜都王劉義隆入繼大統，是爲宋文帝。 十二月，北魏平陽王長孫翰北伐柔然，殺數千人，柔然北遁，大勝而還。
425	魏始光二年 宋元嘉二年		三月，魏太武帝尊保母竇氏爲保太后。 八月，大夏主赫連勃勃卒，子赫連昌繼位。 十月，北魏大舉征討柔然。
426	魏始光三年 宋元嘉三年		正月，宋文帝殺徐羨之、傅亮、謝晦三位輔政大臣，親掌朝政。 十一月，魏太武帝攻大夏都城統萬，不克而還。
427	魏始光四年 宋元嘉四年		五月，魏太武帝再攻大夏，陷統萬城。夏主赫連昌奔上邽。

428	魏始光五年 魏神䴥元年 宋元嘉五年	十月，劉宋淮北鎮將王仲德遣步騎二千餘入寇濟陽、陳留。 閏十月，宋文帝遣將王玄謨、兗州刺史竺靈秀步騎二千人寇滎陽，將襲虎牢，遭北魏豫州州軍擊退。	二月，北魏攻上邽，擒赫連昌，其弟赫連定於平涼嗣位。 五月，西秦主乞伏熾磐卒，其子乞伏暮末繼位。 八月，柔然萬餘騎寇魏邊。 魏太武帝長子拓跋晃生。
429	魏神䴥二年 宋元嘉六年		四月，北魏大舉北討柔然，大破於栗水，俘斬無算。
430	魏神䴥三年 宋元嘉七年	三月，宋文帝下詔北伐，遣右將軍到彥之率軍進攻河南地，魏宋爆發河南大戰。北魏採暫避其鋒、先守後攻戰略，故宋軍初戰獲勝，收復河南地。 八月，大夏遣使劉宋，約合兵滅魏，遙分河北。 十月，魏軍開始反擊，大敗宋軍。 十一月，魏軍圍攻滑臺，到彥之自滑臺奔退。	九月，魏太武帝率軍親攻平涼，城陷，大夏主赫連定奔上邽。
431	魏神䴥四年 宋元嘉八年	正月，宋文帝遣將檀道濟、王仲德救滑臺，北魏丹陽王叔孫建、汝陰公長孫道生拒之。 二月，魏軍攻陷滑臺，河南地再為北魏所佔，檀道濟引兵還。 閏六月，魏太武帝遣散騎侍郎周紹出使劉宋求婚，宋文帝依違答之。	六月，吐谷渾王慕璝擒赫連定，大夏亡。 九月，北魏封北涼沮渠蒙遜為涼州牧、涼王。
432	魏延和元年 宋元嘉九年		正月，魏太武帝立年僅五歲的拓跋晃為皇太子。 三月，吐谷渾送赫連定於平城，北魏斬之。 六月，魏太武帝率軍親討北燕。

433	魏延和二年 宋元嘉十年	二月，北魏遣使散騎常侍宋宣入劉宋，爲太子拓跋晃求婚，宋文帝仍依違答之。	三月，北涼主沮渠蒙遜病卒，子沮渠牧犍繼位。
434	魏延和三年 宋元嘉十一年		二月，魏太武帝以西海公主妻柔然敕連可汗，又納其妹爲夫人。 三月，北燕向北魏乞和，北魏拒絕，既而許之。 六月，北燕不願遣太子入北魏爲質，北魏再攻北燕。
435	魏延和四年 魏太延元年 宋元嘉十二年		六月，魏太武帝遣樂平王拓跋丕率四萬騎伐北燕。
436	魏太延二年 宋元嘉十三年		三月，北魏大舉進攻北燕。 五月，北燕主馮弘逃入高麗，北燕亡。 十一月，柔然與北魏絕和親，興軍犯塞。 十一月，吐谷渾王慕璝卒，弟慕利延繼位。
437	魏太延三年 宋元嘉十四年		十一月，魏太武帝欲圖北涼，乃以其妹武威公主嫁北涼主沮渠牧犍。
438	魏太延四年 宋元嘉十五年		三月，高麗殺北燕主馮弘。 七月，魏太武帝率軍三道北討，不見柔然而還。
439	魏太延五年 宋元嘉十六年	三月，北魏遣雍州刺史葛那取上洛，劉宋上洛太守譚長生棄郡走。	六月，魏太武帝西征北涼，以十二歲的太子拓跋晃監國。 九月，魏軍陷姑臧城，沮渠牧犍出降，北涼亡。北魏統一北方形成與劉宋南北對峙態勢。 九月，柔然大舉入侵，逼近京師平城，司空長孫道生拒之於吐頹山。
440	魏太延六年 魏太平眞君元年 宋元嘉十七年		六月，魏太武帝之孫、太子拓跋晃之子拓跋濬生。 七月，惠太后竇氏卒。
441	魏太平眞君二年 宋元嘉十八年		正月，北魏封柔然郁久閭乞列歸爲朔方王，沮渠萬年爲張掖王。

442	魏太平眞君三年 宋元嘉十九年	閏五月，宋文帝遣龍驤將軍裴方明、梁州刺史劉康祖寇南秦，南秦王楊難當敗，奔於上邽。 六月，楊難當朝魏太武帝於行宮。 七月，魏太武帝遣隴右諸軍、關中諸軍與裴方明爭戰於仇池。	
443	魏太平眞君四年 宋元嘉二十年	二月，魏軍大破宋軍，攻克仇池。	北魏遣四道輕騎分襲柔然，勝之，柔然遠遁。
444	魏太平眞君五年 宋元嘉二十一年		正月，北魏太子拓跋晃總百揆。 八月，北魏晉王拓跋伏羅督高平、涼州諸軍討吐谷渾王慕利延。 十月，魏軍大破慕利延，計一萬三千落投降北魏。
445	魏太平眞君六年 宋元嘉二十二年	十一月，二萬魏軍分二道，南侵青徐地區，攻略淮泗，徙青徐之民以實河北。	九月，盧水胡蓋吳起兵反，西掠長安，勢力漸盛。
446	魏太平眞君七年 宋元嘉二十三年	正月，宋文帝發雍、涼二州兵屯於境上，聲援蓋吳。 二月，永昌王拓跋仁攻至高平、高涼王拓跋那進至濟南，遷當地劉宋百姓於河北。	八月，蓋吳爲其下人所殺，亂平。
447	魏太平眞君八年 宋元嘉二十四年		三月，北魏殺北涼降王沮渠牧犍。
448	魏太平眞君九年 宋元嘉二十五年	正月，劉宋葭蘆戍主氐人楊文德招誘武都、陰平五部氐民。北魏遣仇池鎮將皮豹子討之，大敗楊文德及白水太守郎啓玄。	九月，北魏成周公萬度歸遠征焉耆，大破之。 十月，萬度歸又攻龜茲，勝之，西域再入中國版圖。
449	魏太平眞君十年 宋元嘉二十六年	五月，宋文帝欲經略中原，群臣競相獻策。	正月，魏太武帝親征柔然，出塞數千里。 二月，柔然處羅可汗恐懼遠遁。 九月，魏太武帝再伐柔然，大敗之，自是柔然衰弱，屏跡不敢犯魏塞。

450	魏太平眞君十一年 宋元嘉二十七年	二月，魏太武帝率軍南侵汝南進圍懸瓠，爆發懸瓠之役，開啓魏宋全面戰爭序幕。 七月，宋文帝下詔北伐，七路大軍進攻北魏，陷河南多座城戍。 十月，北魏開始反攻，大敗宋軍收復河南地，並突入劉宋境內，且不顧堅城在後，持續往南進軍。 十二月，魏太武帝攻抵長江北岸瓜步，威脅建康。	六月，魏太武帝因國史之獄誅殺崔浩，並屠其三族，北方漢人世族大受打擊。
451	魏太平眞君十二年 魏正平元年 宋元嘉二十八年	正月，魏太武帝率軍北返，途經盱眙，欲取其糧爲歸路之資，遂與守城宋軍衝突。 二月，魏軍猛攻盱眙，劉宋太子左衛率臧質固守，城終不能陷。會魏軍疾疫，始退。	六月，北魏太子拓跋晃以憂卒。 十二月，魏太武帝封太子拓跋晃之子拓跋濬爲高陽王。
452	魏正平二年 魏南安王拓跋余承平元年 魏文成帝興安元年 宋元嘉二十九年	五月，宋文帝乘北魏政治動盪之際下詔北伐。 六月，劉宋輔軍將軍蕭思話率北伐軍三路並進。 八月，蕭思話攻碻磝不順；司州刺史魯爽攻虎牢失利。 十月，魏軍擊退三路宋軍，宋軍敗退南返。	二月，中常侍宗愛弒魏太武帝，立其子南安王拓跋余，大權落入宗愛之手。 十月，宗愛再弒南安王拓跋余。殿中尚書源賀、羽林郎中劉尼等發動政變殺宗愛，扶高陽王拓跋濬即位，是爲魏文成帝。
453	魏興安二年 宋元嘉三十年	正月，蕭道成率羌、氐等寇擾武都，北魏高平鎭將苟莫于領二千鐵騎赴援，蕭道成退還南鄭。	二月，劉宋宮廷政變，太子劉劭弒宋文帝，宋文帝三子武陵王劉駿起兵反劉劭。 四月，劉駿即皇帝位，是爲宋孝武帝。 五月，劉駿攻入建康，殺劉劭，亂平。

454	魏興安三年 魏興光元年 宋孝武帝孝建元年		正月，劉宋南郡王劉義宣起兵反。 七月，魏文成帝長子拓跋弘生。 六月，劉義宣兵敗遭賜死，亂平。
455	魏太安元年 宋孝建二年		六月，魏文成帝遣尚書穆伏眞等三十人，巡行州郡，觀察風俗。昏於政者，黜而戮之；善於政者，褒而賞之。 八月，宋孝武帝下令，諸苑禁制綿遠，有妨肄業，可詳所開弛，假與貧民。
456	魏太安二年 宋孝建三年	十一月，劉宋濮陽太守姜龍駒、新平太守楊伯倫，率吏民降北魏。	正月，魏文成帝立皇后馮氏，即日後之文明太后。 二月，魏文成帝立皇子拓跋弘爲皇太子。
457	魏太安三年 宋大明元年	二月，魏宋邊區衝突，魏軍入寇兗州，兵向無鹽，敗劉宋東平太守劉胡，宋孝武帝遣薛安都、沈法系等將率水陸軍迎擊，及至，魏軍已去。	
458	魏太安四年 宋大明二年	十月，宋將殷孝祖於清水之東築兩當城，引爆魏宋衝突，魏文成帝詔鎮西將軍封敕文率軍出擊，爆發青州之役。 十一月，魏軍戰事不利，北魏續遣征西將軍皮豹子將三萬騎赴援。	十一月，魏文成帝親征柔然，處羅可汗絕跡遠遁。
459	魏太安五年 宋大明三年	正月，皮豹子大破宋軍，斬獲五千餘級，並略地至高平。青州之役劉宋敗績。	
460	魏和平元年 宋大明四年	三月，魏軍寇北陰平，劉宋朱提太守楊歸子擊走之。	六月，北魏征討吐谷渾。 九月，西征吐谷渾魏軍遇瘴氣，多有疾疫，乃引軍還。

461	魏和平二年 宋大明五年		四月，劉宋雍州刺史海陵王劉休茂舉兵反，義成太守薛繼考討斬之。
462	魏和平三年 宋大明六年		正月，魏文成帝以車騎大將軍、東郡公乙渾爲太原王。 六月，北魏遣將軍陸眞討平雍州叛氐仇傉檀等。 十二月，北魏制戰陳之法十餘條，因大儺耀兵，有飛龍、騰蛇、魚麗之變，以示威武。
463	魏和平四年 宋大明七年		正月，宋孝武帝於玄武湖大閱水師，并巡江右，講武校獵。
464	魏和平五年 宋大明八年		閏五月，宋孝武帝崩，太子劉子業繼位，是爲宋前廢帝。 七月，柔然處羅可汗卒，子予成繼立，是爲受羅部眞可汗，率軍犯塞，北魏北鎮游軍大破柔然。
465	魏和平六年 宋前廢帝永光元年 宋前廢帝景和元年 宋明帝泰始元年	九月，劉宋義陽王劉昶歸降北魏。	五月，魏文成帝崩，太子拓跋弘繼位，是爲魏獻文帝。乙渾專權亂政。 十一月，劉宋江州刺史晉安王劉子勛舉兵反。 十一月，宋前廢帝爲左右壽寂之所弒。 十二月，宋文帝十一子湘東王劉彧即皇帝位，是爲宋明帝。
466	魏獻文帝天安元年 宋泰始二年	九月，劉宋司州刺史常珍奇、徐州刺史薛安都以所轄州郡降北魏。 九月，北魏遣鎮南大將軍尉元往彭城迎薛安都；鎮西大將軍元石至懸瓠迎常珍奇。與宋明帝所遣接管司州、徐州之宋軍爆發淮北之戰。 十一月，劉宋兗州刺史畢眾敬以所領州郡降北魏。	二月，文明太后誅乙渾，臨朝聽政。 八月，宋明帝剿滅叛軍，賜死晉安王劉子勛，亂平。

467	魏天安二年 魏皇興元年 宋泰始三年	正月，尉元、元石分敗宋軍，北魏佔領淮北、淮西之地。 閏正月，劉宋青州刺史沈文秀、冀州刺史崔道固遣使以州降北魏。 二月，北魏遣慕容白曜率軍迎沈文秀、崔道固。 三月，沈文秀、崔道固復叛歸劉宋。 三月，慕容白曜討沈文秀、崔道固，是為青齊之役。	八月，魏獻文帝長子拓跋宏生。
468	魏皇興二年 宋泰始四年	二月，魏軍破歷城，俘崔道固。 二月，劉宋梁鄒戍主、平原太守劉休賓以城降慕容白曜。 三月，慕容白曜進圍東陽沈文秀。 是歲，魏宋兩軍爭戰於青齊之地，宋軍不敵，魏軍逐漸佔領青齊地區之土地與城戍。	
469	魏皇興三年 宋泰始五年	正月，魏軍陷東陽俘沈文秀，青齊之役結束，青齊之地盡入魏矣。 三月，北魏地方軍進攻汝陰，遭劉宋汝陰太守楊文萇擊退。	六月，魏獻文帝立未足三歲的皇子拓跋宏為皇太子。
470	魏皇興四年 宋泰始六年		八月，柔然犯塞。 九月，魏獻文帝率二路大軍北討，大敗柔然，斬首五萬級。 十月，魏獻文帝誣濟南王慕容白曜謀反，殺之。 十月，魏獻文帝與文明太后鬥爭愈烈，魏獻文帝殺李敷、李弈兄弟。

471	魏皇興五年 魏孝文帝延興元年 宋泰始七年	十月，劉宋北琅邪、蘭陵二郡太守垣崇祖自郁洲寇東兗州，屯於南城固。 十一月，北魏東兗州刺史于洛侯擊破之，垣崇祖敗還。	八月，魏獻文帝禪位太子拓跋宏，是爲魏孝文帝，魏獻文帝自居太上皇帝。
472	魏延興二年 宋泰豫元年	正月，大陽蠻酋桓誕率眾降北魏，北魏拜征南將軍，封襄陽王。 十二月，北魏以地方軍聯合桓誕的大陽蠻進攻義陽，遭劉宋司州刺史王瞻擊退。	二月，柔然犯塞，魏獻文帝次於北郊，詔諸將討之，柔然遁走。 四月，宋明帝崩，太子劉昱繼位，是爲宋後廢帝。 閏六月，柔然寇敦煌，鎮將尉多侯擊走之。又寇晉昌，守將薛奴擊走之。 十月，柔然犯塞。 十一月，魏獻文帝領軍渡漠追擊，柔然聞魏軍至，大懼退走。
473	魏延興三年 宋後廢帝元徽元年	七月，宋後廢帝遣將寇緣淮諸鎮，遭北魏徐州刺史尉元擊退。 十月，魏獻文帝籌畫南討事宜，詔十丁取一以充行，戶收租五十石，以備軍糧。 十一月，魏獻文帝南巡。	七月，柔然寇敦煌，鎮將樂洛生擊破之。 十二月，柔然犯邊，柔玄鎮二部敕勒叛應之。
474	魏延興四年 宋元徽二年	二月，魏獻文帝南巡。 九月，魏獻文帝詔將軍元蘭領三萬騎，預備伐蜀漢。	五月，江州刺史、桂陽王劉休範舉兵反，當月即被平南將軍蕭道成等人平定，劉休範被殺。 七月，柔然寇敦煌，鎮將尉多侯大破之。
475	魏延興五年 宋元徽三年		十月，魏獻文帝大閱於北郊。
476	魏延興六年 魏承明元年 宋元徽四年		六月，文明太后毒殺魏獻文帝，再度臨朝聽政。 七月，劉宋征北將軍、南徐州刺史建平王劉景素據建康城舉兵反，遭鎮軍將軍蕭道成等人救平，劉景素被殺。

477	魏太和元年 宋元徽五年 宋順帝昇明元年	十月，劉宋葭蘆戍主楊文度遣弟楊鼠襲陷仇池。 十一月，北魏發兵四萬征討仇池。 十二月，魏軍攻陷葭蘆，斬楊文度。	七月，蕭道成密謀廢立，遣越騎校尉王敬則弒宋後廢帝，立宋明帝三子安成王劉準爲帝，是爲宋順帝。 十二月，劉宋荊州刺史沈攸之舉兵反。
478	魏太和二年 宋昇明二年	七月，宋順帝遣將寇仇池，北魏陰平太守楊廣香擊走之。 蕭道成遣驍騎將軍王洪範出使柔然，約期共伐北魏。	正月，沈攸之兵敗自殺，亂平。
479	魏太和三年 宋昇明三年 齊高帝建元元年	十一月，齊高帝以初即位不宜出師，故未出兵應柔然共伐北魏。	四月，蕭道成篡位建南齊政權，是爲齊高帝，劉宋亡，與北魏長達六十年的魏宋對峙至此結束。 十一月，柔然十餘萬騎南侵，至塞而還。

資料來源：《晉書》、《魏書》、《宋書》、《南齊書》、《北史》、《南史》、《資治通鑑》。

表四　北魏帝系表

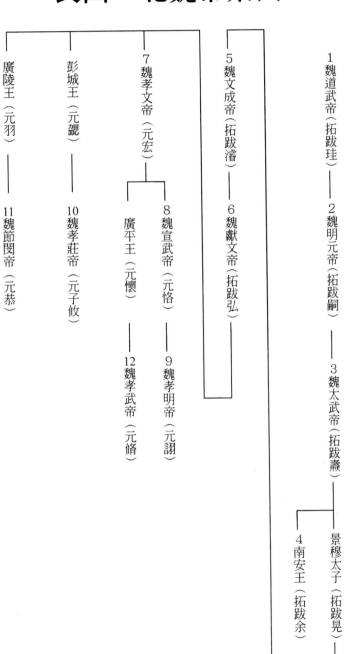

1 魏道武帝（拓跋珪）———— 2 魏明元帝（拓跋嗣）———— 3 魏太武帝（拓跋燾）

景穆太子（拓跋晃）

4 南安王（拓跋余）

5 魏文成帝（拓跋濬）———— 6 魏獻文帝（拓跋弘）

7 魏孝文帝（元宏）

8 魏宣武帝（元恪）———— 9 魏孝明帝（元詡）

廣平王（元懷）———— 12 魏孝武帝（元脩）

彭城王（元勰）———— 10 魏孝莊帝（元子攸）

廣陵王（元羽）———— 11 魏節閔帝（元恭）

表五　北魏皇帝、年號對照表

君　王	姓　名	使　用　年　號	在位	備　註
魏道武帝	拓跋珪	登國、皇始、天興、天賜	23 年	
魏明元帝	拓跋嗣	永興、神瑞、泰常	15 年	
魏太武帝	拓跋燾	始光、神䴥、延和、太延、太平眞君、正平	28 年	
魏南安王	拓跋余	承平	8 個月	
魏文成帝	拓跋濬	興安、興光、太安、和平	13 年	
魏獻文帝	拓跋弘	天安、皇興	5 年	
魏孝文帝	元宏	延興、承明、太和	29 年	魏孝文帝改拓跋氏爲元氏。
魏宣武帝	元恪	景明、正始、永平、延昌	16 年	
魏孝明帝	元詡	熙平、神龜、正光、孝昌、武泰	13 年	
魏孝莊帝	元子攸	建義、永安	3 年	
魏節閔帝	元恭	普泰	1 年	
魏孝武帝	元脩	太昌、永興、永熙	3 年	《魏書》稱出帝。

表六　劉宋帝系表

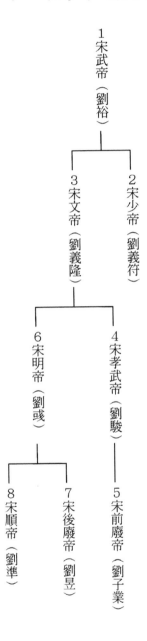

表七　劉宋皇帝、年號對照表

君　王	姓　名	使用年號	在　位	備　註
宋武帝	劉裕	永初	3 年	
宋少帝	劉義符	景平	1 年	
宋文帝	劉義隆	元嘉	30 年	
宋孝武帝	劉駿	孝建、大明	11 年	
宋前廢帝	劉子業	永光、景和	1 年	1~8 月爲永光，9~11 月爲景和。
宋明帝	劉彧	泰始、泰豫	8 年	
宋後廢帝	劉昱	元徽	4 年	
宋順帝	劉準	昇明	2 年	

表八　重要地名古今對照表

地　　名	今　　地
小索	今河南滎陽北
小峴	今安徽含山北
大索	今河南滎陽北張樓村
下邳	今江蘇睢寧西北
山陽	今江蘇淮安
不其城	今山東即墨西南
仇池鎮	今甘肅成縣西北
升城	今山東長青西南
平城	今山西大同
弘農	今河南靈寶東北
瓜步	今江蘇六合東南
西河	今山西汾陽
君子津	今內蒙古清水河西
李潤鎮	今陝西大荔北
杏城鎮	今陝西黃陵西南
呂梁	今江蘇徐州東南
京陵	今江蘇丹徒東南
東海	今江蘇連雲港
虎牢	今河南泗水縣
東陽	今山東青州

長社	今河南長葛東北
枋頭	今河南浚縣西南
東平	今山東東平
盱眙	今安徽盱眙東北
肥城	今山東肥城
留城	今江蘇沛縣東南
洛陽	今河南洛陽東北
垣苗	今山東長青東南
採石	今安徽馬鞍山西南采石街道江濱
畔城	今山東聊城市南
陝城	今河南陝縣
清水	今河南河陰
清口	今山東東平縣西
馮翊	今陝西大荔
尉武	今安徽鳳台
無鹽	今山東東平南
尋陽	今江西九江
湖陸	今山東魚台東南
統萬	今陝西橫山
彭城	今江蘇銅山
項城	今河南沈丘
瑕丘	今山東兗州市
義陽	今河南信陽
滑臺	今河南滑縣東南
訾谷	今河南盧氏南山之中
解	今山西臨猗西南
壽春（陽）	今安徽壽縣
暨陽	今江蘇江陰東南
廣陵	今江蘇揚州西北
赭圻	今安徽繁昌西北
盤陽	今山東淄博西南

樂安	今山東廣饒
魯陽	今河南魯山
磽磽	今山東茌平西南
橫江	今安徽和縣東南
歷陽	今安徽和縣
盧氏	今河南盧氏
歷城	今山東濟南
錢溪	今安徽貴池東
臨淄	今山東淄博東北
蕭城	今安徽蕭縣西北
龍城	今遼寧朝陽
麋溝	今山東長青
懸瓠	今河南汝南

參考文獻

一、基本史料

1. 〔西漢〕司馬遷，《史記》，中華書局點校本。
2. 〔東漢〕班固，《漢書》，中華書局點校本。
3. 〔西晉〕陳壽，《三國志》，中華書局點校本。
4. 〔劉宋〕范曄，《後漢書》，中華書局點校本。
5. 〔梁〕沈約，《宋書》，中華書局點校本。
6. 〔梁〕蕭子顯，《南齊書》，中華書局點校本。
7. 〔北齊〕魏收，《魏書》，中華書局點校本。
8. 〔北齊〕魏收，《魏書》，百衲本。
9. 〔唐〕房玄齡等撰，《晉書》，中華書局點校本。
10. 〔唐〕姚思廉，《梁書》，中華書局點校本。
11. 〔唐〕姚思廉，《陳書》，中華書局點校本。
12. 〔唐〕李百藥，《北齊書》，中華書局點校本。
13. 〔唐〕令狐德棻等撰，《周書》，中華書局點校本。
14. 〔唐〕李延壽，《南史》，中華書局點校本。
15. 〔唐〕李延壽，《北史》，中華書局點校本。
16. 〔唐〕魏徵等撰，《隋書》，中華書局點校本。
17. 〔後晉〕劉昫等撰，《舊唐書》，中華書局點校本。
18. 〔北宋〕歐陽修、宋祁，《新唐書》，中華書局點校本。
19. 〔北宋〕薛居正等撰，《舊五代史》，中華書局點校本。
20. 〔北宋〕歐陽修，《新五代史》，中華書局點校本。

21. 〔元〕脫脫等撰，《宋史》，中華書局點校本。

22. 〔元〕脫脫等撰，《金史》，中華書局點校本。

23. 〔明〕宋濂等撰，《元史》，中華書局點校本。

24. 〔清〕張廷玉等撰，《明史》，中華書局點校本。

25. 〔民國〕趙爾巽等撰，《清史稿》，中華書局點校本。

26. 〔西周〕姜尚著、徐培根註，《太公六韜》，臺北：臺灣商務印書館，1984年10月。

27. 〔東周〕孫武著、吳仁傑注譯，《孫子讀本》，臺北：三民書局，2008年1月。

28. 〔東周〕孟子著、〔東漢〕趙岐注、〔北宋〕孫奭疏，《孟子注疏》上冊，臺北：臺灣古籍出版有限公司，2001年11月。

29. 〔北魏〕酈道元輯撰，易洪川、李偉注譯，《水經注》，重慶：重慶出版社，2008年6月。

30. 〔唐〕杜佑，《通典》第一冊，北京：中華書局，1988年12月。

31. 〔北宋〕司馬光，《資治通鑑》，臺北：西南書局，1982年9月。

32. 〔南宋〕楊萬里，《誠齋集》，景印文淵閣四庫全書，集部100，別集類，總第1161冊。

33. 〔南宋〕鄭樵，《通志》，臺北：新興書局，1959年7月。

34. 〔元〕馬端臨，《文獻通考》第二冊，臺北：新興書局，1963年10月。

35. 〔清〕王夫之，《讀通鑑論》，臺北：里仁書局，1985年2月。

36. 〔清〕王鳴盛，《十七史商榷》，臺北：大化書局，1984年5月。

37. 〔清〕錢大昕，《廿二史考異》，臺北：鼎文書局，1979年9月。

38. 〔清〕趙翼，《陔餘叢考》，臺北：新文豐出版公司，1975年11月。

39. 〔清〕趙翼，《廿二史劄記校證》，北京：中華書局，2007年9月。

40. 〔清〕萬斯同，《魏將相大臣年表》，收於《二十五史補編》，第四冊，北京：中華書局，1991年3月。

41. 〔清〕顧祖禹，《讀史方輿紀要》，臺北：洪氏出版社，1981年1月。

二、近人論著

（一）專　書

1. 人民解放軍廣州軍區，《中國古代戰爭史》，收入《中國軍事百科全書》，北京：軍事科學出版社，1992年10月。

2. 王仲犖，《魏晉南北朝史》，臺北：漢京文化事業有限公司，1992年9月。

3. 毛漢光，《中國中古政治史論》，臺北：聯經出版事業有限公司，1991 年 4 月。

4. 中國軍事史編寫組，《中國軍事史》，北京：解放軍出版社。本書分《兵略》1988 年 3 月、《兵法》1988 年 6 月、《兵壘》1991 年 6 月三次出版。

5. 中國歷代戰爭史編纂委員會，《中國歷代戰爭史》，臺北：黎明文化事業股份有限公司，1980 年 4 月。

6. 中國歷代戰爭簡史編寫組，《中國歷代戰爭簡史》，北京：解放軍出版社，2006 年 1 月。

7. 中華戰略學會編，《認識戰略——戰略講座彙編》，臺北：中華戰略學會，1997 年元月。

8. 孔令晟，《大戰略通論》，臺北：好聯出版社，1995 年 10 月。

9. 〔日〕白鳥庫吉著、方壯猷譯，《東胡民族考》，上海：商務印書館，1934 年 9 月。

10. 白翠琴，《魏晉南北朝民族史》，四川：四川民族出版社，1996 年 8 月。

11. 田餘慶，《拓跋史探》，北京：三聯書店，2003 年 3 月。

12. 札奇斯欽，《北亞游牧民族與中原農業民族間的和平戰爭與貿易之關係》，臺北：正中書局，1973 年 1 月。

13. 米文平《鮮卑石室尋訪記》，濟南：山東書報出版社，1997 年 12 月。

14. 朱大渭、張文強，《兩晉南北朝軍事史》，北京：軍事科學出版社，1998 年 10 月。

15. 朱大渭，《六朝史論》，北京：中華書局，1998 年 8 月。

16. 朱堅章，《歷代篡弒之研究》，臺北：嘉新水泥公司文化基金會，1964 年 12 月。

17. 牟潤孫，《注史齋叢稿》，臺北：臺灣商務印書館，1990 年 6 月。

18. 〔日〕谷川道雄著、李濟滄譯，《隋唐帝國形成史論》，上海：上海古籍出版社，2004 年 10 月。

19. 杜建民編著，《中國歷代帝王世系表》，濟南：齊魯書社，2003 年 4 月。

20. 克萊茵（Ray S.Cline）著、鈕先鍾譯，《世界各國國力評估》，臺北：黎明文化事業股份有限公司，1982 年 5 月。

21. 呂光天、古清堯，《貝加爾湖地區和黑龍江流域各族與中原的關係史》，哈爾濱：黑龍江教育出版社，1998 年 12 月。

22. 呂思勉，《兩晉南北朝史》，上海：上海古籍出版社，2009 年 6 月。

23. 李方，《中國綜合國力論》，合肥：安徽科學技術出版社，2002 年 12 月。

24. 李卿，《秦漢魏晉南北朝時期家族、宗族關係研究》，上海：上海人民出版社，2005 年 2 月。

25. 李憑，《北魏平城時代》，北京：社會科學文獻出版社，2000 年 1 月。

26. 李大倫，《廣義戰略論》，北京：軍事科學出版社，2008 年 11 月。

27. 李少軍主編，《國際戰略報告：理論體系、現實挑戰與中國的選擇》，北京：中國社會科學出版社，2005 年 1 月。

28. 李則芬，《中外戰爭全史》，臺北：黎明文化事業股份有限公司，1985 年 11 月。

29. 李樹正，《國家戰略研究集》，臺北：新文化彩色印刷社，1989 年 10 月。

30. 李震，《歷史戰爭論》，臺北：戰爭叢刊社，1953 年 6 月。

31. 李德哈特（B. H. Liddell-Hart）著、鈕先鍾譯，《戰略論》，臺北：麥田出版有限公司，1996 年 6 月。

32. 何世同，《中國戰略史》，臺北：黎明文化事業股份有限公司，2005 年 5 月。

33. 何茲全，《讀史集》，上海：上海人民出版社，1982 年 4 月。

34. 何敏求，《中國歷代戰爭史簡編》，臺北：黎明文化事業股份有限公司，1993 年 3 月。

35. 何德章，《中國魏晉南北朝政治史》，北京：人民出版社，1994 年 4 月。

36. 杜士鐸主編，《北魏史》，太原：山西高校聯合出版社，1992 年 8 月。

37. 克勞塞維茲（Carl von Clausewitz）著、艾沙里尼歐（Roger Ashley Leonard）編、鈕先鍾譯，《戰爭論》，臺北：麥田出版有限公司，1996 年 8 月。

38. 周一良，《魏晉南北朝史札記》，北京：中華書局，1985 年 3 月。

39. 周一良，《周一良集》，瀋陽：遼寧教育出版社，1998 年 8 月。

40. 周一良，《魏晉南北朝史論集》，北京：北京大學出版社，2000 年 10 月。

41. 周偉洲，《敕勒與柔然》，桂林：廣西師範大學出版社，2006 年 5 月。

42. 林旅芝，《鮮卑史》，香港：波文書局，1973 年 6 月。

43. 林幹，《東胡史》，呼和浩特：內蒙古人民出版社，1990 年 11 月。

44. 林幹、再思，《東胡烏桓鮮卑研究與附論》，呼和浩特：內蒙古大學出版社，1995 年 8 月。

45. 林瑞翰，《魏晉南北朝史》，臺北：五南圖書出版公司，1990 年 5 月。

46. 〔日〕竺沙雅章著、吳密察譯，《征服王朝的時代》，臺北：稻鄉出版社，1998 年 9 月。

47. 武國卿，《中國戰爭史》，北京：京城出版社，1992 年 8 月。

48. 洛陽市文物局編，《洛陽出土北魏墓誌選編》，北京：科學出版社，2001 年 6 月。

49. 胡阿祥，《六朝疆域與政區研究》，北京：學苑出版社，2005 年 12 月。

50. 柯林斯（John M. Collins）著、鈕先鍾譯，《大戰略》，臺北：黎明文化事業股份有限公司，1982 年 1 月。

51. 美國國防部（Department of Defence U.S.A）編、國防部史政編譯局譯，《美國國防部軍語詞典》，臺北：國防部史政編譯局，1995 年 6 月。

52. 約米尼（Antoine Henri Jomini）著、鈕先鍾譯，《戰爭藝術》，臺北：麥田出版有限公司，1997 年 5 月。

53. 馬長壽，《烏桓與鮮卑》，上海：上海人民出版社，1962 年 11 月。

54. 孫同勛，《拓拔氏的漢化及其他——北魏史論文集》，臺北：稻鄉出版社，2005 年 3 月。

55. 孫紹蔚，《從戰略理念論國家戰略》，臺北：三軍大學，1977 年 5 月。

56. 祝總斌，《兩漢魏晉南北朝宰相制度研究》，北京：中國社會科學出版社，1998 年 4 月。

57. 高敏，《魏晉南北朝兵制研究》，鄭州：大象出版社，2000 年 3 月。

58. 高敏，《秦漢魏晉南北朝史論考》，北京：中國社會科學出版社，2004 年 7 月。

59. 唐長孺，《魏晉南北朝史論拾遺》，北京：中華書局，1983 年 5 月。

60. 唐長孺，《魏晉南北朝隋唐史三論》，武昌：武漢大學出版社，1992 年 12 月。

61. 唐長孺，《魏晉南北朝史論叢》，石家莊：河北教育出版社，2002 年 1 月。

62. 袁偉主編，《中國戰典》，北京：解放軍出版社，1994 年 12 月。

63. 徐培根，《國家戰略概論》，臺北：國防研究院，1959 年 5 月。

64. 國防部編著，《國軍軍語辭典》，臺北：國防部，1973 年 9 月。

65. 國軍軍語辭典編審指導委員會編，《國軍軍語辭典》，臺北：國防部，2003 年 3 月。

66. 許如亨，《解構另類戰爭》，臺北：翔威文化傳播股份有限公司，1999 年 4 月。

67. 康樂，《從西郊到南郊——國家祭典與北魏政治》，臺北：稻禾出版社，1995 年 1 月。

68. 黃碩風，《綜合國力新論》，北京：中國社會科學出版社，1999 年 9 月。

69. 張文強，《中國魏晉南北朝軍事史》，北京：人民出版社，1994 年 4 月。

70. 張金龍，《北魏政治史研究》，蘭州：甘肅教育出版社，1996 年 10 月。

71. 張金龍，《魏晉南北朝禁衛武官制度研究》，北京：中華書局，2004 年 11 月。

72. 張金龍，《北魏政治史》一～十冊，蘭州：甘肅教育出版社，2008 年 9 月。

73. 張國剛主編，《中國中古史論集》，天津：天津古籍出版社，2003 年。

74. 張曉生、劉文彥，《中國古代戰爭通覽（二）》，臺北：雲龍出版社，1995 年 8 月。

75. 張儐生，《魏晉南北朝政治史》，臺北：中國文化大學出版部，1983 年 2 月。

76. 張繼昊，《從拓跋到北魏——北魏王朝創建歷史的考察》，臺北：稻鄉出版社，2003 年 12 月。

77. 陳羨，《悠悠南北朝——宋齊北魏的紛爭史》，重慶：重慶出版社，2007 年 7 月。

78. 陳爽，《世家大族與北朝政治》，北京：中國社會科學出版社，1998 年 12 月。

79. 陳文尚、雷家驥編，《戰略理論研究》，臺北：聯鳴文化有限公司，1981 年 1 月。

80. 陳金鳳，《魏晉南北朝中間地帶研究》，天津：天津古籍出版社，2005 年 5 月。

81. 陳寅恪，《隋唐制度淵源略論稿》，臺北：臺灣商務印書館，1998 年 7 月。

82. 陳寅恪著、陳美延編，《金明館叢稿初編》，北京：三聯書店，2001 年 6 月。

83. 陳寅恪著、陳美延編，《金明館叢稿二編》，北京：三聯書店，2001 年 7 月。

84. 陳寅恪著、萬繩楠整理，《陳寅恪魏晉南北朝史講演錄》，臺北：雲龍出版社，2002 年 3 月。

85. 陳琳國，《魏晉南北朝政治制度研究》，臺北：文津出版社，1994 年 3 月。

86. 許保林，《中國兵書通覽》，北京：解放軍出版社，2002 年 1 月。

87. 逯耀東《從平城到洛陽——拓跋魏文化轉變的歷程》，臺北：聯經出版事業有限公司，1979 年 3 月。

88. 勞榦，《魏晉南北朝史》，臺北：中國文化大學出版部，1991 年 6 月。

89. 鈕先鍾，《國家戰略概論》，臺北：正中書局，1975 年 1 月。

90. 鈕先鍾，《大戰略漫談》，臺北：華欣文化事業公司，1977 年 5 月。

91. 鈕先鍾，《論戰略研究》，臺北：黎明文化事業股份有限公司，1982 年 7 月。

92. 鈕先鍾，《戰略研究與軍事思想》，臺北：黎明文化事業股份有限公司，1982 年 7 月。

93. 鈕先鍾，《國家戰略論叢》，臺北：黎明文化事業股份有限公司，1984 年 4 月。

94. 鈕先鍾,《戰略研究與戰略思想》,臺北:軍事譯粹社,1988 年 10 月。

95. 鈕先鍾,《現代戰略思潮》,臺北:黎明文化事業股份有限公司,1989 年 9 月。

96. 鈕先鍾,《中國戰略思想史》,臺北:黎明文化事業股份有限公司,1992 年 10 月。

97. 鈕先鍾,《西方戰略思想史》,臺北:麥田出版有限公司,1995 年 7 月。

98. 鈕先鍾,《中國戰略思想新論》,臺北:麥田出版有限公司,2003 年 11 月。

99. 傅啟學編著,《中國古代外交史料彙編》,臺北:國立編譯館,1980 年 9 月。

100. 楊毅主編,《國家安全戰略理論》,北京:時事出版社,2008 年 9 月。

101. 趙超,《漢魏南北朝墓誌彙編》,天津:天津古籍出版社,1992 年 6 月。

102. 趙向群,《五涼史探》,蘭州:甘肅人民出版社,2005 年 6 月。

103. 趙萬里,《漢魏南北朝墓誌集釋》,臺北:鼎文書局,1972 年 9 月。

104. 趙國華,《中國兵學史》,福建:福建人民出版社,2004 年 11 月。

105. 萬繩楠,《魏晉南北朝史論稿》,臺北:昭明出版社,1999 年 12 月。

106. 劉淑芬,《六朝的城市與社會》,臺北:臺灣學生書局,1992 年 10 月。

107. 劉學銚,《鮮卑史論》,臺北:南天書局,1994 年 8 月。

108. 劉學銚,《北亞游牧民族雙軌政治》,臺北:南天書局,1999 年 11 月。

109. 劉學銚,《歷代胡族王朝之民族政策》,臺北:知書房出版社,2005 年 10 月。

110. 熊德基,《六朝史考實》,北京:中華書局,2000 年 7 月。

111. 黎虎,《魏晉南北朝史論》,北京:學苑出版社,1999 年 7 月。

112. 蔡金仁,《北魏皇位繼承不穩定性之研究》,臺北:花木蘭文化出版社,2010 年 9 月。

113. 蔡美康,《宋魏和戰考(西元 420~479)》,臺南:文山書局,1990 年 8 月。

114. 鄭欽仁,《北魏官僚機構研究續篇》,臺北:稻禾出版社,1995 年 4 月。

115. 鄭欽仁、李明仁編譯,《征服王朝論文集》,臺北:稻鄉出版社,2002 年 8 月。

116. 潘德深,《中國史學史》,臺北:五南圖書出版有限公司,1994 年 5 月。

117. 錢穆,《國史大綱》,臺北:國立編譯館,1983 年 11 月。

118. 蔣緯國,《國家戰略概說》,臺北:三軍大學戰爭學院,1979 年 9 月。

119. 蔣緯國,《國略與大略》,臺北:作者自印本,1984 年。

120. 潘國鍵，《北魏與蠕蠕關係研究》，臺北：臺灣商務印書館，1988 年 3 月。

121. 薄富爾（Andre Beaufre）著、鈕先鍾譯，《戰略緒論》，臺北：麥田出版有限公司，1996 年 9 月。

122. 魏汝霖、劉仲平，《中國軍事思想史》。臺北：黎明文化事業股份有限公司，1985 年 3 月。

123. 韓國磐，《北朝經濟試探》，上海：上海人民出版社，1958 年 5 月。

124. 韓國磐，《魏晉南北朝史綱》，北京：人民出版社，1983 年 4 月。

125. 譚其驤，《中國歷史地圖集》第三冊（三國至隋唐五代時期），上海：中國地圖出版社，1989 年 10 月。

126. 嚴耀中，《北魏前期政治制度》，吉林：教育出版社，1990 年 7 月。

（二）期刊論文

1. 大同市博物館山西省文物工作委員會，〈大同方山北魏永固陵〉，《文物》，1978 年 7 月。

2. 山西省考古博物館，〈大同南郊北魏墓群發掘簡報〉，《文物》，1992 年 8 月。

3. 王吉林，〈北魏繼承制度與宮闈鬥爭之綜合研究〉，《華岡文科學報》，第 11 期，1978 年 1 月。

4. 王吉林，〈統一期間北魏與塞外游牧民族之關係〉，《史學彙刊》，第 10 期，1980 年 6 月。

5. 王伊同，〈五胡通考〉，《中國文化研究彙刊》，第 3 期，1936 年 9 月。

6. 王明蓀，〈中國分裂經驗之歷史研究──中古時期〉，國科會 83 年度研究報告，1994 年。

7. 王曾才，〈北魏時期的胡漢問題〉，《幼獅學報》，3 卷 2 期，1961 年 4 月。

8. 王滬寧，〈作為國家實力的文化：軟權力〉，《復旦學報》，1994 年第 3 期。

9. 孔毅，〈北魏外戚述論〉，《西南師範大學學報》（哲學社會科學版），第 4 期，1994 年 10 月。

10. 古霽光，〈三國鼎峙與南北朝分立〉，《禹貢半月刊》，5 卷 2 期，1936 年 3 月。

11. 史念海，〈論我國歷史上東西對立的局面和南北對立的局面〉，《中國歷史地理論叢》，1992 年第 1 期。

12. 朴漢濟，〈北魏王權與胡漢體制〉，收入東洋史學會編，東洋史學會第十屆研討會暨國際學術研討會，《中國史研究的成果與展望》，北京：中國社會出版社，1991 年。

13. 米文平，〈鮮卑石室的發現與初步研究〉，《文物》，1981 年第 2 期，1981

年 2 月。

14. 米文平，〈鮮卑石室所關諸地理問題〉，《民族研究》，1982 年第 4 期，1982 年 7 月。

15. 西野正彬，〈北魏的軍制和南邊〉，《北陸史學》，第 25 期，1976 年 11 月。

16. 朱大渭，〈魏晉南北朝時期的套城〉，《齊魯學刊》，1987 年第 4 期。

17. 朱大渭，〈代北豪強酋帥崛起述論〉，《文史》，第 31 輯，1988 年 11 月。

18. 李瓊英，〈論劉宋時期的南北關係〉，《西南師範大學學報》，1996 年 2 月。

19. 李靖莉，〈南北朝國策比較〉，《濱州教育學院學報》，1995 年創刊號。

20. 李靖莉，〈南北朝北強南弱局面的成因〉，《濱州師專學報》，12 卷 3 期，1996 年 3 月。

21. 汪奎，〈劉宋元嘉時期的中外軍體制〉，《浙江師範大學學報（社會科學版）》，32 卷 2 期，2007 年 4 月。

22. 何榮昌，〈略論六朝的江防〉，收入江蘇省六朝史研究會編，《六朝史論集》，合肥：黃山書社，1993 年 9 月。

23. 肖黎，〈北魏孝文帝時期之南北關係〉，《北方論叢》，1986 年 5 月。

24. 何茲全，〈府兵制前的北朝兵制〉，收入氏著，《讀史集》，上海：上海人民出版社，1982 年 4 月。

25. 何茲全，〈魏晉南北朝的兵制〉，收入氏著，《讀史集》，上海：上海人民出版社，1982 年 4 月。

26. 何德章，〈北魏太武朝政治史二題〉，《魏晉南北朝隋唐史資料》，第 17 輯，2000 年 4 月。

27. 車傳鼎，〈元魏權貴官僚之聚斂貲財〉，《國立中央大學文史學報》，第 22 期，1992 年 3 月。

28. 周一良，〈崔浩國史之獄〉，收入氏著，《魏晉南北朝史札記》，北京：中華書局，1985 年 3 月。

29. 周兆望，〈南朝典籤制度剖析〉，《江西大學學報》，1987 年第 3 卷，1987 年 9 月。

30. 吳傳國，〈戰略與政策〉，《中華戰略學刊》，1997 年春季刊，1997 年 3 月。

31. 吳慧蓮，〈魏宋之間的和戰關係〉，收入《鄭欽仁教授榮退紀念論文集》，臺北：稻鄉出版社，1999 年 12 月。

32. 林正弘，〈科際整合的一個面向——各學科間方法的互相借用〉，《科學月刊》，22 卷 9 期，1991 年 9 月。

33. 胡阿祥，〈東晉南朝的守國形勢——兼論歷史上的南北對立〉，《江海學刊》，1998 年第 2 期。

34. 徐勝一，〈北魏孝文帝遷都洛陽與氣候變化之研究〉，《師大地理研究報

告》，第 38 期，2003 年 5 月。

35. 孫瑞寧、孫瀘松，〈論淮北〉，《安徽史學》，1995 年第 4 期。

36. 夏毅成，〈北魏的南進政策與國勢的消長〉，收入張國剛主編，《中國中古史論集》，天津：天津古籍出版社，2003 年。

37. 唐長孺，〈北魏的青齊土民〉，收入氏著，《魏晉南北朝史論拾遺》，北京：中華書局，1983 年 5 月。

38. 孫同勛，〈北魏初期胡漢關係與崔浩之獄〉，收入氏著，《拓拔氏的漢化及其他——北魏史論文集》，臺北：稻鄉出版社，2005 年 3 月。

39. 張南，〈戰爭衝突中的江北城市〉，《安徽史學》，1991 年第 2 期。

40. 郭黎安，〈六朝建都與軍事重鎮的分布〉，《中國史研究》，1999 年第 4 期。

41. 許輝，〈南北朝戰爭特點探析〉，《江海學刊》，1991 年 3 月。

42. 曹文柱，〈北魏明元、太武兩朝太子監國〉，《北京師範大學學報》，1991 年第 4 期。

43. 曹永年，〈早期拓跋鮮卑的社會狀況和國家的建立〉，《歷史研究》，1987 年第 5 期。

44. 越智重明，〈北魏的丁兵制〉，《東方學》，第 32 期，1966 年 6 月。

45. 陳金鳳，〈元嘉北伐新論〉，《華中理工大學學報》，2000 年第 4 期。

46. 陳金鳳，〈何承天軍事思想論析——以安邊論為中心〉，《南都學壇》，29 卷 3 期，2009 年 5 月。

47. 陳寅恪，〈崔浩與寇謙之〉，收入氏著，《金明館叢稿初編》，北京：三聯書店，2001 年 6 月。

48. 陳恬儀，〈「勸伐河北書」的相關問題——論謝靈運之北伐主張與晉、宋之南北情勢〉，《東華人文學報》，第 11 期，2007 年 7 月。

49. 宿白，〈盛樂、平城一帶的拓跋鮮卑——鮮卑遺跡輯錄之二〉，《文物》，1977 年 11 月。

50. 宿白，〈北魏洛陽城和北邙墳墓——鮮卑遺跡輯錄之三〉，《文物》，1978 年 7 月。

51. 張承宗、陳群，〈拓跋珪發展戰略探析〉，《北朝研究》，1995 年第 1 期。

52. 張承宗，〈兼資文武的北魏明元帝拓跋嗣〉，《北朝研究》，1996 年第 3 期。

53. 張承宗，〈一代雄主拓跋燾及其晚年悲劇〉，《北朝研究》，1997 年第 4 期。

54. 張繼昊，〈從數件史事論北魏世祖太武帝拓跋燾的君權〉，《空大人文學報》，第 11 期，2002 年 12 月。

55. 張雲，〈甌脫考述〉，《民族研究》，1987 年第 3 期。

56. 許輝，〈南北朝關係述論〉，《蘇州社會科學》，2002 年 3 月。

57. 逯耀東，〈北魏與南朝對峙期間的外交關係〉，《新亞書院學術年刊》，第8期，1966年9月。

58. 逯耀東，〈崔浩士族政治的理想〉，收入氏著，《從平城到洛陽──拓跋魏文化轉變的歷程》，臺北：聯經出版事業有限公司，1979年3月。

59. 逯耀東，〈試釋論漢匈之間的甌脫〉，《大陸雜誌》，32卷1期，1966年1月。

60. 楊恩玉，〈略論五世紀中葉宋魏大戰〉，《東岳論叢》，2005年5期。

61. 楊天亮，〈論南北朝時期南北雙方的主要戰爭及其影響〉，《史林》，1998年4月。

62. 雷家驥，〈慕容燕的漢化適應與統治〉，《東吳歷史學報》，第1期，1995年4月。

63. 趙雪波，〈綜合國力構成要素辨析〉，《世界經濟與政治》，2001年第5期。

64. 黎虎，〈崔浩軍事思想述論〉，《北朝研究》，1990年第3期。

65. 窪添慶文，〈北魏的地方軍──專論州軍〉，《亞洲各民族的社會和文化》，1984年8月。

66. 熊德基，〈鮮卑漢化與北朝三姓的興亡〉，收於氏著，《六朝史考實》，北京：中華書局，2000年7月。

67. 劉心長，〈試論北朝的社會機制〉，《鄴城暨北朝史研究》，1991年4月。

68. 劉精誠，〈魏孝文帝時期的南北關係〉，《北朝研究》，1993年3月。

69. 劉國石，〈近20年來崔浩之死研究概觀〉，《中國史研究動態》，1998年第9期。

70. 蔡金仁，〈拓跋珪創建北魏政治戰略論析〉，大葉大學《通識教育學報》，第2期，2008年11月。

71. 蔡金仁，〈論苻堅的大戰略與前秦興亡之關係〉，國立屏東科技大學《人文社會科學研究》，2卷2期，2008年12月。

72. 蔡金仁，〈論北魏孝文帝遷都的心理戰略〉，《國立虎尾科技大學學報》，28卷1期，2009年3月。

73. 蔡幸娟，〈北魏立后立嗣故事與制度研究〉，《國立成功大學歷史學報》，第16號，1990年3月。

74. 鄭欽仁，〈北魏中常侍稿──兼論宗愛事件〉，收入氏著，《北魏官僚機構研究續篇》，臺北：稻禾出版社，1995年4月。

75. 蕭啓慶，〈北亞游牧民族南侵各種原因檢討〉，《食貨》復刊，第1卷，1972年3月。

76. 魏復古（Karl A. Wittfogel）著，蘇國良、江志宏譯，〈中國遼代社會史（907～1125）總述〉，收於鄭欽仁、李明仁編譯，《征服王朝論文集》，臺北：

稻鄉出版社，2002 年 8 月。

77. 薩孟武，〈晉隋之間的南北形勢〉，國立臺灣大學《社會科學論叢》，第 3 期，1953 年。

78. 嚴耕望，〈北魏尚書制度考〉，《中央研究院歷史語言研究所集刊》，第 18 本，1971 年 1 月。

（三）學位論文

1. 丘立崗，《論秦的統一戰略：一個結構化分析的個案研究》，臺北：淡江大學國際事務與戰略研究所碩士論文，1986 年 6 月。

2. 何世同，《中國中古時期之陰山戰爭及其對北邊戰略環境變動與歷史發展影響研究》，嘉義：國立中正大學歷史研究所博士論文，2001 年 4 月。

3. 李文欽，《文化力對晚清政治變革之影響——政治系統理論之觀點》，臺北：淡江大學國際事務與戰略研究所碩士論文，2002 年 1 月。

4. 吳慧蓮，《東晉劉宋時期之北府》，臺北：國立臺灣大學文學院文史叢刊，1985 年 6 月。

5. 張繼昊，《北魏變亂問題初探（西元 396～534 年）》，臺北：國立臺灣大學歷史學研究所碩士論文，1984 年 6 月。

6. 張繼昊，《北系部落民與北魏政權研究》，臺北：國立臺灣大學歷史學研究所博士論文，2002 年 12 月。

7. 陳建青，《康熙政治戰略之研究》，臺北：淡江大學國際事務與戰略研究所碩士論文，2002 年 6 月。

8. 盧星廷，《政經改革與國力增長關係之研究——以秦商鞅變法為例》，臺北：淡江大學國際事務與戰略研究所碩士論文，2004 年 6 月。

9. 郭啓瑞，《東晉南朝國防結構的演變——以北境州鎮為主》，臺北：中國文化大學史學研究所博士論文，1993 年 6 月。

10. 劉振志，《宋代國力研究——功利學派國家戰略思想與宋廷國策之探討》，臺北：中國文化大學史學研究所博士論文，1995 年 6 月。

11. 蔡宗憲，《南北朝交聘與中古南北互動（369～589）》，臺北：國立臺灣大學歷史學研究所博士論文，2006 年 1 月。

12. 蔡幸娟，《北朝女主政治與內廷職官制度研究》，臺北：國立臺灣大學歷史學研究所博士論文，1998 年 6 月。

三、日　文

（一）專　書

1. 白鳥庫吉，《白鳥庫吉全集》第 8 卷，東京：岩波書店，1970 年 10 月。

2. 田村實造,《中國史上の民族移動期》,東京:創文社,1985 年 3 月。

3. 船木勝馬,《古代游牧騎馬民の國──草原から中原へ》,東京:誠文堂新光社,1989 年 2 月。

4. 越智重明,《中國古代の政治と社會》,福岡:中國書店,2000 年 3 月。

5. 福島繁次郎,《中國南北朝史研究》,東京:名著出版社,1979 年增訂版。

6. 窪添慶文,《魏晉南北朝官僚制研究》,東京:汲古書院,2003 年 9 月。

（二）期刊論文

1. 川本芳昭,〈胡族國家〉,收入《魏晉南北朝隋唐時代史の基本問題》,東京:汲古書院,1997 年 6 月。

2. 谷川道雄,〈初期拓跋國家における王權〉,《史林》,46 卷 6 號,1963 年。

3. 志田不動麿,〈代王世系批判〉,《史學雜誌》,48 期 2、3 卷。

4. 河地重造,〈北魏王朝の成立とその性格について〉,《東洋史研究》,12 卷 5 號,1953 年。

四、英　文

1. Holmgren,Jennifer."The making of an elite:local politics and social relations in Northeastern China during the fifth century A.D."*Papers on Far Easten History*. No. 30. 1984.

2. Eisenberg Andrew. "Retired Emperorship Medieval China: The Northern Wei". *T'oung Pao* .77. 1991.

3. Holmgren Jennifer. "Empress Dowager Ling of the Northern Wei and the T'o-Pa Sinicization Question". *Papers on Far Eastern History*. No. 18.1978.

五、網路資源

1. 中央研究院歷史語言研究所「漢籍電子文獻」http://hanji.sinica.edu.tw/。